중국 침권책임법

중국 침권책임법

초판 1쇄　　인쇄 2018년 4월 2일
초판 1쇄　　발행 2018년 4월 5일
지 은 이　　양리신(扬立新)
옮 긴 이　　김승일(金勝一)·박정원(朴井源)·주훼이(朱暉)
발 행 인　　김승일
디 자 인　　조경미
편　　 집　　마은정
펴 낸 곳　　경지출판사
출판등록　　제 2015 - 000026호

판매 및 공급처　　도서출판 징검다리
주소 경기도 파주시 산남로 85-8번지
Tel : 031-957-3890~1　FAX : 031-957-3889　E-mail : zinggumdari@hanmail.net

ISPN 979-11-86819-97-5

중국 침권책임법

· 저자
양리신(扬立新)

· 역자
김승일(金勝一)
박정원(朴井源)
주훼이(朱　暉)

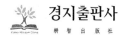

경지출판사
耕智出版社

『중화인민공화국침권책임법』이 통과 실시된 이후, 수많은 국가의 침권책임법 관련 학자들의 깊은 관심을 불러왔고, 중국 침권법의 발전에 대해 이해하려 하였으며, 『침권책임법(侵权责任法)』의 기초내용에 대해 이해하려 했지만 언어의 장애로 인해 비교적 곤란을 겪어왔다.

나의 학생인 한국 박사과정 유학생 송정은(宋正殷)에게는 줄곧 하나의 염원이 있었는데, 그것은 바로 나의 『침권책임법』연구 성과를 한국어로 번역하여 한국에서 출판하는 것이었다. 내가 저술한 『침권책임법』은 몇 개의 판본이 있지만 편폭이 모두 비교적 길어 번역출판하는데 적합하지 않았기 때문에, 나는 빠른 시일 내에 한국에서 출판될 수 있도록 간단명료한 『침권책임법』을 하나 따로 집필해 송정은 학생에게 번역을 맡기기로 했다. 한국의 침권법 관련 학자들이 중국

학자의 중국 『침권책임법』에 대한 소개를 직접 열독하여 비교 연구할 수 있도록 하기 위함이었다.

이 책에서 나는 이론 분석을 깊이 진행하지 않았고, 서로 다른 학술견해에 대한 논쟁도 언급하지 않았다. 다만 나 자신만 이해에 의한 『침권책임법』의 기본정신과 요점을 열거하여 국외 학자들의 연구에 편리하도록 했다.

중국 『침권책임법』은 기존의 대륙법계(大陆法系) 침권법의 전통이 들어 있고, 영미법계(英美法系) 침권법의 풍격이 들어 있으며, 또 중국 침권책임법 입법과 사법실천의 풍부한 경험이 들어있어 독특한 중국적 특색이 형성되었다고 할 수 있다. 또한 세계상에서 유일하게 침권책임법으로 명명된 유일한 침권법 성문법이기에 세계 침권법의 발전사에 있어서도 아주 중요한 지위와 의의를 가지고 있다고 하겠다. 물론 이 법률의 실시에 따른 결점과 부족한 점이 발견되고 있기는 하지만 이런 부분들은 앞으로 수정을 거쳐 중국민법전(中国民法典)에 편입시킬 때에는 더욱더 보완하고 보강해야 할 것이다.

1975년 6월 26일 나는 중국 법원의 법관으로 임명되어 민사사법(民事司法)사업에 종사하면서, 민법, 특히 침권법의 이론연구를 시작하였는데 어언 40년이나 되었다. 나는 침권책임법 및 민법의 발전을 위해 노력해온 이 40년이라는 세월을 특히 소중히 여기고 있다. 나는 중국 침권책임법 이론이 부단히 발전하고 장대해지는 것을 직접 보아왔을 뿐만 아니라 직접 『침권책임법』의 입법과정에도 참여하였기 때문에 많은 소회를 가지고 있다. 나는 인민의 권리를 보호하는 『침권책임법』이라는 이 법률에 깊은 애정을 가지고 있으며, 또 인민의 권리를 보호하는 과정에서 더욱 더 큰 작용을 발휘하기를 바라마지 않는다.

나는 한국의 독자들도 나처럼 중국 『침권책임법』에 애착을 가질 수 있기를 간절히 바라며, 또 한국의 독자들이 나의 이 저서 『중국 침권책임법』을 좋아할 수 있기를 바라마지 않는다.

중국인민대학 민상사(民商事)법률과학연구센터 양리신(揚立新)

2015년 6월 26일

중국인민대학 명덕(明德)법학청사에서

|차 례|

머릿말

서론 . 중국 침권책임법의 현상 및 역사와 미래

제 1 장 일반규정

제 2 장 책임구성과 책임방식

제 3 장 면책사유와 소송시효

제 4 장 책임주체의 특수규정에 관하여

제 5 장 상품책임

제 6 장 자동차 교통사고 책임

제 7 장 의료손해책임

제 8 장 환경오염책임

제 9 장 고도위험 책임

제 10 장 동물 사육 손해책임

제 11 장 물건손해책임

제 12 장 기타 침권책임 유형과 부칙

중국 침권책임법의
현상 및 역사와 미래

서론. 중국 침권책임법의
현상 및 역사와 미래

이 책은 가능한 한 간결한 언어로 중국 침권책임법의 체계, 틀과 기본규칙을 설명하려고 노력했다. 이런 소개를 하기에 앞서 나는 우선 간단하게 중국 침권책임법의 현상, 역사와 미래를 독자들에게 설명하고자 하는데, 이는 독자들이 중국 침권책임법에 대해 더욱 잘 이해할 수 있도록 도움을 주기 위해서이다.

0.1 중국 침권책임법의 현상

0.1.1 중국 침권책임법의 개념 범주

중국 당대의 침권법에서 침권책임법은 침권행위에 연관된 정의와 종류 및 침권행위에 대해 어떻게 제재하는지, 침권 손해 후과에 대해 어떻게 구제하는지에 대한 민사법률 규범에 대한 총칭이라고 정의하고 있다.[1] 또 침권책임법을 광의(廣義)와 협의(狹義)의 개념으로 나누기도 한다. 협의적 침권책임법은 『침권책임법』으로 명명된 법률, 즉 『중화인민공화국 침권책임법』(이하 『침권책임법』으로 약칭함)을 가리킨다. 이는 세계에서 최초로 만들어진 침권법이라고 명명된 성문 침권법이다. 광의적 침권책임법은 『침권책임법』및 침권특별법, 침권법의 법규, 사법(司法)해석 등을 가리킨다.

0.1.2 중국 침권책임법의 표현형식

법률의 표현형식으로 보면, 중국 침권책임법은 아래의 주요한 내용으로 구성된다.

(1) 『침권책임법』: 이 법은 2009년 12일 26일에 통과되어 2010년 7월 1일에 실시된 침권책임법의 협의적 표현형식이다.

(2) 『민법통칙(民法通則)』: 이 법은 1986년 4월 12일에 통과되어 1987년 1월 1일에 실시되었다. 그 중 소송시효(訴訟時效)와 민사책임부담방법(民事責任承担方法) 등에 관련된 규정도 침권책임법의 구성부분이다.

(3) 최고인민법원의 관련 사법해석: 『민법통칙』이 실시된 이래 침권책임 관련의 법률이 적용되면서 중국최고인민법원에서 대량으로 사법해석을 제정했다. 이는 침권책임법을 어떻게 적용할 것인가에 대해 지도적인 의의를 가질 뿐만 아니라, 또 제정법(制定法)의 입법적인 부족함을 보완해주었으며

---

1) 왕리밍, 양리신 저,『침권행위법』, 법률출판사 1996년 판, 제11쪽.

현실생활에서 침권책임의 분규를 해결하는 데에 중요한 역할을 하게 되었다.

특히 『침권책임법』이 공포된 이후, 최고인민법원에서 계속 『중화인민공화국침권책임법』의 적용에 관한 약간의 문제와 통지(2010년 6월 30일), 『최고인민법원 도로교통사고 손해배상 사건 심리 시 법률적용에 관한 약간 문제의 해석(2012년 12월 21일)』과 『환경침권책임 분규사건 심리 시 법률적용에 관한 약간 문제의 해석(2015년 6월 3일)』을 공포 · 실시하면서 『침권책임법』을 적용함에 있어서 존재하는 구체적 문제에 대한 해석을 진행해왔다. 만약 『침권책임법』과 『민법통칙』의 관련 규정이 중국 침권법의 제정법(制定法)이라고 말한다면 이런 사법해석들은 중국 침권법의 '법관법(法官法)'이라고 말할 수 있다.

0.1.3 중국 침권책임법의 뚜렷한 특점

(1) 중국 침권책임법의 성질은 권리보호법이다. 중국 침권책임법은 민사주체(民事主体)의 민사권리(民事权利)를 보호하는 것을 주요 조정 목표로 하고 있으며, 그 주요 기능은 민사권리에 대한 확인보다는 민사권리에 대한 보호에 치중해 있는 것이다. 중국 침권책임법은 각국 성문법민법전(成文法民法典) 중의 침권책임법의 지위를 변경시켰는데, 침권책임법을 채권법(债法)의 일부로 규정한 것이 아니라, 민법분칙(民法分则)의 마지막에 있는 독립적인 한 부분으로 인정했다. 따라서 모든 민사권리가 침해를 받을 때의 보호법으로서, 권리의 손해를 구제하고 권리의 원상을 회복하는 역할을 하게 된 것이다.

그리하여 민법전은 "총—분(总-分)"의 구조로부터 "총—분—총(总-分-总)"의 구조로 변하여 침권책임법이 민법전 중에서 더욱 중요한 지위를 갖게 되었다.

(2) 중국 침권책임법은 대륙법계(大陸法系)와 영미법계(英美法系) 침권법의 정화(精華)를 거울로 삼았기에 그 내용과 체계는 계통적으로 잘 완비되어 있다.『침권책임법』을 종람해보면 총칙성(总则性)적인 내용이 들어있는가 하면 또 분칙성(分则性)적인 내용도 들어있는데, 그 구조나 내용을 막론하고 모두 대륙법계 침권법과 영미법계 침권법의 영향이 깊음을 알 수 있다.『침권책임법』의 제1장부터 제3장까지는 기본적 침권법 총칙의 내용인데 이는 대륙법계 침권법의 일반화된 입법방법이고, 제4장부터 11장까지에서는 구체적인 침권행위의 유형을 규정함에 있어서 미국 침권법의 영향을 많이 받았다고 해야 할 것이다. 비록 아직 완비하지 못한 침권법 분칙이어서 침권행위의 유형을 전면적으로 규정하지는 못했지만, 그 풍격으로부터 내용에 이르기까지는 모두 미국침권법 유형의 그림자가 짙다.

따라서 중국『침권책임법』은 대륙법계 침권법과 영미법계 침권법의 우수한 점을 종합하여 자신의 독특한 틀을 형성했을 뿐만 아니라 완정하고도 계통적인 체계를 갖추었다. 또 논리가 엄격하고, 내용이 완비되어 세계침권법 중에서 독자적인 풍격을 보이고 있다.

(3) 중국 침권책임법은 비록 조문(条文)이 비교적 많지만 여전히 침권책임법의 높은 개괄성을 잘 보여주고 있다. 침권책임법은 내용이 극히 광범하고 관련 범위가 특별히 넓지만 내용 모두가 아주 간결하고 개괄적이며, 조문도 많지 않다.『침

권책임법』에는 모두 92개의 조문이 있어 입법조문이 비교적 많은 침권법이지만 여전히 높은 개괄성을 보여주고 있다. 이는 주로 침권행위의 일반조항 즉 『침권책임법』제6조 제1항에서 잘 보여 지고 있다. 만약 침권행위의 일반조항이 없다면 『침권책임법』은 절대 이처럼 간결하지 못했을 것이다.

(4) 중국 침권책임법의 내용은 극히 복잡성을 띠고 있어 조정(调整) 범위가 더욱 넓다. 우선 침권행위로 볼 때 재산관계와 인신관계의 영역에서 발생할 뿐만 아니라 기타 각종 영역에서 광범위하게 발생하고 있다. 다음으로 현대사회에서는 많은 법률관계에서의 경합(竞合) 현상이 발생되는데 특히 침권행위와 범죄행위, 침권행위와 행정위법행위 사이에서 대량으로 경합이 발생하는 것이다. 그 다음으로 침권책임법의 근원도 극히 복잡하여 법률규범의 내용, 단계, 등급은 서로 다르다. 특히 중국에서 1987년에 『민법통칙』을 실시한 후, 침권책임법의 지위가 두드러졌고, 사회에서 중대한 영향을 일으키고, 민중권리의식의 각성이 발휘되어 각개 영역의 권리보호를 위한 요구가 강렬하게 제기되었다. 따라서 중국 침권법의 조정범위는 나날이 넓어졌고, 작용도 나날이 커져 민법중에서 가장 중요한 부문법(部门法)의 하나로 되었다.

0.1.4 중국 침권책임법이 민법 중에서 가지는 상대적 독립지위

중국 침권책임법은 민법 중에서 상대적 독립지위를 가지고 있는 법률로서, 민법의 기타 법률, 즉 물권법(物权法), 채권법(债法), 인신권법(人身权法), 지적재산권법(知识产权法), 계승법(継承法), 친속법(親属法) 등과 함께 민법전의 분칙(分則) 체계를 구성하고 있다.

대륙법계에 속하는 여러 나라의 민법전은 모두 침권법을 채권법의 구체내용으로 여기며, 채권법의 구성부분으로 여긴다. 이런 작법의 기본 의거는 침권행위로 발생된 권리의무와 계약으로 발생된 권리의무가 본질적으로 같기에 모두 채권법에 속하며, 이는 침권행위에 의한 채무로 간주된다는 것이다. 또한 침권행위의 후과로서의 채무의 본질에 근거하여 침권법도 채권법의 체계 속에 귀납시키고 채권법 총칙의 제약을 받도록 한 것이다.

영미법계 친권법의 기본특점은 판례법(判例法)의 특점을 제외한 외에 더욱 중요시 되는 것은 침권법이 법률체계 중, 독립적 민법부문법으로서, 재산법, 계약법 등 기타 민법부문법들과 그 지위와 평등하다는 것이다.

역사의 발전에 따라 세계상의 양대 법계는 입법형식이나 법학이론에서 모두 상호 융합되고 침투되고 있으며, 상호간에 점차 상대방의 우수한 점과 장점을 참고로 하여 스스로를 보충하고 완성해나갔기에, 양대 법계 사이의 계선은 나날이 모호해져 가고 있다.

20세기 이래 침권책임법은 신속한 발전을 보이고 있으며 그 내용도 부단히 확장되었다. 특히 구체적인 침권행위의 유형 상에서 부단한 발전변화를 거쳐 현대사회의 이익관계를 조정하고 사람들의 권리를 보호함에 있어서 중요한 법률부문으로 되었다. 이러한 상황에서, 침권책임법은 점차 채권법의 제약에서의 탈피를 시도하고 민법체계에서의 상대적 독립지위를 꾀하고 있으며 자체적인 작용과 기능을 더욱 잘 발휘하고 있다.

중국의 입법자들은 양대 법계 침권법의 상술한 특점 및 침권법의 발전과 확장이 민법에 제기하는 요구에 대해 주의를 기울였다. 1987년의 『민법통칙』은 민사책임부분에 비교적 큰 편폭을 들여 침권책임법을 규정했고, 20여 년 후에는 단독법률형식의 『침권책임법』을 제정했다. 그 의의는 민법체계의 하나인 침권책임법에 상대적 독립지위를 부여하여 침권책임법이 두 번 다시 채권법의 규제에 국한 받지 않도록 한 것이다. 또 자체적인 특점을 살릴 수 있게 하고, 특유의 조정작용을 발휘하게 함으로써, 침권책임법이 스스로 확충하고 성장해나갈 수 있는 공간을 마련해주고, 스스로의 발전규율에 따라 충분히 발전해나갈 수 있도록 해주었으며, 민법체계 속에서 독립적으로 표현해 나갈 수 있는 무대를 제공해주었다. 따라서 침권책임법이 사회경제이익의 조정이나 사회관계의 조정, 사람들의 권리를 보호하는 방면에서 더욱 제 기능을 잘 발휘할 수 있도록 해주었다.

0.2 중국 침권책임법의 역사

중국 침권책임법의 역사는 바로 중국고대와 근대의 침권책임법이다.

0.2.1 중국 고대의 침권책임법

중국고대에 침권책임법이 있었는가? 많은 사람들은 이에

대해 회의적인 태도를 보이는데, 그 원인은 바로 엄격한 의미에서 볼 때 침권법은 유럽의 침권행위법이기 때문이다. 이런 침권행위법은 중국고대에 확실히 없었다. 심지어 침권행위라는 개념조차 없었다.

그러나 중국고대에 유럽형태의 침권행위법이 없었다고 해도 침권 분규를 해결할 법률규범이 없었던 것은 아니다. 비록 중국고대에 이런 유형의 법률규범을 침권법이라 부르지 않았고, 이런 분규도 침권책임 분규라 부르지 않았지만 실질적으로 볼 때 여전히 침권책임 분규가 존재했을 뿐만 아니라, 침권 분규를 해결하는 침권법도 존재했었다. 오늘 우리가 이런 객관적인 태도로 중국고대의 법률규범을 관찰하고 연구해보면 중국고대의 법률 중에는 확실히 침권법이 있었음을 알 수 있다.

0.2.1.1 중국 고대 침권법의 발전단계

중국 고대 침권법의 발전사는 3단계로 나뉠 수 있다.

(1) 당(唐)나라 이전의 침권법 : 중국 고대 침권법 발전의 제1단계는 당나라 이전, 진(秦)나라 이래의 침권법이다. 이는 진나라가 중국노예제사회 침권 행위 입법의 유산과 전국(战国)시기, 봉건사회초기 침권 행위 입법의 사상과 실천을 흡수하여 비교적 완정한 중화법계의 침권법 체계를 창립한 것으로 된다.

(2) 당나라의 침권법 : 중국 고대 침권법 발전의 제2단계는 당나라의 침권법률제도이다. 『당률(唐律)』중에 포함된 침권법 규범은 상당히 높은 수준에 도달했다. 즉 『당률』에 내재한 재물손해 비상(备偿)제도, 축산(畜产)손해의 감가손해배상

(償所減价) 제도, 과실치사상의 (피해자 가족에 대한) 금전적 보상 제도(贖铜入伤杀人之家制度)와 보고(保辜)제도 등은 상당히 개괄성과 과학성을 띠고 있었다.

(3) 송(宋)나라로부터 청(清)나라에 이르는 침권법 : 중국 침권법 발전의 제3단계는 송나라로부터 청나라에 이르는 침권법이다. 이 단계의 침권법은 나날이 완성되어가는 방향으로 발전했는데 청나라에 와서는 이미 중화법계(中华法系) 침권법 발전의 정상에 도달했다.

0.2.1.2 중국 고대 침권법의 기본책임제도

중국 고대 침권법에는 모두 세 가지 유형에 15종의 기본책임제도가 있었는데 그 주요내용은 아래와 같다.

(1) 인신침해의 손해배상 : 첫째는 금전적 보상제도(贖铜入杀伤之家)인데 타인에게 인신손해를 초래했을 경우 행위자는 책임부담으로 일정한 액수의 동(铜)[2]을 피해자의 가족에게 지불하여 피해자의 부상, 불구, 사망 등으로 인해 그 가족에 초래된 재산손실을 보상하게 했다. 둘째는 단부재산양섬(断付财产养赡)으로 참혹한 악성살인, 중상 등의 정황에만 적용되어 침권자의 재산을 피해자 혹은 피해자의 가족에게 줌으로써 피해자, 혹은 피해자 가족의 부양에 사용하게 했다. 셋째는 추매장은(追埋葬银)으로 주요한 적용범위는 과실살인으로 고정된 약간 양의 백은을 배상하도록 했다. 넷째는 보고(保

---

2) 당시 동이 금전을 제작하는 원료였기 때문에 동은 곧 돈으로 치부되었고, 동으로 보상하는 것은 배상이나 벌금에 해당되었다.

辜)로 사람을 구타하여 부상을 입혔을 경우, 상황별로 각각의 서로 다른 고한(辜限)을 세워 그 한계 내에서 침해자에게 의료비용을 지불하여 치료하게 하는 것이다. 또 고한 내에 치료가 잘 되었을 경우 처벌을 경감하고, 고한 내에 치료가 무효하여 사망을 초래하거나 불구를 초래했을 때에는 법률에 따라 형벌을 내렸다.

(2) 재산침해의 손해배상 : 첫째는 비상(备偿)으로 중국고대의 비상은 오늘의 배상을 뜻하는데, 전부배상(全部赔偿), 여수배상(如数赔偿) 등으로 나뉘어 대다수의 재산권 침해의 경우에 적용되었다. 둘째는 상소감가(偿所减价)인데 즉 원물이 손해 입은 후, 그 실제직인 감소의 가치를 배상하는 것을 목적으로 실제 손실을 배상하는 것이었다. 셋째는 상감가지반(偿减价之半)으로 그 적용범위는 목축자상살상(牲畜自相杀伤)인데 축주(畜主)의 과실과 무관해도 손실에 대해 쌍방 당사자들이 분담하는 것이었다. 넷째는 배비(倍备)로 전부배상의 기초위에서 다시 1배를 배상하는 것이다. 즉 가배배상(加倍赔偿)으로 중국고대의 징벌성배상제도인데, 이익에 대한 탐욕이 심해 타인의 재산을 절도한 침권행위에 적용되었다. 다섯째는 절좌배상(折剉赔偿)으로 방화로 타인의 재산을 불태웠을 경우 침권자의 가산 전부를 서로 다른 몫으로 나누어 화재를 입은 피해자 수량(집을 단위로 함)에 따라 배상하는 것이다. 여섯째는 추고임전(追雇赁钱)으로 관부(官府)의 관물(官物)에 대한 사용권을 침해했을 경우에 적용되는데, 관부에 그 사용비용을 배상하는 것이다. 일곱째는 착락균배환관(着落均赔还官)으로 관원이 실무를 관리하다가 실수로 관부의 재산수입에 손실을 초래했을 경우에 적용하는 배

상책임이다. 여덟째는 "관청과 주인에 반환하는 것(还官, 主)"
인데 중국고대에 가장 광범위하게 사용된 재산손해배상제도로
현대의 원물반환과 유사하다.

(3) 기타 형식의 침권책임 : 첫째는 복고(复故)인데, 즉 원
상회복을 가리킨다. 주로 골목이나 논밭 길을 침점하거나 공
용도로를 점용하는 침권행위를 일컫는다. 둘째는 수립(修立)
으로, 건축물을 훼손한 경우에 적용되는데, 일종의 재산손해
의 원상회복이다. 셋째는 책심(责寻)이나 구방(求访)으로, 타
인의 재물을 분실했을 경우 책임부담으로 재물을 찾아주는데
적용되었다. 재물을 찾은 자에게는 죄를 면해주고, 찾지 못한
자에게는 배상을 부여했다.

0.2.1.3 중국 고대 침권법의 선진제도

중국 고대 침권법의 일련의 구체적 제도는 세계침권법의 발
전 역사 중에서 선진성(先进性)을 갖추고 있었다고 할 수 있다.

(1) 손익상계원칙(损益相抵原则)은 근대와 현대에 출현한 침
권법과 계약법의 제도이지만 중국고대법률, 즉 『당률』, 『송
형통(宋刑统)』, 『명회전(明会典)』, 『대청률(大清律)』등에는 모
두 '상소감가(偿所减价)'제도가 규정되어 있다. 이 제도는 원
물을 손해 받은 후, 그 물품의 전체 가격에서 잔존가격의 차
액을 삭감하고 나머지를 배상액수로 정하는 것을 가리킨다.
주요한 적용범위는 소, 말 등의 축산이 손해를 입었을 경우의
배상이었다. 이 손익상계규칙의 규정은 651년의 『당률』에서
부터 시작되었다.

(2) 상당인과관계(相当因果关系) : 이는 위법행위와 손해사실 사이에 인과관계를 확정한 일종의 이론으로, 우선 독일의 폰 크리스(Von Kries) 교수가 1888년에 발표한 『객관가능성의 개념을 논함』에서 제기되었다.[3] 중국고대의 『청률.형률.투구(清律.刑律.斗殴)』 보고(保辜)에서는 "사람을 때려 머리에 부상을 입혀, 그 상처로 들어간 바람으로 인하여 사망되었을 경우"에는 인과관계를 인정하지만, "타인에게 맞아 머리에 상처를 입었지만 상처에 바람이 들어가지 않았고, 다른 병으로 인해 죽었을 경우"에는 인과관계를 인정하지 않고 단지 구타로 상해한 죄로만 논한다고 규정했다. 이 규정은 상당인과관세의 요구에 완전히 부합되는데, 1646년의 『대청률』에서 저음으로 시작되었다.

(3) 간접손실이 부담해야 할 배상에 대한 입법 확인: 중국 고대 침권법은 재물손해사실의 간접손실에 대해 반드시 반환해야 한다고 규정했다. "화리(花利)는 관청이나 주인에게 돌려주고"와 "묘자(苗子, 토지의 풋곡식 침해)는 관청이나 주인에게 갚아준다"등이다. 즉 침해를 받았는데, 추가로 간접손실이 인정되었을 경우 반드시 물주(物主)에게 반환해야 하는 것이다.

0.2.2 중국 근대의 침권책임법

중국 근대 침권법은 청나라 말기의 변법(变法)운동 중에 기초된 대청민률초안(大清民律草案) 및 중화민국 건국초기 민법

---

3) 리광찬 등:「형법인과관계론」, 북경대학출판사 1986년 판, 제45쪽.

을 제정하던 시기의 침권법에 대한 규정을 가리킨다. 이 시기, 3부의 서로 다른 민법 및 초안이 선후로 출현했는데 그것들은 『대청민률초안』, 『민국민률초안(民國民律草案)』, 『중화민국민법(中华民国民法)』등이다.

0.2.2.1 『대청민률초안』의 침권행위에 대한 규정

『대청민률초안』의 침권법에 관한 규정은 『일본민법전』, 『독일민법전』, 『프랑스민법전』등 침권법의 정수를 거울로 삼았다. 여기에서는 침권법을 제2편 '채권'에 귀속시키고 제8장을 '침권행위'에 관한 장절로 했으며, 제945조부터 977조까지의 모두 33개 조문을 두었는데, 원칙규정(原则规定), 특수침권행위, 침권손해배상의 구체적 방법 및 소송시효 등의 4개 부분을 포함한다.

0.2.2.2 『민국민률초안』의 침권행위에 대한 규정

『민국민률초안』은 여전히 침권법을 제2편 '채편(债编)'에 두었지만 격식에서는 다소 변화가 있었다. 침권법을 단독적인 장절로 설정한 것이 아니라 '채편'의 제1장 '통칙'의 제1절 '채무발생' 아래 제2항에 '침권행위'라는 조항을 두었으며, 제246조부터 272조까지의 모두 27개 조문을 포함하고 있는데, 『대청민률초안』에 비해 침권법 조문이 5개가 적지만 내용은 크게 변하지 않아 여전히 4개 부분으로 나뉘었다.

0.2.2.3 『중화민국민법』의 침권행위에 대한 규정

『민국민법』은 침권법의 편제서식 상,『민국민률초안』의 작법을 계승 사용하였지만 구체적 편성에서 다소 변화가 있었다. 침권법의 '채편' 제1장 제1절 제2항의 위치를 제5항으로 바꾸었으며 제184조부터 198조까지의 모두 15조의 조문을 두었는데, 합병 등의 방식으로 될수록 조문을 축소하였으며, 가능한 간결한 언어로 정확하게 표현하려 노력했다.

0.2.2.4 중국 근대 침권법 변혁의 의의

중국 근대의 침권법은 중국 고대 침권법, 즉 중화법계 침권법 전통과 철저히 결별을 하고, 서양의 법률을 점차 동양으로 옮겨와서, 완전히 유럽대륙법계 침권법의 품에 투입되어 유럽대륙법계 침권법의 체계, 서식 및 구체적 규칙을 채용하여 중국 침권법의 역사적 변혁을 이루었다. 이 시기로부터 중국 침권법은 대륙법계 침권법의 대가족 구성원으로 되어 동양적 개념과 언어서술로 침권법의 규칙을 사용하기 시작했다. 이는 중국 침권법의 근본적인 변경으로, 중국 침권법은 물론 세계침권법의 발전역사에 있어서도 중요한 의의를 갖고 있다.

0.3 중국 침권책임법의 미래

0.3.1 바야흐로 진행 중인 중국민법전(中国民法典) 편찬운동

모두가 다 알고 있듯이 중국에는 엄격한 의미에서 말하는 민법전이 없다. 현행의 민법규범은 『민법통칙』, 『물권법』,

『계약법』, 『담보법(担保法)』, 『혼인법(婚姻法)』, 『수양법(收养法)』, 『계승법』, 『침권책임법』등 민법단행법들로 구성된 "흩어진 민법전"에 의지하고 있어 법전화(法典化)의 성질과 의미를 갖추지 못하고 있다. 동시에 각 부의 민법단행법 사이에는 서로 충돌하거나 모순되는 부분이 비교적 많아 민법 법전화의 요구에 부합되지도 않고 있다. 때문에 중국민법은 엄격한 의미에서 말하는 법전화의 사업이 반드시 진행되어야 하는 것이다.

눈앞의 중국입법기관에서는 한창 민법전 편찬사업이 진행되고 있고, 민법학자들 중에서도 규모가 광대한 민법편찬운동이 형성되어 있다. 이런 사업의 목적은 빠른 시일 내에 중국민법의 법전화를 완성하고, 한 부의 완정한 법전화 된『중화인민공화국민법』을 만들어내는 것이다. 그 사업의 기획을 보면 2015년부터 2017년까지『민법총칙』의 입법편찬사업을 완성하고, 『민법통칙』의 기초 위에서 한 부의 완정한 민법총칙을 제정하며, 2017년부터 2020년까지 민법분칙(民法分则)부분에 대해 편찬을 진행하여『물권법』, 『계약법』, 『담보법』, 『혼인법』, 『수양법』, 『계승법』, 『침권책임법』과『섭외민사관계법률적용법(涉外民事关系法律适用法)』에 대해 수정과 정합을 진행하여 완정한 민법분칙을 형성하는 것이다.

이처럼 규모가 방대한 민법전 편찬운동 중에는 침권책임법의 수정입전(修订入典) 사업도 들어있다. 때문에 중국 민법전 편찬사업의 운명은 중국 침권책임법의 미래와 연관되기도 한다.

0.3.2 미래의 민법전 중 중국 침권책임법의 지위

미래의 중국민법전에서 침권책임법이 도대체 어떤 지위에 처할 것인지는 미리 예측 가능하다. 이는 목전의 『침권책임법』이 민법체계에서 처한 지위를 근거해서 추정할 수 있다. 즉 침권책임법을 민법체계의 분칙 중 독립적인 한 개의 편(編)으로 할 수 있는바 침권책임법은 실질적인 의미를 가진 민법분칙의 마지막 편을 장식할 수 있게 되는 것이다.

무엇 때문에 실질적 의미를 가지는 민법분칙이라고 하는가? 그것은 중국민법전의 편찬에서 국제 사법(私法) 성질의 『섭외 민사관계 법률 적용법』의 민법분칙에 포함시켰기 때문이다. 실질적인 의미에서 말하면 이 법은 민법전 분칙의 구성부분은 아니지만 반드시 민법분칙의 마지막 편에 귀속시켜야 한다. 따라서 형식적 의미에서 볼 때 『섭외 민사관계 법률 적용법』을 민법분칙의 마지막 편(編)에 적용하는게 맞지만, 실질적 의미에서 보면 침권책임법이 오히려 민법분칙의 마지막 편(編)이 되어야 한다.

무엇 때문에 침권책임법이 실질적 의미에서의 중국민법전분칙의 마지막 편(編)이라고 하는가? 그 원인은 침권책임법을 민법전분칙의 마지막 편(編)으로 함으로써, 그 권리보호법의 지위와 성질을 체현할 수 있고, 또한 이로써 중국민법전의 "총—분—총(总-分-总)"의 논리구조를 형성할 수 있기 때문이다.

이 논리구조가 표명하다시피, 우선 중국민법전의 우선적 부분은 민법총칙이다. 이는 민법의 법률관계에 관한 일반규칙으로서, 민법전의 여러 분칙과 각 편을 통솔한다. 다음으로, 분칙 부분의 주요내용은 물권법편(物权法编), 채권법편(债权法编), 계약법편(合同法编), 혼인가정법편(婚姻家庭法编), 계승법편(继承法编) 및 입안 중의 인격권법편(人格权法编)을 통하여 민사주체가 어떠한 민사권리를 향유하는가를 규정하고 있으며, 또한 이런 민사권리를 행사함에 있어서의 기본규칙을 확정했다. 마지막으로, 침권책임법을 분칙의 마지막 한 개의 편(编)으로 하면서, 민법의 총괄성 규정으로 되돌아가 민사권리를 어떻게 보호할 것인가에 대해 규범화함으로써, 침권책임법이 민법분칙에 의해 규정되지만, 또 민법의 총괄성 규칙의 성질도 가지게 했다. 이렇게 되어 중국 민법전 중의 침권책임법 편(编)은 더욱 중요한 지위를 가지게 되고, 권리보호의 작용을 더욱 충분히 발휘하게 되는 것이다. 침권책임법의 이러한 논리적 지위는 채권법의 구성부분으로써의 논리적 지위와 비교해볼 때 침권책임법의 기능 발휘에 더욱 유리하고, 침권법의 발전에 더욱 유리하다는 것이 명백해진다.

0.3.3 중국 침권책임법 수정입전 (修订入典) 의 취사선택

『침권책임법』은 흠잡을 데 없이 완벽한 침권법이 아니기에 아직도 일정한 결함이 있다. 때문에 수정을 거쳐 중국민법전에 올리기 위해서는 적당한 취사(取舍)가 필요할 뿐만 아니라 민법전에 오를 때 민법총칙과 민법분칙의 각 부분과 상호 충돌해서도 안 되며, 민법전의 구성부분으로서 더욱 완벽해야 할 것이다.

우선 침권책임법의 체계를 확정함에 있어서 총칙성 규정

과 분칙성 규정의 나눔을 견지해야 하지만 개진해야 할 부분들도 있다. 첫째로 목전의 제4장의 규정 "책임주체의 특수규정에 관하여"에는 비교적 큰 문제가 존재하여 개진이 필요하다. 표제에서 보다시피 이 부분은 총칙의 내용에 속하는데 실제 내용은 6종의 구체적인 침권행위 유형으로 규정하고 있는데, 사실상 분칙의 내용에 속한다. 때문에 이 부분은 반드시 해체하여 구체적인 특수침권책임 유형으로 규정해야 한다. 둘째로 침권책임 유형에 대해 아직도 추가해야 할 내용이 있는데 이를테면 주문자과실책임(定作人指示过失责任), 산재사고책임(工伤事故责任), 품꾼책임(帮工责任) 등이다.

다음으로 침권책임법 편찬에 대한 구체적 내용인데 더러 적절하지 않은 부분이나 오류도 존재하기에 시정이 필요하다. 예를 들어보면 다음과 같다.

첫째로 제2장에는 불진정연대책임(不真正连带责任)의 규칙에 대해 규정하지 않았고, 또 분칙성 규정 중에는 서로 다른 형태의 불진정연대책임 적용을 대량적으로 규정해놓았기에 추상적 규칙의 지도가 결핍하다.

둘째로 제26조에서 과실상계원칙(过失相抵原则)을 책임 경감의 사유로 규정했는데 과실상계규칙이 가지고 있는 배상원칙의 성질을 헷갈리게 했다.

셋째로 목전의 제3장에서 규정하고 있는 면책사유의 종류가 부족하다. 직무권한부여행위(职务授权行为), 자구행위(自助行为), 의외(意外), 피해자승낙 및 위험자초(自甘风险) 등의 면책사유에 대해 규정하지 않았기에 반드시 추가되어야 할 것이다.

넷째로 제35조의 뒷부분에서 개인노무의 산재사고책임에

대한 과실책임원칙 적용을 규정했는데 개체노동자에 대한 보호가 주밀하지 못한 문제가 존재하고 있어 노무를 제공하는 쪽의 합법적 권익에 손해를 주는바 반드시 무과실책임원칙을 적용해야 할 것이다.

다섯째로, 제81조에서 동물원에서 사육하는 동물에 대한 손해책임규정을 과실추정원칙으로 하였는데, 이는 이처럼 위험성이 아주 큰 침권책임의 위험성경고를 인하시켰을 뿐더러 귀책표준도 부당하기에 이 역시 반드시 시정되어야 할 것이다.

여섯째로 목전 빅데이터시대(大数据时代)에 대량으로 발생하는 온라인교역플랫폼의 침권책임에 대한 규정이나 규칙이 따로 없다는 것이다. 목전에 적용되는 것은 『소비자권익보호법』의 관련 규정인데 이 법의 규정도 아직 완전하지 못하다.

현재의 『침권책임법』의 기초에서 꼼꼼하고 전면적으로 수정하여 중국민법전의 분칙에 올려야 하며 이러한 중국 침권법이야말로 세계적인 의의를 가지는 침권법으로서 손색이 없을 것이다. 이는 중국 침권법 학자들이 중국 침권책임법에 대한 열정적 지향과 추구이기도 하다.

제 1 장

일반규정

제1장
일반규정

【법률조문】

제1조. 민사주체의 합법권익을 보호하고, 침권책임(侵权责任)을 명확히 하며, 침권행위(侵权行为)에 대한 예방 및 제재를 통하여 사회 화합과 안정을 촉진하고자 본 법률을 제정한다.

제2조. 타인의 민사권익을 침해했을 경우 본 법률에 의해 응당 침권책임을 부담해야 한다.

본 법률이 일컫는 민사권익(民事权益)이란 생명권(生命权), 건강권(健康权), 성명권(姓名权), 명예권(名誉权), 영예권(荣誉权), 초상권(肖像权), 프라이버시권(隐私权), 혼인자주권(婚姻自主权), 후견권(监护权), 소유권(所有权), 용익물권(用益物权), 담보물권(担保物权), 저작권(著作权), 특허권(专利权), 상표전용권(商标专用权), 발견권(发现权), 주주권(股权), 계승권(继承

权) 등 인신 및 재산권익을 포함한다.

제3조. 피침권자(被侵权人)는 침권자(侵权人)가 침권책임을 부담하도록 청구할 권리가 있다.

제4조. 침권자가 동일행위로 인하여 행정책임 또는 형사책임을 부담하더라도, 법에 따라 침권책임을 부담하는데 영향을 주지 않는다.

동일행위로 인하여 응당 침권책임 및 행정책임, 형사책임을 부담해야 할 경우, 침권자의 재산이 지급하는데 부족하면 침권책임을 먼저 부담한다.

제5조. 기타 법률에서 침권책임에 대하여 별도의 특별규정이 있을 경우 해당 규정에 따른다.

【전형적인 사례】

궤이양(贵阳) 시의 모 부부는 결혼생활 20년에 16세의 자녀 하나를 부양하고 있었다. 그러나 쌍방의 감정이 파열되어 더 이상 혼인을 유지할 수 없게 되자 협의이혼을 하게 되었는데 재산분할에 이견이 없었지만 누가 자녀를 부양하는가 하는 문제에서 다투던 중, 자녀가 남자 측의 친자녀가 아님이 밝혀졌다. 이로 인하여 남자 측에서는 생육권(生育权)을 침해받았다고 여자 측을 기소했다. 법원의 심리에 따르면 여자 측에서 다른 남자의 자식을 생육한 사실을 남자 측에 숨긴 것은 생육권 침해의 객관적인 의거로 볼 수 없고, 다만 남자 측 자녀생육의 신분이익(身份利益)을 지연시켰기에 신분이익을 침해한

침권행위가 성립되어 침권책임을 지게 된다.[4]

1.1 중국 침권책임법의 입법목적과 보호범위

1.1.1 입법목적

중국『침권책임법』은 중국민법의 구성부분으로 민사주체의 권리보호문제의 해결에 치중하고 있다. 이 법률 제1조에서 규정, 게시한 중국『침권책임법』의 입법목적은 아래와 같다.

1.1.1.1 민사권리 손해 구제 , 민사주체 합법권익 보호

민법의 기본내용은 민사주체가 누려야 할 권리 및 권리 행사에 관한 기본규칙이다.『침권책임법』의 기능은 민사주체의 권리 행사에 법적보장을 제공하는 것이다. 권리가 비합법적인 침해를 받았을 때『침권책임법』은 피침권자의 침권청구권 획득과 침권자의 침권행위가 성립됨을 확인하고, 침권자가 침권책임을 부담하는 방식을 통하여 피침권자의 권리가 손해를 받기 전 상태로 회복되게 함으로써, 민사주체의 권리를 보호한다. 때문에『침권책임법』의 가장 중요한 입법목적은 바로 민사권리가 침해받지 않도록 보호하고, 민사권리가 침해받았을 때 제때에 구제를 받게 하는 것이다.

---

4) 본 사례의 요지는 다음과 같다.『침권책임법』제2조 제2항에서 규정한 침권책임법의 보호범위는 민사권익이다. 여기서 민사권리는 비교적 명확하지만 민사이익을 어떻게 보호할 것이냐는 명확하지 않기에 실천적 경험으로 확정해야 한다. 본 사건에서 침권행위가 침해한 객체는 신분이익으로, 민사권익의 범주에 속하며『침권책임법』의 보호를 받는다.

1.1.1.2 침권청구권을 구성하는 요건의 확정과 침권책임의 명확화

『침권책임법』이 권리를 보호하고, 권리 손해를 구제하는 기본방법은 피침권자에게 침권청구권을 부여하는 것인데 피침권자는 침권자에게 손해배상 등의 침권책임을 부담하도록 청구할 수 있다. 때문에 『침권책임법』은 침권책임을 확정하는 민사기본법이며, 침권책임의 확정을 통해 민사권리를 보호하는 목적을 실현하는 법률이다.

1.1.1.3 재산성（財產性） 민사책임으로 침권자에 대한 징벌 및 침권행위에 대한 제재

중국 침권법에서는 침권책임의 징벌성에는 주요하게 두 개의 방면으로 표현된다고 인정하고 있다. 첫째는 『침권책임법』이 재산성 민사책임을 지도록 강제하는 것인데, 피침권자의 권리손해 보상을 위해 침권자가 반드시 재산을 지불하도록 징벌하는 것이다. 둘째는 『침권책임법』이 침권자에 대한 적당한 징벌성배상을 인정하는 것이다. 인신권이 침해를 받은 악의적인 침권행위에 대해 한계적인 징벌성배상금을 확정하여 침권자를 더욱 효과적으로 징벌하고, 위법행위를 제재하는 것이다.

1.1.1.4 침권행위를 예방하여 사회의 조화와 안정을 촉진한다

권리인의 보호나 침권행위에 대한 제재 혹은 징벌을 막론하고 『침권책임법』의 중요한 목적의 하나는 침권행위의 발생을 예방하는 것인데 침권행위에 대한 제재와 침권자에 대한

재산징벌을 통하여 『침권책임법』의 조절기능을 발휘하고, 일
반적인 경고작용을 발휘하며, 공중이 민사법률을 준수하도록
교육하고, 권리를 존중하며, 의무를 이행하고, 타인의 권리
를 침해하지 않도록 하는 것이다. 진일보로 시민사회의 질서
를 규범하고, 법률관계의 유전(流轉)이 정상적으로 진행되게
하며, 사회의 조화와 안정을 촉진하고, 인민의 안거낙일(安居
乐业)을 보장하는 것이다.

1.1.2 보호범위

『침권책임법』제2조 제2항에서 본 법률의 보호범위를 규정
했는데 이에는 민사권리(인신권리와 재산권리)와 민사이익(인신이
익과 재산이익)을 포함한다.

1.1.2.1 『침권책임법』은 모든 실체민사권리를 보호한다

민사권리는 『침권책임법』제2조 제2항이 열거한 내용을 포
함하지만 거기에만 국한된 것은 아니다. 무릇 실체민사권리는
모두 『침권책임법』이 보호하는 범주에 속한다. 본 항에는 민
사권리에 대한 규정이 따로 없이 '(等)'자 하나로 모든 민사권
리를 포함하고 있다. 『침권책임법』이 보호하는 권리범위는 (1)
인신권(생명권, 건강권, 신체권, 성명권─姓名权, 명칭권─名称权, 초상
권, 명예권, 신용권, 영예권, 프라이버시권, 인신자유권과 성자기결정권 등),
(2) 신분권(배우자권(配偶权), 친권, 친속권 등), (3) 물권(소유권, 용익
권, 담보물권 등), (4) 채권과 주주권, (5) 지식재산권(저작권, 특허
권, 상표전용권, 발견권─发现权 등), (6) 계승권 등이 있다.

1.1.2.2 『침권책임법』이 보호하는 민사이익

중국 『침권책임법』도 민사이익을 보호하지만 그 범위에 대한 명확한 규정이 없다. 이미 확정한 방법은 우선 법률이 이미 명문화한 규정은 반드시 보호를 받아야 할 합법적인 권리로 『침권책임법』이 보호하는 범위에 포함된다는 것이다. 이를테면 사망자의 인격 이익이다. 다음으로 고의로 미풍양속을 위반함으로써 타인의 이익을 손해를 준 경우이다. 이와 같은 이익은 『침권책임법』의 보호범위에 속한다. 그 다음으로 이익손해는 반드시 중대한 정도에 도달해야 하며, 경미한 이익손해는 침권책임 보호의 범위에 들지 않는데 이는 민사주체의 행위자유를 더욱 잘 보호하기 위한데 있다.

중국 『침권책임법』이 보호하는 민사이익범위는 아래와 같은 다섯 가지가 있다.

(1) 기타 인격이익(人格利益). 즉 일반인격이익으로 구체적인 인격권에는 포함되지 않지만 반드시 법에 따라 인격이익을 보호한다. 어떤 인격이익이든 비록 명문규정이 따로 없지만 법에 따라 보호를 진행할 필요가 확실하기에 모두 이 개념 속에 포함될 수 있고, 『침권책임법』의 보호범위에 든다.

(2) 사망자의 인격이익. 『민법통칙(民法通則)』의 명문규정에는 사망자의 인격이익에 대한 보호규정이 없지만 사망자의 모종의 인격이익은 확실히 보호받을 필요가 있다. 최고인민법원의 『민사침권정신손해배상책임의 약간한 문제의 해석 확정에 관하여(关于确定民事侵权精神损害赔偿责任若干问题的解释)(2001)』에서는 사망자의 성명, 초상, 명예, 영예, 프라이버시

및 유체와 유골 등에 인격이익이 부여되기에 보호받을 수 있다고 규정했다. 무릇 상술하는 사망자의 인격이익을 침해하여 손해를 초래하는 행위는 모두 침권행위로 인정되어 사망자의 가족에 대해 손해배상을 부담할 책임이 있다.

(3) 태아의 인격이익. 『침권책임법』의 태아의 인격이익을 보호하는 규칙은 다음과 같다. 첫째, 태아가 모체 속에서 신체손해를 받거나 건강손해를 받았을 때 법률은 손해배상청구권이 발생한다고 인정한다. 둘째, 태아의 손해배상청구권은 출생 후를 기다렸다가 법에 따라 행사할 수 있다. 셋째, 초생아가 민사행위능력을 행사할 수 없을 때 그 침권책임 청구권은 친권자가 대신 행사하며, 모친이 대신 행사하는 것은 아니다. 넷째, 태아가 출생했을 때 사체(死体)라면 태아의 손해배상청구권은 발생할 수 없지만 피해자, 즉 모친(임신부)이 손해배상청구권을 향유할 수 있다.

(4) 기타 신분이익. 친속사이에서 특정한 친속관계에 의해 발생한다. 신분권에 포함되는 이익이 아니지만 『침권책임법』의 보호를 받는다. 본 장의 앞부분에 언급한 전형적인 사례에서, 피의자가 침해한 것이 바로 기타 신분이익으로, 권리가 아니다. 신분이익을 침해한 행위는 침권책임으로 인정되기에 『침권책임법』 제2조와 제6조의 제1항 규정에 부합된다.

(5) 기타 재산이익. 물권, 채권, 지식재산권 등 재산권이 보호하는 재산이익 외의 재산이익이다. 적지 않은 재산이익상의 손실은 재산권리 중에 포함되지 않고 단지 재산이익손실에 불과하지만 모두 『침권책임법』의 보호를 받을 수 있다. 또 『침권책임법』 제2조 제2항이 규정한 기타 재산권익에 포

함되어 『침권책임법』의 보호를 받는 민사이익으로 친다.

1.2 침권행위와 침권행위의 일반조항

1.2.1 침권행위의 개념

1.2.1.1 정의와 특정

중국학자들이 인정하기를, 침권행위는 행위자의 과실, 혹은 법률이 특별히 규정한 상황에서 과실 여부를 불문하고, 법률이 규정한 의무를 위반하여, 작위든 무작위든 타인의 인신·재산 권리 및 인신·재산이익을 침해했을 때 법에 따라 손해배상 등의 법적인 책임을 부담해야 하는 위법행위이다. 그 특징은 아래와 같다.

(1) 침권행위는 일종의 위법행위이다. 위법성은 침권행위의 기본성질이다. 우선 침권행위는 합법행위가 아닌 일종의 법률규정을 위반한 행위이다. 다음으로 침권행위가 위반한 법률은, 국가가 민사주체권리를 보호하기 위한 보호성규범과 민사주체권리에 대한 침해를 금지하기 위한 금지성규범이다. 그 다음으로, 침권행위에서 위법의 방식은 법률이 사전에 규정한 의무를 위반한 것으로, 작위와 무작위의 의무를 포함한다.

(2) 침권행위는 과실을 범한 행위이다. 침권행위는 반드시 과실을 범한 것으로, 단지 법률이 특별히 규정한 정황 하에서만 과실이 없어도 침권행위의 형성이 가능하다. 법률이 특별히 규정한 생산품책임, 환경오염책임, 고도위험책임, 사육동물손

해책임(饲养动物损害责任) 등 특수한 상황에서의 특수침권행위에 한해서는 과실이라는 요건을 필요로 하지 않는다. 그 외의 침권행위는 모두 행위자의 고의 혹은 과실로 인한 행위이다.

(3) 침권행위는 작위와 무작위 두 가지 행위를 포함한다. 침권행위는 일종의 객관행위이지 사상활동이 아니며 작위나 무작위의 방식이 모두 가능하다. 그 구체적인 방식의 형성근원은 법률이 행위자에게 부여하는 법정의무(法定义务)의 서로 다른 성질에 있다.

(4) 침권행위는 반드시 손해배상을 부담하는 것을 주요한 책임방식으로 하는 행위이다. 침권행위가 손해를 초래했을 때에는 반드시 손해배상이라는 법률적 관계를 야기하는데 행위자가 부담하는 주요한 법적 책임은 손해배상이다. 『침권책임법』이 규정한 침권행위의 법적 책임은 원상태 회복, 재산 반환, 침해 정지, 영향 제거, 명예 회복, 사과 등을 포함하지만 그들은 침권법에서 손해배상이 부담하는 지위와 작용을 대체할 수 없다.

1.2.1.2 침권행위의 외연

침권행위의 외연은 침권행위의 법률개념이 포함하는 범위를 가리킨다. 『침권책임법』제16조, 제19조와 제22조에서는 중국 침권행위의 개념적 외연에 대해 규정하고 있는데 아래와 같은 세 가지 내용을 가지고 있다. (1) 제16조에서는 생명권, 건강권, 신체권 침해를 침권행위로 규정했다. (2) 제19조에서는 재산권익의 침해를 침권행위로 규정하였는데 여기에는 물권, 채권, 지식재산권을 침해한 침권행위가 포함된다. (3) 제22조에서는 기타 인신권익의 침해를 침권행위로 규정했는데 여기에는 성명권, 명칭권, 초상권, 명예권, 인신자유권, 프라이버시권, 성자기결정권 및 신분권 등의 침해행위가 포함된다.

1.2.2 침권행위의 일반조항

1.2.2.1 침권행위의 일반조항 및 그 의의

성문법의 국가민법에서 규정한 침권행위법은 모두 일반화의 입법방법을 채택하여 진행되는데 민법채편(民法債編) 중에서 전문 침권법을 규정했을 뿐더러 우선적으로 침권행위 일반조항을 규정했다. 이를테면 『프랑스민법전』 제1,382조와 『독일민법전』 제823조 및 기타 국가 민법에 상응하는 조문(条文)들이 이에 해당한다.

각국의 침권법에서 규정한 침권행위 일반조항에는 두 가지 방법이 있다. 첫째로 침권행위 일반조항은 일반적인 침권행위만 조정하도록 규정한 것이다. 이를테면 프랑스민법과 독일민법에서 상술한 규정이 바로 그러하다. 둘째로 침권행위 일반조항이 모든 침권행위를 조정하도록 규정한 것이다. 이를테면 『에티오피아민법전』 제2027조가 바로 그러하다.

성문법의 민법전 입법에서 규정한 침권행위 일반조항의 의의는 아래와 같다. 첫째, 입법을 간소화했다. 될수록 가장 간단한 조문으로 대량의 침권법 내용을 개괄했다. 둘째, 침권행위 일반조항을 고도로 농축했다. 따라서 이 조문은 일반침권행위의 고도화된 개괄로, 구체적인 침권행위에 대해 일일이 규정하지 않았다. 셋째, 법관에게 개괄적인 재판준칙을 부여했다. 따라서 법관은 침권행위 일반조항에 따라 모든 일반침권행위에 대해 판결을 내릴 수 있게 되었다.

1.2.2.2 『침권책임법』에서 침권행위의 일반조항

『침권책임법』에서 규정한 침권행위 일반조항은 크고 작음으로 배합된 이중모식을 채용하였다. 이를테면 제2조에서 규정한, 모든 침권행위를 아우르는 침권행위 일반조항이 있을 뿐만 아니라, 또 제6조 제1항에서 규정한, 일반침권행위만 규제하는 침권행위 일반조항도 있는데, 이 두 가지는 각각 다른 역할을 하고 있다.

『침권책임법』제2조는 침권행위 일반조항으로, 그 역할은 모든 침권행위를 포함한다는 데 있다. 어떠한 유형이나 정도의 침권행위도 여기에 포함되며, 설령 사회의 발전으로 인해 새로운 유형의 침권행위가 출현하더라도 모두 이 조문 범위에 포함된다.

『침권책임법』제6조 제1항에서 규정한 과실책임은 작은 침권행위 일반조항이라 할 수 있다. 일반침권행위에 대해, 『침권책임법』에는 유형화(類型化)의 규정이 따로 없지만 여전히 과실책임의 일반규정에 따라 법률에 적용되며, 일반침권행위의 침권청구권의 기초는 여전히 제6조 1항이라고 확인했다.

두 개의 일반조항은 서로 배합되지만 각각 다른 역할을 하고 있다. 이는 중국 『침권책임법』의 선명한 특점으로, 다른 나라의 침권법의 침권행위 일반조항의 규정과 다른 양상을 보이고 있다.

1.2.3 일반침권행위 및 그 유형

『침권책임법』 제6조 제1항에서 규정한 침권행위 일반조항을 적용하여 조정하는 침권행위가 바로 일반침권행위이다. 일반침권행위에는 도대체 어떤 유형들이 있는지에 대해 중국 법률에는 특별한 규정이 없는데 학자들은 아래와 같은 9종의 침권행위 유형이 있다고 인정한다.[5]

1.2.3.1 고의 혹은 과실로 인한 인신침해

고의 혹은 과실로 인한 인신침해의 침권행위는 고의, 혹은 과실로 인해 생명권, 건강권, 신체권과 이와 관련된 인격이익을 침해대상으로 하는 침권행위를 가리킨다. 고의, 혹은 과실로 인신을 침해한 행위의 손해배상책임은 재산상의 손실을 배상하는 것으로 의료비 배상, 결근비용 배상, 장례비용 배상, 신체손해배상금(殘疾賠償金), 사망배상금 등의 여러 가지 유형이 있다. 동시에 정신손해위안금도 배상해야 한다.

1.2.3.2 고의 혹은 과실로 인한 인격침해

고의, 혹은 과실로 인한 일반인격권 침해, 혹은 정신성인격

---

5) 양리신:『침권책임법』, 법률출판사 2012년 판, 제372~406쪽.

및 그 이익을 침해한 행위는 고의, 혹은 과실로 인한 인격침해의 침권행위를 초래한다. 이런 침권행위가 침해하는 객체에는 인신자유권, 명예권, 프라이버시권, 성자기결정권, 초상권, 성명권, 명칭권, 영예권, 신용권, 인격존엄과 기타 인격이익(일반인격권) 등이 포함된다. 무릇 고의 혹은 과실로 인한 인격 및 이익을 침해한 침권행위는 모두 과실책임원칙에 적용된다.

고의 혹은 과실로 인한 인격침해의 기본 구제수단은 정신손해배상, 침해로 정지된 이익에 대한 보충, 사과, 영향제거, 명예회복 등 비재산성 민사책임방식으로 구체적인 정황에 근거해서 어떠한 침권책임 방식인지를 결정한다. 공개권(公开权)의 규정 위반, 성명권, 초상권, 프라이버시권 침해 등으로 권리자의 재산이익을 침해했을 경우, 『침권책임법』 제20조의 규정에 따라 반드시 재산이익상의 손해를 배상해야 한다.

1.2.3.3 가정관계의 방해

가정관계를 방해한 침권행위는 배우자권(配偶权), 친권, 친속권 등의 신분권을 침해한 것으로 친속신분이익(亲属身份利益) 침해를 초래한 침권행위이다. 가정관계를 방해한 침권책임 방식에는 침해 정지, 사과, 손실배상 등이 있다. 손실배상은 주요하게 정신손해배상으로, 배상범위는 신분권 중의 정신이익손해이다. 배상책임 확정은 인격 및 그 이익의 침해에 대한 정신손해배상의 일반규칙을 참조한다. 신분권의 재산관련 친속이익을 침해했을 때에는 반드시 재산손해배상책임을 부담해야 한다.

1.2.3.4 물권침해

타인의 소유권과 물권을 침해하여 재산이익상의 손해를 초
래한 것은 물권을 침해한 침해행위로 인정된다. 그 행위의 방
식과 후과는 다음과 같다.

첫째는 불법 점유이다. 타인이 합법적으로 소유하거나 점
유하고 있는 재산을 불법적으로 점유하거나 혹은 자기 것으
로 만들어 재산의 점유상태를 변경시킴으로써, 권리인이 재
산에 대한 권리나 점유권을 상실하게 하는 행위이다.

둘째는 훼손이다. 침권행위로 인해 재산적 가치와 사용가
치를 훼손하여 재산소유인, 혹은 점유인이 가지고 있는 재산
의 가치량(价值量)을 감소되게 한 행위이다.

셋째는 재산이익의 손실을 초래한 것으로, 기타의 행위방
식으로 타인의 물권을 침해하여 발생한 후과를 일컫는다. 타
인의 소유권과 타물권을 침해하여 재산이익상의 손실을 초래
했을 경우에는 반드시 원상회복, 원물반환, 손실배상 등의 민
사책임을 부담해야 한다. 타인의 합법적 점유를 침해했을 경
우 반드시 원물반환, 원상회복 등의 책임을 부담해야 하며,
손실을 초래했을 경우에는 반드시 손실을 배상해야 한다.

1.2.3.5 채권침해

채권침해란 타인이 소유하고 있는 합법적 채권을 그 침해
의 객체로 한 고의적 침해행위로, 상응하는 채권의 실현이 불

가하도록 손해를 입힌 침권행위이다. 제3자가 채권을 침해한 침권행위는 『침권책임법』 제2조 제2항에 포함된다.[6] 채권을 침해한 침권행위의 구체적인 형식으로는 계약을 위반하도록 부추기는 것, 채권 이행을 제지하는 것, 타인의 채권 증여를 교란하는 것, 채권준점유자가 채권을 주장하는 것, 대리인이 대리권을 초월하여 피대리인의 채무자에 대해 피대리인의 채무를 면제하도록 제한하는 것, 제3자와 채무자가 공모하여 채권의 실현을 방해하는 것 등이 있다.

1.2.3.6 지식재산권 침해

지식재산권을 침해한 침권행위는 저작권 침해, 특허권 침해, 상표권 침해 등 무형재산권의 침권행위로 주요하게 『저작권법』, 『상표법』, 『특허법』등의 규정에 따른다. 침권책임법 중에 이와 같은 침권행위는 일종 유형의 책임을 포함하는데 그들로는 타인의 저작권, 특허권, 상표권 등을 침해하여 손해를 초래한 침권행위로 반드시 침해정지, 손실배상 등의 책임을 부담해야 한다.

1.2.3.7 미디어 침권

미디어 침권행위는 신문 침권, 문학작품 침권, 웹 침권 등이 포함되는데 미디어를 통해 타인의 민사권익을 침해한 침권행위이다. 『침권책임법』 제36조에서는 웹 침권책임은 규

---

6) 왕성밍 주편:『중화인민공화국침권책임법해』, 중국법제출판사 2010년 판, 제11쪽.

정했지만 기타 미디어 침권책임규칙에 대한 규정은 따로 없고, 『침권책임법』 제6조 제1항의 규정을 적용하여 미디어 침권책임을 확정한다. 미디어 침권행위는 모두 문자 혹은 언어의 형식으로 타인의 민사권리와 이익을 침해하는 것으로 주요한 침해 객체는 정신성인격권(精神性人格权)이다. 특히 명예권, 성명권, 초상권, 프라이버시권 등의 권리 및 기타 인격이익이다. 미디어 침권행위는 과실책임원칙, 위법행위 구비, 손해사실(损害事实), 인과관계와 과실 등의 네 가지 요건으로 구성된다.

1.2.3.8 상업침권

상업침권(商业侵权)은 현대침권책임법 중에서 점차 발전하고 있는 특수침권행위이다. 그 기본 특점은 상업영역에서 발생하며, 행위주체나 피해자는 상업에 종사하는 법인 및 자연인이라는 것이다. 이런 종류의 침권행위가 침해하는 것은 하나의 단순한 권리객체가 아니다. 물권이나 채권, 지식재산권이나 인격권, 혹은 일종의 경영이익일 수도 있다. 상업침권의 손해배상책임은 상업활동의 특점과 결부하여 확정하여야 할 것이다.

1.2.3.9 악의이용 (恶意利用) 소송절차

악의이용 소송절차에는 (1) 악의소송, 즉 민사소송절차를 악의적으로 이용한 것. (2) 악의고발, 즉 형사소송절차를 악의적으로 이용한 것. (3) 소권(诉权) 남용, 행위자에게 소권이 있지만, 정당한 소권 행사가 아닌, 불법적인 목적으로 형사소

송과 민사소송을 제기하여 피해자에게 손실을 조성한 행위이
다. 이로 인해 피해자에게 손실을 초래했을 경우 반드시 배상
책임을 부담해야 한다.

1.3 침권책임 청구권

1.3.1 침권책임 청구권의 개념

침권책임 청구권은 침권법률관계가 발생된 후, 침권자가
상응하는 침권책임을 부담할 수 있도록 청구할 수 있는 피침
권자의 권리를 말한다. 『침권책임법』 제3조에서 피침권자의
침권청구권에 대해 규정하고 있다. 즉 "피침권자는 침권자가
침권책임을 부담하도록 청구할 권리가 있다"는 조목이다.

침권책임 청구권은 일종의 신생 권리로 민사권리의 구제권
(救済权)과 보호권(保护权)이다. 때문에 침권책임 청구권은 방
법성 청구권이지 권리유형의 청구권은 아니다. 침권자의 침
권행위로 인해 피침권자에게 손해를 조성하여 침권책임이 발
생했을 경우, 피침권자에게 침권책임 청구권이 발생되며 침
권자가 부담해야 할 침권책임을 주장할 권리가 있고, 자신의
민사권익손해를 구제할 권리가 있다.

1.3.2 침권책임 청구권과 거증책임 [7]

청구권과 거증책임은 밀접한 연관을 가지고 있다. 중국 『민

---

7) 거증책임(擧證責任): 소송법상의 증거 의무로서, 의무자가 법원을 설득할 수
   있는 증거를 제출하지 않는 경우에 입게 되는 소송상의 불이익

사소송법』 제64조에는 "당사자는 자신이 제기한 주장에 대해 증거를 제출해야 할 책임이 있다.", "당사자 및 그 소송대리인이 객관적 원인으로 인해 증거를 스스로 수집할 수 없거나, 혹은 인민법원에서 사건 심리에 필요하다고 판단한 증거에 대해서는, 마땅히 인민법원에서 조사하고 수집해야 한다. 인민법원에서는 마땅히 법정질서에 따라 전면적이고 객관적으로 증거를 심사하고 확인해야 한다"등을 규정했다.

침권책임 청구권과 거증책임의 관계는 아래와 같다.

1.3.2.1 침권청구권을 가지는 당사자는 거증책임을 져야 한다

침권책임 청구권(侵权请求权)을 가지는 피침권자는 자신이 제기하는 주장에 대해 증거를 제출하고 증명해야 할 책임이 있다. 침권자에게 침권책임이 있다는 자기의 주장을 증명할 수 없을 경우 반드시 패소(败诉)의 결과에 대해 책임져야 한다.

1.3.2.2 과실추정원칙과 무과실책임원칙의 거증책임 도치(倒置)

무과실책임원칙과 과실추정원칙을 적용할 경우, 원고가 자신이 반드시 증명할 내용을 증명하는 것 외에 일부 사실에 대해서는 거증책임 도치(倒置)를 실행하여, 침권자가 해당 사실에 대해 증명해야 한다. 『침권책임법』에서는 과실추정원칙을 적용한 침권행위의 경우 그 과실에 대해 추정하고, 침권자는 반드시 자신에게 과실이 없음을 증명해야 한다고 규정했다. 『침권책임법』에서는 무과실책임원칙을 적용한 침권행위의 경우, 피침권자는 반드시 위법행위, 손해사실, 인과관계 등의 세 가지 요건을 증명해야 하며, 만약 침권자가 "피침권자의 고의로 인해 일어난 손해"라고 주장할 경우 거증책임 도치를 적용해 침권자가 피침권자의 과실을 거증 증명해야 한다고 규정했다.

1.3.2.3 법원은 증거를 조사하고 수집해야 할 책임이 있다

청구권자는 거증책임을 져야 하고, 법원에서도 필요한 증거를 조사수집 할 책임이 있다. 침권책임 청구권자는 자신의 배상청구를 위해 증거를 제공할 책임이 있고, 법원의 주요임무는 증거를 심사하여 확인하는 것이다. 당사자 및 그 소송대리인이 객관적 원인으로 인해 자기 스스로 증거 수집을 할 수 없는 경우나, 혹은 인민법원이 사건 심리에 증거가 필요하다고 인정할 경우 인민법원에서는 마땅히 증거를 조사하고, 수집해야 한다.

1.4 비충돌성 법규경합과 침권책임청구권 우선권 보장

1.4.1 법규경합으로 초래된 침권책임과 형사책임 혹은 행정책임 경합

1.4.1.1 법규경합의 일반원리

법규경합(法規竞合)은 하나의 위법행위가 동시에 몇 개의 법률을 위반하거나 혹은 몇 개의 법률조문을 위반했을 경우, 법률을 적용함에 있어서, 그 행위가 저촉한 어느 한 법률조목을 적용함과 동시에 또 기타 법률조목의 적용을 배제하거나, 혹은 서로 다른 법률조문을 동시에 적용하는 법률적용 규칙이다. 법규경합의 실질은 동일위법행위나 동시에 다수의 법률 조문을 위반하는 것이다.

책임경합(責任竞合)도 법규경합으로 법규경합의 구체적 표현형식이다. 이는 일종의 객관존재의 현상이라 할 수 있는데, 민법 중의 위약책임과 침권책임의 경합처럼 동일한 법률 부문의 내부에서 발생할 수도 있으며, 민사책임과 형사책임, 민사책임과 행정책임의 경합처럼 동일하지 않은 법률부문에서 발생할 수도 있다.

『침권책임법』제4조 제1항에서 규정한 법규경합은 동일하지 않은 법률부문의 책임경합을 가리킨다.

법률규범 사이의 부동한 관계에 근거하여 법규경합을 충돌성 경합과 비충돌성 경합으로 나눈다. 충돌성 경합은 몇 개이 법률규범을 동시에 적용할 수 없는 경우로 사법기관이나 권리자가 그 중에서 하나밖에 선택하지 못한다. 이를테면 형사법률의 충돌성 경합은 사법기관에서 적용할 법률규범을 확정하고, 민사법률의 충돌성경합은 통상적으로 권리자가 적용할 법률규범을 선택한다. 비충돌성 경합은 몇 개의 법률규범을 동시에 적용하는 것이 가능한 경우로, 부동한 법률규범에서 발생한 여러 개의 법적 책임이 동시에 상충되지 않고 동시에 진행되고 공존할 수 있다.

부동한 법률부문 사이에 발생하는 책임경합은 통상적으로 비충돌성 법규의 경합이다. 이를테면 상해죄는 형사책임과 침권책임을 동시에 추궁할 수 있다.[8]

---

8) 류스신(刘士心)의『법률경합논쟁과 개념의 새로운 구축』참고,『국가검찰관학원학보』2002년 제3기.

1.4.1.2 침권책임과 형사책임 혹은 행정책임 경합의 후과

『침권책임법』제4조 제1항의 규정에 따르면 침권책임과 형사책임, 혹은 행정책임경합의 후과는 "법에 따라 침권책임을 부담하는 것에 영향 받지 않는 것"으로, 이로 인해서 부대민사손해배상책임(附帶民事損害賠償責任)이 발생하게 된다.

(1) 형사부대민사손해배상(刑事附帶民事損害賠償). 어떠한 행위가 법률에 의해 범죄행위로 규정되면서 동시에 또 침권행위로 규정 될 경우, 형사법률과 민사법률의 규범이 한데 경합하게 된다. 그 행위가 형법상 범죄행위에 속하면서 동시에 민법상에서 침권행위에 속할 경우, 재판상의 모순과 당사자의 소송누적을 피하기 위해 사법기관이 피해자 및 기타 연관자의 신청에 근거하여 형사소송의 절차를 적용하여, 이 두 가지 소송청구를 합병하여 심사함으로써, 피고인의 형사책임과 손해배상민사책임을 동시에 확정하는 것을 허용한다. 형사부대민사손해배상은 또 형사재판중의 사법처분(私法處分)이라 부르기도 한다. 형사입법에서 형사부대민사손해배상에 대한 규정이 지나치게 간략하기에, 형사부대민사손해배상은 형사입법이 부족한 실제상황에 근거하여 침권책임법의 기초 원리와 입법규정에 따라 부가적인 민사손해배상책임을 확정해야 할 것이다.

(2) 행정부대민사손해배상(行政附帶民事損害賠償). 행정부대민사손해배상은 행정부대민사소송 중, 행정소송절차를 통하여 행정위법행위자의 행정책임을 처리하면서 동시에 피해자에 대한 배상책임을 함께 처리하는 것을 가리킨다. 행정부대

민사손해배상 중의 민사배상은 행정책임에 부가된 민사책임 방식으로, 그 당사자는 행정법률 관계 중 침권손해배상 관련 권리와 의무가 있는 사람이다. 행정부대민사손해배상의 두 가지 소송청구는 내재적 연관성을 가지고 있으며 동일한 법률적 사실을 기초로 한다. 행정부대의 민사손해배상은 곧바로 침권손해배상이다. 행정소송 중, 부대의 민사손해배상 확정은 반드시 『침권책임법』의 규정을 적용해야 한다.

1.4.2 침권책임 청구권의 우선권

1.4.2.1 발생의 기초

『침권책임법』 제4조 제2항에서는 중국의 침권책임 청구권 우선권 보장제도를 규정했다. 법규경합은 민사주체손해배상 청구권의 우선권을 발생시켰다. 침권행위에 대해 형법, 행정법, 침권법 등의 부동한 기본법들에서 규범화했기에, 형법, 행정법, 민법의 법률규범 경합이 형성될 수 있다. 즉 비충돌성법규경합으로 침권자가 하나의 위법행위로 말미암아 동시에 침권책임과 형사책임, 혹은 행정책임을 부담하는 것이다.

서로 다른 기본법 사이의 법률규범 경합은 비충돌성경합에 속하기 때문에 동시적용의 가능성이 존재한다. 침권자는 하나의 위법행위로 인해 벌금을 부과하고 재산을 몰수하는 형사책임이나 혹은 과태료를 부과하고 불법소득을 몰수하는 행정책임을 져야 할뿐만 아니라, 손해배상의 침권책임을 져야 하기에, 재산성(財产性) 행정책임, 형사책임과 침권책임의 경합이 발생하게 되며, 침권자는 모든 걸 함께 부담해야 한다.

만약 피침권자에게 손해배상청구권 우선권이 부여되었을 경우 그 청구권의 지위를 벌금을 부과하고, 재산을 몰수하는 형사책임이나 과태료를 부과하고 불법소득을 몰수하는 행정책임보다 우선적 위치에 놓는데, 이로써 민사주체의 권리 구제를 보장하는 것이다. 이것이 바로 침권배상청구권을 행정책임이나 형사책임보다 우선적 지위에 놓는 우선권이 발생하게 된 법리기초이다. 바로 이 때문에 『침권책임법』에서는 "침권자의 재산이 지불이 부족할 경우 먼저 침권책임을 부담해야 한다."라고 규정하고 있다.

1.4.2.2 개념

우선권을 선취특권(先取特权)이라고도 부르는데 특정한 채권자가 법률의 규정에 따라 향유하는 것을 가리킨다. 바로 채무자의 총재산, 혹은 특정재산에 대해 기타 채권자보다 우선적으로 상환 받을 권리이다.[9] 우선권의 성질은 독립적 법정담보물권(法定担保物权)으로 담보가 있는 채권실현에 대해 보장을 제공한다.

침권책임 청구권 우선권은 피침권자가 법률에 따라 향유하는 것으로, 그 손해를 조성한 침권자의 총재산으로 손해배상책임을 부담하게 하는데, 침권자가 부담해야 할 재산성질의 행정책임과 형사책임보다 우선적으로 빚을 상환받을 수 있는

---

9) 세화이스(谢怀栻):『외국민상법정요(外国民商法精要)』, 법률출판사 2002년 판, 제158쪽.

담보물권이다.

1.4.2.3 특점

침권책임 우선권의 특점은 다음과 같다. 첫째, 침권책임 청구권 우선권은 특별법의 우선권인바 『침권책임법』에서 규정한 우선권으로 민법우선권에 속한다. 둘째, 침권책임 청구권 우선권은 일반우선권으로 비록 침권책임 청구권 우선권은 피침권자의 합법권익을 보호하기 위해 설립된 우선권이지만 그 담보로 하는 재산은 침권자의 특정재산이 아닌 전부의 총재산, 즉 동산과 부동산을 모두 포함하기 때문에 일반우선권인 것이다. 셋째, 침권책임 청구권 우선권은 특정책임의 우선권이지, 결코 모든 권리를 우선하는 것이 아니라 행정책임 및 형사책임 중의 재산책임에만 우선하는 것이다. 기타의 채권에 대해 침권책임 청구권은 우선지위에 있는 것이 아니라 반드시 채권평등원칙의 제약을 받아야 하며 기타 담보의 채권에 대항해서는 더욱 안 된다.

1.4.2.4 설립 요건

(1) 손해배상책임을 부담해야 할 사람과 벌금, 과태료 등을 부담해야 할 책임자는 동일한 침권자여야 한다. 침권책임 청구권의 권리자는 피침권자이고, 그 책임자는 피침권자의 합법적인 권익에 손해를 조성한 침권자여야 한다. 형사책임을 부담하거나 또는 행정책임 및 손해배상책임을 부담하는 것을 막론하고 동일인이 모든 법률책임을 부담해야 한다. 오직 동

일인이 상술한 부동한 책임을 부담할 경우에만 우선권은 그 의의가 있게 된다.

(2) 침권자는 반드시 동일행위에 대해 부동한 법률책임을 부담해야 한다. 침권책임 청구권 우선권이 이루어지기 위해서는, 침권자가 하나의 위법행위로 인해, 피침권자에 대해 손해배상책임을 부담해야 할뿐만 아니라, 국가의 벌금, 혹은 과태료 등에 대해 책임을 부담해야 한다. 이런 상황에서 침권자가 부담해야 할 벌금 혹은 과태료 책임보다 피침권자에 대한 손해책임을 우선한다.『침권책임법』의 제4조 제2항의 "동일행위로 인한" 규정에서 특별히 강조하고 있는 것은 바로 동일행위로 인해 민사책임 혹은 형사책임 및 행정책임을 부담한다는 것이다.

(3) 침권자는 반드시 손해배상책임과 형사벌금, 행정과태료를 동시에 부담해야 한다. 동시에 부담한다는 것은 침권자가 피침권자에 대한 손해배상책임을 부담하면서 동시에 형사벌금, 혹은 행정과태료 등의 책임도 부담해야 하는 것이다. 때문에 침권자가 피침권자의 손해배상책임을 부담하는 것을 전제로 과태료, 혹은 벌금의 책임을 동시에 부담하는 경우에만 침권책임 청구권우선권이 성립된다. 이른바 윗글의 "동등 책임"은 기타 재산상의 행정, 형사책임을 포함할 수 있다는 뜻으로, 이를테면 재산몰수 등을 들 수 있다.

1.4.2.5 담보범위

(1) 손해배상금. 침권책임 청구권우선권 담보의 범위는 주

요하게 손해배상금청구권이다. 피침권자의 합법권익이 침해를 받아 손실이 조성되었을 경우, 재산손해배상금이나 인신손해배상금, 구제성손해배상금이나 징벌성배상금을 막론하고 손해배상청구권은 모두 일률적으로 우선권의 보호를 받는데 정신손해배상청구권도 이와 같다.

(2) 손해배상금 지불이 지연될 경우의 이자.

침권책임 청구권 우선권 중의 '이자채무(利息之債)'도 우선권의 보호를 받는다. 그러나 통상적인 정황 하에서 침해배상책임 판결이 내려지기 전에는 이자를 계산하지 않으며, 만약 이미 손해배상금 판결이 내려졌고 또 배상금의 지불기한을 확정했다면, 그 기한을 초과할 경우에는 반드시 이자채무를 부담해야 한다. 이때 그 이자채무도 우선권의 보호를 받는다. 만약 그렇지 않다면 이사 배상분제는 존재할 수 없는 것이다.

(3) 우선권을 보전(保全)하고 실현하기 위해 지출한 비용. 피침권자가 우선권자로서 우선권을 보전하고 실현하기 위해 지출한 비용도 우선권담보의 범위 내에 든다. 침권자가 권리를 구제하기 위해 지출한 비용은 손해 받은 권리를 구제하기 위해 필요한 것이다. 우선권을 보전하고 실현하기 위해 지출한 비용 역시 손해를 구제하기 위해 필요한 것으로, 모두 우선권의 담보범위 내에 든다.

1.4.2.6 기타 효력

(1) 침권책임 청구권우선권의 표적(标的). 침권책임 청구권우선권의 표적은 손해배상책임이 있는 침권자의 모든 물화재

산(物和財产)권리에 한정한다. 이 표적의 범위는 원칙상 특정성제약을 받지 않고, 선의취득(善意取得)의 제약만 받는다. 침권자의 일반재산 즉 물화재산권리는 모두 우선권의 표적으로 한다. 만약 우선권 보장기간에 그 재산을 양도하여 선의취득이 구성되었을 경우 우선권자는 그 권리를 주장할 수 없다.

(2) 침권책임 청구권우선권이 대항하는 대상. 침권손해배상책임 우선권이 대항하는 대상은 동일한 침권자가 행정과태료와 형사벌금 등을 동시에 납부하는 재산성의 책임이지, 먼저 성립되었거나 혹은 동일행위로 인한 것이 아닌 과태료와 벌금의 책임부담에 대항하는 것이 아니다. 기타 채권에 대해 침권책임 청구권우선권은 효력을 발생하지 않으며, 대항의 효력도 발생하지 않는다.

1.5 침권특별법의 효력

1.5.1 침권특별법의 일반정항

중국의 침권특별법은 기타 법률 중에서 규정한 침권책임 특별규범의 총칭이다. 중국의 침권특별법은 형식상 세가지 부류로 나누어지는데 구체적 내용은 아래와 같다.

1.5.1.1 침권특별법의 단행

중국에서 단행되고 있는 침권특별법은 아직까지는 『국가배상법(国家赔偿法)』하나뿐이다. 이 법은 국가기관을 침권자로 하는 침권배상 법률관계를 전문적으로 조정하는 전문법(专门

法)으로, 행정배상법과 원옥배상법(冤獄賠償法)의 두 부분의 내용을 포함한다. 침권특별법은 국가배상의 종류, 국가배상의 원칙, 국가배상의 주체, 국가배상의 범위와 구체방법 등에 대해 모두 규정하고 있다.

1.5.1.2 주요내용은 침권특별법의 입법이다

중국의 기타 법률들 중에 대량의 침권특별법 규범이 포함되어있다. 이를테면 『도로교통안전법(道路交通安全法)』, 『산품질량법(产品质量法)』, 『미성년자보호법(未成年人保护法)』, 『부녀권익보장법(妇女权益保障法)』, 『장애인보호법(残疾人保护法)』, 『소비자권익보호법(消费者权益保护法)』, 『부정당경쟁방지법(反不正当竞争法)』, 『노인보호법(老年人保护法)』등이다. 『도로교통안전법』은 도로교통사고처리규칙에 대해 규정하고, 『산품질량법』은 산품책임에 대해 규정하고, 『소비자권익보호법』은 인격존엄보호에 대해 규정하고, 『부녀권익보호법』은 성추행행위에 대해 규정하고 있는데 모두 극히 중요한 침권법규범으로 현실생활과 사법실천 중에서 중요한 작용을 발휘하고 있다.

1.5.1.3 기타 법률 중의 침권행위에 관한 구체조항

중국의 기타 법률들은 대부분 상응하는 법에 관련된 침권행위에 대해 구체적배상내용을 규정하고 있다. 이를테면 2008년의 『수원오염방지법(水污染防治法)』 제85조 제2항에서부터 제4항까지에는 "불가항력적인 원인으로 수질오염 침해가 조성되었을 경우 오물배설 측에서는 배상책임을 부담하지 않는다. 다만 법률이 별도로 규정한 것은 제외한다.", "수질오염 손해가 피해자의 고의로 초래되었을 경우, 오물배설 측에서 배상책임을 지지 않는다. 수질오염손해가 피해자의 중대한 과실로 인해 초래되었을 경우 오물배설 측의 배상책임을 경감할 수 있다.", "수질오염손해가 제3자에 의해 초래되었을 경우, 오물배설 측에서는 배상책임을 부담한 후, 제3자에 대해 청구권을 행사할 권리가 있다."등의 규정이 있다.

1.5.2 중국 침권특별법의 입법특점

1.5.2.1 입법사상에서 일치성과 혁신성의 상호결합을 견지했다

입법사상은 반드시 일치해야 한다. 중국 침권특별법은 이러한 입법원칙을 견지하여 침권특별법과 침권보통법의 조화로운 통일을 이룸으로써 유기적인 완전체로 되게 했다. 침권특별법은 상대적 통일이라는 일치성을 견지하는 기초 위에서 필요한 혁신을 이루고, 새로운 침권법규범을 창조하여 사회주의 시장경제발전의 수요에 적응시켜야 할 것이다.

1.5.2.2 입법내용에서 필요성과 완정성의 상호결합을 견지해야 한다

중국의 침권특별법은 입법내용의 필요성원칙을 견지하면서 이 부문법(部門法)의 입법내용의 완전성도 고려하여 양자를 결합시켰다. 특별법은 보통법을 수정 · 보완 · 발전시킬 필요가 있을 경우에 제정할 수 있다. 또한 단행법을 제정하여 자체의 완전성을 유지할 필요가 있을 경우에도 보통법과 같은 규범을 제정할 수 있다.

1.5.2.3 입법기술에서 통일성과 다양성의 상호결합을 견지해야 한다

중국 침권특별법은 입법기술상 다양성의 원칙을 견지하면서 표현형식에서 점차 발전하고, 부단히 개선하여 유연하고도 다양한 입법형식을 창조하였는데, 단행법으로서의 침권특별법이 있을 뿐만 아니라 비민사법률 중의 침권특별법 규범이 있다.

1.5.3 침권특별법의 적용원칙

1.5.3.1 특별법은 보통법원칙보다 우월하다

이는 법률적용에서 하나의 기본원칙이다. 침권특별법은 보통법에 비해 특수한 효력을 갖고 있기에 특정한 범위 내에서 침권보통법의 적용을 배척하게 된다. 이 원칙을 적용함에 있어서 관건은 침권특별법의 적용범위를 장악하여, 침권보통법의 보편적 적용을 강조하면서 침권특별법 적용을 배제하는 것이나, 침권특별법의 적용 범위를 무한대로 확대시키는 이 두 가지 경향을 방지하는 것이다.

1.5.3.2 총칙과 분칙 원칙의 구분

침권특별법 적용에 있어서 관련 총칙의 일반규정과 관련분칙의 구체적인 규정을 구분해야 한다. 『침권책임법』의 총칙성에 속하는 일반규정에 대해 『침권책임법』의 제1장부터 제3장까지의 규정에 따라 법률을 적용해야 한다. 왜냐하면 이 부분은 『침권책임법』에서 침권책임을 확정하는 일반규칙이기 때문이다. 분칙에 속하는 구체규정은 침권특별법의 특별규정을 적용해야 한다. 왜냐하면 특별법에서는 침권책임의 특수 정황에 근거하여 특별침권책임을 규정했기에 특별한 요구가 있으며 따라서 반드시 우선적으로 적용해야 하다.

1.5.3.3 민법성규정과 비민법성규정을 구분하는 원칙

침권특별법의 법률을 규정할 때 어떤 것은 민법성질의 법률에 속하고, 어떤 것은 경제법성질이나 행정법성질의 법률에 속한다. 이런 규정 중, 민법성질의 법률이 규정한 침권특별법은 그 내용이 비교적 상세하고 구체적이며, 맞춤형의 적용이 가능하기에 사법실천 중에 쉽게 다룰 수 있으므로 반드시 우선적으로 적용해야 한다. 행정법이나 경제법에서 규정한 침권특별법은 통상적으로 비교적 간단하고, 어떤 규정은 정확하지도 않는데 만약 『침권책임법』의 규정과 충돌이 있다면 반드시 『침권책임법』의 규정을 우선하여 적용해야 한다.

1.5.3.4 종합분석원칙

침권특별법의 규범은 분산성이 있으므로 체계화정리가 부족하고, 구체 규범의 내용이 정확한지, 침권책임법의 기본원칙과 입법목적에 부합되는지가 아직 명확하지 않음으로 단순하게 처리할 수 없다.

사법실천에서, 침권특별법의 규범과 『침권책임법』의 기본원칙, 입법목적간의 상호 비교가 반드시 필요하다. 『침권책임법』의 기본원칙과 입법목적을 위반한 특별법규범의 경우, "특별법을 보통법보다 우선한다"는 원칙에 따라 우선적으로 적용할 수 없다.

설령 특수침권책임규칙을 규정한 특별법 규범이라 하더라도 만약 그것이 『침권책임법』에서 규정한 동류의 특수침권책임의 구체적인 규정과 상호 충돌하면 반드시 『침권책임법』의 규정으로 적용해야 되지, '특별법'을 우선적으로 적용하여서는 안 된다. 반드시 『침권책임법』의 기본원칙과 입법목적에 따라 『침권책임법』과 특별법 사이의 차이를 고찰하여 양자의 모순을 정확히 분석하고, 입법의 의도를 정확히 이해해야 하며, 특별법을 적용하느냐 아니면 보통법을 적용하느냐를 결정해야 한다.

책임구성과
책임방식

제2장
책임구성과 책임방식

【법률조문】

제6조. 행위자의 과실로 인해 타인의 민사권익을 침해했을 경우 응당 침권책임을 부담해야 한다. 법률규정에 근거하여 행위자의 과실로 추정할 때 행위자가 자신의 무과실을 증명할 수 없을 경우 응당 침권책임을 부담해야 한다.

제7조. 행위자가 타인의 민사권익에 손해를 입혔을 경우 행위자의 과실 유무를 떠나 법률규정에서 응당 침권책임을 져야 할 경우에는 해당 규정에 따른다.

제8조. 2인 이상이 공동으로 침권행위를 가하여 타인의 손해를 조성했을 경우 응당 연대책임을 져야 한다.

제9조. 교사 및 타인이 가하는 침권행위를 방조하였을 경우 응당 행위자와 함께 연대책임을 져야 한다.

민사행위무능력자, 민사행위제한능력자에 대하여 침권행위를 교사, 방조했을 경우 응당 침권책임을 져야 한다. 해당 민사행위 무능력자, 민사행위제한능력자의 보호자가 보호책임을 충분치 이행하지 못했을 경우 응당 상응하는 책임을 져야 한다.

제10조. 2인 이상이 타인의 신체, 재산안전에 대하여 위험을 가하는 행위를 하였을 경우, 그 중 1인 또는 다수인의 행위가 타인에게 손해를 입혔고 구체적인 침권자를 확정할 수 있을 때, 침권자는 침권책임을 져야 한다. 구체적인 침권자를 확정할 수 없을 때 행위자는 연대책임을 져야 한다.

제11조. 2인 이상이 별도의 침권행위를 가하여 동일한 손해를 입히고 각각의 침권행위가 전부손해를 일으키는데 충분할 경우 행위자는 연대책임을 져야 한다.

제12조. 2인 이상이 별도의 침권행위를 가하여 동일한 손해를 입히고 책임의 크기를 확정할 수 있을 경우 각자가 상응하는 책임을 져야 한다. 책임의 크기를 확정할 수 없을 경우 평균하여 배상책임을 져야 한다.

제13조. 법률규정에 따라 연대책임을 져야할 경우 피침권자는 부분 또는 전부의 연대책임자에게 책임을 요구할 수 있는 권리가 있다.

제14조. 연대책임자는 각자의 책임 크기에 따라 상응하는 배상금액을 확정한다. 책임크기를 확정하기 어려울 경우 평균하여 배상책임을 져야 한다.

자신의 배상금액을 초과하여 지급한 연대책임자는 다른 연대책임자에게 구상할 수 있는 권리가 있다.

제15조. 침권책임을 부담하는 방식은 주요하게 다음과 같

은데 침해정지, 방해배제, 위험제거, 재산반환, 원상회복, 손해배상, 사과, 영향제거와 명예회복 등이다. 이상의 침권책임을 부담하는 방식은 단독으로 적용할 수 있고, 또 병행하여 적용할 수 있다.

제16조. 타인을 침해하여 신체손해를 입힌 경우 응당 의료비, 간호비, 교통비 등의 치료와 회복을 위하여 지출한 합리적인 비용 및 휴무로 인한 상실수익에 대하여 배상을 한다. 장애를 초래한 경우에는 응당 장애에 따른 생활보조용구 비용 및 장애보상금을 배상해야 한다. 사망을 초래했을 경우 응당 장례비 및 사망보상금을 배상해야 한다.

제17조. 동일한 침권행위로 인하여 다수인의 사망을 초래하였을 경우 같은 금액으로 사망보상금을 확정할 수 있다.

제18조. 피침권자가 사망했을 경우 그 친족은 침권자에게 침권책임을 요구할 권리가 있다. 피침권자가 단위이며 해당 단위가 분리, 합병을 했을 경우 권리를 계승한 단위는 침권자에게 침권책임을 지도록 요구할 권리가 있다.

피침권자가 사망했을 경우 피침권자의 의료비, 장례비 등 합리적인 비용을 지불한 자는 침권자에게 비용배상을 요구할 권리가 있다. 그러나 침권자가 기지불한 비용은 제외한다.

제19조. 타인의 재산을 침해했을 경우 재산손실 산정은 손실이 발생한 시점의 시장가격 또는 기타방식에 따라 계산한다.

제20조. 타인의 신체권익을 침해하여 재산손실을 초래했을 경우 피침권자가 그로 인하여 받은 손실에 따라 배상을 한다. 피침권자의 손실 확정이 어려워 침권자가 이로 인해 이익을 얻었을 경우 그 획득한 이익에 따라 배상을 한다. 침권자

가 획득한 이익을 확정하기가 어려우며, 피침권자와 침권자가 배상금액에 대해 협상이 일치하지 않아 인민법원에 소송을 제기했을 경우 인민법원은 실제정황에 근거하여 배상금액을 확정한다.

제21조. 침권행위가 타인의 인신, 재산안전에 위험을 가했을 경우 피침권자는 침권자에게 침해정지, 방해배제, 위험제거 등의 침권책임을 부담하도록 청구할 수 있다.

제22조. 타인 신체권익을 침해하여 타인에게 심각한 정신적 손해를 입혔을 경우 피침권자는 정신적 손해배상을 청구할 수 있다.

제23조. 타인의 민사권익이 침해받는 것을 방지, 제지하는 행위로 인하여 자신이 손해를 봤을 경우 침권자에게 책임을 물을 수 있다. 친권자가 도망 또는 책임을 부담할 능력이 없고 피침권자가 보상을 청구했을 경우 수익자는 응당 적정한 보상을 해야 한다.

제24조. 피해자와 행위자가 손해의 발생에 대해서 공히 과실이 없을 경우 실제상황에 따라 쌍방이 손실을 분담한다.

제25조. 손해발생 후 당사자간에 보상비용의 지급방식에 대해서 협상을 할 수 있다. 협상이 일치하지 않을 경우 보상비용은 한꺼번에 지급한다. 한꺼번에 지급이 어려울 경우 분기형식으로 지급할 수 있으나 상응하는 담보를 제공해야 한다.

『전형적인 사례』

모 일 오후 5시 30분부터 6시 30분까지 헤이룽장성(黑龙江省) 모 현 기상국 모 촌에 주재하고 있는 기상소에서 우박을 방지하기 위해 공중에 30매의 우박방지기상포탄을 발사했는데 그 중 6매의 포탄이 인근 시의 구가(旧街) 방향으로 발사되었다. (8킬로미터의 거리) 구가향(旧街乡) 장명촌(旧街乡) 촌민 상(常) 모는 밭에서 일하다가 비가 오자 집으로 돌아왔다. 집안에 있던 상 모의 아내 이(李) 모 등이 밖으로부터 들려오는 비명소리와 누군가 넘어지는 소리를 듣고 밖으로 뛰쳐나가 보니 상 모가 창문 앞에 쓰러져 있었는데 머리에 부상을 입어 피가 흘렀고, 정신을 잃어 깨어나지 못했다. 현장에 있던 사람들은 상 모가 벼락을 맞은 것이라 여겨 상 모를 병원으로 호송했다. 병원에서는 상 모의 두부에 7cm나 되는 열상(裂傷)을 발견했는데 그 깊이가 두개골에 이르렀지만 상처의 연유를 알 수 없었다. 또 두개골이 움푹 들어가 뇌 조직까지 흘러나와 뇌의 타박상을 초래했고, 개방성두개골골절이 생겼는데 상 모는 7일 후에 사망했다. 병원에서는 상 모가 단단한 물건의 고속충격으로 인해 사망한 것이라고 진단을 했다. 상 모의 친속들은 현장에서 한 개의 탄피를 주었는데 감정을 거쳐 "3.7" 포탄잔해임이 인정되었고, 탄피에는 "인공강우.17초"라는 문구가 있었다. 상 모의 아내 이 모는 법원에 관련 기상국을 기소하였는데 피고는 상 모의 근친속들이 기상소에서 발사한 포탄으로 말미암은 손해임을 증명할 수 없다고 주장했다. 법원에서는 현유의 사실상 인과관계추정규칙을 적용하여 그 행위와 손해결과 사이의 인과관계를 확정하여 피고가 침권책임을 부담해야 한다고 판결했다.[10]

---

10) 본 사례의 취지는 인과관계규칙의 추정을 적용하여 침권책임 인과관계의 구성 요건을 확정하는 것이다.

2.1 침권책임의 귀책원칙

2.1.1 귀책원칙의 개술

2.1.1.1 침권책임 귀책원칙을 연구하는 의의

중국 침권법에서는 침권책임 귀책원칙(归责原则)은 침권책임법의 통솔자와 영혼으로 침권책임법 이론의 핵심이라고 인정하고 있다. 그 중요한 의의는 다음과 같다. 첫째, 침권책임법을 연구할 때 우선 귀책원칙부터 연구해야 하며, 그 기초위에서 더욱 발전적으로 전면적인 연구를 시작해야 한다. 둘째, 법관이 침권분규사건을 정확히 처리하기 위해서는 우선 침권법의 귀책원칙을 정확히 장악해야 한다. 그렇지 않을 경우 각유형의 침권손해배상분규책임의 성질을 확인할 수 없고, 침권분규사건의 성질을 규정할 수 없으며, 또 법률을 정확히 적용할 수도 없다. 셋째, 민사주체가 침권책임귀책원칙을 장악하면 자신의 합법적 권익을 보호하는데 도움이 되고, 손해를받았을 때 소송주장을 정확히 제출할 수 있기에 제때에 배상을 받을 수 있게 된다.

2.1.1.2 개념

귀책(归责)은 행위자가 그 행위, 혹은 물건으로 인해 타인에게 손해를 초래한 사실이 발생한 이후, 어떤 근거에 의해그 책임을 지는가 하는 것인데 이런 근거는 법률의 가치판단을 체현하고 있다. 즉 법률이 행위자의 과실, 또는 이미 발생

한 손해결과를 가치판단의 기준으로 하여 행위자가 침권책임을 부담하게 하는 것이다. [11]

귀책개념은 아래와 같은 세 가지 의의를 포함하고 있다. 첫째, 귀책의 근본함의는 책임의 귀속을 확정하는 것인데 침권행위로 초래된 침해결과를 해당 손해결과에 대해 책임이 있는 사람이 부담하는 것이다. 둘째, 귀책의 핵심은 기준으로, 누군가 침권행위의 결과에 대해 책임을 부담할 경우 반드시 통일적인 기준과 근거에 의거함으로써, 침권책임의 귀속을 공평하고 정의로운 원칙으로 실현하는 것이다. 셋째, 귀책은 하나의 과정이지만 책임은 귀책의 결과이다. 책임의 성립여부는 행위자의 행위 및 그 결과가 책임을 구성하는 요건에 부합하느냐 하는 것이며, 귀책은 단지 책임의 성립여부에 대해 근거를 제공하는 것이지 책임의 성립을 최종 목적으로 하지는 않는다. [12]

귀책원칙은 침권자의 침권손해배상책임을 확정하는 일반준칙이다. 즉 손해사실이 이미 발생한 정황 하에서 침권자가 자신의 행위로 초래된 손해에 대해 배상책임을 부담하느냐 하지 않느냐 하는 것을 확정하는 일반준칙인 것이다.

2.1.1.3 체계

가장 이른 침권책임귀책원칙은 가해원칙(加害原則)이다. 즉

---

11) 왕리밍(王利明):『침권행위법귀책원칙의 연구』, 중국정법대학출판사 1992년판, 제17~18쪽.
12) 왕리밍(王利明): 위의 책,『18쪽.

객관귀책원칙으로 침해의 객관적 결과를 귀책의 기준으로 삼는 것이다. 『프랑스민법전』에서는 현대의 과실책임원칙을 확립했는데 침권법의 입법역사 상 혁명적인 변혁을 실현한 것이다. 과학기술의 거대한 진보, 생산력수준의 신속한 제고, 사회구조가 나날이 복잡해지는 현대사회에서 단일적인 귀책원칙으로는 나날이 복잡해지는 침권책임문제를 해결할 수 없었으므로 무과실책임원칙의 귀책원칙이 출현되게 된 것이다. 때문에 침권법의 단일적 귀책원칙은 다원화의 발전을 거듭하면서 점차 침권책임법의 완전한 귀책원칙체계를 형성했다.

중국 침권책임법에는 도대체 몇 개의 귀책원칙이 있느냐에 대해 학계에서는 서로 다른 견해가 있는데 대체적으로 아래와 같은 여섯 가지가 있다. 첫째는 1원론으로 중국 침권책임법에는 1개의 귀책원칙만 있다고 인정하고 있다. 즉 과실책임원칙뿐이다.[13] 둘째는 2원론으로 침권책임법의 과실책임원칙과 무과실책임원칙이 병존한다고 인정하고 있다.[14] 셋째는 3원론—A로 중국 침권책임에 3개의 귀책원칙이 존재한다고 인정하는 것이다. 즉 과실책임원칙, 무과실책임원칙, 공평책임원칙 등을 가리킨다. 넷째는 3원론—B로 침권법귀책원칙을 과실책임원칙, 과실추정원칙, 공평손실분담규칙으로 인정하는 것이다.[15] 다섯째는 3원론—C로 침권책임귀책 원칙체계는 과실책임원칙, 과실추정책임원칙, 무과실책임원칙 등 3

---

13) 장페이린(張佩霖):『침권손해의 귀책원칙을 다시 논함』, 『정법논단』1990년 제2기.
14) 미젠(米健)『현대침권책임법귀책원칙의 탐색』, 『법학연구』1985년 제5기.
15) 왕리밍:『침권행위법 귀책원칙연구』, 앞의 책, 제30쪽.

개의 귀책원칙으로 구성된다고 인정하는 것이다.[16] 여섯째는 4원론으로 침권책임의 귀책원칙은 과실책임원칙, 과실추정책, 엄격책임원칙, 공평손실분담규칙 등 4개의 귀책원칙으로 조성된다고 인정하는 것이다.[17]

통설로 3원론—C의 입장을 채납하면서 『침권책임법』 제6조와 제7조에서 규정한 침권책임의 귀책원칙체계인 과실책임원칙, 과실추정원칙, 무과실책임원칙을 인정하고 있다. 또 아래와 같은 네 가지로 나뉘기도 한다. 첫째, 과실책임원칙은 중국 침권책임법의 기본 귀책원칙으로 일반침권행위가 부담하게 되는 책임의 귀속을 조정한다. 둘째, 본질상에서 말하면 과실추정원칙도 과실책임원칙인데 그 가치판단의 표준과 책임을 구성하는 요건도 과실책임원칙의 요구와 일치한다. 그러나 과실책임원칙과 과실추정원칙의 거증책임이 서로 다르고, 조정범위도 같지 않으며, 법률의 적용도 다르기 때문에 과실추정원칙을 한 개의 독립적 귀책원칙으로 하는 것은 당연한 것으로, 중요한 의의를 지니고 있다. 셋째, 무과실책임원칙은 한 개의 독립적인 귀책원칙으로 그의 조정범위는 과실책임원칙, 과실추정원칙과 다르지만 독립적으로 부분적 특수침권행위가 부담하게 되는 책임의 귀속을 조정하게 됨으로 독립적 존재의 가치를 가진 독립적 귀책원칙이다. 또한 『침권책임법』 제7조의 법률규정을 그 의거로 하며, 동시에 그 조정의 범위도 과실책임원칙이나 과실추정원칙과 다르며, 독

16) 양리신:『침권법론』, 인민법원출판사 2005년 제3판, 제125~126쪽.
17) 왕리밍:『침권책임법연구(상권)』, 중국인민대학출판사 2010년 판, 제195쪽 이하.

립적으로 고도위험책임 등 특수침권책임의 귀속을 조정한다. 넷째, 공평손실분담규칙은 한 개의 독립적 귀책원칙으로 될 수 없는바 『침권책임법』 제24조에서는 공평손실분담규칙을 한 개의 귀책원칙으로 인정하지 않는다. 또 그 조정의 범위는 지나치게 협소하여 엄격히 말하면 침권행위에 속할 수 없다. 또 실천 중에 쌍방 모두에 과실이 없는 손해분규에 대해 일률적으로 이 규칙을 적용할 수 없기 때문에 반드시 공평손실분담책임이라고 불러야 할 것이다.

2.1.2 과실책임원칙

2.1.2.1 개념

과실책임원칙은 과실을 가치판단의 표준으로 하는데 행위자가 자신으로 인해 초래된 손해에 대해 침권책임을 부담하는가 안 하는가를 판단해주는 귀책원칙이다. 일반침권행위로 초래된 손해배상사건은 과실이 있는 일방이 배상책임을 부담하는데 과실은 손해배상책임을 구성하는 기본적인 요건의 하나이다. 이 요건이 없다면, 가해자의 행위가 손해사실을 야기했으며 또 가해자의 행위와 손해결과 사이에 인과관계가 있다고 해도 배상책임을 부담하지 않는다.

중국 침권법도 과실책임원칙을 기본적인 귀책원칙으로 채용하고 있는데 그 원인은 다음과 같다. 민사주체는 권리 행사의 절대성을 유지해야 하며 이는 불법적인 제한을 받지 않지만, 권리를 행사함에 있어서 불가피하게 타인의 이익을 침해하게 됨으로, 과실이란 이 가치판단기준을 침권손해책임을 구성하는 필요조건으로 한다.

과실책임원칙을 실행하면 생산력과 사회의 발전에 유리하고, 행위자가 합리적인 주의(注意)의무를 다하기만 하면 설령 침해를 초래해도 책임을 질 필요도 없기 때문에 민사주체가 과감하게 새로운 것을 창조하고 개혁할 수 있도록 격려하여 생산력의 발전과 사회의 진보를 이끌어 낼 수 있다. 중국 침권책임법은 과실책임원칙을 기본 귀책원칙으로 하고 있는데 근본 목적은 민사주체의 인신권리와 재산권리가 침범을 받지 않도록 보호하고, 민사주체의 권리가 평등을 유지하도록 보호하며, 자유로이 행사할 수 있도록 보호하는데 있다. 자신의 과실로 인해 타인의 합법권익에 침해를 초래한 불법 행위자에 대한 배상손실이 포함된 침권책임의 강요를 통해 자연인과 법인의 인신, 재산권익을 보호하고, 침권행위의 발생을 예방하거나 감소할 수 있다.

2.1.2.2 내포와 기능

과실책임원칙이 내포하고 있는 내용은 다음과 같다.

첫째, 과실책임원칙의 성질은 주관적 귀책원칙으로 침권자의 책임을 확정할 때 행위자의 주관심리상태에 따라 확정을 하는 것이지 행위의 객관방면으로 출발해 확정하는 것은 아니다. 행위자는 주관 상 가비난성(可非难性)이 없을 경우에는 배상책임을 부담하지 않는다.

둘째, 과실을 침권책임을 구성하는 필수적 요건으로 하기에 행위자에게 주관 상 과실이 없다면 침해를 구성하는 필수적 요건이 결핍하게 되고 따라서 침권책임이 구성되지 않는다.

셋째, 과실을 책임을 구성하는 최종의 요건으로 하고, 과실을 법률의 가치판단기준으로 견지한다는 것은 과실을 침권책임을 구성하는 일반적 요건으로 할뿐만 아니라 또 침권책임을 구성하는 최종의, 결정적 요건으로 한다는 것이다. 오직 이렇게 해야만 비로소 과실이 없으면 책임을 지지 않는다는 정신을 철저히 관철할 수 있다.

과실책임원칙에는 아래와 같은 법률기능이 있다. 첫째, 침권책임을 확정하고 침권손해를 구제한다. 과실책임원칙의 기본 기능은 침권책임을 과실이 있는 민사주체가 부담하도록 하면서 이를 법률의 가치판단기준으로 하는 것으로, 민법의 정의와 공평의 관념에 가장 부합되는 것이다. 이 기능에 따라 피해자의 손해는 보상을 받을 수 있고, 침권책임의 손해에 대한 구제를 실현할 수 있으며, 민사주체의 민사권리를 보호하는 목적에 도달하는 것이다.

둘째, 민사주체의 행위준칙을 확정하는 것이다. 과실책임원칙은 사람의 과실을 침권책임을 부담하는 가치판단기준으로 한다는 것을 견지하고 있다. 이는 과실은 실제상 행위자가 선택하는 일종의 행위가 법률과 도덕의 요구에 부합되지 않음을 의미하며 행위자는 민사책임을 부담해야 할 뿐만 아니라 또 법률의 견책과 도덕의 비난을 받게 되고, 실제 사회생활 중에서 사람의 행위 표준을 확정한 것이다.

셋째, 침권행위를 시정하고 손해의 발생을 예방하는 것이다. 과실책임원칙의 가치는 또 과실이 있는 행위자에 대한 징계를 통해 사람이 정확한 행위를 하도록 지도하는 것으로 침권행위의 발생을 예방하는데 그 목적이 있다.[18]

2.1.2.3 규칙의 적용

(1) 적용범위. 과실책임원칙은 일반침권행위에 적용된다. 오로지 법률이 특별히 규정한 정황 하에서만 비로소 과실책임원칙이 적용되지 않는다. 『침권책임법』은 제6조 제1항에서만 과실책임원칙을 적용하고 있는 것이 아니라, 다른 조문 가운데서도 웹침권책임, 의료손해책임 등의 침권책임 중에서 과실책임원칙의 적용에 대해 규정하고 있다.

(2) 책임을 구성하는 요건. 서로 다른 귀책원칙을 적용하면 책임을 구성하는 요건도 제각기 다르다. 과실책임원칙을 적용하여 배상책임을 규정할 경우 그 요건은 4개이다. 즉 위법행위, 손해사실, 위법행위와 손해사실 사이의 인과관계, 과실 등이다.

(3) 증명책임. 과실책임원칙을 적용할 때 "누가 주장하고, 누가 거증하느냐"하는 민사소송거증원칙에 따르는데 침권책임을 구성하는 4개 요건의 거증책임은 손해배상을 주장하는 피해자가 전부를 부담한다. 가해자는 거증책임을 부담하지 않는다. 가해자는 오로지 자신이 피해자의 침권주장에 대항해 적극 주장할 때에만 비로소 거증책임을 부담할 수 있다.

(4) 침권책임의 형태. 일반침권행위 책임은 자신의 행위에 대해서만 책임을 지기 때문에 행위자는 오로지 자신의 행위

---

18) 왕리밍:『침권책임법귀책원칙연구』, 앞의 책, 제40쪽.

로 조성된 손해에 한해서만 책임을 부담한다. 그러므로 과실책임원칙을 적용하는 일반침권행위의 경우 그 침권책임책임 형태는 자기책임이지 책임을 대체하는 것이 아니다.

2.1.2.4 과실책임원칙 하에서 과실정도가 책임범위에 미치는 영향

과실책임원칙을 적용할 때 반드시 과실을 행위자가 배상책임을 부담하는 근거로 삼아야지 배상범위를 확정하는 근거로 삼아서는 안 된다. 때문에 배상책임의 대소는 손해의 대소에 따라 결정되는 것으로, 여기에서 과실정도는 결코 중요한 영향을 발생하지 않는다. 다만 아래와 같은 특수한 경우가 있다.

(1) 어떤 특정된 정황 하에서는 과실의 정도가 침권책임에 대해 영향을 발생하게 된다. 행위자의 일반적인 과실만으로는 침권책임을 구성함에 부족하다. 이를테면 오직 고의로 채권을 침해하는 행위일 때에만 비로소 채권침해의 침권책임을 구성할 수 있고, 오직 고의로 타인의 성명권을 침해했을 때에만 비로소 침권책임이 구성된다. 의사가 긴급한 정황 하에서 환자를 응급조치할 때 일반과실로 인해 손해가 초래되었을 경우 책임을 지지 않는다. 오직 중대한 과실로 환자에게 손해를 초래했을 때에만 비로소 배상책임을 부담한다.

(2) 어떤 특정된 정황 하에서는 과실의 정도가 침권손해배상책임의 범위에 대해 영향을 발생하게 된다. 첫째, 정신손해배상책임을 확정할 때 과실정도의 경중은 손해배상책임의 대소에 대해서 작용을 일으키는데 고의적인 침권은 비교적 중한 배상책임을 부담하게 되고, 과실로 인한 침권은 비교적 경한

배상책임을 부담하게 된다. 둘째, 과실이 있는 정황에서, 쌍방의 당사자 각자에게 과실이 있을 경우 가해자는 다만 자신의 과실에 대해서만 책임을 부담하고, 피해자의 과실로 초래된 손실에 대해 배상책임을 지지 않는다. 셋째, 공동 침권의 정황에서는 공동가해자는 대외로 공동한 연대배상책임을 부담하고 대내로는 각자 과실의 비례에 따라 책임을 분담한다. 과실정도의 경중은 매 사람의 책임범위에 대해 영향을 준다. 넷째, 분별침권행위일 때에 각자의 해당 책임을 확정하고, 매개 행위자의 과실정도의 경중에 따라 책임범위를 확정한다.

2.1.3 과실추정원칙

2.1.3.1 개념

과실추정원칙은 법률이 특별히 규정한 장소에서 손해사실의 그 자체로부터 출발해서 가해자에게 과실이 있는지를 추정하고 이에 근거해 타인에게 손해를 초래한 행위자의 배상책임을 확정하는 귀책원칙을 가리킨다.

추정(推定)은 법률, 혹은 법관이 이미 알고 있는 사실에 근거해서 미지의 사실에 대해 추론(推论)하여 얻어낸 결과를 이르는 말로, 이미 알고 있는 사실에 근거하여 미지의 사실에 대해 추단(推断)하고 확인하는 것을 가리킨다. 과실추정은 피해자가 침권소송 중, 손해사실, 위법행위와 그 인과관계의 요건에 대해 증거를 들어 증명할 수 있는 상황에서, 가해자의 행위로 인한 과실로 손해가 초래되었는지를 추정하는 것이다. 만약 가해자가 손해의 발생이 자신의 과실이 아님을 증명할 수 없을 경우 가해자에게 과실이 있음이 인정되어 침권책임배상을 부담해야 한다.

2.1.3.2 의의

과실추정원칙의 의의는 피해자가 유리한 소송지위에 처하도록 하고, 피해자의 합법권익을 확실히 보호하며, 가해자에게 소송 중의 거증책임을 가중(加重)하고, 효과적으로 민사위법행위를 제재함으로서 사회의 조화와 온정을 촉진시키기 위한데 있다. 그 원인은, 과실추정원칙을 적용하면 손해사실로부터 출발하여 행위자에게 과실이 있음을 추정함으로써 피해자는 과실 요건의 거증책임을 면제 받아 유리한 지위에 처하게 되고, 가해자가 대신 이 거증책임을 부담하게 되어 책임이 더 가중되며 피해자의 합법권익은 더 유리하게 보호받을 수 있기 때문이다.

2.1.3.3 지위

중국 침권책임법에서는 과실추정원칙을 하나의 독립적 귀책원칙으로 인정하고 있다. 엄격한 의의에서 말하면, 과실추정원칙은 여전히 과실책임원칙이기 때문에 책임구성은 반드시 과실책임의 4가지 요건을 갖추어야 한다. 오직 모종의 특수정황에서만 과실책임원칙이 적용되는데 피해자는 가해자의 과실을 증명할 증거를 내놓기 어렵게 된다.

비록 과실추정원칙이 이러한 방면에서 과실책임원칙과 다

소 구별된다고 할지라도 과실책임원칙으로서의 본질은 바뀌지 않는다. 따라서 과실추정원칙을 한 개의 독립적 귀책원칙으로 삼기는 하지만 규칙 면에서 과실책임원칙과 다소 같지 않은 일면이 있을 뿐이다.

2.1.3.4 적용 규칙

(1) 적용범위. 과실추정원칙의 적용범위는 일부분의 특수침권행위이다. 『침권책임법』의 규정에 따라 과실추정원칙을 적용하는 특수침권책임은 다음과 같다. 첫째, 『책임주체의 특수규정에 관하여』에서는 "후견인책임, 고용자책임, 안전보장의무위반책임, 민사행위무능력자가 교육기구로부터 손해를 받은 책임 등에 대해 과실추정원칙이 적용된다."라고 규정하고 있다.[19] 둘째, 자동차교통사고책임에서는 자동차가 비자동차운전기사, 혹은 행인의 인신에 손해를 초래했을 경우 과실추정원칙이 적용된다고 규정하고 있다. 셋째, 의료책임에서는 의료윤리침해책임일 경우 과실추정원칙이 적용된다고 규정하고 있다. 넷째, 동물사육침해책임에서는 동물원의 동물이 침해를 초래했을 경우 과실추정원칙이 적용된다고 규정하고 있다. 다섯째, 물건침해책임에서는 건축물 및 건축물 상의 거치물(搁置物)·현수물로(悬挂物)로 초래된 침해, 건축물

---

19) 『침권책임법』제4장에서는 침권책임 유형 중에 일시적인 인지능력 손해책임(暫時喪失心智損害責任), 웹침권책임 및 민사행위능력에 제한이 있는 미성년학생이 받은 손해에 대한 교육기구의 책임에 대해 모두 과실추정원칙을 적용하지 않는다고 규정하고 있다. 안전보장의무를 위반한 침권책임에 대해 과실책임원칙을 적용하느냐, 또는 과실추정원칙을 적용하느냐를 따짐에는 서로 다른 견해가 있다.

등의 붕괴로 인한 침해책임, 적치물로 초래된 침해, 임목(林木)으로 초래된 침해, 통행장애물(障碍通行物)침해책임 및 지하공작물(地下工作物) 침해책임 등에 모두 과실추정원칙이 적용된다고 규정하고 있다.

(2) 책임구성의 요건. 과실추정원칙을 적용하여 침권책임을 확정할 때 침권책임의 구성은 과실책임원칙의 적용과 큰 변화가 없으며, 여전히 위법행위, 침해사실, 인과관계, 과실이 4개의 요건을 갖추어야 한다.

(3) 증명책임. 과실추정원칙이 적용되는 경우에서의 거증책임의 특수규칙은 아래와 같다. 첫째, 원고가 기소할 때는 반드시 거증증명의 세 가지 요건이 있어야 한다. 즉 위법행위, 손해사실, 인과관계이다. 둘째, 이 세 가지 요건의 거증책임이 완성된 후, 법관은 피고에게 과실이 있는지를 직접 추정하게 되고, 원고에게 행위자에게 존재하고 있는 과실의 요건에 대해 증명을 진행하도록 요구하지 않는다. 셋째, 거증책임도치를 실행하는데 만약 피고가 자신이 주관 상 과실이 없다고 인정하게 되면 반드시 스스로 거증하여 자신에게 과실이 없음을 증명하도록 한다. 증명이 성립되었을 경우 과실추정을 번복하며 행위자의 침권책임을 부인한다. 넷째, 피고가 자신의 과실에 대한 증명이 부족하거나 혹은 증명할 수 없을 때 과실추정이 성립되기에 행위자는 반드시 침권책임을 부담해야 한다.

(4) 침권책임형태. 과실추정원칙이 침권행위에 적용될 경우 행위자가 부담하는 책임형태는 기본적 대체책임인데 대인(对人)의 대체책임과 대물(对物)의 대체책임을 포함하므로 일반적으로 자기책임의 침권책임형태가 적용되지 않는다.

2.1.4 무과실책임원칙

2.1.4.1 개념

무과실책임원칙(无过错责任原则)은 법률이 특별히 규정한 정황 아래 이미 발생한 손해결과를 가치판단의 기준으로 하는데, 이 손해결과와 인과관계가 있는 행위자가 그 과실의 유무를 떠나서 모든 침권배상책임을 부담하는 귀책원칙을 가리킨다.

무과실책임원칙은 사회화 대생산의 신속한 발전과 그 궤를 같이하고 있는데 특히 대형위험성공업의 흥기와 함께 생산되고 발전해왔다. 이는 고도의 위험성을 갖고 있는 공업기업의 대규모발전이라는 환경에서, 피해자가 공업사고로 인한 책임자의 과실에 대해 거증증명을 하기 어려운 상황에서, 과실책임원칙의 실행을 견지함과 동시에 예외로 특수손해사고의 무과실책임원칙을 인정하여 피해자의 합법적 권익을 보호하기 위한 것이다.

중국 침권책임법에서 확립한 무과실책임원칙의 근본목적은 민사주체의 생명과 재산안전 및 기타의 합법권익을 확실하게 보호하려는 데에 있다. 이는 고도위험작업 종사자, 상품생산자와 판매자, 환경오염 초래자 및 동물의 사육자, 관리자 등으로 하여금 자신의 사업에 대해 확실하게 책임을 지고, 신중하고도 조심스럽게 작업하며, 기술적인 안전조치를 부단히 개진하고, 사업의 질을 제고하며, 주위 사람들이나 환경의 안전을 최대한도로 보장하도록 촉구하기 위한 것이다. 또한 일단 손해가 초래되었을 경우에 신속하고 즉시적으로 상황을 조사하고 파악하여 되도록 빠른 시간 내에 침해자의 인신손해와 재산손실을 배상하도록 함으로써, 억울한 손해에 대해 국가와 사회에서 합리적으로 그 책임을 부담하게 함으로써 피해자의 이익을 보호하기 위한 것이다.

2.1.4.2 의의

무과실책임원칙 적용의 의의는 행위자의 책임을 가중시켜 피해자의 손해배상청구권이 더욱 쉽게 실현되도록 함으로써 손해에 대한 권리가 즉시적으로 구제되도록 하기 위한 것이다.

이런 점은 무과실책임원칙과 과실추정원칙의 비교를 통해 실증할 수 있다. 과실추정원칙을 적용한 상황에서 피해자는 가해자의 과실을 증명하기 위한 거증을 할 필요가 없으며, 손해사실에서 가해자의 과실을 추정하게 되며 피해자가 가해자의 과실을 증명할 거증책임이 면제된다. 오히려 가해자는 자신의 무과실을 증명하기 위한 거증책임을 부담하게 되는데 이때, 피해자의 지위는 과실책임원칙을 적용했을 때보다 더 우월하게 된다.

무과실책임원칙을 적용할 경우에도 피해자는 가해자의 과실을 증명할 거증책임이 없는데, 오직 가해자가 "손해는 피해자의 고의로 초래된 것"이라고 증명할 경우에만 책임을 면제할 수 있다. 이런 점에서 볼 때 무과실책임원칙과 과실추정원칙은 서로 다르지 않지만 거증책임도치의 내용상에서는 정황이 크게 다르다. 과실추정원칙을 적용하면 거증책임은 가해자에게 있는데 증명할 내용은 가해자 자신에게 과실이 없다는 것이다. 무과실책임원칙을 적용하면 거증책임은 가해자에게 있는데 증명할 내용은 손해는 피해자가 고의로 초래된 것임을 증명하는 것이다. 가해자가 자신에게 과실이 없다고 증명하는 것은 가능한 것이지만 가해자가 "손해는 피해자의 고의로 초래된 것"이라고 증명하는 것은 현실적으로 쉬운 일이 아니다. 때문에 무과실책임원칙은 과실추정원칙에 대비해 더욱 유리한데 행위자는 엄격한 책임의 감독아래에 놓여 있고, 피해자는 더욱 효과적인 보호 속에 놓여 있게 된다.

2.1.4.3 적용 규칙

(1) 적용범위. 무과실책임원칙은 일부분의 특수침권행위에 적용된다. 무과실책임원칙의 적용범위는 다음과 같다. 첫째는 상품책임이다. 둘째는 고도위험책임이다. 셋째는 환경오염책임이다. 넷째는 동물침해책임 중의 부분적 책임이다. 다섯째는 사법실천 중 산재사고책임 방면에 무과실책임원칙을 적용하는 것이다.

『침권책임법』 제7조에서는 오로지 "법률이 규정"했을 경우에만 비로소 무과실책임원칙이 적용된다고 규정하고 있다. 법률의 특별한 규정이 없다면 무과실책임원칙은 적용될 수 없는 것이다.

(2) 책임구성의 요건. 무과실책임원칙이 적용될 경우의 침권책임 요건은 위법행위, 손해사실, 인과관계이다. 무과실책임원칙을 적용했을 때, 한 방면으로 책임을 구성하는 기본 요

건은 누가 손해결과를 초래했느냐 하는 것이고, 다른 방면으로는 과실은 침권책임을 구성하는 요건이 아니기 때문에 책임의 구성을 결정하는 기본 요건은 인과관계에 있다. 손해결과와 위법행위 사이에 인과관계가 있을 경우 침권책임이 구성되는 것이다.

(3) 증명책임. 무과실책임원칙을 적용할 경우의 증명규칙은 다음과 같다. 첫째로 피침권자, 즉 원고는 반드시 위법행위, 손해사실과 인과관계의 세 가지 요건을 거증해야 한다. 둘째로 피침권자가 상술한 거증책임을 완성한 후, 만약 침권자가 침권책임이 구성되지 않거나 면책에 해당한다고 주장할 경우, 본인 스스로 거증책임을 부담하여 거증책임도치를 실행해야 한다. 셋째로 피고가 증명한 내용이 자신의 과실이 아닐 경우 피침해자의 고의는 손해를 초래한 원인이 된다. 넷째로 피고가 "손해는 피침권자의 고의로 초래된 것"이라고 증명하게 되면 배상책임은 면제를 받을 수 있다. 다섯째로 침권자가 상술한 거증책임의 거증이 부족하거나 혹은 거증을 할 수 없을 경우에는 침권책임이 성립되기에 피고는 반드시 침권책임을 부담해야 한다.

(4) 침권책임의 형태. 무과실책임원칙이 적용되는 침권행위의 경우 그 책임형태는 일반적으로 대체책임인데 대인(对人)의 대체책임과 대물(对物)의 대체책임을 포함한다.

2.1.4.4 무과실책임원칙 하의 침권자 과실문제

무과실책임원칙이 침권행위에 적용될 경우 법률은 침권자

의 과실을 묻지 않게 된다. 현실 중, 대다수의 무과실책임에서 침권자의 행위에는 과실이 있게 되는데, 이때 피침권자는 증거를 제공하여 증명할 수 있다. 이에 대해서는 아래와 같은 규칙을 적용해야 한다.

(1) 침권자의 과실은 침권책임의 구성에 영향을 주지 않는다. 때문에 무릇 무과실책임이 적용되는 상황에서 침권책임의 구성을 확정할 때 과실을 묻지 않는다. 침권자에게 과실이 있고, 피침권자가 이에 대해 이미 증명을 했다고 해도 이 단계에서는 고려되지 않는다.

(2) 침권자의 과실은 침권책임의 배상범위에 대해 비교적 큰 결정 작용을 갖게 된다. 만약 침권자에게 확실히 과실이 없거나 혹은 침권자에게 과실이 있다고 증명할 수 없으면 침권자의 배상책임은 법률의 일반규정에 따라 확정하며, 침권자는 법률이 요구하는 한도액(限額)에 따라 배상책임을 부담하게 된다.

(3) 만약 침권자가 손해의 발생이나 그 확대에 대해 과실이 있으면, 손해배상책임의 범위의 확정은 과실책임원칙에 따라 진행해야 하며, 무릇 그 과실행위에 인과관계의 손해결과가 있다면 반드시 전액의 배상을 부담해야 한다. 이를테면 고도위험책임에 대해 법률은 무과실책임으로 규정하고 있으며, 침권자는 규정에 따라 한도액을 배상해야 하지만, 만약 피침권자가 침권자가 손해의 발생에 대해 과실이 있다고 증명할 경우 침권자는 반드시 전액을 배상해야 한다.

그러나 『침권책임법』 제7조에서는 이에 대한 규정이 없으며 사법실천에서도 이와 같이 견지하지 않았다. 때문에 학술

연구는 좀 더 심층적으로 연구하여 입법과 사법이 이 방면에서 부단히 발전하도록 해야 할 것이다.

2.2 침권책임을 구성하는 요건

2.2.1 침권책임을 구성하는 요건의 개술

2.2.1.1 침권책임 구성과 침권책임을 구성하는 요건

침권책임의 구성이란, 어떤 조건이 구비되어야 행위자가 침권행위로 인해 부담하는 민사책임이 이루어지는가이다. 바꾸어 말하면 침권책임의 구성은 법률에 따른 이성(理性)분석을 진행하여 침권자가 부담해야 할 민사책임을 확정하게 되는데, 일반적 정황 하에서 어떤 요소로 구성되고, 또 이런 구성에 의거하여 행위자의 실시한 행위가 침권책임의 기준을 성립하느냐 안 하느냐를 판단하여 실천 중에 적용하는 것이다.

침권책임을 구성하는 요건은 침권자가 침권책임을 부담하는 필수조건으로, 침권책임 구성의 기본요소이다. 때문에 침권자가 부담해야 할 침권책임의 조건이며, 침권자에게 침권책임을 부담하느냐 안 하느냐를 판단하는 근거이다.[20]

침권책임의 구성과 침권책임을 구성하는 요건이라는 이 2개의 개념은 한 개의 사물에 대한 2개의 방면으로, 전자는 이런 책임은 어떤 요소나 혹은 어떤 조건이 구비되어야만 비로

---

20) 『중국대백과전서 · 법학』, 중국대백과전서출판사 1984년 판, 제473쪽.

소 구성되느냐 이고, 후자는 이런 책임을 구성하는 기본 요소나 혹은 구체조건이 무엇이냐 하는 것이다. 이 2개의 개념은 서로 긴밀히 연계되면서 하나의 유기적 통일체를 이른다.

그러나 이 2개 개념의 의미와 작용은 다소 구별이 있다. 전자는 거시적 의의를 갖고 있는데, 책임구성의 기본요구와 책임구성의 구조를 연구하는 것이다. 후자는 미시적 의의를 갖고 있는데 책임구성의 구체내용, 즉 책임을 구성하는 매 하나의 요소의 구체적 요구를 연구하는 것이다. 이 두 개의 개념은 상부상조하며 이론상 침권책임 구성의 완전한 체계를 구축하고 있는바, 실천 중에 어떠한 행위자가 침권책임을 부담하느냐 안 하느냐를 판단하는 척도이다.

2.2.1.2 침권책임을 구성하는 요건은 주요하게 침권손해배상 책임을 구성하는 요건을 가리킨다

침권책임의 구성 및 그 요건이 손해배상책임의 구성 및 그 요건을 가리키는지 아니면 일반적인 침권책임의 구성 및 그 요건을 가리키는지는 중국 침권법 중에서 하나의 중요한 문제이다. 그 이유는, 『침권책임법』에서 규정한 침권책임방식이 손해배상뿐만 아니라 침해정지, 방해배제(排除妨害), 위험제거, 사과, 영향제거, 명예회복 등 기타의 침권책임형식까지 포함하기 때문이다.

통설에서는 침권책임법의 침권책임을 구성하는 요건을 연구하는 것은 침권손해배상책임의 구성 요건을 연구하는 것이기 때문에 비교적 엄격한 요구가 있다고 인정하고 있다. 침해정지, 방해배제, 위험제거 등의 책임방식을 적용할 때는 이와 같은 엄격한 구성 요건이 필요 없고, 오직 권리피침해의 사실만 구비되면 아직 손해를 초래하지 않아도 침해정지, 방해배제, 위험제거 등을 청구할 수 있다. 이는 침권책임에서 손해배상책임이 가장 기본적인 책임방식임을 설명하는데, 기타 침권책임방식은 결코 침권손해배상책임과 동등한 요구를 필요로 하지 않는다. 침권책임을 구성하는 요건에서는 더욱 이러하다.

때문에 침권책임법의 침권책임을 구성하는 요건을 연구하는 것은 손해배상책임을 구성하는 요건을 연구하는 것이지 기타 침권책임 방식의 구성 요건을 연구하는 것이 아니다.

2.2.1.3 침권책임을 구성하는 요건의 이론학설

침권책임 구성의 학설에 관해 중국민법학계에서는 서로 다른 주장이 있다. 통설로는 "네 가지 요건 설"인데 침권책임을 구성하는 행위의 위법성, 위법행위자의 과실, 손해 사실의 존재, 위법행위와 손해사실 사이의 인과관계 등 네 가지 요건이 구비되어야 한다. 이 네 가지 요건을 충족해야 일반침권책임을 구성할 수 있다.[21] 이런 학설의 근원은 이전의 소련 민법이론을 거울로 삼은 것인데 중국의 구체적인 실천과 결합된 것이다. 최근 30년래의 독일법의 침권책임구성이론을 진일보로 거울로 삼아 비교적 완전한 이론을 형성했는데 이론

---

21) 중앙정법간부학교 민법연구실:『중화인민공화국민법기본문제』, 법률출판사 1958년 판, 제324, 338쪽.

계의 긍정반응을 받았을 뿐만 아니라 또 최고인민법원의 사법해석에 채용되기도 하여 전국의 사법판단실천을 지도하는 데 사용되고 있다.[22)]

다른 의견에서는, 위법행위만으로는 침권행위 책임의 구성요건이 부족하다고 인정하고 있는데 그 주요한 근거는 다음과 같다.

첫째, 과실책임원칙을 규정한 조문 중에 '불법(不法)'이라는 문자가 규정되지 않은 것이다.

둘째, 불법행위는 침권행위의 별명 혹은 동의어에 불과하다는 것이다.

셋째, 위법성은 과실에 포함된다는 것이다.

넷째, 불법과 과실을 구분한 것은, 불법이라는 개념을 운용해서 사람들의 행위준칙을 잘 확정하기 위함인데, 이는 현실적으로 필요가 없을뿐더러 실제 이익도 크지 않는 것이다.[23)]

때문에 침권책임 구성은 손해사실, 인과관계와 과실의 요건만 구비하면 된다고 주장하는 것이다.[24)]

이 두 가지 서로 다른 주장의 논쟁초점은 위법행위가 침권책임 구성의 필수적인 요건이냐 아니냐이다. 나는 위법행위는 침권책임 구성의 필수적인 요건이라고 인정하고 있다. 다시 말하자면 위법행위, 손해사실, 인과관계와 과실 등의 네 가지 요건을 구비해야만 침권책임을 형성할 수 있다고 인정한다. 그 이유는 아래와 같다.

---

22) 최고인민법원:「명예권 사건 심리에 대한 약간 문제의 해답에 관하여」, 제7조.
23) 쿵샹쥔 등:「침권책임요건연구」,「정법논단」1993년 제1기.
24) 왕리밍 등:「민법·침권행위법」, 중국인민대학출판사 1993년 판, 제5장 참고

(1) 위법행위는 행위요소와 위법성 요소의 결합이다. 위법행위에는 2개의 요소가 있는데 그 첫째는 행위이고 둘째는 위법이다. 위법과 행위는 둘이 합쳐져서 하나로 되는데 침권책임구성의 객관적 요건의 하나로 된다. 침권책임을 구성하는 객관적 요건으로서의 위법행위는 그 행위요소와 위법요소의 작용이 각각 다르다.

행위는 침권행위의 외관표현 형태를 확정하고, 위법은 그 행위의 객관성과 법률규범 사이와의 관계를 확정한다. 만약 침권책임 중에 행위의 요건이 없다면 침권행위의 객관적 표현형식을 설명할 수 없고, 위법행위의 요건이 없다면 침권행위와 법률사이의 관계를 확인할 수 없기 때문에 침권책임을 인정할 수 없다.

(2) 과실을 침권책임 구성의 주관적 요건으로서, 위법행위라는 이 객관적 요건을 대체할 수 없다. 과실은 행위자의 주관심리상태로 행위자가 주관적으로 받아야 할 비난성(非难性)을 체현하는 것이다. 민법에서 과실을 판단함에 있어서 주요하게 객관적 기준을 채용하고 있는데, 행위는 또 행위자 자신의 의지라는 요소를 갖고 있기에, 어떤 학자들은 객관적 과실이라는 개념을 제기하여 위법행위는 과실 속에 포함된다고 인정하고 있다.

주관과 객관은 서로 구별되면서도 서로 연계되기에 하나의 구체적 행위 속에 행위자의 주관상태를 포함할 뿐만 아니라 객관상의 외재행위(外在行为)도 포함하고 있다. 양자의 표현형식은 서로 다르지만 또 서로 연계되면서 하나로 통일된다.

행위자의 주관심태와 객관행위를 엄격히 구분하는 것은 결코 양자 사이의 내재적 연계를 가르는 것이 아니고, 주관심태와 객관행위라는 이 두 가지 서로 다른 기준을 확립함으로써 행위자가 실시한 행위로 인해 손해가 초래했을 경우, 이 두 개 방면의 요건이 구비되었느냐를 검증하기 위한 것이다. 주관과실과 객관행위는 반드시 분리되어야 할 뿐만 아니라 또 두 개의 서로 다른 침권책임 구성의 요건으로 분리되어야 한다. 과실은 여전히 행위자의 관념형태이지 객관행위 자체가 아니다. 즉 "행위자가 법률위반과 도덕행위를 통해 표현되어 나온 주관상태"[25]로, 과실은 위법행위라는 이 객관적 요건을 절대 대체할 수 없다.

(3) 위법행위가 침권책임을 구성하는 요건임을 부인한다면 인과관계의 요건을 처리할 수 없다. 침권책임을 구성하는 요건 중의 인과관계는 위법행위와 손해사실 사이의 인과관계를 가리킨다. 만약 위법행위가 침권책임을 구성하는 요건임을 부인하고, 인과관계를 과실과 손해 사이의 관계라고 주장한다면[26] 결과는 주관적 사상, 혹은 의지와 객관적 손해를 억지로 연결시키는 것으로 되며, 가해자의 사상에서 비롯하여 피해자의 권리 손해라는 객관적 결과를 초래한다는 결론을 얻게 된다. 원인과 결과 사이의 논리관계는 바로 "과실→행위(위법성)→손해"이지 "과실→손해"가 아니다.

2.2.2 위법행위

---

25) 왕리밍, 양리신 등:『민법·침권행위법』, 중국인민대학출판사 1993년 판, 제154쪽.
26) 쿵샹준 등:『침권책임요건연구』,『정법논단』1993년 제2기.

2.2.2.1 개념과 구조

위법행위는 침권책임 객관구성의 요건의 하나로 자연인, 혹은 법인이 법률을 위반하여 실시한 행위나 부작위를 가리킨다.

위법행위는 행위와 위법성의 두 개 요소를 포함하는데 이 두 개의 요소는 위법행위 요건의 완전한 구조를 구성한다. 이것이 표명하는 것은 우선 침권행위는 행위로 구성되며 사건, 혹은 사상 등 행위 이외의 사실로 구성되는 것이 아니며, 침권책임을 초래하는 전제는 반드시 일정한 행위가 있어야 하는 것이다. 다음으로 이런 행위가 반드시 객관적으로 법률을 위반한 것이어야 하며 위법성 특징을 구비해야 한다는 것이다.

(1) 행위. 행위는 인류, 혹은 인류단체가 그 의지의 지배하에, 그 자신이나 자신이 통제 · 관리하는 물건 혹은 타인의 동작 · 활동 등이 객관적으로 표현되는 작위와 부작위를 가리킨다.

반드시 설명해야 할 것은 첫째, 법인은 인류단체형식이고, 그 의지는 법인기관의 의지이며, 그 행위는 그 자신의 활동과 자신이 통제 · 관리하는 물건의 활동이다. 둘째, 자연인, 법인 행위의 기본형식은 그 자신의 동작, 혹은 활동이지만 그 자신이 통제 · 관리하는 물건이나 타인의 동작 · 활동 역시 자연인, 법인 행위의 특수형식으로, 그 행위의 연장인바 역시 자연인과 법인의 행위로 인정한다.

(2) 위법. 위법은 행위가 객관성에 있어 법률규정과 저촉되는 것을 가리키는데 그 주요한 표현은 법정의무 위반, 타인보호에 관한 법률 위반과 고의로 미풍양속을 위반하여 침해를 초래한 것이다.

첫째, 법정의무의 위반인데 두 가지 표현 형식이 있다. 첫 번째는 절대권(絶対权)의 불가침의무 위반으로, 자연인·법인이 타인이 향유하고 있는 절대 권리의 법정의무자로 되었을 때, 법에서 규정한 그 권리를 침해하지 말아야 할 법정의무를 지게 되며 그 절대권을 침해하였을 경우 그 법정불가침의무를 위반한 것으로 위법성을 갖게 된다. 두 번째는 제3자가 합법적인 채권에 대한 불가침의무를 위반한 것이다. 제3자는 타인사이의 채권에 대해 특정한 의무가 없지만 이에 대한 불가침의무를 지고 있는데, 채권의 불가침의무를 위반했을 경우에도 법정의무를 위반한 위법성이 인정된다.

둘째, 타인의 보호를 목적으로 한 법률을 위반한 것이다. 법률은 가끔 모종의 권리 혹은 이익의 특별보호에 대해 직접 규정하고 있다. 타인을 보호하기 위함을 목적으로 하는 법률을 위반하는 것도 위법성이 인정된다. 이를테면 법률이 특별히 규정한 기타인격이익, 사망자의 인격이익 등인데 모두 타인을 보호하는 것을 목적으로 하는 법률로 그 어떤 사람이라도 불가침의무를 져야 한다.

셋째, 고의로 미풍양속을 위반하여 침해를 초래한 것이다. 미풍양속을 위반한 행위는 자체적으로는 원래 부당한 것이지만 위법은 아니다. 하지만 고의적이나 또는 고의적인 방법으로 타인을 가해했을 때 위법이 인정된다. 행위가 법정의무를 위반하지도 않았고 법률이 금하는 기타 사항을 위반하지도 않았지만 고의로 미풍양속을 위반하여 직접, 혹은 간접적으로 타인을 가해해도 역시 위법으로 인정된다.

상술한 앞의 두 가지 위법성은 형식상으로 법률규정을 위반한 것으로 형식위법(形式違法)에 속한다. 뒤의 한 가지 위법성은 미풍양속을 위반한 위법성으로, 형식상으로는 위법이 아니지만 실질상에서는 위법으로 실질위법(实质違法)에 속한다.

2.2.2.2 행위방식

위법행위는 그 방식에 따라 작위와 부작위로 나뉜다. 행위의 작위와 부작위를 구분함에 있어서 법률에서 규정한 법정의무를 그 표준으로 삼는다.

행위자가 법률이 규정한 부작위 의무를 위배하는 행위를 했을 경우에는 작위에 의한 위법행위를 인정하고, 반대로 행위자가 법률이 규정한 작위 의무를 이행하지 않았을 경우에는 부작위에 의한 위법행위로 인정한다.

(1) 작위(作为). 작위의 위법행위는 침권책임의 주요 행위방식이다. 인신권과 재산권은 모두 절대권에 속하는데 기타 어떤 사람이든 침해하지 말아야 할 법정의무가 있다. 설령 상대권(相对权)에 속하는 채권이라 해도 제3자는 불가침의무가 있다. 행위자가 불가침의무를 위반하여 이와 같은 권리를 침해한 것은 작위의 행위로 인정한다.

(2) 부작위(不作为). 부작위의 위법행위도 침권책임의 행위방식을 구성하게 된다. 부작위를 확정하는 전제는 행위자가 특정한 행위의무를 부담한다는 것인데, 일반적인 도덕의무가 아니라 법률이 요구하는 구체적 의무이다.

특정한 법정행위의무의 출처는 아래와 같은 세 가지가 있다.

첫째는 법률의 직접적인 규정에서 온 것이다. 『혼인법』에서는 부모가 미성년 자녀를 단속하고 가르칠 의무가 있고, 어머니는 포유기의 자녀를 무육(撫育)할 의무가 있고, 친속 사이에도 부양할 의무가 있는데 이는 법률이 직접적으로 규정한 행위의무이다.

둘째는 업무상 혹은 직무상의 요구에서 온 것이다. 이를테면 신문출판단위에서는 작품묘사 사실의 진실성에 대해 심사의무가 있는데 이는 업무상의 행위의무인 것이다.

셋째는 행위자의 이전 행위에서 비롯된 것이다. 행위자의 이전 행위가 타인에게 모종의 위험을 가져다주었다면 반드시 위험발생을 피면할 행위의무를 부담해야 하는 것이다.

2.2.2.3 행위형태

(1) 자기 스스로의 행위—직접행위. 자기 스스로의 행위는 직접행위로 일반침권행위책임을 구성하는 위법행위형태이다. 행위자가 자신이 실행한 행위가 작위든 또는 부작위든 모두 일반침권행위로 되며, 책임형태는 자기책임으로 된다.

(2) 감호(監護), 관리 하의 사람이 실시한 행위—간접행위 A. 감호, 관리 하의 사람이 실시한 행위는 간접행위로 대체책임의 행위방식을 구성한다. 부모가 미성년 자녀가 실시한 침권행위에 대한 부모의 대체책임, 피고용인이 작업임무 수행으로 타인에게 초래한 손해행위에 대한 고용업체의 대체책임 등이 이런 간접행위이다. 이런 행위의 연원(淵源)은 로마법의 준사범(准私犯)이다.[27]

---

27) 장핑(江平) 등:「로마법기초」, 중국정법대학출판사 1991년 판, 제198쪽.

(3) 물건관리의 부당행위—간접행위B. 어떤 사람이든 자신이 관리하거나 통제하는 물건의 관리 부당으로 인해, 타인에게 손해를 초래했을 경우 비록 자신의 직접적인 행위가 아니더라도 물건관리의 부당함으로 인한 간접행위로 물건에 대한 대체책임의 행위방식이 인정된다. 이런 간접행위 역시 로마법의 준사범제도에서 발생된 것이다.

상술한 세 가지 위법행위의 형태는 직접행위와 간접행위로 구분할 수 있는데 앞의 한 가지는 직접행위이고, 뒤의 두 가지는 간접행위이다. 이를테면 『침권책임법』 제36조 제1항, 제37조 제1항에서 규정한 침권행위는 직접행위이고, 제32조에서 규정한 침권행위는 대인(对人)의 대체책임으로 간접행위 A이며, 제85조에서 규정한 침권행위는 대물(对物)의 대체책임으로 간접행위 B이다.

2.2.3 손해사실

2.2.3.1 개념과 구조

손해사실(損害事实)은 침권책임 객관구성의 요건의 하나인데 일정한 행위로 인해 권리주체의 인신권리, 재산권리 및 기타이익이 침해를 받고, 재산이익과 비재산 이익의 감소, 혹은 멸실(灭失)을 초래한 객관사실을 가리킨다.

손해사실은 두 개의 요소로 구성되는데 첫째는 권리가 침해를 받는 것이고, 둘째는 권리가 침해로 인해 이익이 손해를 받는 객관적 결과이다. 하나의 손해사실은 반드시 완전한 침해

객체와 이익손해의 이 두 가지 요소가 구비되어야 하는데 그 중 어느 하나의 요소가 결핍되어도 침권법의 의미상 손해사실로 될 수 없고, 침권책임 구성요건의 요구에 부합되지 않는다.

(1) 권리가 침해를 받다. 침해를 받은 권리는 침권행위의 침해객체이다. 침권행위의 범위가 얼마나 넓은가는, 침권행위 객체의 민사권리와 이익의 범위로 한정한다. 행위가 권리주체의 권리침해를 초래했을 경우에 이 권리는 침권행위의 객체범위에 속한다. 즉 침권행위가 초래되는 것이다. 바꾸어 말하면 침권행위가 구성되지 않는다. 침해의 권리가 침해객체 범위에 속할 때 다시 구체적 권리의 종류에 근거하여 그 침권행위의 성질을 확정할 수 있는데 이 결정에 따라 적용할 법률조문을 결정할 수 있다.

(2) 이익이 손해를 보다. 이익손해의 이 요소가 결정하는 것은 배상책임이 성립되었느냐 성립되지 않았느냐 및 어떻게 배상범위를 확정하느냐 하는 것이다. 위반행위가 민사권익을 침해했을 때 만약 사안이 경미하여 이익의 손실을 초래하지 않을 경우 배상책임은 구성되지 않는다. 오직 위법행위가 권리주체의 인신권익, 혹은 재산권익에 작용되었으며, 또 인격이익, 신분이익과 재산이익에 손해를 조성했을 때에만 비로소 침권책임이 성립된다. 또한 손해의 실제 범위에 근거해서 배상책임의 크고작음을 결정한다.

권리침해와 이익손실은 하나로 결합되어 침권책임의 손해사실요건을 구성하고 있다. 이런 객관적 요건의 존재는 침권법률관계 형성의 근거이다. 침권책임은 오직 위법행위가 권리를 침해하여 상응하는 이익손해를 초래한다는 조건에서만 비로소 발생한다. 만약 위법행위만 있고 권리침해와 이익손실의 손해사실이 없다면 침권책임은 발생하지 않는다.

2.2.3.2 종류

2.2.3.2.1 인신권익손해

(1) 인신침해. 자연인의 신체권, 건강권, 생명권과 그 인격이익에 손해를 초래하는 것을 인신침해라 한다. 이런 손해는 우선 자연인의 신체, 건강 손상과 생명의 상실에서 표현된다. 인격이익은 사람이 사람일 수 있는 물질조건, 생명유지, 인체조직의 완전성 유지와 인체기관의 정상기능 등으로 민사권리를 향유하고, 민사의무를 부담하는 물질적 기초이디.

이런 이익의 손해는 인체조직과 기관의 완전성과 정상기능을 파괴하거나 심지어 생명의 상실을 초래하는 것이기에 외적 형태는 유형(有形)이다. 다음으로 인격이익의 손해는 자연인의 상해치료, 사망자의 장례에 지출되는 비용 및 상해로 인한 결근의 임금손실, 상해 간호로 인한 임금손실, 노동능력상실, 혹은 사망으로 인해 초래된 부양인의 부양비 손실 등에서 표현된다. 인신손해는 또 정신고통의 손해에서도 표현된다. 사망을 초래하여, 이에 따른 사망자의 근친속의 정신고통, 건강과 신체에 대한 침해로 피해자에게 정신고통을 초래한 것 등은 모두 이런 손해에 속한다.

(2) 정신손해. 정신성인격권 침해로 인격이익손해가 초래된 것을 정신손해라 한다. 정신성인격권의 객체는 모두 무형

의 인격이익으로, 객관적으로 실재하는 외적 표상(外在表象)이 없다. 이런 정신성인격권이라는 무형의 인격이익에 대해 초래된 손해는 그 형태가 정신이익손해이다. 정신손해는 세 가지 형태가 있다. 첫째, 재산이익의 손실이다. 지산이익의 손실은 인격권이 원래 포함하고 있는 재산이익의 손실과 침해받은 인격을 회복하는데 지급된 필요비용을 포함한다. 둘째, 인격의 정신이익이 받은 손실이다. 즉 인격평가의 저하, 프라이버시 유출, 자유의 제한, 초상 및 이름의 불법사용 등이다. 셋째, 피해자의 정신적 상처(精神創傷)와 정신고통이다.

(3) 신분이익 손해. 신분이익 손해는 신분권 침해로 초래된 손해사실로, 신분이익의 표층손해(表層損害)와 신분이익의 심층손해(深層損害)로 표현된다.

신분이익의 표층손해는 위법행위가 기본신분권을 침해하여, 기본신분권의 객체와 기본신분이익에 손해를 발생한 것으로, 신분권자는 특정된 신분관계에 대한 지배성 이익이 손해를 받거나 이런 기본신분관계의 지배를 상실한 것이다.

신분이익의 심층손해는 위법행위가 구체적 신분이익의 손해를 초래한 것으로, 배우자 사이의 공동생활, 호상의존, 상호보살핌의 의존관계, 부모의 자녀에 대한 관리, 교육, 부양 및 상호존중, 애대(愛待)관계 및 친속 사이의 호상 부양, 무육(撫育), 봉양 관계의 파괴를 야기하여 혈육관계의 손해를 형성함으로써 재산이익의 손해 및 정신고통과 감정적 상처의 손해를 주는 것이다.

2.2.3.2.2 재산권익손해

재산손해사실은 재산의 불법점거(侵占財产), 재산파손(損坏
財产) 및 기타 재산이익의 손실을 포함한다. 재산의 불법점거
는 행위자가 타인의 소유, 혹은 합법점유의 재산을 자신의 비
법점유로 전환시켜 원래 소유자, 혹은 합법점유인의 소유권,
혹은 점유를 상실한 것을 말한다. 재산파손은 점유의 전환이
아니라 소유자, 혹은 점유자의 소유, 혹은 점유물의 가치를
파괴하여 재산이익에 상실 혹은 감소를 준 것을 말한다. 기타
재산이익의 손해는 주요하게 소유권 이외의 기타 재산권리와
이익의 상실, 혹은 파괴를 말한다. 재산손해의 표현은 재산손
실인데 직접손실과 간접손실을 포함한다.

(1) 직접손실. 직접손실은 피해자의 현유의 재산이 감소되
는 것이다. 즉 가해자의 불법행위가 피해자의 재산권리를 침
해하여 피해자의 현유재산이 직접적 손실을 입은 것이다. 이
를테면 재물이 훼손당하거나, 불법적으로 점거당하여 피해자
의 재부가 감소되는 것이다.

(2) 간접손실. 간접손실은 얻어야 할 이익의 상실이다. 즉
반드시 얻어야 할 이익이 불법행위의 침해로 인해 실현되지
못한 것으로 그 특징은 아래와 같다.

첫째로 일종의 미래에 얻을 이익이 손실을 본 것이지 이미
얻은 이익을 손실 입은 것이 아니다.

둘째로 이런 미래이익의 상실은 실제의의를 가지고 있는
데 '반드시' 얻을 이익이지 가정한 이익이 아니다.

셋째로 얻을 수 있는 이익이 반드시 일정한 범위 안에 있는

것이다. 즉 침권행위의 직접적 영향이 미치는 범위인데 그 범위를 초과하면 간접손실로 인정되지 않는다.

2.2.3.3 다중손해사실

다중손해사실(多重損害事実)은 하나의 침권행위가 여러 개의 손해사실을 형성하는 것을 가리킨다. 단일적 손해사실은 오직 하나의 손해배상청구권만 발생한다. 다중손해사실은 여러 개의 손해사실이 있기에 여러 개의 손해배상청구권을 발생한다. 이는 다중손해사실을 연구해야 하는 의의이다. 다중손해사실은 아래 같은 세 가지 형식으로 나뉜다.

(1) 단일피해주체(単一受害主体) 단일권리의 다중손해. 하나의 침권행위가 단일주체의 단일권리를 침해했을 때, 한 가지 이익의 손해만 초래할 수도 있고, 여러 가지 이익의 손해도 초래할 수 있다. 건강권 침해는 오직 재산이익의 손해만 초래하기에 단일손해이다. 명예권 침해는 이미 재산이익의 손실을 초래하고 있을 뿐만 아니라 또 인격이익과 정신고통의 손해를 초래하기에 단일피해주체 단일권리의 다중손해를 구성한다. 단일피해주체 단일권리의 다중침해사실이 발생하는 법적 후과는, 피해자가 여러 개의 배상청구권을 행사할 수 있다는 것이다.

(2) 단일피해주체 다항권리(多项权利)의 다중손해. 하나의 침권행위가 단일피해주체를 침해하여 그 주체의 다항권리손해를 초래하게 되면 복잡한 다중손해를 구성하게 된다. 이를테면 신문이 본인의 동의가 없이 그가 어린 시절에 병으로 앓

앉을 때의 병색사진을 게재했을 경우 이미 그 사람의 초상권
을 침해했을 뿐만 아니라 또 그 사람의 프라이버시권을 침해
하게 되는데 이는 한 개의 행위가 동시에 동일권리주체의 두
가지 인격권을 침해한 것으로 된다. 단일피해주체 다항권리
의 다중손해의 법적 책임은 다항권리의 성질과 구제방법의
부동함에 따라 부동하게 된다. 한 개의 행위가 이미 물질성인
격권을 침해한 기초에서 또 정신성인격권을 침해했을 때 그
구제방법은 재산배상과 정신손해배상의 두 가지 손해배상청
구권을 동시에 진행하여도 서로 충돌되지 않는다. 한 개의 행
위가 동일성질의 다항권리를 침해하여 구제방법이 같을 때
그 중 한 가지 손해배상청구권을 선택하여 행사할 수 있는데
다른 종류의 권리에 손해를 초래한 경우는 '가중흡수(吸收加
重)'의 원칙을 채용하여 이 청구권에 흡수시켜 침권자의 민
사책임을 적당히 가중시킨다.

(3) 여러 피해주체(多个受害主体) 권리의 다중손해. 하나의
침권행위가 여러 피해주체의 권리에 손해를 초래하였는데,
그 중에는 직접피해자도 있고 간접피해자도 있을 경우에는
특수한 다중손해가 구성된다. 이를테면 어떤 권리주체의 명
예권을 침해하여 그 주체의 명예손해를 초래하게 되면 동시
에 그 배우자 등 친속의 정신고통을 초래하게 되는데 그 친속
의 정신고통 역시 침해사실로 인정될 수 있으며, 그 친속 역
시 간접피해자로 될 수 있다.

침권행위의 목적이 일반적으로 직접피해자만 가리키기에,
간접피해를 입은 친속의 손해와 침해행위 사이의 인과관계는
그 거리가 아주 멀다. 따라서 일반적으로 다중침해로 인정하

지 않으며, 다수의 피해자가 동시에 배상청구를 하는 것 역시 적절하지 않기에, 가중책임을 부과하는 것으로 돌릴 수 있다. 만약 행위자가 직접피해자의 건강권을 침해하여 성기능의 손해를 초래하였다면, 이는 직접피해자의 인신 손해를 초래할 뿐만 아니라, 동시에 또 피해자 배우자의 성적 이익(性利益)의 손해를 초래하게 된다. 비록 침권행위가 직접피해자에게만 한해 손해를 초래하고 있지만 그 간접피해자의 손해에 대해서도 침권책임이 인정된다. 때문에 다중손해를 형성하게 되며 다수의 권리주체 모두가 배상청구권을 행사할 수 있게 된다.

2.2.4 인과관계

2.2.4.1 개념

침권책임 구성 중의 인과관계 요건은 위법행위를 원인으로 하고, 손해사실을 결과로 하면서 그들 사이에 존재하는, 전자는 후과를 유발하고 후자는 전자로 인해 유발되는 객관적 연계를 가리킨다.

인과관념은 인류의 일체 자각활동에서 없어서는 안 될 논리조건이다. 인류가 모든 사회현상의 보편연계를 연구하는 과정에서, 철학 상의 원인과 결과 및 인과관계를 기본적 지도원칙으로 함을 떠날 수 없다. 철학의 인과관계의 원리를 운용하여 침권법이 원인과 결과 및 그 상호관계를 지도할 때, 침권법에서의 인과관계의 개념이 형성되는 것이다.

2.2.4.2 인과관계를 확정하는 이론

인과관계의 복잡성과 다원화로 인하여 이론상 인과관계를 어떻게 확정할 것인가에 대해 여러 가지 학설이 발생되고 있다.

(1) 조건설(条件说). 조건설은 무릇 손해결과를 야기하는 조건이 발생한다면 모두 손해결과의 원인이라고 인정하기 때문에 인과관계의 요건이 구비된다. 그 공식은 "전자가 없다면 후자도 없다."이다.[28]

(2) 원인설(原因说). 원인설은 "조건제한설" 혹은 "인과관계필연설"이라고도 부른다. 원인과 조건에 대해 엄격한 구별을 강화해야 한다고 주장하는데, 원인과 결과 사이에 인과관계가 존재한다고만 인정하고, 조건과 결과 사이에 인과관계가 있다고 인정하지 않기 때문에 법률상의 원인과 사실상의 원인은 다르다.

(3) 상당인과관계설(相当因果关系说). 상당인과관계설은 어떤 사실이 현실상황에서만 모종의 결과를 발생해서는 아직 인과관계가 형성된다고 인정할 수 없다고 본다. 반드시 일반적인 상황에서, 사회의 일반관찰에 의해서도 동일한 결과가 발생된다고 인정할 때에만 비로소 인과관계를 인정하는 것이다.

중국 고대에 이런 이론이 채용되었는데 이를테면 『송형통・두송(宋刑统・斗讼)』중 '보고(保辜)'의 기록에서 이르기를 "사람을 때려 머리에 상처를 입혀 바람이 두창에 들어 바람으로 인해 죽었다면 살인으로 인정하지만, 만일 두창의 바람으로 인한 것이 아니라 다른 병으로 죽었다면 다른 원인으

---

28) 리광찬(李光灿) 등:『형법인과관계론』, 북경대학출판사 1986년 판, 제37쪽.

로 따져 본 구상법(毆伤法)에 따라 처리한다. (假殴人头伤, 风从
头疮而入, 因风致死之类, 仍依杀人论。若不因头疮得风别因他病而死, 是
为他故, 各依本殴伤法)"라고 했는데 이런 경우에 대해 고대에는
살인으로 논하지 않았다.[29] 상당인과관계학설은 주관적 상당
인과관계설, 객관적 상당인과관계설과 절충적 상당인과관계
설로 나눈다.

(4) 객관귀속이론(客观归属理论). 객관귀속이론은 행위자가
법률상에서 허용치 않는 위험을 초래하고, 그 위험이 결과로
실현될 때 그 결과가 행위자에게 귀속된다고 인정한다. 그 요
점은 법률의 의무는 침해당한 법익적 결과에 대해 귀책하는
것이고, 객관적 귀책의 요소는 "객관목적성"에 있다는 것이
다. 즉 행위자의 행위가 그 구성 요건상, 충분히 침해결과를
야기할 수 있는 법률상의 중요한 위험을 초래했느냐에 의해
서 결정되는 것이다.

(5) 역학인과관계설(疫学因果关系说). 역학인과관계설은 의
학유행병학 원리를 사용하여 인과관계의 이론을 인정하는데
그 요점은 모종의 요인이 모종의 질병을 발생케 하는 일정한
시간 내에 존재하는데, 만약 병이 발작하기 전에 그 요인이
존재하지 않았다면 인과관계 존재의 가능성이 배제된다. 그
요인이 작용을 발휘하는 정도가 높아지면 그에 상응하는 그
병의 이환율(罹患率)도 더욱 높게 된다. 바꾸어 말하면 그 요
인의 작용이 제고되면 병환이 증가되거나 혹은 병세가 악화
되고, 그 요인의 작용이 낮아지면 병환이 감소되거나 혹은 낮

---

29) 『송형통』, 중화서국 1984년 판 제330쪽.

아지게 된다. 그 요인의 작용은 무모순(无矛盾)적으로 생물학의 설명을 얻게 되는 것이다.

(6) 개연성인과관계설(盖然性因果关系说). 이런 학설은 원고와 피고 사이에 거증책임을 분배할 때, 원고가 공해사건 중의 침권행위와 손해후과 사이에 존재하는 어느 정도의 인과관계의 가능성을 증명하면 원고는 거증책임을 다하는 것으로 되고, 연후에 피고가 반증을 들어 그 행위와 원고의 손해 사이에 인과관계가 없음을 증명해야 하는데, 반증을 할 수 없거나 혹은 반증이 성립되지 않으면 인과관계가 성립된다고 판단하는 것이다.[30]

(7) 간접반증설(间接反证说). 이런 학설은 인과관계를 구성하는 사실을 하나의 요건사실로 삼는 것이 아니라 복합적 요건사실로 삼아서 포착하고 각각 인정하는 것이다.

이 이론에 따르면 다음과 같은 두 가지가 있다. 첫째, 인과관계란 이 요건을 수 개의 인정주체로 나누는 것이다. 이를테면 A-B-C-D-E 등이다. 둘째, 원고가 상술한 각항 사실의 전 과정에 대해 모두 거증할 필요는 없고, 그 중의 주요한 사실만 증거를 들어 증명하면 된다. 기타 과정은 통상경험에 따라 추정할 수 있다. 만약 피고에게 이의가 있을 경우 상술한 각 항에 대해 일일이 반증해야 한다. 이런 이론은 원고가 복잡한 사건 중의 거증곤란을 완화시키는데 도움이 될 수 있다.

(8) 법률인과관계설(法律因果关系说). 법률인과관계설은 여

---

30) 가토 이치로(加藤一郎):『공해법의 생성과 발전』, 이와나미서점(岩波书店) 1968년 판, 제29쪽.

러 가지 원인 혹은 조건으로 하나의 침해결과를 초래할 때, 인과관계를 사실상의 원인과 법률상의 원인으로 나누어 원고가 피고의 행위에 과실이 있음을 증명할 뿐만 아니라 또 이 과실행위가 그에게 손해를 초래했음을 증명하고, 피고의 행위와 상해결과 사이에 인과관계가 존재한다고 증명하는데 사실상의 원인뿐만 아니라 법률상의 원인도 포함된다. 사실상의 원인을 확정하는 것은 인과관계를 인정하는 첫걸음이지 그 전부가 아니다. 또 행위와 손해사이에 법률상의 원인이 있음을 반드시 증명해야 한다. 후자를 증명해야만 비로소 법률인과관계의 존재가 인정된다.

2.2.4.3 중국 침권책임법에서 인과관계요건을 확정하는 규칙

중국 침권책임법의 이론과 실천은 이상의 각종 인과관계학설을 모두 시야 속에 두는데 조건설의 범위는 너무 넓고, 원인설은 지나치게 엄격하여 채택이 적합하지 않다고 인정한다. 오로지 상당인과관계설만이 민법공평원칙에 상당히 부합된다고 인정해서 채용하고 있다. "객관귀속이론"은 비교적 추상적이어서 장악하기 어려우므로 실천에서는 채용이 적합하지 않다. 또 개연성인과관계설, 역학인과관계설과 간접반증설은 복잡한 인과관계를 구분할 때의 개별방법에 지나지 않고 일반적 인과관계규칙이 아니므로 실천 중에서 서로 다른 상황에 근거하여 적용할 수 있다. 영미법계의 법률인과관계설은 인과관계를 판단하는 서로 다른 방법인데, 그 기본사로(思路)는 상당인과관계설과 실질적으로 서로 일치하므로 가히 거울로 삼을 수 있다.

중국 침권법에서 인과관계요건을 확정하는 기본방법은 아래와 같다.

(1) 직접원인규칙(直接原因規則). 행위와 결과 사이에는 직접인과관계가 갖추어져 있으므로 기타의 인과관계이론을 다시 적용하여 판단할 필요가 없이 직접 그 인과관계를 확인하면 된다. 가장 경상적으로 볼 수 있는 직접원인은 일인일과(一因一果)의 인과관계유형이다. 하나의 원인행위가 나타나면 하나의 손해결과의 발생을 초래하지만 이런 인과관계는 극히 간단하여 아주 쉽게 판단된다. 기타 조건이 개입될 수도 있지만 원인행위와 손해결과 사이는 자연히 연속되고, 외래사건에 의해 저지당하지 않는다. 비록 기타 조건이 개입된다고 해도 이러한 조건이 원인행위가 직접원인이 되는 데에 영향을 주지 못하며, 그와 손해사실 사이의 인과관계를 인정해야 할 것이다.

(2) 상당인과관계규칙(相当因果关系规则). 행위와 결과 사이에 기타의 개입조건이 있어서 인과관계 판단이 비교적 곤란하고 직접원인을 확정하기 어려울 때에는 상당인과관계이론을 적용하여 판단해야 할 것이다. 행위가 손해결과 발생의 적당한 조건임을 확정할 경우 행위와 결과 사이의 상당인과관계를 인정해야하며 그렇지 않다면 인과관계가 없다고 판단한다.

상당인과관계학설을 적용하는 관건은 위법행위가 손해사실의 적당한 조건임을 파악하는 것이다. 적당한 조건은 이런 손해결과의 발생에 없어서는 안 될 조건으로, 이는 특정한 상황에서 우연히 초래된 손해일 뿐만 아니라, 일반적으로 발생하는 동종 결과의 유리한 조건이다. 행위와 결과사이에 인과관계가 있느냐를 확정하기 위해서는, 행위 시의 일반사회경험과 지식수준을 판단기준으로 하여 그러한 행위가 그러한 손해결과를 초래할 가능성이 있음을 인정하며, 실제적으로 그 행위가 확실히 그 손해결과를 초래했을 경우에는 그 행위와 그 결과 사이에 인과관계가 있다고 인정하는 것이다. 그 적용공식은 아래와 같다.

"대전제: 일반적 사회지식경험에 따라 그 행위가 그 침해결과를 초래할 수 있음을 인정한다.

소전제: 실제적으로 그 행위는 확실히 그러한 손해결과를 초래했다.

결론: 그렇다면 이런 행위는 이런 손해사실 발생의 적당한 조건으로 되며, 따라서 양자 사이에는 상당인과관계가 인정된다."

(3) 추정인과관계규칙(推定因果关系规则). 법률이 규정한 상황이나 기타 특별히 수요 되는 경우에 추정인과관계규칙을 적용한다. 개연성인과관계학설이나 역학인과관계학설은 모두 추정인과관계규칙으로 될 수 있다. 피해자가 거증약세(举证弱势)에 처하여 인과관계요건을 완전하게 증명할 방법이 없을 경우, 오직 피해자의 거증증명이 일정한 정도에만 도달하면 행위와 손해 사이에 인과관계가 존재한다고 추정하고, 연후에 피고가 거증을 하여 자기의 행위와 손해발생 사이에 인과관계가 없음을 증명하도록 한다.

『침권책임법』 제66조에서는 환경오염책임의 인과관계추정을 규정하고 있다. 의료손해책임 중에는 인과관계추정을 규정하지 않았는데, 피해환자가 일반적 증명표준에 도달할 수 없음을 증명할 경우, 인과관계추정규칙을 적용할 수 있다. 어떤 특정한 상황에서도 조건부로 인과관계추정규칙을 적용할 수 있다.

인과관계추정의 적용공식은 아래와 같다.

"대전제: 일반정황에서 이런 유형의 행위가 이런 유형의 손해를 초래할 수 있다.

소전제: 이 결론과 관련된 과학적 원리에는 모순이 없다.

결론: 그렇다면 이런 손해사실은 이런 행위로 기인된 것이다."

2.2.4.4 공통원인 중의 원동력 (原因力)

침권을 구성하는 다인일과(多因一果)의 상황에서 다종원인은 동일손해사실의 발생의 공통원인이다. 공통원인 중의 각개 원인행위는 손해사실의 발생에 대해 서로 다른 작용이 있으므로 서로 다른 원동력(原因力)을 형성한다.

원동력은 침해결과를 구성하는 공통원인 중에서 각개 원인들이 침해결과의 발생, 혹은 확대에 대해 발휘하는 작용력을 말한다. 단일원인(单一原因)은 결과의 발생에 대해 100%의 원동력이 있기에 원동력을 고찰하는 것은 실제적 의의를 가지고 있지 않고, 오직 공통원인중의 원동력을 고찰하는 것만이 비로소 현실적 의의가 있다.

원동력의 크고 작음은 각개 공통원인의 성질, 원인사실과 손해결과의 거리 및 원인사실의 강도에 의해 결정된다. 직접원인의 원동력은 간접원인보다 우위이고, 원인사실의 거리가 손해결과와 가까운 원동력은 원인사실 거리가 손해결과보다면 원동력보다 우위이며, 원인사실 강도가 큰 원동력은 원인사실 강도가 작은 원동력보다 우위이다. 이런 일련의 요소에 근거하여 공통원인 중의 각개 원인이 손해사실 발생에 대한 구체 원동력의 크고 작음을 판정해낼 수 있다.

원동력의 크고 작음은 공통침권행위, 과실상계 및 각각 침권행위의 책임을 분담함에 있어서 중요한 결정적 작용을 하고 있다. 공통침권행위 중, 원인행위의 원동력이 크면 행위자는 비교적 많은 책임을 부담하게 되고, 반대로 원인행위의 원동력이 작으면 행위자는 비교적 작은 책임을 부담하게 된다. 과실상계 중, 가해자와 피해자 쌍방의 행위는 손해발생의 공통원인이므로, 각 행위자의 행위원동력의 크고 작음에 따라 각자에 대한 책임을 확정한다. 안분책임자(按份责任人) 각자의 책임할당액을 확정함에 있어서도 각각의 행위자 행위의 원동력의 크고 작음을 고려하여 각자의 책임할당액을 확정한다. 분별침권행위(分別侵权行为)의 안분책임(按份责任)도 기본적으로 원동력의 크고 작음에 따라 책임을 분담한다.

2.2.5 과착

2.2.5.1 개념과 성질

과착(过错)은 침권책임을 구성하는 요건 중에서 행위자가 침권행위를 실시할 때의 주관심리상태인데 고의와 과실(过失)을 포함한다.

과착의 본질속성을 확정할 때 응당 과착의 본질에서 출발해 그것을 제시해야 한다. 이론상의 "주관과착설(主观过错说)"과 "객관과착설(客观过错说)"은 과착의 본질속성이 주관적, 혹은 객관적임을 말하는 것이 아니라 과착의 판단표준에서 말하는 것이다. 즉 주관표준, 혹은 객관표준이다.

과착표준의 객관화를 검증하는 것은 침권법이론 발전의 필연이지만, 과착표준의 객관화를 검증하는 것은 과착의 본질속성에 질적인 변화를 일으키지는 못했으며 따라서 과착 자체의 객관화를 이루지도 못했다. 객관표준으로 과착을 검증한다는 것은 과착을 판단할 때 객관표준을 채용하여 평가하는 것을 가리킨다. 이 객관표준을 위반하면 과착이 되고, 부합되면 무과착(无过错)이 되는 것이다. 과착은 행위자의 주관세계를 떠나 객관형태로 될 수 없으며, 영원히 행위자의 주관심리상태로 주관개념에 속한다.

2.2.5.2 고의

과착은 두 가지 기본 형태로 나뉘는데 즉 고의와 과실이다.

고의는 행위자 자신이 자기 행위의 결과를 예견하면서도 여전히 그러한 결과의 발생을 바라거나 혹은 그러한 결과가 발생되도록 묵인하는 주관심리상태를 말하는 것이다.

고의를 확정함에 있어서 침권법이론에는 의사주의(意思主义)와 관념주의의의 논쟁이 있다. 의사주의가 강조하는 것은 행위자가 손해후과에 대해 반드시 '희망'하거나 혹은 '의욕'을 가져야 한다는 것이다. 관념주의가 강조하는 것은 행위자가 행위의 후과에 대해 인식, 혹은 예견하고 있다는 것이다. 통설로 절충주의 주장을 채용하여 행위자가 행위의 결과에 대해 응당 의식하거나 혹은 예견하고 있어야 하며 동시에 그러한 상황의 발생을 희망하거나 혹은 묵인해야 한다는 것이다.

침권책임법에서 고의는 직접고의와 간접고의로 나뉘는데 특별히 필요한 것은 아니다. 왜냐하면 일반적인 정황에서 과실이 침권책임을 구성하듯이 간접고의도 당연히 침권책임을 구성하기 때문이다. 그러나 어떤 장소에서 확실히 간접고의의 상황이 존재하기에 간접고의나 직접고의로 구분하는 것은 일정한 의의가 있다. 이를테면 과실상계, 연대책임과 안분책임의 책임할당액을 확정할 때 직접고의와 간접고의의 정도는 결코 같지 않기 때문에 행위자가 부담해야 할 책임도 다소 구별이 있게 된다.

2.2.5.3 과실

과실은 행위자가 피해자에 대해 부담해야 할 주의의무(注意义务)에 대한 부주의심리상태인데 여기에는 소홀과 태만이 포함된다. 행위자가 자신의 행위의 결과에 대해 응당 예견하거나 혹은 충분히 예견해야 하지만 예견하지 못한 것은 소홀이고, 행위자가 자신의 행위의 결과에 대해 비록 예견은 했지만 피면할 수 있을 것이라고 경솔하게 믿은 것은 태만이다.

과실은 일종의 부주의의 심리상태로 자기가 반드시 져야 할 주의의무를 위반한 것이다. 행위자가 져야 할 주의의무에는 아래와 같은 세 가지가 있다.

(1) 일반인의 주의(注意). 일반인의 주의는 정상적인 상황에

서, 경미한 주의로도 능히 예견할 수 있는 주의의무로, 일반인이 일상적인 상황에서 충분히 주의를 돌릴 수 있다는 것을 표준으로 한다. 만약 통상적인 상황에서 일반인이 주의를 돌리기 어려운 사항이라면, 행위자가 손해를 피하지 못했다고 하더라도 주의의무를 다하기만 하면 행위자의 과실로 치지 않는다. 반대로 일반인이 일반적인 정황에서 충분히 주의를 가질 수 있는 상황임에도 주의를 가지지 못하면 과실이 있게 된다.

(2) 자기사무(自己事務)를 처리하는 것과 같은 수준의 주의를 돌려야 한다. 자기사무는 법률상, 경제상, 신분상 등 일체 자기이익범위 내의 사무를 포함한다. 자기사무를 처리하는 것과 같은 수준의 주의를 돌린다는 것은, 행위자가 일상적으로 자기사무를 처리할 때 가지는 주의를 표준으로 한다. 이런 주의의무를 판단하는 것은 행위자가 주관적 주의의무를 다했는가 다 하지 못했는가를 표준으로 하는데 즉 주관표준이다. 만약 행위자가 자기가 주관적으로 이미 주의의무를 다 했다고 증명하면 무과실로 인정된다. 반대로 증명하지 못하면 과실이 있음이 인정된다.

(3) 선량관리인(善良管理人)의 주의. 이런 주의의무는 교역상의 일반관념으로 상당히 지식경험이 있는 사람이 일정한 사건에 대해 사용하는 주의를 표준으로 삼는데 객관적으로 인정한다. 행위자가 해당 지식과 경험을 충분히 사용하여 주의를 돌렸느냐, 그가 여태까지의 일상 사무에서 주의를 돌리는 정도는 따지지 않고, 다만 그 직업적 특성에 따른 주의정도를 참작하여 기준을 정하는데, 일반인의 주의와 자기사무를 처리하는 것과 같은 수준의 주의에 비해 요구가 더 높다.

이런 주의를 판단하는 표준은 객관표준이다.

상술한 세 가지 주의의무는 그 정도에서 보면 세 개의 단계가 있는데 일반인의 주의가 최저이고, 자기사무를 처리하는 것과 같은 수준의 주의가 중간이고, 선량관리인의 주의가 가장 높다. 이와 같은 세 가지 주의의무를 위반할 경우 세 가지 과실을 구성하게 된다.

첫째, 중대과실이다. 일반인의 주의의무 위반을 중대과실이라 하는데 중과실이라고도 한다. 만약 행위자가 일반인의 주의만 사용해도 예견할 수 있음에도, 주의를 게을리 하였을 경우 중대과실로 인정한다.

둘째, 구체과실이다. 자기사무를 처리하는 것과 같은 수준의 주의의무를 위반한 과실이다. 만약 행위자가 자기의 주관에서 이런 주의를 다 했다고 증명할 수 없게 되면 구체과실이 인정된다.

셋째, 추상과실이다. 선량관리인의 주의의무를 위반한 과실이다. 이런 과실은 추상적인 것으로, 행위자의 주관의지의 표준에 따르지 않고, 객관적으로 해야 할 당위성을 표준으로 삼는다. 따라서 이런 주의의 의무가 가장 높은데, 이런 주의 임무를 다 하지 못해 초래된 과실은 추상과실로 인정된다.

2.2.5.4 공동책임의 과실정도

공동책임은 공동침권의 연대책임, 별도침권의 안분책임 및 과실상계 중의 다수가 침권책임을 부담하는 것으로 그 책임은 연대책임자, 안분책임자 및 과실상계의 가해자와 피해자가 분담하는 것을 가리킨다.

공동책임을 분담하는 표준은 첫째로 과실경중이고, 둘째로 원동력의 크고 작음이다. 그 중 과실경중은 공동책임의 분담에서 주요한 역할을 한다.

공동책임의 과실경중은 네 개의 등급으로 나뉜다. 제1등급은 고의이다. 이는 가장 중한 과실정도인데 부담해야 할 책임도 가장 중하다. 그 중에 직접고의와 간접고의의 과실정도는 다소 다른데, 직접고의는 간접고의보다 중하다. 제2등급은 중대과실로 가장 중한 과실인데 부담해야 할 책임은 고의보다 경하고, 과실보다는 중하다. 제3등급은 경과실과 객관과실이다. 선량관리자의 주의의무 위반과 자기사무를 처리하는 것과 같은 수준의 주의의무 위반은 모두 과실을 구성하는데, 중등정도의 과실에 속하며 중대과실보다 경하고, 일반과실보다 중하다. 제4등급은 일반과실이다. 일반과실은 비교적 경한 과실로, 부담해야 할 책임할당액도 비교적 낮은데, 구체과실과 추상과실의 책임할당액보다 낮다.

이상의 과실등급의 부동함에 근거하고, 또 원동력의 크고 작음의 요소를 더하여 공동책임의 분담에 대해 종합적으로 판단하면, 공평, 합리, 정확의 가치판단표준의 요구에 충분히 도달할 수 있게 된다.

2.3 침권책임방식

2.3.1 침권책임방식의 개념과 특징

2.3.1.1 개념

침권자는 자신이 실시한 침권행위와 침권행위를 입은 피해자를 구제하는데 부합되는 침권책임을 지게 된다. 침권책임 방식은 침권자가 침권책임법에 따라 부담해야 할 민사책임의 구체적인 방식인데, 다시 말하면 침권책임법에서 규정한 침권자가 실시한 침권행위로 인해 반드시 부담해야 할 구체적인 법적 책임이다.

『침권책임법』제15조에서는 8종의 침권책임방식에 대해 규정하고 있는데 침해정지, 방해배제, 위험제거, 재산반환, 원상회복, 손실배상, 사과(赔礼道歉), 영향제거, 명예회복 등이다. 이런 침권책임방식을 재산형의 민사책임과 정신형의 책임으로 나뉜다.

2.3.1.2 특징

(1) 침권책임방식은 침권책임을 실시하는 구체적 형식이다. 침권책임이 구성되면 침권자가 부담해야 할 법적 후과는 구체적인 형식을 띠게 된다. 침권책임은 침권책임방식의 추상(抽象)이고, 침권책임방식은 침권책임의 구체적 표현이다.

(2) 침권책임방식은 책임과 의무인바, 법률에 대한 책임을 지는 것과 피해자에 대한 책임을 지는 것의 결합이다. 침권책임방식은 인민법원에서 심판권을 운용하여 침권자에게 책임을 부담하게 하는 방식일 뿐만 아니라 침권자가 피해자에 대해 이행하는 의무이기도 하다. 이는 침권자가 국가의 법률에 대해 책임지는 것과 상대방 당사자에 대해 책임지는 것의 결

합인데, 이때 주요한 것은 상대방 당사자에 대해 책임을 지는 것이다.

(3) 손실배상은 침권책임의 주요한 방식이다. 침권책임방식은 비록 8종 이상이지만 가장 기본적인 방식은 손실배상이다. 이는 침권법의 기본 기능은 피해자의 손실에 대한 배상에 있다는 점에서 결정되는 것이다. 침권행위는 일반적으로 모두 피해자의 손실을 초래한 것으로 재산손실이든 또는 인신손해 및 정신손해이든 법률규정에 따라 손실배상의 책임방식을 적용하여 손실을 만회하는 것이다. 『침권책임법』제16조, 제19조, 제20조와 제22조에서 규정한 것은 모두 손해배상책임이다.

2.3.2 침권책임방식의 유형과 적용규칙

2.3.2.1 유형

8종의 침권책임방식 중에서 재산책임유형이 주요한 방식이고, 비재산책임은 차용한 방식이다. 전자는 이를테면 손해배상, 원상회복, 재산반환 등이다. 후자는 이를테면 침해정지, 영향제거, 명예회복, 사과 등이다. 이밖에도 방해배제와 위험제거가 있는데 재산성질의 책임방식일 수도 있고, 비재산책임방식일 수도 있다. 침권책임방식의 서로 다른 특점에 근거하여 침권책임방식을 세 가지 유형으로 개괄할 수 있는데 그것들은 재산형책임방식, 정신형책임방식, 종합형책임방식이다.

2.3.2.1 적용 규칙

(1) 손해구제의 수요. 침권책임방식을 확정하는 가장 중요한 원칙은 피해자의 권리손해 구제수요를 기준으로 하는 것이다. 침해받은 피해자의 권리 회복을 목적으로 하여, 어떤 민사책임방식의 적용이 필요하면 바로 그 민사책임방식을 적용한다는 것이다. 단순한 재산권리 손해에 대해서는 침해배상방식을 단독 적용하여 손해를 구제할 수 있다. 생명건강권의 손해에 대해서는 재산손실을 배상할 수 있으며, 동시에 정신손해배상도 할 수 있다. 정신성인격권의 침해에 대해서는 정신형책임방식을 단독 적용할 수 있고, 수요에 근거하여 재산형책임방식도 적용할 수 있다. 손해를 구제할 수요가 있기만 하면 모두 종합형책임방식을 적용할 수 있다.

(2) 병용할 수 있다. 침권책임의 각종 방식에는 각자의 특점이 있는데 침권행위가 초래한 침해의 구제에 대해 단독으로 하나의 책임방식을 적용할 수도 있고, 여러 가지 책임방식도 병용할 수도 있다. 침권책임방식을 병용하는 표준은 각종 책임방식이 피해자의 권익을 보호하는 부동함에 근거하는 것이다. 만약 하나의 책임방식의 적용이 피해자를 보호하기에 부족할 때 기타의 책임방식을 동시에 적용해야 한다.

(3) 적당한 처분. 침권책임방식을 피해자의 각도로부터 보면 피해자 자신이 향유할 청구권의 내용이다. 민법의 기초원칙에 따라 권리자가 자기의 권리를 처분할 수 있다.

(4) 필요한 가집행. 침권책임방식을 적용함에 있어서 확실히 필요한 경우, 사건을 수리할 때 가집행을 사용할 수 있다.

『침권책임법』 제2조의 "침권행위가 타인의 인신안전과 재산안전을 위태롭게 할 때 피침권자는 침권자가 침해정지, 방해배제, 위험제거 등의 침권책임을 부담하도록 청구할 수 있다."규정에 대해 침권행위의 금령(禁令)으로 볼 수 있다.

2.3.3 재산형 침권책임방식의 적용

2.3.3.1 재산반환

재산반환은 보편적으로 적용되는 침권책임방식으로, 침권자가 불법으로 침점한 재산을 원물 반환하는 것이다. 불법으로 타인의 재산을 침점했을 때는 반드시 원물을 반환해야 한다.

재산반환을 적용하는 조건은 재산이 불법전거 되었거나 또는 원물이 여전히 존재하는 것이다. 원물이 이미 멸실되면 재산반환은 객관적으로 불가능하기에 소유자는 오직 손실배상만 요구할 수 있다. 원물이 비록 존재하지만 이미 훼손을 입었을 경우 재산반환의 기초 위에서 다시 손실배상을 청구할 수 있다. 재산반환은 그 성질상 물건의 점유가 변경된 것이지만 소유권이 변경된 것이 아니기 때문에 점유인은 소유물을 소유인이 공제 가능한 상황으로 변경해야만 비로소 재산이 반환된 것으로 간주된다.

원물반환은 반드시 원물에서 발생된 배당금(孳息)을 함께 반환해야 한다. 악의적으로 점유한 정황에서, 점유자는 악의적으로 점유한 기한 내에 얻은 일체 배당금의 전부를 책임지고 반환해야 하며, 또 소유인한테 반환으로 발생한 비용을 청구할 권리가 없다.

2.3.3.2 원상회복

원상회복은 권리가 침해받기 전의 원유상태를 회복하는 것을 가리키는데, 일반적으로 손상된 재산을 복원하는 것을 가리킨다. 소유자의 재산이 타인의 비법침해로 인해 손해를 입었을 경우 만약 수리가 가능다면 소유자는 가해자가 수리를 통해 재산을 원유의 상태로 회복해놓도록 요구할 권리가 있다. 침권책임법 중에 비록 원상회복이 수리, 중수, 교체 등의 책임형식과 아주 밀접한 연계가 있지만 수리, 중수, 교체는 광의적으로 원상회복의 수단에 지나지 않는다. 그 목적은 권리자가 피침해의 권리를 회복하는데 있지만[31] 수리, 중수, 교체는 침권책임법의 침권책임방식이 아니고, 원상회복의 구체형식도 아니다.

그런 책임방식을 적용함에 있어서 구비해야 할 조건은, 첫째로 반드시 회복 가능성이 있는 것이어야 하고, 둘째로 반드시 복원의 필요가 있는 것이어야 한다.

2.3.3.3 손실배상

손실배상은 가장 중요하고, 가장 기본적인 침권책임 방식인데 침권책임법의 손실배상은 재산손해배상, 인신손해배상과 정신손해배상 등의 세 가지 형식이 포함된다.

---

31) 왕리밍, 양리신의:『침권행위법』, 법률출판사 1996년 판, 제104쪽 참조.

2.3.4 정신형침권책임방식의 적용

2.3.4.1 침해정지

행위자가 실시한 침권행위가 여전히 계속되고 있다면 피해자는 법에 따라 법원에서 침권자에게 침해정지의 책임방식을 부담할 명령을 내리도록 청구할 수 있다. 현재 침권행위를 실시하고 있는 불법행위자는 그 누구냐를 막론하고 모두 그 침해행위를 즉각 정지해야 한다. 침해정지의 책임형식은 각종 침권행위에 적용될 수 있다. 침해정지의 주요한 작용은 즉시 침해행위를 제지하여 손해후과가 확대되는 것을 방지하는 것이다. 침해정지는 침권행위가 진행중이거나 혹은 여전히 연속되고 있음을 조건으로 하며, 아지 발생하지 않았거나 혹은 이미 종결된 침권행위에는 적용할 수 없다. 침해정지명령은 실제로 침권자에게 모종 침권행위를 실시하지 않도록 요구하는 것이다.

침해정지책임방식을 적용함에 있어서 반드시 주의해야 할 것은 첫째로 가집행이고, 둘째로 침해정지를 청구할 때에는 반드시 담보를 제공하는 것이다.

2.3.4.2 사과

사과(赔礼道歉)는 침권자가 피해자에게 잘못을 승인하고, 미안한 마음을 표시하여 피해자의 용서를 구하는 것을 가리킨다. 사과에는 두 가지 방식이 있는데 첫째는 구두사과이고, 둘째는 서면사과이다. 구두사과는 가해자가 피해자에게 직접

사과를 표시하는 것이다. 서면사과는 문자의 형식으로 사과를 표시하는 것이다. 침권자가 사과의 책임방식을 거부할 경우 법원에서는 판결하여 확정한 방식에 따라 진행하여 그 비용을 침권자가 부담하게 한다.[32]

2.3.4.3 영향제거 및 명예회복

행위자가 실시한 침권행위가 자연인이나 혹은 법인의 인격권을 침해할 경우 초래된 영향에 대해 응당 그 영향이 미치는 범위 내의 불량후과를 제거해야 하는데 이것이 바로 영향제거이다. 행위자가 실시한 침권행위가 자연인이거나 혹은 법인의 명예를 침해할 경우 피해자의 명예훼손에 대해 반드시 영향이 미치는 범위 내에 피해자의 명예가 침해를 받지 않았을 때의 상태로 회복시켜야 하는데 이것이 바로 명예회복이다. 영향제거와 명예회복은 자연인과 법인의 정신성인격권을 침해했을 경우에 부담하는 책임방식이다. 영향제거와 명예회복의 구체적 적용은 침해행위 및 그 초래된 영향으로 인하여 미친 명예훼손의 결과에 근거하여 결정한다.

2.3.5 종합형 침권책임방식과 적용

2.3.5.1 방해배제

방해배제(排除妨碍)는 침권자가 실시한 행위로 인해 피해자

---

32) 사과(賠礼道歉)를 강제집행 하는데 대해, 어떤 학자들은 언론자유원칙을 위반한 것으로 인정하고 있기에 논란의 여지가 있다.

가 자신의 인신권리와 재산권리를 행사할 수 없거나 혹은 정상적으로 행사할 수 없을 경우 피해자가 가해자의 방해권리 실시에 대해 방해배제를 청구하는 것을 가리킨다.

2.3.5.2 위험제거

위험제거는 행위자의 행위와 그 관리 하의 물건이 타인의 인신과 재산의 안전에 위협을 초래하거나 혹은 타인의 인신과 재산권익에 대해 침해가능성이 존재할 경우 그 타인은 행위자에 대해 유효적인 실시를 통해 위험요소의 행위, 혹은 물건에 대해 제거를 요구할 권리가 있다.

위험제거의 책임방식을 적용하려면 반드시 위험이 존재해야 하고, 손해를 초래할 수 있는 후과의 가능성이 있어야 하는데 타인에 대해 위협이 조성되지만 손해가 실제로 발생하지 않아 타인의 민사권리에 대한 행사를 방해하지 않아야 한다. 이런 책임방식은 손해의 발생을 유효하게 방지할 수 있고, 민사주체의 민사권리를 충분히 보호할 수 있다.

2.4 침권책임의 형태

2.4.1 침권책임형태의 개술

2.4.1.1 개념과 특징

침권책임 형태는 침권법률관계의 당사자가 침권책임을 부담하는 서로 다른 표현형식이다. 즉 침권책임으로 인한 침권법률관계 중의 서로 다른 당사자가 침권책임부담의 규칙에 따라 책임을 부담하는 서로 다른 표현형식이다.

침권책임 형태는 아래와 같은 법률특징을 구비하고 있다.

(1) 침권책임 형태가 관심을 가지는 것은 행위의 표현이 아니라 행위의 법률후과이다. 즉 침권행위가 발생되었고 구성요건의 요구에 부합될 때, 책임을 져야 할 당사자가 그 행위에 대한 법적 책임을 부담하는 것이다. 침권책임형태와 침권행위 유형의 구별은 침권행위 유형에서 연구하는 것은 행위 본신이고, 침권행위 형태가 연구하는 것은 침권행위후과 즉, 침권행위로 인해 야기된 법적 책임을 누가 부담하느냐 하는 것이다. 침권책임형태도 침권책임구성과는 서로 다르다. 침권책임구성이 연구하는 것은 어떤 준칙에 의거하고, 어떤 조건이 부합되어야 비로소 침권책임이 구성되느냐 하는 것이고, 침권책임형태는 침권책임이 구성된 후에 누가 책임을 부담하는가 하는 문제를 해결하는 것이다.

(2) 침권책임형태가 표현하는 것은 침권행위의 후과를 침권 법률 관계의 당사자가 부담하는 서로 다른 형식임으로, 침권 책임 방식과는 다르다. 침권책임방식이 연구하는 것도 침권 행위의 법적 후과이지만 그가 연구하는 것은 서로 다른 당사자 사이에 누가 침권책임을 부담하느냐는 형식이 아니라 침권행위 후과의 구체적 표현방식이다. 즉 손해배상, 침해정지, 사과 등 책임의 서로 다른 방식이다. 침권책임 형태가 연구하는 것은 이런 책임의 구체적방식이 아니라 누가 이런 책임방식을 부담하느냐 하는 것이다. 때문에 침권책임 형태는 침권책임 방식이 서로 다른 당사자 사이의 분배이다.

(3) 침권책임형태는 법률 확인을 거쳐 법률규정의 침권책임 기본형식에 부합되는 것이다. 침권책임형태는 반드시 법률의 확인을 거치는 것이지 제멋대로, 임의대로의 형식이 아니다. 또 침권책임을 부담하는 기본형식이지만 구체적인 책임형식은 아니다. 그가 해결하는 것은 침권책임이 당사자 자신이 부담하느냐, 또는 타인이 부담하느냐, 연대부담이냐, 또는 안분(按份)부담이냐 하는 등등이다. 당사자가 구체적으로 어떤 책임을 부담하고, 책임부담의 정도는 무엇인가 하는 것은 침권책임 방식과 침권책임의 구체적 내용이 해결해야 할 문제이다.

2.4.1.2 지위

침권책임법의 이론 구조는 5개 부분으로 구성되어 있다. 첫째는 침권행위와 침권책임법의 개술로 침권행위의 개념과 특징을 연구하는 것이고, 침권책임법의 기본문제를 연구하는 것이다. 둘째는 침권책임구성으로 침권책임귀책원칙과 침권책임 구성의 요건을 해결하는 것이다. 셋째는 침권행위 유형으로 침권행위의 각종 표현형식을 연구하여 침권책임 귀책원칙을 기초로 침권행위의 각종 표현형식을 확정하는 것이다. 넷째는 침권책임 형태로 침권책임을 구성한 후의 침권책임이 각기 서로 다른 당사자 사이에서의 책임 분배를 연구하는 것이다. 다섯째는 침권책임 방식으로 침권책임의 구체적 형식을 연구하고, 침권손해배상 책임의 구체적 부담을 연구한다.

침권책임법의 엄밀한 이론체계 중의 핵심문제는 침권책임 구성으로, 침권책임귀책원칙과 구성요건을 포함한다. 하지만 침권책임은 결국 누가 부담하느냐 하는 것도 아주 중요하기 때문에 침권책임 형태는 침권법체계 중의 관건적인 일환이다. 그는 행위, 책임과 구체적 책임방식, 부담을 서로 연계시키고 있다. 만약 침권책임형태가 없다면 설령 침권책임이 이미 구성되었다고 해도 책임을 부담해야 할 당사자가 구체적으로 확정될 수 없기에, 구체적 침권책임방식과 내용을 실현할 수 없고, 침권책임법의 구제, 보상기능도 실현할 수 없다.

2.4.1.3 작용과 의의

(1) 침권책임의 구성과 침권책임 방식을 연결해준다. 침권책임 구성과 침권책임 방식은 모두 침권책임법의 기본개념으로 침권책임 형태는 이 두 개의 기본개념을 연결시킨다. 침권책임 구성, 침권책임 형태와 침권책임 방식은 침권책임법의 가장 기본적 개념이다.

(2) 침권책임의 귀속을 확인한. 침권책임 구성이 해결하는 것은 어느 한 사람의 행위가 침권책임을 구성하느냐 구성하지 않느냐이다. 침권책임이 구성된 후, 그 책임은 반드시 응당 책임을 부담해야 할 사람에게 부과해야 한다. 침권책임 형태는 책임을 져야 할 구체적 책임자를 확정하고, 구체적 책임자에게 침권책임을 부과하는 것이다. 침권책임형태가 없다면 이미 구성된 침권책임이 책임자에게 실현될 수 없으므로 침권책임은 실현될 수 없다.

(3) 보상과 제재의 실현기능. 침권책임의 기본기능은 바로 보상과 제재이다. 침권책임형태가 없다면 침권책임을 실현할

수 없어 침권책임의 보상기능과 제재기능도 실현될 수 없다.

2.4.1.4 체계

침권책임 형태가 연구하는 내용은 서로 다른 당사자 사이에서 침권책임의 분배이다. 주요한 연구의 범위는 침권책임의 일반표현 형태로 이하의 3개 계열로 나뉜다.

(1) 자기책임(自己責任)과 대체책임(替代責任). 침권책임의 자기책임과 대체책임의 표현은 침권책임은 행위자가 부담하느냐, 아니면 행위자와 특정관계가 있는 책임자나 물건에 대한 관령(管領)관계가 있는 사람이 부담해야 하느냐이다. 이는 침권책임 형태의 일반표현형식이다. 만약 행위자 자신이 자기의 행위에 대해 책임지면 이는 지기책임인데 직접책임이라고도 한다. 만약 책임자가 행위자의 행위에 대해 책임지거나 혹은 자기 관령(管領) 하의 물건에 의한 침해를 책임지는 것을 대체책임이라 하는데, 대인(対人)의 대체책임과 대물(対物)의 대체책임이으로 나뉜다.[33]

(2) 일방책임과 쌍방책임. 침권책임의 일방책임형태와 쌍방책임형태는 침권책임이 침권법률 관계 중에서 일방이 책임지냐 또는 쌍방이 책임지냐를 말하는 것이다. 일방책임의 침권책임형태는, 이를테면 가해자의 일방책임, 혹은 피해자의 과실로 야기된 손해의 피해자 일방책임이다. 쌍방책임의 책

---

33) 자기책임은 비교적 간단한데 바로 일반침권 책임이다. 이 책에서는 그 전문적인 진행에 대해 설명하지 않는다.

임형태는 가해자와 피해자 모두가 책임을 부담하는 것이다. 그 중, 침권책임의 쌍방형태가 중점으로, 침권행위로 발생된 후과에 대해 침권자가 반드시 책임을 부담하고, 피해자도 책임을 부담해야 하는 것을 가리키는데 하나의 완전한 침권책임을 가해자와 피해자 쌍방이 모두 부담하는 것이다. 쌍방책임은 과실상계와 공평분담손실책임을 포함한다.[34]

(3) 단독책임과 공동책임. 침권책임이 만약 피고 쪽에서 부담하는 것이라면 단독가해자와 다수가해자의 문제가 존재한다. 전자는 단독침권행위이고, 후자는 다수침권행위인데 침권책임형태는 가해자의 숫자가 서로 다름에 따라 변화가 발생한다. 단독적인 가해자는 자기가 책임지거나 혹은 대체책임이 있는 사람이 단독적으로 책임지는 것이다.[35] 다수인의 침권행위는 다수인이 침권책임을 부담하기에 공동책임이다. 침권책임의 공동책임은 다수침권행위자가 실시한 침권행위로 침권책임은 다수행위자에게 분배된다. 공동책임은 연대책임, 안분책임과 불진정연대책임(不眞正連帶责任)을 포함하고 있는데, 그 침권행위형태와 침권책임형태의 관계는 공동침권행위는 연대책임을 부담하고, 단독침권행위는 안분책임, 혹은 연대책임을 부담하며, 경합침권행위(竞合侵权行为)는 불진정연대책임을 부담하는 것이다.

---

34) 이 두 가지 책임형태는 제3장의 면책사유와 제2장의 침권손해배상책임 규칙부분에 대한 전문 설명이다.
35) 단독책임도 비교적 간단하지만 역시 전문설명을 하지 않는다.

2.4.1.5 침권책임형태의 상호관계

자기책임과 대체책임, 일방책임과 쌍방책임, 단독책임과 공동책임 등의 세 가지 침권책임 형태는 병렬관계가 아니라 교차, 혹은 포용관계(包容关系)를 형성하고 있다.

우선 자기책임과 대체책임은 침권책임형태의 가장 기본적인 형태로 어떠한 침권행위든지 모두 직면하게 되는 책임형태이다. 어떠한 침권행위든지 부담하는 책임은 자기책임이 아니면 대체책임으로, 다른 선택이 없다.

다음으로 일방형태와 쌍방형태도 일종의 완전구분(完全划分)으로, 역시 모든 침권행위가 직면하게 되는 책임형태로, 일방책임이 아니라 쌍방책임이다. 일방책임이든 쌍방책임이든지를 막론하고 모두 자기책임이냐 아니면 대체책임이냐 하는 선택이 존재한다. 일방책임일 때 일방당사자가 부담해야 할 책임은 자기책임 혹은 대체책임이다. 행위자와 피해자 모두가 책임을 부담해야 하는 쌍방책임 중, 가해자 일방의 책임은 자기책임일 수도 있고, 대체책임일수도 있다. 만약 행위자 일방이 다수(多数)라면 침권책임의 공동형태를 가능하게 할 수 있다. 즉 연대책임, 안분책임, 불진정연대책임이다. 쌍방책임형태와 대응하는 것은 일방책임형태이다. 이는 가해자 일방이 침권책임을 부담하거나 혹은 피해자 일방이 책임을 부담하는 형식으로, 쌍방책임과 대응되는 침권책임 형태이다.

그 다음으로 일방책임과 공동책임은 완전히 구분되는 것이 아니라 행위자가 침권책임을 부담할 때 책임형태가 구분되는 것이다. 일방책임은 가해자 한 사람이 자기 스스로 책임을 부담하는데 자기책임, 혹은 대체책임이다. 공동책임은 반드시 다수행위자일 때 비로소 발생하는 책임형태로, 역시 자기책임, 혹은 대체책임으로 자기책임의 공동책임, 혹은 대체책임의 공동책임이다. 공동책임형태가 직접 대응하는 것은 단독책임형태이다. 즉 침권책임의 가해자는 오직 한 사람으로 그 자신이 단독으로 책임을 부담하는 것이다.

2.4.2 특수침권행위와 대체책임

2.4.2.1 특수침권행위

2.4.2.1.1 개념

특수침권행위는 일반침권행위를 상대해서 이르는 말이다. 특수침권행위는 결코 그 귀책원칙의 특수성, 법규형식의 특수성, 요건구성의 특수성 등을 말하는 것이 아니라 자기행위인 일반침권행위와 대응되는 개념으로, 간접행위를 특점으로 하는 침권행위이다. 즉 타인의 행위에 대해서 책임지는 간접행위와 물건 관리의 부당함에 대해 책임지는 간접행위이다. 『프랑스민법전(法国民法典)』 제1,384조에서는 "자기가 책임을 지고 있는 타인의 행위나 자기가 관리하고 있는 물건으로 인해 발생한 손해에 대해 배상의 책임을 져야 한다."라고 말하고 있는데 이는 바로 특수침권행위에 대한 경전성(经典性) 정의이다.

특수침권행위의 책임형태는 대체책임이다. 일반침권행위

에서 책임자는 자기의 행위에 대해 배상책임을 져야 하기 때문에 책임자와 행위자는 동일하다. 대체책임은 서로 다른데 책임자가 자기의 행위에 대해 배상책임을 지는 것이 아니라 책임자와 손해를 초래한 행위자를 서로 분리하여 책임자가 행위자를 대체해서 책임을 진다. 책임자는 손해를 초래할 의도가 없지만, 행위자나 그 관할 하의 물건과의 특정관계로 그 자신이 배상책임주체가 되어 배상책임을 부담하는 것이다. 이때 피해자는 직접 책임자에게 배상을 청구하는 것이지 행위자에게 배상을 청구하는 것이 아니다. 당연히 물건에 대한 대체책임 중에서 책임자는 오직 한 사람이다.

2.4.2.1.2 특수침권행위의 종류

(1) 타인의 행위에 대해 책임지는 특수침권행위. 이는 가장 전형적인 특수침권행위인데 가장 현저한 특징은 행위자와 책임자가 서로 분리되는데 책임자가 행위자로 인해 초래된 손해에 대해 배상책임을 부담하는 것이다. 이런 특수침권행위에 대해 학자들의 의견 차이는 없다. 침권법학 중에서 말하는 대체책임은 주요하게 이런 특수침권행위를 가리킨다.

(2) 자기 관할 하의 물건으로 인해 초래된 손해에 대해 책임지는 특수침권행위. 이는 책임자가 자기 관할 하의 물건으로 인해 초래된 손해에 대해 배상책임을 지는 특수침권행위이다. 이런 특수침권행위에 대해 학자들의 의견은 다소 같지는 않은데 본 책에서는 이에 대해 긍정적인 태도를 가지고 있다. 어떤 학자들은 이런 특수침권책임은 대체책임이 아니며

행위자와 책임자가 서로 분리되는 특징을 구비하지 못했다고 인정하고 있다. 어떤 학자들은 이런 일련의 특수침권행위 중에 일부는 자기 관할 하의 물건이 초래한 손해에 대해 책임을 부담할 책임이라고 말할 수 없다고 인정하고 있는데 이를테면 고도위험책임과 환경오염책임이다.

2.4.2.2 대체책임

2.4.2.2.1 대체책임의 개념과 특징

특수침권행위로 인해 부담하는 침권책임형태는 대체책임이다. 대체책임은 책임자가 타인의 행위와 사람의 행위 이외의 자기 관할 하의 물건으로 인해 초래된 손해에 대해 책임을 부담하는 침권배상책임형태이다. 대체직임은 아래와 같은 세 가지 법률특징이 있다.

(1) 책임자와 손해를 초래한 행위자, 혹은 손해를 초래한 물건은 상호 분리한다. 일반침권행위는 책임자와 행위자를 동일인으로 간주한다. 즉 행위자가 부추겨 타인에게 상해를 초래했을 경우 동물의 행위도 행위자가 가해한 행위로 연장되어 책임자와 행위자는 여전히 동일인으로 되는 것이다. 대체책임의 전제는 책임자와 행위자가 결코 한 사람이 아니라 손해를 초래한 물건(사실)과 직접적인 관계가 전혀 없기에 손해를 초래한 직접원인은 책임자이외의 가해자의 행위 및 사람의 행위 이외의 물건이다. 책임자와 행위자, 손해를 초래한 물건은 서로 분리되는데 이는 대체책임을 발생하는 객관기초이다.

(2) 책임자는 행위자, 혹은 손해를 초래한 물건에 대해 책임을 부담하는데 반드시 그들 사이의 특정관계의 존재를 전제로 한다. 이런 특정관계는 책임자와 행위자 사이에서 예속, 고용, 후견 등의 신분관계 혹은 책임자와 손해를 초래한 물건 사이에서 소유, 점유, 관리 등의 물권관계이다. 이런 관계는 결코 직접연계가 없지만 특정한 간접관계가 있다. 이런 특정된 관계가 없거나 혹은 이런 특정된 간접관계를 초월하면, 책임자가 대체책임을 부담하는 전제가 사라지게 된다.

(3) 책임자는 배상책임주체로서 배상책임을 부담해야 한다. 일반침권행위에서 권리자의 청구권은 가해자를 지목하고 있으며 가해자가 책임주체이다. 대체책임에서는 사람이 초래한 손해이든 물건이 초래한 손해이든, 권리자의 청구권은 모두 직접적 손해를 초래하지 않은, 행위자나 손해를 초래한 물건과 특정관계가 있는 책임자를 지목하며, 책임자에게 배상을 청구할 뿐 행위자에게 배상을 청구하지 않는다.

2.4.2.2.2 대체책임법률관계의 구성

대체책임배상법률관계를 구성하려면 침권특수행위를 구성하는 요건 외에 반드시 아래와 같은 요건을 구비해야 한다.

(1) 대체책임자와 가해자, 혹은 손해를 초래한 물건 사이에는 반드시 특정관계가 있다. 이런 특정관계는 책임자와 가해자 사이에서 예속, 고용, 후견 등의 신분관계가 있다. 이를테면 고용자의 책임에서, 고용회사와 그 직원 사이의 관계는 노무관계이므로 예속관계에 속한다. 후견인의 책임에서, 가해

자가 실제로 미성년자이거나 혹은 정신병자 등의 피후견인일 경우 후견인이 책임을 부담하는데 그것은 그들 사이에 친권관계와 후견관계가 있기 때문이다. 책임자와 손해를 초래한 물건 사이에는 반드시 관리, 혹은 지배의 관계가 있다. 즉 손해를 초래한 물건은 책임자의 지배 아래에 있어야 한다. 이런 관계는 결코 손해를 초래한 결과와 직접관계가 있는 것은 아니지만, 이런 특정관계의 존재에 의해 대체책임자와 손해결과 사이의 연계가 발생되는 것이다.

(2) 대체책임자는 반드시 특정지위에 처하게 된다. 대체책임자가 처한 특정지위는 대체책임자가 그 행위자나 혹은 손해를 초래한 물건에 대해 지배(支配)성을 갖고 있다는 데서 표현된다. 이는 대체책임자가 가해자나 혹은 손해를 초래한 물건의 손해후과를 책임져야 하는 책임 발생의 기초이다. 이를테면 대인(對人)의 대체책임 중에 책임자는 행위자에 대해 지배적, 관리적, 혹은 구속의 권리를 갖고 있으며 그 지위는 행위자보다 분명히 우월하다.

행위자가 초래한 손해후과를 책임지는 책임자의 지위를 고찰하려면 주로 쌍방에게 특정관계를 확인해주는 사실, 혹은 계약이 있나 없나? 가해자는 책임자의 보수, 혹은 무육(撫育, 어루만지듯 잘 보살펴 기르는 것 – 역자 주)을 받고 있나 없나? 가해자의 활동은 책임자의 지시, 감독, 혹은 후견 등의 제약을 받고 있나 없나? 가해자는 책임자에게 노무, 혹은 공무를 제공하고 있나 없나? 등을 보아야 한다. 만약 책임자가 조직체일 경우, 가해자가 책임자 사업체, 혹은 조직체의 구성부분인가 아닌가는 책임자의 특정지위를 확정할 수 있는 간단한 표준이다. 책임자가 이런 특정한 지위 처해 있을 때 책임자는 반드시 가해자, 혹은 손해를 초래한 물건의 손해후과를 책임져야 한다.

손해를 초래한 물건의 경우, 책임자는 손해를 초래한 물건의 소유자, 점유자 혹은 관리자의 지위에 있어야 한다. 이때 책임자는 손해를 초래한 물건의 지배권을 향유하게 됨으로 사실상 손해를 초래한 물건의 지배 권리를 가진다고 보는 것이다.

(3) 행위자와 침해자는 특정한 상태에 처하여야 한다. 행위자가 특정 상태에 처하는 데에는 세 가지 경우가 있다.

첫째, 행위자가 책임자의 사업, 혹은 조직의 성원일 때 그 특정 상태는 직무를 집행하는 것이다. 책임자의 명확한 지시가 아니더라도 행위자의 행위가 객관적 표현으로 책임자의 지시에 따라 일을 처리하는 요구와 서로 일치한다면 마땅히 직무 수행으로 인정해야 한다.

둘째, 행위자가 주문자의 요구에 따라 가공임무를 수행할 때 가해자의 특정 상태는 주문자의 지시를 집행하는 것이다.

셋째, 행위자가 피후견인일 때 그 특정 상태는 후견인의 후견아래에 놓이게 된다는 것이다. 손해를 초래한 물건의 특정 관계는 손해를 초래한 물건이 책임자의 관할 하에 있다는 것이다. 만약 손해를 초래한 물건이 소유권자의 소유이지만 소유권자의 관할 하에 놓이지 않고 사용자의 지배아래에 있다면, 소유권자는 침해행위의 책임자가 아니고 사용자가 침해행위의 책임자로 된다.

2.4.2.2.3 대체책임관계의 당사자

대체책임관계 당사자의 현저한 특점은 행위자와 책임자는 서로 멀리하게 되며, 손해를 초래한 물건이 책임자의 의지에 의한 지배를 받은 것이 아니며, 배상책임주체는 책임자이지 행위자가 아니라는 것이다.

대인(對人)에 대한 대체책임은 전형적인 대체책임이다. 이런 배상법률관계에서 배상권리주체는 피해자이고, 배상책임주체는 대체책임자이지 행위자가 아니다. 배상권리자의 배상청구권 행사는 오직 대체책임자에게만 제기할 수 있으며, 이때 책임자는 적합한 당사자(合格的当事人)여야 하며 행위자에게 배상청구를 할 수 없다. 대물(對物)에 대한 대체책임은 비전형적 대체책임이다. 손해를 초래한 것은 물건이기에 대체책임의 행위자가 없으며, 따라서 책임자는 직접 손해에 대해 책임을 지게 되며, 배상법률관계의 당사자로서 책임배상을 부담해야 한다. 피해자는 직접 책임자에게 손해배상청구를 할 수 있다.

2.4.2.2.4 배상책임관계

(1) 추상(追償)이 가능한 대체책임. 추상이 가능한 대체책임은 책임자가 배상책임을 부담한 후, 일정한 조건이 구비되면 행위자에 대한 추상권(追償权)이 발생할 수 있는데 책임자는 행위자에게 자기가 부담한 배상책임에 대한 손실을 청구할 수 있다. 추상권이 발생하는 조건은 행위자가 손해를 초래하는 행위를 실시할 때 과실이 있는 경우이다. 추상이 가능한

대체책임 법률관계의 소송에서, 첫 번째 소송 법률관계의 원고와 피고는 피해자와 책임자이며 과실행위자는 당사자에 속하지 않는다. 두 번째 손해배상법률관계에서 이견이 발생하면 법원에 소송할 수 있는데 이때 원고와 피고는 각각 책임자와 과실행위자이다.

(2) 추상(追償)이 불가한 대체책임. 추상이 불가한 대체책임은 책임자가 배상책임을 부담한 후, 배상책임을 부담함으로써 발생한 손실을 추상할 대상이 없음을 가리킨다. 즉 책임은 완전히 책임자 자신이 부담하는 대체책임이다. 물건에 의한 손해의 경우, 책임자는 배상책임을 부담한 이후에 추상할 대상이 따로 없으므로 스스로 배상손실의 후과를 부담할 수 밖에 없는 것이다. 행위자가 타인에게 손해를 초래할 때 과실이 없는 경우에도 책임자는 배상책임을 부담한 후, 행위자에 대해 추상을 진행할 수 없다. 이를테면 후견인이 피후견인이 초래한 손해에 대해 배상책임을 부담한 후 추상을 진행할 이유가 없는 것이다.

2.4.3 공동침권행위와 연대책임

2.4.3.1 공동침권행위

2.4.3.1.1 개념과 특징

공동침권행위는 다수인이 주관적, 혹은 객관적으로 공동이 관련되어 침권행위를 실시하여 타인의 인신, 재산손해를 초래하여 연대책임을 부담하는 침권행위를 가리킨다. 『침권책임법』 제8조에서는 공동침권행위 및 책임을 규정하고 있다.

공동침권행위는 아래와 같은 법률특징이 있다.

(1) 공동침권행위의 주체는 반드시 다수인이다. 공동침권행위의 주체는 공동가해자로 반드시 2인 이상으로 구성되어야 하는데, 자연인일 수도 있고 법인일 수도 있다. 이는 공동침권행위의 양적(量的) 규정성이다.

(2) 공동침권행위자 사이에는 관련공동(关连共同)이 있다. 다수 공동침권행위자 사이의 관련공동은 공동침권행위를 구성하는 기본적 요소이다. 관련공동은 주관적 공동관련과 객관적 공동관련으로 나뉜다. 주관적 공동 관련은 다수인이 위법행위에 대하여 공모했거나 혹은 공동으로 인식하고 있은 것을 가리킨다. 객관적 공동관련은 다수인의 위법행위로 인해 동일한 손해를 야기한 것에 이르는데, 설령 행위자들이 상호 간에 무의식적으로 연락이 되었다 하더라도 여전히 공동침권행위를 구성하는데, 그 공동관련성은 다수인이 타인의 권리를 불법침해한 행위에 있으며 객관 상 피해자가 손해를 받게 되는 공동원인이다.[36]

(3) 공동침권행위자의 공동행위로 인해 초래된 손해는 동일한 것이고 나누거나 가를 수 없다. 공동가해자의 행위는 상호 연계되는 공동행위로, 그 행위는 분공이 있고 없고를 막론하고 모두 한 개의 통일된 손해결과를 초래하는 것이지, 매개

---

36) 쑨썬옌(孙森焱)『신판민법채편총론(상책)』,중국대만지구 삼민서국 2004년 판 제276~278쪽.

가해자의 개인적 독립행위로 야기된 후과를 기계적으로 서로 합친 것이 아니다. 만약 공동의 손해결과가 없다면 공동침권행위는 구성되지 않는다.

(4) 다수 공동가해자의 행위와 손해결과 사이에는 인과관계가 있다. 각각의 공동침권행위자의 행위는 비록 공동의 손해결과 발생에 대한 원동력이 서로 일치하지는 않지만, 모두 손해결과와 사이에 인과관계가 있어야 하며 또한 행위는 원동력을 가지고 있어야 한다.

2.4.3.1.2 공동침권행위의 법리기초

(1) 피해자를 더욱 우월한 법률지위에 놓는다. 현대민법은 권리를 본위로 한다. 침권법의 입법 근간은 손해배상을 주요 수단으로 손해를 받은 민사권리를 구제하고, 사회위험 요인을 제거하고, 민사주체권익이 침해를 받지 않도록 보장하는 것이다.

다수인이 공동으로 타인의 권리를 침해할 경우 가해자의 수량적 측면에서 보든 또는 침해행위의 위해성 측면에서 보든 사회위험요소는 단독침권행위를 훨씬 초월하기에 손해는 더욱 중하게 된다. 법률은 모든 공동침권행위자가 피해자에 대해 연대책임을 부담하게 함으로써 피해자가 우월한 지위에 처하게 하며, 그 손해배상청구권은 연대책임으로 하여 더욱 충분한 보장을 얻게 한다. 이는 공동침권행위제도 확립의 입법취지이다.

(2) 공동침권자의 책임을 가중시키고, 민사위법에 대해 징계하며 사회위험요소를 감소시킨다. 통상적인 정황에서 행위

자는 오직 자기의 행위에 대해서만 책임을 지며 책임과 행위는 필히 서로 부합되어야 한다. "부당한 처벌(罚不当罪)"로는 합당한 제재효과에 도달하지 못한다.

그러나 공동침권행위 중에 공동가해자에게 연대책임을 부담하게 하는데, 대외로는 하나의 완전한 책임이다. 어느 공동가해자의 행위와 결과의 발생에 얼마나 큰 원동력이 있든지를 막론하고, 모두 자기가 부담해야 할 일부분의 책임만 부담하는 게 아니라 전부의 책임을 부담해야 한다. 피해자도 가해자 전체에 대해서만 배상을 요구할 수 있는 게 아니라, 그중 임의의 공동가해자에게 배상을 청구할 수 있다. 이런 규칙은 모두 공동침권인의 책임을 가중하기 위한 것으로, 피해자의 일반권리를 보장하는 작용을 할 뿐만 아니라 일반예방의 각도에서 민사위법행위를 징계하고, 사회를 경계하고, 최대한도로 사회위험요소를 감소하거나 예방하고, 민사주체의 권리는 보편적인 보장을 얻도록 하기 위한 것이다.

2.4.3.1.3 본질

공동침권행위의 본질에 대해, 의사연락(意思联络)설은 공동가해자 사이에는 반드시 의사연락이 있었다고 인정한다. 즉 공동의 고의일 경우에 비로소 구성된다. 공동과착설(共同过错说)은 공동침권행위의 본질특징은 다수행위자의 손해결과에 대해 공동고의, 혹은 공동과실이 있다는 것이다.[37] 공동행

---

37) 왕리밍, 양리신 등:『민법·침권행위법』, 앞의 책, 제354쪽 참조: 양리신『침권손해배상』, 길림인민출판사 1990년 판, 제135~137쪽.

위설(共同行为说)은 공동행위는 공동가해자가 연대책임을 부담하는 기초로, 공동가해결과의 발생은 언제나 공동가해행위와 긴밀히 연계되어 있기에 분리할 수 없다고 인정한다.[38] 관련공동설(关连共同说)은 공동침권행위는 각자 침권행위로 야기된 결과로 객관적 공동관련이 이미 충족한다면 각 행위자 사이에는 의사연락이 필요 없다고 인정한다.[39] 중국 침권법 학설은 장기적으로 공동과실입장을 견지해오고 있다.[40] 최근 몇 년간 공동침권행위를 의사연락의 공동침권행위와 비의사연락(非意思联络)의 공동침권행위로 나누고 있는 추세이다.[41]

나는 관련공동설을 채용하여 공동침권행위의 본질을 해석할 것을 주장하여, 공동침권행위를 주관적 관련공동과 객관적 관련공동으로 나누었다. 즉 다수의 가해자가 공동으로 타인의 권리를 침해했을 때, 피해자가 받은 손해에 대해 연대책임을 부담해야 하는 이유는, 다수의 가해자의 침권행위에 공동관련성이 있기 때문이다. 공동관련성은 다수인의 행위가 공동으로 위법행위를 구성하는 원인으로 되어 동일한 손해가 발생하므로 가해자는 공동으로 연대책임을 부담하게 된다.

2.4.3.1.4 유형

(1) 주관적 공동침권행위. 주관적 공동침권행위는 의사연락

---

38) 덩다방(邓大榜):『공동침권자의 민사책임초탐』,『법학계간』1982년 제3기.
39) 어우양위징(欧阳宇经):『민사채편통칙실용』, 중국대만지구 한림출판사 1978년 제78쪽.
40) 중앙정법간부학교 민법교연실 편저:『중화인민공화국민법기초문제』,법률출판사 1958년 판, 제330쪽.
41) 장신바오(张新宝):『침권책임법원리』, 중국인민대학출판사 2005년 판 제81쪽.

이 있는 공동침권행위로, 다수인이 공동고의(共同故意)를 기초로 하여 공동으로 타인의 권리를 침해해 손해를 초래하는 행위를 가리키는데 그 가해자는 실행 행위자, 교사자와 방조자이다. 주관적 공동침권행위의 조건은 다음과 같다. 첫째, 행위자는 2인 이상이다. 둘째, 행위자는 공동한 주관적 고의를 가지고 있다. 셋째, 행위의 공동성은 서로 다른 분공이 있지만 매개인의 행위는 모두 공동침권행위의 구성부분이다. 넷째, 공동으로 손해결과를 초래하였고, 인과관계가 있는 것이다.

(2) 객관적 공동침권행위. 그 기초는 객관적 관련공동이다. 즉 다수인에게 비록 공동의 의사연락이 없지만 다수의 행위자가 실시한 행위가 손해발생의 공동원인으로, 동일한 손해결과를 초래하였으며, 그 손해결과를 분리할 수 없는 다수인 침권행위이다. 이런 공동침권행위는 비록 주관상의 특징을 갖추고 있지 않지만 행위자 사이의 행위는 상호 결합되는 관련성이 있음으로 인해 분리할 수 없는 동일한 침해결과가 초래되어 하나의 침권행위를 구성하기에 행위자는 연대책임을 부담해야 한다.

객관적 공동침권행위의 조건은 아래와 같다. 첫째, 행위자의 공동성이다. 즉 침권인은 2인 이상이다. 둘째, 과실의 공동성이다. 즉 다수인 모두에게 과실이 있다. 셋째, 결과의 공동성이다. 즉 다수인의 행위가 이미 동일한 침해결과를 초래하여 분리할 수 없다. 넷째, 원인의 공동성이다. 즉 다수인의 행위는 손해의 발생에 대해 모두 없어서는 안 될 원인들이며, 이런 행위들이 하나로 결합되어야만 동일한 손해결과를 초래할 수 있으며, 그 중 어느 하나의 행위가 부족하여도 이런 결과를 초래할 수 없다.

(3) 공동위험행위. 공동위험행위는 2인, 혹은 2인 이상이 공동으로 실시한, 타인의 권리를 침해하는 위험행동으로, 이미 손해결과를 초래했지만 그 중의 누가 가해자인지를 판명할 수 없는 준공동침권행위(准共同侵权行为)의 유형이다.[42]

2.4.3.1.5 공동가해자

공동가해자는 공동침권행위의 행위주체인데 주관적 혹은 객관적 관련공동을 기초로 하여, 공동으로 실시한 가해행위로 타인의 손해를 초래한 다수행위자이다. 공동침권행위의 행위주체로서 공동가해자는 반드시 2인, 혹은 2인 이상이지 한 사람으로 구성할 수는 없다. 공동가해자는 자연인일 수도 있고 법인일 수도 있다.

주관적 공동침권행위는 간단형과 복잡형의 두 가지로 나뉜다.

간단형의 주관적 공동침권행위는 각각의 공동가해자 모두가 실행행위자이다. 각각의 공동가해자는 모두 타인에게 손해를 초래하는 행위를 실시했으며, 이들은 서로 분공이 다를 수도 있고, 서로 다른 역할을 담당할 수도 있으며, 서로 다른 임무를 완성할 수도 있지만, 이들의 행위는 모두 공동목적을 위한 것이기 때문에 모두 실행행위자인 것이다.

복잡형의 주관적 공동침권행위는 공동가해자를 실행행위자, 교사자와 방조자로 나눈다. 실행행위자는 구체적으로 타

---

42) 공동위험행위의 이런 유형에 대해 아래의 문장에 전제를 설치하여 상세히 설명한다.

인에게 손해를 초래하는 행위를 직접 실시하는 사람이다. 교사자는 공동침권행위의 조의자(造意人), 기획자, 선동·교사의 작용을 하는데 그의 주관의지의 지배하에 실행행위자는 구체적으로 침권행위를 실시하여 교사자의 조의(造意)를 실현한다. 방조자는 실행행위자를 방조하여 침권행위가 실시되게 하는 사람인데, 이를테면 손해도구를 제공하거나 침권의 조건을 창조해주는 등이다. 교사자와 방조자는 주관적으로 반드시 실행행위자와 공동의 의사연락이 있어야 하며, 구체적인 침권행위의 실행에 직접적으로 참여하지 않아야 한다. 다만 그들과 실행행위자 사이의 공동의 사유연락으로 인해 그들의 행위가 불가분의 정체(整体)가 되는 것이다. 교사자와 방조자가 만약 직접 침권행위 실시에 참여했다면 이들 역시 실행행위자이다.

공동가해자는 모두 연대책임을 부담해야 한다. 연대책임의 기초위에서 각각의 공동가해자는 자신의 과실과 착오, 원인을 제공한 정도에 따라 그에 상응하는 배상책임할당액을 부담해야 한다. 교사자와 방조자가 내부책임의 할당액을 확정할 때 그 신분의 다름에 의거하여 과실정도와 행위의 원동력을 확정해서는 안 된다.

2.4.3.2 공동위험행위

2.4.3.2.1 개념

공동위험행위는 준공동침권행위(准共同侵权行为)라고 부르

기도 하는데 2인 이상이 공동으로 타인의 권리를 침해하는 위험한 행위를 실시하여 이미 손해결과를 초래하였지만 그 중 누가 가해자인지를 판명할 수 없는 침권행위 유형이다. 『침권책임법』 제10조에서는 이런 공동침권행위와 그 규칙을 규정했다.

2.4.3.2.2 법률특징

(1) 행위는 다수인이 실시했다. 공동위험행위의 행위주체는 반드시 2인 이상이다. 한 사람이 타인에게 손해를 초래하는 행위를 실시하게 되면 단독침권행위가 된다.

(2) 행위의 성질은 위험성을 띠고 있다. 공동위험행위의 위험성은 타인의 인신권리, 재산권리를 침해할 비교적 큰 가능성을 가리킨다. 공동위험행위자에게 인신손해를 초래할 고의성이 없으나, 다만 객관적으로 실시되는 행위가 인신손해를 초래할 가능성이 비교적 다대하므로, 행위 자체, 주위환경 및 행위자가 인신에 대한 손해를 초래할 가능성의 통제조건 등을 들어 판단을 하는 것이다. 다수인의 행위에 대해 인위적으로 침해하는 방향은 없으며, 어떤 특정인을 겨누는 것은 아니다.

(3) 위험성을 가지고 있는 공동행위는 인신에 대한 손해를 초래하는 원인이다. 공동위험행위의 위험성 가능성이 이미 현실적이고 객관적인 손해결과로 전화되었을 경우, 위험성행위와 손해사실 사이에는 객관적 인과관계가 존재하게 된다.

(4) 손해결과는 공동위험행위자 전체가 공동으로 초래한 것은 아니지만 구체적 침권자는 확정할 수 없다. 만약 이미 누

가 가해자인가가 판명되었다면 이미 판명된 가해자가 배상책임을 부담하게 된다. 손해결과가 공동위험행위로 초래되었지만 전체 행위자가 초래한 것이 아님이 확정되었고, 또 구체적침권자를 판명할 수 없을 때에만 비로소 공동위험행위가 구성될 수 있다.

2.4.3.2.3 공동위험행위자

공동위험행위자는 공동위험행위의 행위주체로 공동위험행위를 실시하여 타인에게 손해를 초래한 다수행위자이다. 공동위험행위자는 일반적으로 자연인으로 구성되고, 특정한 상황에서는 법인으로도 구성된다.

공동위험행위자는 하나의 정체로서, 분리될 수 없을 뿐더러 실행행위자, 교사자와 방조자의 구별도 없다. 공동위험행위자의 불가분리성은 공동위험행위자의 공동과실에서 발생된다. 행위자를 하나로 연결하는 것은 공동과실이다. 즉 공동적으로 타인의 권리보호의 주의의무를 소홀히 한 것이다. 구체적 표현은 공동위험행위자가 공동으로 위험성의 행위를 실시할 때 인신손해를 초래하는 것을 피하기 위한 주의를 돌려야 하지만 소홀과 태만으로 이런 주의의무를 위반할 경우 공동과실을 구성한다. 이런 과실은 매개 공동위험행위자의 주관적인 마음속에 존재함으로써 손해를 초래하는 주관요인으로 되는 것이다. 공동위험행위자가 이런 위험성행위에 참여했다는 자체만으로도 그들에게 이런 주의의무를 소홀히 한 공동과실이 있음이 증명된다. 바로 이런 공동과실이 공동위험행위자들을 불가분의 정체로 연결하고, 공동적 행위주체가 되게 하며 이로 인해 연대책임을 부담하도록 하는 것이다.

2.4.3.3 연대책임

2.4.3.3.1 개념과 의의

공동침권행위의 법적 책임에 대해 공동행위자가 연대책임을 부담해야 한다.

침권연대책임은 피해자가 공동침권자, 혹은 공동위험행위자 중의 어떤 일개인, 혹은 다수인에게 손실 전부에 대한 배상을 청구할 권리가 있을 뿐만 아니라, 어느 한 공동침권자, 혹은 공동위험행위자는 모두 피헤지에게 전부의 배싱책임을 부담할 의무가 있음을 의미한다. 공동가해자 중의 1인, 혹은 다수인이 이미 피해자의 손실 전부를 배상했을 경우, 기타 공동가해자는 피해자에게 부담해야 할 배상책임을 면제받을 수 있다. 『침권책임법』 제13조와 제14조에서는 연대책임규칙을 규정했다.

공동가해자와 공동위험행위자가 연대책임을 부담해야 할 근거는, 다수인의 행위에 주관적 관련공동, 혹은 객관적 관련공동이 있으므로 다수인의 행위는 하나의 통일적인 것으로, 불가분의 정체가 되며, 각각의 행위자의 행위는 모두 침해발생의 원인으로 되므로, 행위자 모두가 손해결과에 대해 연대책임을 지게 되는 것이다. 이런 연대책임을 확정함으로써, 피해자의 손해배상청구권 실행이 간편하고 쉬워지게 되며, 거증부담이 경감되고, 청구권의 실현에도 충분한 보장이 있게 된다. 또한 공동가해자 중의 1인, 혹은 다수인을 확정하기 어렵거나, 공동가해자 중의 1인 혹은 다수인이 배상할만한 충족한 재산이 없어도 배상액 전액을 보상받을 수 있게 된다.

2.4.3.3.2 특징

(1) 연대책임은 피해자에 대한 총체적 책임이다. 각각의 연대책임자는 모두가 피해자에 대해 연대책임을 부담해야 하는데 이는 그들 모두가 피해자에 대해 전부의 배상책임을 부담해야 할 의무가 있음을 뜻한다. 각각의 연대책임자가 공동침권행위나 공동위험행위를 실시하는 과정에서의 작용이 어떻게 다른지를 막론하고 모두 연대책임의 정체성에 대해 영향을 주지 않으며, 각각의 연대책임자 모두는 피해자의 배상청구에 대해 전부 책임을 부담해야 한다.

(2) 피해자는 연대책임자 중의 어느 한 개인에게 연대책임을 부담하도록 청구할 권리가 있다. 피해자는 연대책임 중의 책임주체를 선택할 권리가 있으므로 연대책임자 중의 1인, 혹은 다수인이 그 손실을 배상하도록 청구할 수 있고, 전체 연대책임자에게 그 손실을 배상하도록 청구할 수도 있다.

(3) 각 연대책임자 내부에서 책임할당액을 나눌 수 있다. 연대책임자는 대외적으로는 총체적인 책임을 부담하고 할당액을 나누지는 않지만, 대내적으로는 과실정도와 행위 원동력에 따라 자기의 책임할당액을 부담한다. 각각의 연대책임자는 각자 자기의 책임할당을 부담하는데 이는 연대책임의

최종적인 귀속이다. 부분적 연대책임자가 자기의 책임할당액을 초월하여 부담하였을 경우, 부담해야 할 책임할당을 부담하지 않은 기타 연대책임자에게 추상할 권리가 있다.

(4) 연대책임은 법정책임으로, 바꿀 수 없다. 연대책임은 연대책임자 내부의 책임할당, 혹은 내부의 약정에 의해 그 연대책임성질이 변경되지 않는다. 그 내부의 공동협의에 근거하여 일개, 혹은 여러 연대책임자의 책임을 면제하거나 경감할 수 있는데, 이는 피해자에 대해 효력을 발생하지 않으며 연대책임의 적용에도 영향을 주지 않는다.

2.4.3.3.3 적용범위

『침권책임법』에서는 공동침권행위가 있어야만 비로소 연대책임을 부담하는 것이 아니라 공동침권행위 이외에도 법률에서 반드시 연대책임을 부담해야 한다고 규정했을 경우에는 그 연대책임을 부담해야 한다. 라고 명확히 규정하고 있다.

『침권책임법』에서는 8종의 연대책임을 규정했는데 다음과 같다.

(1) 공동침권행위의 연대책임으로 『침권책임법』제8조에서 규정하고 있다. (2) 교사·방조인의 연대책임으로 『침권책임법』제9조에서 규정하고 있다. (3) 공동위험행위의 연대책임으로 『침권책임법』 제10조에서 규정하고 있다. (4) 웹서비스제공자가 통고를 받았음에도 필요한 조치를 취하지 않은 연대책임은『침권책임법』 제36조 제2항에서 규정하고 있다. (5) 웹서비스제공자가 침권내용을 알면서도 필요한 조치를 취하지 않은 연대책임은 『침권책임법』 제36조 제3항에서 규정하

고 있다. (6) 불법적으로 조립했거나 폐기된 자동차를 매매한 연대책임은 『침권책임법』제51조에서 규정하고 있다. (7) 고도위험물을 유실했거나 포기한 연대책임은 『침권책임법』제74조에서 규정하고 있다. (8) 고도위험물의 불법점유로 인한 연대책임은 『침권책임법』제75조에서 규정하고 있다.

2.4.3.3.4 책임부담규칙

(1) 총체적인 책임의 확정. 공동침권행위와 공동위험행위 및 기타 법률에서 규정한 연대책임의 침권행위가 발생한 때에는 우선 총체적인 책임에 대해 반드시 확정해야 한다.

(2) 대외연대책임. 총체적인 책임이 확정된 후, 각각의 연대책임자는 그 총체적인 책임에 대해 연대적으로 책임을 부담해야 한다. 배상권리자가 연대책임자 중의 1인에게 배상청구를 하든, 혹은 다수인, 또는 전체에 배상청구를 하든지를 막론하고 피청구(被請求)의 연대책임자는 배상권리자에 대해 총체적인 책임을 부담해야 한다. 이런 책임의 성질은 연대책임의 중간책임(中间责任)이다.

(3) 각 연대책임자의 책임할당액 확정. 연대책임의 총체적인 책임을 확정하면 연재책임자 내부에서 각자가 책임할당액을 확정해야 하는데 이는 연대책임의 정체성을 부인하는 것이 아니라 각 연대책임자가 자신이 부담해야 할 책임할당액을 공평하게 확정하기 위해서다. 연대책임자가 부담해야 하는 각자 책임할당액은 연대책임의 최종책임이다.

(4) 연대책임자는 추상(追償)을 통해 최종 책임을 실현하게

된다. 자기의 배상책임할당액을 초월해서 배상한 연대책임자는 기타 연대책임자에 대해 추상할 권리가 있다. 이는 연대책임자가 중간책임을 부담한 후, 추상관계를 통하여 최종책임을 실현하는 것이다. 추상소송은 연대책임자 사이에서 발생하게 되는데 그 발생의 원인은 주요하게 다음과 같다.

첫째는 일개, 혹은 다수의 연대책임자가 이행능력이 결핍하여 피침권자의 배상청구를 받지 않았거나 또는 배상청구를 받았지만 배상할 능력이 없어 배상책임을 완전히 부담하지 못하는 경우이다.

둘째는 일개, 혹은 다수의 연대책임자가 소송 시, 타지로 도피했거나 행방불명 등의 원인으로 기소되지 못하여 배상책임을 완전히 부담하지 못하는 경우이다.

셋째는 일개, 혹은 다수의 연대책임자가 자기가 부담해야 할 책임할당액 일부만 부담한 경우이다. 연대책임자 사이의 추상소송은 자체협상을 하거나 법원에 소송을 제기할 수 있다.

2.4.3.4 교사자와 방조자의 책임

『침권책임법』제9조의 규정에 따른 교사책임과 방조책임의 기본규칙은 아래와 같다.

(1) 교사자와 방조자는 공동침권자로, 행위자와 연대책임을 부담해야 한다. 교사자와 방조자는 반드시 행위자와 연대책임을 공동으로 부담해야 하는데 대외적으로는 총체적인 책임을 부담하고, 대내적으로는 과실정도와 원동력에 근거하여 최종책임할당액을 확정한다.

(2) 교사자와 방조자의 책임할당액은 그 과실정도와 행위의 원동력에 근거하여 확정해야 한다. 통상적 정황에서 교사자의 과실정도가 비교적 중하므로 주요 행위자와 상등한 책임할당액을 부담해야 한다. 방조자가 행위의 실시에 일으키는 작용은 보조작용이기 때문에 그 책임할당액은 교사자와 실행행위자의 책임할당액보다 경해야 한다.

2.4.3.5 민사행위무능력자와 민사행위능력 제한자를 교사 · 방조하여 실시하는 침권행위와 단향연대책임

2.4.3.5.1 민사행위무능력자와 민사행위제한능력자를 교사 · 방조하여 실시하는 침권행위

민사행위무능력자와 민사행위제한능력자(限制民事行为能力人)를 교사 · 방조하여 실시하는 침권행위는 일반 교사 · 방조행위와는 다소 부동하다. 『침권책임법』 제9조 제2항에서는 이에 대해 특별한 규정을 하고 있다.

민사행위무능력자와 민사행위제한능력자를 교사 · 방조하여 실시하는 침권행위는 민사행위무능력자와 민사행위제한능력자가 식별능력을 가지고 있지 못하거나 혹은 식별능력에 제한이 있을 때 그 침권책임을 부담할 수 없게 되므로 교사자, 혹은 방조자가 그 침권책임을 부담하게 되는데, 전부의 책임일 수도 있고 부분적인 책임일 수도 있다.

교사자가 전부의 책임을 부담해야 할 경우에는 전부의 손해에 대한 배상책임을 부담해야 하고, 교사자 혹은 방조자가 부분책임을 부담해야 하는 경우에는, 대외적으로는 전부의 책임에 대해 연대책임을 부담하고, 대내적으로는 각자 부담해야 할 배상책임할당액을 부담하는 것이다.

후견인이 후견책임을 다하지 못한 책임이 있을 경우 과착(过错)이 있는 것으로 인정하여 교사자, 방조자와 함께 공동침권행위를 구성하게 된다. 이런 공동침권행위 중에 민사행위무능력자와 민사행위제한능력자의 후견인에게 후견과실이 있을 경우에 대해 『침권책임법』 제9조 제2항에서는 후견인이 부담하는 책임은 "상응하는 책임(相应责任)"이며, 그 과실정도와 원동력에 따라 책임할당액을 확정해야 한다고 규정하고 있다.

실제정황에 따르면, 민사행위무능력자와 민사행위제한능력자를 교사·방조하여 실시한 침권행위로 인하여 부담하는 책임형식은 다음과 같은 네 가지가 있다.

(1) 민사행위무능력자를 교사하여 침권행위를 실시하여 타인에게 손해를 초래하였을 경우, 민사행위무능력자는 교사자가 실시한 침권행위의 도구로 되며, 단독침권행위가 성사되므로 교사자 자신이 침권책임을 부담하게 되고 후견인은 책임을 부담하지 않는다.

(2) 민사행위무능력자를 방조하여 침권행위를 실시하여 타인에게 손해를 초래하였을 경우, 후견인에게 과실이 있게 되어 공동침권행위를 구성하게 되는데 방조자가 그 주요책임을 부담하고, 후견인이 부차적인 책임을 부담한다.

(3) 민사행위제한능력자를 교사하여 침권행위를 실시하여 타인에게 손해를 초래하였을 경우, 후견인에게 과실이 있게

되어 공동침권행위를 구성하게 되는데 교사자가 주요한 책임을 부담하고, 후견인이 부차적인 책임을 부담하게 된다.

(4) 민사행위제한능력자를 방조하여 침권행위를 실시하여 타인에게 손해를 초래하였을 경우, 후견인에게 과실이 있게 되어 공동침권행위를 구성하게 되는데 방조자와 후견인은 서로 동등한 책임을 부담하게 된다.

2.4.3.5.2 단향연대책임

상술한 세 가지 정황에서 교사자, 방조자와 후견인은 공동으로 이런 침권책임형태를 부담하게 되는데 이는 연대책임 중의 단향연대책임(单向连带责任)에 속한다. 교사자, 혹은 방조자에게는 전부의 책임을 부담하도록 청구할 수 있으며, 이들은 또 후견인에게 추상할 수 있다. 하지만 후견인은 오직 '상응하는 책임'만 부담하면 되며, 후견인에게는 전부의 책임을 부담하도록 청구할 수 없다.

단향연대책임은 연대책임 중의 피침해자가 침권책임을 부담하는 책임자에 대해, 전부의 배상책임을 부담한 뒤 기타 책임자에 대해 추상하도록 주장할 권리가 있지만, "상응하는 배상책임"을 부담하는 책임자에 한해서는, 모든 책임을 부담한 뒤 기타 연대책임자에 대해 추상하도록 주장할 수 없는 특수연대책임형태를 가리킨다.[43] 간단하게 말하면 단향연대책

---

43) 미국 침권행위법에도 상사한 개념이 있다. 즉 혼합책임이다. 즉 다수인의 침권 중에 연대책임 부담이 있고, 단독책임 부담도 있다.『미국침권법중술(제3차)』 "책임분담" 제11절.

임은 바로 연대책임자 중, 어떤 책임자는 연대책임을 부담하고, 어떤 책임자는 단지 안분(按分, 일정한 비례에 따라 고루 나누는 것 - 역자 주)책임만 부담하는 특수연대책임형식이다.

단향연대책임 중, 2인 이상의 책임자는 모두 동일 침권행위로 초래된 손해에 대해 배상책임을 부담해야 한다. 그러나 그 중 어떤 책임자는 연대책임을 부담하게 되고, 어떤 책임자는 안분책임만을 부담하게 되는데 연대책임을 부담하는 일방은 전부의 책임에 대해 부담하고, 안분책임을 부담하는 일방은 오직 자기가 부담해야 하는 상응하는 할당액에 대해서만 부담한다. 피침권자는 연대책임자에게 연대책임을 부담하도록 주장할 수 있고, 전부의 배상책임을 부담하도록 주장할 수 있다. 연대책임자는 전부의 배상책임을 부담한 후, 안분책임자에게 추상을 주장할 수 있다. 피침권자는 안분책임자에게 연대책임을 부담하도록 주장할 수 없다.

단향연대책임의 적용원칙은 다음과 같다.

(1) 단향연대책임은 여전히 연대책임이지만 이런 연대책임 중에 어떤 책임자는 침권책임 전부에 대해 연대책임을 부담하고, 어떤 책임자는 안분책임만 부담하는데 자기의 책임할당액의 초과부분에 대해 연대책임을 지지 않는다.

(2) 연대책임을 부담하는 책임자에게 최종책임 배상할당액이 있는데 전부의 배상책임을 부담한 후, 그 최종책임할당액의 초과된 배상부분에 대해 안분책임자에게 추상을 진행할 권리가 있다.

(3) 안분책임자는 단지 자기가 부담해야 할 책임할당액만 부담하면 되며, 피침권자의 연대책임을 부담하는데 대한 청

구요구를 거절할 권리가 있다.

(4) 피침권자는 오직 연대책임자에게만 연대책임을 부담하도록 청구할 수 있고, 안분책임자에게는 연대책임을 부담하도록 청구할 수 없다.

2.4.4 분별침권행위와 연대책임과 안분책임

2.4.4.1 분별침권행위

2.4.4.1.1 개념과 특징

분별침권행위(分別侵权行为)는 다수의 행위자가 따로따로 침권행위를 실시하는 것을 말하는데, 공동고의가 없고 공동과실도 없으며, 단지 각자의 행위의 객관적 연계로 인해 동일한 손해결과를 초래하는 다수인 침권행위를 가리킨다.[44]

분별침권행위에는 아래와 같은 법률특징이 있다.

(1) 2인 이상의 행위자가 따로따로 실시하는 침권행위이다. 분별침권행위는 다수인의 침권행위에 속하는데 2인 이상의 행위자가 실시하는 행위가 따로따로 진행되는 것이다. '따로따로(分別)'의 의미는 다수행위자가 각자로 진행하나 주관적인 의사연락이 없고 객관적으로도 관련공동이 없다는 것이다.

(2) 다수행위자가 실시하는 행위는 객관적인 동일한 침해 목표를 겨냥하고 있다. 분별침권행위의 다수행위자가 침권행위

---

44) 양리신, 타오잉:『분별침권행위를 논함』,『보양학간』2014년 제1기에 게재

를 실시할 때 비록 주관적인 연계가 없지만, 객관 적으로 매개 행위자가 실시하는 침권행위는 사실 상 모두 동일한 침해 목표를 겨냥하고 있다. 동일한 침해 목표란 피해자는 하나의 주체이고, 손해를 받는 것은 그 주체의 민사권익임을 말한다.

(3) 매 한 사람의 행위는 모두 손해발생의 공동원인 혹은 각자의 원인이다. 공동원인은 다수행위자의 행위가 하나로 결합되어 피해자의 권리에 작용함으로써, 집중적으로 피해자에게 동일한 손해를 초래한 것이다. 각자의 원인은 다수행위자의 행위가 피해자의 권리에 따로따로 작용하여 피해자에게 동일한 손해를 초래한 후과이다.

(4) 동일한 손해결과를 초래했지만 이 결과는 분할이 가능하다. 분별침권행위의 본질적 특점은 비록 동일한 손해결과를 초래하지만 그 결과를 분할할 수 있다는 것이다. 대물(対物) 손해에서 이런 특점이 특히 두드러진다. 이를테면 자동차로 운송하던 현금이 사고로 인해 사처로 널렸을 때 다수인이 앞 다투어 빼앗았다면 매 개인이 피해자에게 초래한 손해에 대해 구분할 수 있으므로 분별침권행위를 구성하게 된다.

2.4.4.1.2 분별침권행위와 공동침권행위의 구별

분별침권행위와 공동침권행위의 주요한 구별은 다음과 같다.

첫째로 행위자가 실시한 침권행위의 성질이 부동한데 하나는 별도의 실시이고, 다른 하나는 공동실시이다. 분별침권행위는 각자 따로 실시하는 것으로, 행위자 사이에는 주관적인 상호연계가 없다. 공동침권행위는 공동으로 실시하는 것으로, 다수행위자가 주관적으로 서로 연계되어 주관적 의사연락을 가지고 있거나, 객관적으로 서로 연계가 있는 다수행위가 하나의 침권행위로 결합된 것이다.

둘째로 동일한 손해후과를 구분할 수 있느냐 없느냐이다. 손해후과를 구분할 수 있는 것은 일반적으로 분별침권행위이고, 손해후과를 구분할 수 없는 것은 일반적으로 공동침권행위인데, 통상적으로 객관적인 공동침권행위이다.

2.4.4.1.3 분별침권행위의 유형

『침권책임법』에서 규정한 분별침권행위는 제11조와 제12조인데 이에 근거한 분별침권행위는 세 가지 유형으로 나뉜다. (1) 제12조에서 규정한 분별침권행위는 전형적 분별침권행위이다. (2) 제11조에서 규정한 분별침권행위는 중첩적(叠加的) 분별침권행위이다. (3) 제11조와 제12조의 사이에는 아직도 반중첩적(半叠加的) 분별침권행위가 존재한다.

만약 이런 세 가지 분별침권행위의 표현을 단순히 원동력의 덧셈으로 개괄하면 전형적 분별침권행위의 원동력은 50%+50%=100%이 되고, 중첩적 분별침권행위의 원동력은 100%+100%=100%이 되며, 반중첩적 분별침권행위의 원동력은 100%+50%=100%이 된다. 이는 세 가지 분별침권행위의 구별이다.

2.4.4.2 전형적 분별침권행위와 연대책임

2.4.4.2.1 전형적인 분별침권행위의 개념과 구성

전형적 분별침권행위는 다수행위자가 따로따로 실시한 침권행위를 가리키는데 공동고의가 없고, 공동과실도 없다. 다만 행위자 각자의 행위가 객관 상의 연계로 동일한 손해결과를 초래한 것이며, 안분책임을 부담해야 하는 분별침권행위이다.

전형적 분별침권행위와 공동침권행위의 뚜렷한 구별은 다음과 같다.

첫째: 주관적으로 보면, 분별침권행위자에게는 공동과실이 없으며, 주관적인 의사연락이 존재하지 않을 뿐만 아니라, 자기의 행위가 타인의 행위와 결합되어 피침권자에게 동일한 손해를 초래할 수 있다는 점에 대해 미리 예견하지 못한다.

둘째: 객관적으로 보면, 분별침권행위의 다수행위자의 행위는 따로따로 실시되는데 비록 동일한 손해결과를 초래하지만 그 손해결과는 분할할 수 있다.

셋째: 행위의 표현형에서 보면, 분별침권행위의 매 행위자가 실시한 행위는 모두 단독행위로, 단지 객관적으로 동일한 손해결과를 초래했을 뿐이다.

넷째: 법률후과에서 보면, 분별침권행위가 부담하는 법적 책임은 안분책임으로 매 행위자는 오직 자기의 행위로 야기된 손해후과에 대해 안분책임을 부담하는 것이지 총체적인 행위후과에 대해 연대책임을 부담하는 것이 아니다.

전형적 분별침권행위를 구성하는 요건은 다음과 같다. 첫째, 행위자는 2인 이상이다. 둘째, 다수행위자는 각자 따로따로 침권행위를 실시한다. 셋째, 다수행위자의 행위는 손해발생을 초래하는 동일한 원인을 구성하지 않는다.[45] 넷째, 다수의 행위로 동일한 손해결과를 초래하게 되며 손해결과는 동일성을 가지고 있다.

결론은 다수인 침권에서, 행위자가 공동고의가 있으며 손해후과에 대해 구분하는 문제가 존재하지 않는다면 모두 공동침권행위에 속한다. 객관적 공동침권행위와 전형적 분별침권행위는 모두 주관상의 관련이 없기 때문에 통상적으로 동일한 손해후과에 대해 구분할 수 없는 것은 객관공동침권행위이며, 동일한 손해후과에 대해 구분할 수 있는 것은 전형적 분별침권행위로 인정한다.[46]

2.4.4.2.2 안분책임

전형적 분별침권행위는 안분책임을 부담하는데 구체적 규칙은 아래와 같다.

(1) 각각의 분별침권행위자는 각자의 행위로 인해 초래된 후과에 대해서만 책임을 부담한다. 전형적 분별침권행위는 단독침권에 속하고, 공동침권에 속하지 않으므로 각 행위자의 행위는 단독행위로서 단지 그 행위로 인해 초래된 손해후과에 대해서만 책임을 지며 할당량에 따라 배상책임을 부담한다.

(2) 분별침권행위자 각자 행위의 원동력에 따라 책임할당액을 확정한다. 각 행위자는 공동손해에 대해 각 행위자가 실시한 행위의 원동력에 따라 할당액을 나누어 각자의 책임을 부

---

45) 장신바오(張新宝):『침권책임법원리』, 중국인민대학출판사 2005년 판, 제82쪽.
46) 미국 침권법의 단독책임에 관한 규칙은 실제상 바로 이런 표준을 채용한다.

담한다. 분별침권행위의 일반적인 정황은, 하나의 공동한 손해결과가 있으며, 배상책임을 하나의 총체적인 책임으로 확정해야 하며, 각각의 행위자의 행위가 손해후과에 대한 원동력에 따라 할당액을 확정하고 책임을 부담한다. 원동력을 구분할 수 없을 때에는 평균적으로 각자가 부담해야 할 할당액을 확정한다.

(3) 연대책임을 실행하지 않는다. 각각의 행위자는 오직 자기의 할당액에 따라 책임을 부담하는 것이지 타인의 행위후과에 대해 배상을 부담하지 않는다.

2.4.4.3 중첩적 분별 침권행위와 연대책임

2.4.4.3.1 중첩적 분별 침권행위

중첩적(叠加的) 분별침권행위는 다수행위자가 따로따로 침권행위를 실시하였으나 공동고의가 없고, 공동과실도 없지만 매개 행위는 모두 손해결과를 초래함에 족하며, 이러한 행위가 중첩되어 동일한 손해결과를 초래한 것으로, 연대책임을 부담해야 하는 분별침권행위이다.

중첩적 분별침권행위가 공동침권행위에 비해 가장 뚜렷한 특점은 행위자가 실시한 침권행위는 따로따로 실시한 다수의 침권행위의 결합이지 하나의 침권행위가 아니라는 점이다. 또 공동침권행위는 주관적 공동침권행위이든 또는 객관적 공동침권행위이든지를 막론하고 모두 행위자의 주관적 의사연락, 혹은 객관적 관련공동으로 다수인이 실시한 행위는 하나의 침권행위이기 때문에 하나의 완정한 연대책임으로 된다. 이를테면 2인의 행위자가 동시에 칼을 사용하여 타인의 내장에 자상(刺傷)을 입혔을 때 두 곳의 부상상태 모두가 치명상으로 사망을 초해하는 결과가 된다면 중첩적 분별침권행위로 되는 것이지 공동침권행위가 되는 것이 아니다.

전형적 분별침권행위에서 매개 행위자가 실시한 침권행위의 원동력을 덧셈하면 바로 100%의 원동력이 된다. 그러나 중첩적 분별친권행위의 매개 행위자가 실시한 침권행위의 원동력은 모두 100%이지만 피해자의 손해후과로 놓고 말한다면 두 개의 100% 원동력이 덧셈하여도 여전히 100%의 원동력이 된다. 여기서 손해는 하나이지 둘이 아니기 때문이다.

2.4.4.3.2 연대책임

중첩적 분별침권행위 중의 행위자는 연대책임을 부담한다. 그 기본적 규칙은 아래와 같다.

(1) 대외(対外)의 중간책임. 피침권자는 다수행위자 중의 어느 한 행위자에게 전부의 책임배상부담을 청구할 수 있으며, 매개 분별침권행위자 모두는 전부의 손해에 대한 배상책임을 부담해야 한다.

(2) 대내(対内)의 최종책임. 연대책임의 내부효력은 다수의 연대책임자에 대해 최종책임을 확정함에 있어서 할당액에 비추어 확정하는 것이다. 매개인의 행위원동력을 100%라 한다면 100%의 손해결과에 대해 말할 때 매개인의 책임할당액을 50%로 하는 것이 최종책임이 된다.

(3) 중간책임으로 자기가 배상할 액수를 초과하여 부담하게 된 연대책임자는 기타 연대책임자에게 추상하여 최종책임을 실현할 권리가 있다.

2.4.4.4 반중첩적 침권행위와 부분연대책임

반중첩적 분별침권행위는 따로따로 실시된 침권행위에서, 부분적인 행위자의 행위가 충분히 모든 손해를 초래할 수 있고, 기타 행위자의 행위가 모든 손해를 초래함에 부족할 경우를 말하는 것으로, 부분연대책임의 분별침권행위를 부담해야 한다.

반중첩적 침권행위의 법률후과는 여전히 연대책임을 부담하는 것이지만, 이런 연대책임의 성질은 부분연대책임이다. 계산의 방법은 아래와 같은 두 가지 유형이 있다.

(1) 만약 2인의 행위자 중에 1인 행위의 원동력은 50%이고, 다른 1인 행위의 원동력이 100%라면 원동력의 중첩(叠加)된 부분을 연대책임으로 하고 나머지 부분을 상응하는으로 한다. 즉 중첩된 50%의 부분은 2인 행위자가 연대책임을 부담하게 되며 최종할당액은 25%이다. 중첩되지 않은 50%는 해당 행위자가 안분책임을 부담한다. 종합하면 100%의 원동력을 가지고 있는 행위자가 부담하는 책임은 75%(그 중 안분책임이 50%, 연대책임최종할당액은 25%)이고, 50%의 원동력을 가지고 있는 행위자가 부담해야 할 책임은 25%(최종책임)이며, 연대책임의 최고액은 50%이다.

(2) 2개 원동력을 덧셈한 합에 행위자의 인수를 나눗셈하여 얻은 33.3%와 66.7%로를 각자가 부담해야 할 책임할당

액으로 한다.

이상의 두 가지 예산방법은 모두 도리가 있지만 첫 번째 유형이 더 우월하다. 2015년 6월 3일, 최고인민법원에서 공포한 『환경침권책임분규사건 심리에 적용하는 법률의 약간한 문제에 대한 해석(关于审理环境侵权责任纠纷案件适用法律若干问题的解释)』의 제3조 제3항에는 "2인 이상의 오염자가 따로따로 실시한 오염행위로 동일한 침해가 초래되었을 경우, 부분적 오염자의 오염행위는 전부손해를 초래했고, 부분적 오염자의 오염행위는 부분적 손해만 초래했을 경우, 피침권자는 침권책임법 제11조의 규정에 근거하여, 전부의 손해를 초래한 오염자와 기타 오염자가 공동으로 조성한 손해부분에 대해 연대책임을 지고, 또 그 전부의 손해에 대해 책임을 부담하도록 청구할 수 있게 인민법원에서 지지하여야 한다."라고 규정했는데 여기서 채납한 것은 첫 번째 규정이다.

2.4.5 경합 침권행위와 불진정연대책임

2.4.5.1 경합 침권행위

2.4.5.1.1 개념과 특징

경합침권행위는 2인 이상의 민사주체를 그 침권자로 하는데, 일부 침권자는 직접침권행위를 실시하여 손해결과와 직접인과관계를 가지고 있고, 일부 침권자는 간접침권행위를 실시하여 동일한 손해결과의 발생과 간접인과관계를 가지고 있으며, 행

위자가 불진정연대책임을 부담하는 침권행위형태이다.[47)]

경합침권행위의 법률특징은 아래와 같다.

(1) 행위주체는 2인 이상이다. 경합침권행위의 2인 이상의 행위주체는 자연인일 수도 있고, 법인일 수도 있으며, 또는 자연인과 법인일 수도 있다. 통상적인 상황에서 경합침권행위의 주체는 2개이다.

(2) 행위자가 실시하는 침권행위의 성질이 다르다. 경합침권행위의 2인 이상의 행위자 가운데 어떤 행위자는 피해자에 대해 직접침권행위를 실시하고(즉 주요한 행위), 어떤 행위자는 직접침권행위의 실시에 조건이나 혹은 편의를 제공하지만 결코 방조행위를 구성하지 않은 간접침권행위이다.

(3) 경합이 발생한 2개 이상의 행위에 대해 통상적으로 하나의 행위로 본다. 경합침권행위 중, 2인 이상의 행위자가 실시한 행위는 하나로 경합되기 때문에 통상적으로 이를 하나의 행위로 인정한다. 경합침권행위는 직접침권행위와 간접침권행위의 경합을 가리키는데 공동침권행위와 분별침권행위 사이에 위치하게 되며, 2개 이상의 침권행위가 하나로 경합된 '다수인 침권행위'이다.

(4) 각각의 행위자는 피해자에 대해 불진정연대책임을 부담해야 한다. 경합침권행위의 행위자는 피해자에 대해 공동책임을 부담해야 하는데 그 성질은 불진정연대책임으로, 행위자책임의 연계는 형식상에는 연대(連帶)이지만 실질상에는 불연대(不連帶)이다.

---

47) 양리신:「경합침권행위를 논하여」, 『청화법학』2013년 제1기.

2.4.5.1.2 성질과 지위

경합침권행위의 성질은 다수인침권행위 중의 한가지 유형이다. 다수인침권행위 중, 경합침권행위는 중요한 지위를 차지한다.

경합침권행위를 구성하는 특점은 아래와 같다. 직접침권자는 타인에게 손해를 초래한 개체로 침권책임이 구성되지만, 간접침권자가 실시한 행위는 직접침권자가 실행한 행위에 대해 객관적으로 간접작용을 일으키게 된다. 즉 간접침권자는 직접침권자가 실시하는 침권행위에 편리를 제공함으로써 직접침권행위가 피해자에게 손해를 초래하도록 하는 것이다. 이런 두 가지 행위가 하나로 경합되어 경합침권행위를 구성하게 되는데 다수인침권행위 중의 일종의 새로운 유형으로되어 공동침권행위, 분별침권행위와 함께 다수인침권행위체계를 구성한다.

2.4.5.1.3 유형 및 책임

경합이 발생한 서로 다른 원인을 기준으로 하여 경합침권행위를 다음과 같이 분류한다. (1) 필요조건의 경합침권행위. (2) 정책고량(政策考量) 경합침권행위. (3) 기회 제공의 경합침권행위. (4) 플랫폼 제공의 경합침권행위.

경합침권행위는 '불진정 연대책임'과 대응한다. '불진정 연대책임'은 다수인이 법정의무를 위반하여 동일한 피해자에 대해 가해행위를 실시한 경우나 혹은 서로 다른 행위자들이 서로 다른 행위를 실시하여 동일한 피해자의 민사권익에 손해를 준 경우에, 각각의 행위자에게 동일한 내용의 침권책임이 발생되어 각자 전부의 배상책임을 부담하는데 행위자 중한 사람의 책임이행으로 인해 전체 책임자의 책임이 없어지거나 혹은 특별규정에 따라 다수책임자 모두가 부분, 또는 전부책임의 침권책임을 부담하는 형태이다.

중국 침권책임법 중에 불진정연대책임은 결코 한 가지의 유형만 있는 것이 아니다.[48] 『침권책임법』, 『소비자권익보호법』 및 최고인민법원의 사법해석에 근거하면 다음과 같은 4가지 유형이 있다. (1) 전형적불진정연대책임, 즉 협의적 불진정연대책임이다. (2) 『침권책임법』 제44조, 제85조 뒷부분, 제86조 제1항의 뒷부분, 제34조 제2항의 뒷부분에서 규정한 선불책임(先付責任)이다. (3) 『침권책임법』 제32조 제1항의 뒷부분, 제34조 제2항의 뒷부분, 제37조 제2항과 제40조에서 규정한 보충책임(补充責任)이다. (4) 『소비자권익보호법』 제43조와 제44조에서 규정한 부가조건적불진정연대책임(附条件的不真正连带責任)이다.

네 가지 서로 다른 경합침권행위 유형은 각각 다른 불진정연대책임 유형과 대응된다.

필요조건의 경합침권행위→전형적불진정연대책임
정책고량경합침권행위→선불책임
기회 제공의 경합침권행위→보충책임
플랫폼 제공의 경합침권행위→부가조건적불진정연대책임

---

48) 통상적으로 말하는 불진정연대책임이 바로 전형적 불진정연대책임이다.

2.4.5.2 '필요조건적 경합 침권행위' 와 '전형적 불진정 연대책임'

2.4.5.2.1 '필요조건적 경합 침권행위'

'필요조건적 경합침권행위(必要条件的竞合侵权行为)'는 두 가지 행위 중의 종속행위(즉 간접침권행위)와 주도행위(즉 직접침권행위)의 경합방식을 가리키는데, 종속행위는 주도행위가 실시하는 행위에 필요조건을 제공하며, 종속행위가 없으면 주도행위도 손해후과를 초래할 수 없는 '경합침권행위'이다. 바꾸어 말하면 간접침권자의 종속행위는 직접침권자의 주도행위가 완성되는 필요조건일 뿐이다. 이런 '경합침권행위'가 바로 '필요조건적 경합침권행위'이다.

『침권책임법』의 제41조에서부터 제43조까지에서 규정한 상품책임, 제68조에서 규정한 제3자과실의 환경오염책임, 제83조에서 규정한 제3자의 과실이 조성한 동물손해책임 및 『물권법』의 제21조에서 규정한 물권착오등기(物权错误登记)의 배상책임 등은 모두 필요조건적경합침권행위이다.

2.4.5.2.2 '불진정 연대책임' 및 규칙

'불진정 연대책임'은 다수인이 법정의무를 위반하여 동일한 피해자에 대해 가해행위를 실시한 경우나 혹은 서로 다른 행위자들이 서로 다른 행위를 실시해 동일한 피해자의 민사권익에 손해를 준 경우에, 각각의 행위자에게 동일한 내용의 침권책임이 발생되어 각자 전부의 배상책임을 부담하는데 행위자 중 한 사람의 책임이행으로 인해 전체 책임자의 책임이

없어지는 '침권 공동책임 형태'를 가리킨다.[49]

불진정연대책임의 효력을 대외효력과 대내효력의 두 가지 방면으로 나뉜다. 대외효력은 책임자 중 한 사람에게 발생한 사항에서, 그 효력이 기타 행위자에게 미치느냐 미치지 않느냐 하는 것이다. 즉 개개의 행위자가 모두 대외적으로 연대책임을 부담하느냐 부담하지 않느냐 하는 것이다. 대내효력은 전부의 침권책임을 부담하는 사람이 최종책임자에 대해 추상할 수 있느냐, 추상한다면 어떻게 추상하느냐 하는 것을 가리킨다.[50]

'불진정 연대책임'과 연대책임의 근본적 구별은 연대책임은 형식상, 또는 실질상을 막론하고 모두 연대를 실행한 것인데, '불진정 연대책임'은 오직 형식상으로만 연대되고, 실질상에서는 연대되지 않는 것이다. 즉 중간책임만 연대되고 최종책임은 연대되지 않는 것이다. 불진정연대책임의 구체적인 실행규칙은 아래와 같다.

(1) 다수행위자는 동일한 피해자의 손해에 대해 형식상 연대책임을 부담해야 한다. 피해자는 직접책임자, 혹은 간접책임자에게 전부의 배상책임을 부담하도록 주장할 수 있다. 매개 자연인은 모두 이런 중간책임을 부담할 의무가 있다.

(2) 책임자 중의 한 사람이 전부의 배상책임, 즉 중간책임을 부담한 후, 피해자의 배상청구권은 사라지게 된다.

(3) 책임자 중 응당 최종책임을 부담해야 할 책임자는 전부

---

49) 정위보(鄭玉波):『민법채편총론(수정2판)』, 천룽룽(陳榮隆) 수정, 중국정법대학출판사 2004년 판, 제425쪽.
50) 정위보(鄭玉波):『민법채편총론(수정2판)』, 천룽룽(陳榮隆) 수정, 중국정법대학출판사 2004년 판, 제428쪽

의 최종책임을 부담해야 한다. 중간책임자는 중간책임을 부담한 후, 최종책임자에게 전부의 책임을 지도록 추상할 권리가 있다. 최종책임자는 반드시 중간책임자에게 최종책임을 부담해야 한다.

2.4.5.3 정책고량 경합 침권행위와 선불책임

2.4.5.3.1 정책고량 경합 침권행위

정책고량경합침권행위(政策考量的竞合侵权行为)는 필요조건의 경합침권행위의 요구에 부합되지만, 정책적인 고량(政策考量)에 근거하여, 간접침권자가 먼저 중간책임을 부담하게 한 후 직접침권자에게 추상하여 최종책임을 실현하도록 법률에서 특별히 규정한 경합침권행위를 말한다.

『침권책임법』의 제44조에서는 제3자의 과실로 초래된 상품결함이 손해를 야기했을 경우 본래 최종책임이 없는 생산자나 판매자가 먼저 침권책임을 부담한 후, 다시 과실이 있는 제3자에게 추상한다고 규정하고 있다. 이런 경합침권행위는 본래 필요조건의 경합침권행위와 결코 다르지 않지만 입법자는 피해자를 보호하는 수요에 근거하여 중간책임이 있는 간접침권자가 먼저 책임을 부담하게 규정함으로써 피해자의 권리가 되도록 빨리 실현될 수 있도록 보장한다. 간접침권자의 종속행위는 직접침권자의 주도행위가 손해후과를 초래하는 필요조건으로 되지만, 정책적인 고량에 따라 간접침권자가 선불책임을 부담하도록 규정하고 있으며, 직접침권자는 추상을 받는 최종책임자로서 직접 피해자에 대해 배상책임을 부담하는 것은 아니다.

2.4.5.3.2 선불책임 및 규칙

선불책임(先付責任)은 '불진정 연대책임' 중, 중간책임자가 우선 직접책임을 부담하고, 청구권자는 오직 중간책임자에게 배상을 청구할 수 있으며, 중간책임자는 중간책임을 부담한 후에 최종책임자에게 '불진정 연대책임'을 추상할 권리가 있는 특수형태를 가리킨다.

『침권책임법』의 제44조, 제85조 뒷부분과 제86조 제1항의 뒷부분의 규정에 따라 선불책임을 실행하는 기본규칙은 아래와 같다.

(1) 침권행위가 '불진정 연대책임'의 기본요구에 부합되어야 한다. '불진정 연대책임'의 기본구성요구는 2인 이상의 행위자의 행위가 손해의 발생에 대해 응당 책임을 부담해야 하는데, 한쪽이 부담하는 책임은 중간책임이고, 최종 책임을 부담하는 최종책임자는 다른 한쪽이다.

(2) 공공정책의 고량에 근거하여, '불진정 연대책임'의 책임자 가운데 일부는 직접책임(선불)을 부담하고, 일부는 간접책임(추상)을 부담하도록 규정한다.

(3) 직접책임을 부담하는 '불진정 연대책임자(중간책임자)'는 반드시 피침권자에게 직접책임을 져야 하고, 피침권자는 직접 중간책임자에게 배상청구권을 행사하는 것이지 피침권자가 거리가 비교적 멀고, 배상을 요구하기가 어려운 최종책임

자에게 배상권리를 주장하는 것이 아니다. 중간책임자는 배상책임을 부담한 후에, 다시 최종책임자에게 추상을 진행하여 중간책임을 최종책임자에게 떠넘김으로써 최종책임을 실현한다.

(4) 선불책임의 구상교착(索赔僵局)과 해결방법. 선불책임의 규칙은 구상교착의 문제가 존재한다. 즉 중간책임자가 배상책임을 부담할 수 없을 때 제3자에게 추상할 수도 없을 뿐더러 법률에도 피해자가 직접 최종책임자에게 배상청구를 있다는 규정이 없다. 따라서 피해자의 합법권익은 효과적인 보장을 받는데 지장이 생기며 그 손해도 즉시적으로 구제를 받을 수 없게 된다. 중간책임의 행위자가 배상책임을 부담할 수 없어 최종책임자에게 추상할 수도 없는 경우에는, 그 해결책으로, 피침권자가 직접 『침권책임법』제6조 제1항의 규정에 따라 제3자를 기소하여 제3자가 침권배상책임 부담하게 한다.

2.4.5.4 기회제공의 경합침권행위

2.4.5.4.1 기회제공의 경합침권행위

기회제공의 경합침권행위(提供机会的竞合侵权行为)는 2개의 경합행위에서, 종속행위가 주도행위에 기회를 제공함으로써 주도행위가 순조롭게 행위를 실시할 수 있도록 하는 경합침권행위를 가리킨다. 그 작용면에서 고찰해보면, 기회제공의 경합침권행위와 필수조건의 경합침권행위는 다소 부동하다. 즉 간접침권자의 종속행위는 직접침권자의 주도행위가 손해후과를 초래함에 기회를 제공하지만 결코 필요조건은 아니다. 『침권책임법』제34조 제2항에서 규정한 노무파견의 침권행위, 제37조 제2항에서 규정한 안전보장의무를 위반한 침권행위, 제40조에서 규정한 제3자로 임해 초래된 학생상해의 침권행위는 모두 이런 경합침권행위이다.

2.4.5.4.2 상응하는 보충책임 및 규칙

침권법의 보충책임은 2인 이상의 행위자가 법정의무를 위반하여 하나의 피해자에 대해 가해행위를 실시하여 피해자의 권리에 동일한 손해를 초래하게 되었을 경우, 각각의 행위자에게 발생한 배상책임에 대해, 피해자가 향유하는 다수의 청구권은 순서의 구별이 있다는 것이다. 즉 우선 순서가 앞자리에 있는 청구권을 행사하며, 이로써 실현할 수 없거나 혹은 완전히 실현할 수 없을 때, 다시 다음 순서의 청구권을 행사하여 침권책임을 보충하는 형태이다.

상응하는 보충책임의 규칙은 아래와 같다.

(1) 직접책임과 보충책임의 경합이 구성되면, 피해자는 응당 우선적으로 직접책임자에게 배상을 청구하며 직접책임자는 반드시 침권책임을 부담해야 한다. 직접책임자가 전부의 배상책임을 부담한 후, 보충책임자의 배상책임은 종국적으로 소멸되며, 피해자는 보충책임자에게 배상을 청구할 수 없고 직접책임자도 보충책임자에게 추상할 수 없다.

(2) 피해자는 직접책임자가 배상할 수 없거나 혹은 배상이 부족하거나 혹은 행방불명으로 제1순서의 배상청구권을 행사

할 수 없거나 혹은 청구권의 요구에 만족할 수 없을 때 보충책임자에게 배상을 청구할 수 있다. 보충책임자가 보충책임을 부담하는 범위는 상응하는 것이다. 즉 그 과착정도와 행위의 원동력과 상호 부합하는 범위 내이다.

(3) 보충책임자가 부담하는 상응하는 보충책임이 부족한 부분의 배상책임보다 클 경우, 부족한 부분의 배상책임에 한해서만 배상한다. 보충책임이 부족한 부분의 배상책임보다 작을 경우에는 상응하는 책임만 부담하며, 상응하는 책임의 범위를 초월해서 보충배상을 부담하지 않는다.

(4) 보충책임자가 제한적인 보충배상책임을 부담한 후, 직접책임자에 대해 추상권이 발생하지 않는다. 왜냐하면 보충책임자는 그 과실정도와 행위의 원동력에 부합되는 응분의 책임을 부담한 것이기에 별도로 추상할 수 없는 것이다.

2.4.5.5 플랫폼제공의 경합침권행위와 부가조건적불진정연대책임

2.4.5.5.1 플랫폼제공의 경합침권행위

플랫폼제공의 경합침권행위는 동일한 손해를 초래하는 2개의 행위 중, 1개의 행위는 직접침권행위이고, 다른 1개의 행위는 직접침권행위자가 실시하는 위법행위에 플랫폼을 제공한 간접행위인데, 위법행위가 그 플랫폼에서 실시되어 타인에게 동일한 손해를 초래한 경합침권행위다.

플랫폼제공의 경합침권행위는 경합침권행위의 일종 특수표현형식이다. 『소비자권익보호법』의 제43조와 제44조에서 규정한 침권행위는 바로 플랫폼제공의 경합침권행위인데 그 규칙은 전형적불진정연대책임이나 선불책임, 보충책임 모두 다르다.

2.4.5.5.2 부가조건적불진정연대책임

플랫폼제공의 경합침권행위의 법률후과는 부가조건적불진정연대책임이다. 부가조건적불진정연대책임의 기본특징은 플랫폼을 제공한 일방에게 있는데, 전시판매회의 주최자나 진열대 임대자 및 웹교역 플랫폼 제공자가 제공한 그 플랫폼에서 소비자와 교역을 진행하여 소비자의 권익에 손해를 초래했을 경우, 플랫폼 제공자측은 필요조건이 구비되었을 때에만 책임을 부담하는 '불진정 연대책임'이라는 것이다. 설령 플랫폼제공자의 행위가 필요조건을 구비했다고 하더라도 결코 손해를 초래한 직접원인은 아니기에 플랫폼제공자는 배상책임을 부담한 후 직접 손해를 초래한 행위자에게 추상할 권리가 있다.

'부가조건적 불진정 연대책임'의 본질은 여전히 '불진정 연대책임'이지만 '전형적 불진정 연대책임'과는 다소 부동하다. '전형적 불진정 연대책임'의 경우, 피침권자는 상대가 주도행위자든 종속행위자이든 관계없이 임의로 그중 한쪽을 피고로 선택하여 구상권(索賠权)을 행사하여 권리를 실현할 수 있다. 이때 피침권자는 최종책임을 누가 부담하느냐에 대해 따질 필요가 없다. 그러나 '부가조건적 불진정 연대책임'에서 피침권자가 종속행위자에게 배상책임을 부담할 것을 주장하려면 반드시 법정(法定), 혹은 약정(约定)의 조건을 구비해야 한다. 만약 이런 조건을 구비하지 않았다면 피침권자는 오직 주도행위자에게만 배상을 청구할 수 있고, 종속행위자에게는 권리를 주장할 수 없다.

'부가조건적 불진정 연대책임'의 규칙은 아래와 같다.

(1) 직접행위자는 반드시 배상책임을 부담해야 한다. 직접행위자는 피해자에게 손해를 초래한 침권자이다. 설령 '부가조건적 경합 침권행위'라고 해도 반드시 침권책임을 부담해야 한다. 피침권자의 합법권익이 손해를 받았을 때 직접 직접행위자에게 배상청구를 할 수 있다.

(2) 법률규정이나 혹은 당사자가 약정한 필요조건을 구비했을 경우, 피침권자는 플랫폼제공자에게 배상책임을 부담하도록 청구할 수 있다. 필요조건은 법정조건(이를테면 『소비자권익보호법』 제44조의 '실명, 주소와 유효한 연락처를 제공하지 않는다.'라는 규정)이나 약정조건('소비자에게 더욱 유리한 승낙을 한 경우' 즉 선행해서 배상할 것을 승낙한 규정)이다. 오직 필요조건이 구비되어야만 불진정연대책임이 구성되며, 피침권자는 플랫폼을 제공한 행위에 대해 침권책임을 부담하도록 청구할 수 있다.

(3) 플랫폼제공자는 배상책임을 부담한 후, 추상권을 향유할 수 있다. 플랫폼제공자는 직접행위자가 아니기에 부담하게 되는 배상책임은 중간책임이다. 그러므로 그 배상책임을 부담한 후에 직접행위자, 즉 최종책임자에게 추상을 진행할 권리가 있는 것이다.

2.5 침권손해배상

2.5.1 침권손해배상의 개술

2.5.1.1 개념과 특징

침권손해배상은 침권자가 실시한 침권행위가 피침권자에 대해 손해를 초래하게 되어, 침권자와 피침권자 사이에는 배상청구권리와 배상납부책임의 법률관계가 발생되는 것을 가리킨다.

침권손해배상의 법률특징은 아래와 같다.

(1) 침권손해배상의 근본목적은 손해를 구제하는 것이다. 침권손해배상의 근본목적은 손실을 보상하는 깃으로, 손해를 입은 권리가 구제를 받고 권리가 회복되게 한다. 이밖에 민사위법(民事違法)을 제재하고 피해자를 위안하는 작용도 있다.

(2) 침권손해배상은 재산성(財产性)의 책임방식을 취하고 있다. 손해에는 인신손해, 재산손해와 정신손해 등 세 가지 형식이 있다. 재산손실에 대해서는 반드시 재산으로 배상해야 하고, 인신손해에 대해서도 반드시 재산의 형식으로 피해자의 재산손실을 배상해야 한다. 정신손해라고 해도 재산의 방식으로 배상을 진행할 수밖에 없다.

(3) 침권손해배상은 상대성을 가지고 있다. 손해배상은 상대되는 사람 사이에서 발생한다. 즉 권리주체와 책임주체는 특정한 것으로 오직 상대적인 특정주체 사이에서만 발생한다. 피해자는 오직 특정한 행위자에게만 배상을 청구할 수 있

고, 배상책임주체도 오직 특정한 피해자에게만 배상책임을 부담한다.

2.5.1.2 배상범위

침권손해배상의 범위에 대해『침권책임법』제16조, 제17조, 제19조, 제20조와 제22조에서 규정하고 있다. 이 다섯 개 조항에서는 네 가지 침권손해배상방식을 규정했는데 내용이 비교적 원칙적이고, 활용성이 떨어진다. 최고인민법원에서는 관련 사법해석을 통해 이를 구체화하고 있다.

(1) 인신손해배상. 인신손해배상은 생명권, 건강권, 신체권을 침해하여 인신손해를 초래한 것 즉 사망, 불구, 일반상해 등에 대한 손해배상책임이다. 최고인민법원이 2003년에 반포한『인신손해배상사건 심리에 적용하는 법률의 약간한 문제에 대한 해석(关于审理人身损害赔偿案件适用法律若干问题的解释)』은 인신손해배상책임을 처리하는 전문적인 사법해석으로, 인신손해배상규칙을 상세히 규정하고 있다.

(2) 인격권재산이익손해배상(人格权财产利益损害赔偿). 타인의 인신권익 즉 성명권, 명칭권, 초상권, 프라이버시권 등을 침해하여 재산이익손실을 초래한 것에 대한 배상책임이다.『침권책임법』제20조에서 구체적 방법을 규정했는데 그 기본원칙은 피침권자가 받은 손실에 따라 배상하는 것이다. 이런 손해배상은 통상적으로 공개권이 손해에 대한 배상으로 이해된다.

(3) 정신손해배상. 생명권 등 물질성 인격권이나 명예권 등 정신성인격권을 침해하여 정신고통 혹은 정신이익손해에 대

해 배상책임을 부담하는 것을 정신손해배상이라 부른다.『침권책임법』제22조에서는 원칙성적으로 규정하고 있다. 최고인민법원이 2001년에 반포한『민사침권정신손해배상책임의 약간한 문제의 확정에 관한 해석(关于确定民事侵权精神损害赔偿责任若干问题的解释)』에서는 인격권의 사법보호 및 정신손해배상에 대해 상세한 규칙을 규정했다.

(4) 재산손해배상. 물권, 채권 및 지식소유권을 침해하여 재산이익손실을 조성하게 되어 손해배상책임을 부담하는 것이 재산손해배상이다. 재산손해배상에 대해 최고인민법원에서도 일련의 구체적 해석을 했지만 전면적인 규정은 없다.

2.5.1.3 손해배상관계의 당사자

2.5.1.3.1 배상권리주체

침권손해배상의 법률관계에서 피해자는 배상권리주체인데 만약 소송을 진행한다면 원고로 된다. 즉 소송청구의 제출자인 것이다. 피해자 외에도 피해자의 이해관계자나 사망자의 친속도 배상권리주체가 된다.

(1) 직접피해자. 직접피해자는 침권행위로 인한 손해결과의 직접계승자인데 침권행위로 인해 민사권리가 침해를 받아 손실이 초래된 사람이다.

무릇 민사권리능력을 가지고 있고, 또 침권행위로 인해 민사권리가 침해를 받은 사람이라면 곧 피해자의 자격을 갖추게 된다. 완전민사행위능력을 갖춘 직접피해자는 침권배상청구권을 스스로 행사하여 배상책임주체에게 배상을 청구할 수 있다. 직접피해자가 민사행위무능력자 혹은 민사행위제한능력자라면 스스로 배상청구권을 행사할 수 없기에 응당 후견인이 대신하여 그 침권배상청구권을 행사해야 한다.

하나의 침권행위에 다수의 직접피해자가 있다면 직접피해자 모두가 배상청구권을 향유할 수 있고, 모두 침권배상소송을 제기할 수 있다. 그 인수에 따라, 직접피해자가 2인부터 9인까지이면 필요한 공동소송(必要的共同诉讼)으로 인정하며 일반적으로 합병심리를 한다. 개별적인 직접피해자가 소송을 하지 않아도 기타 직접피해자의 배상청구에 영향을 주지 않는다. 10인 이상의 직접피해자의 사건은 집단소송, 혹은 대표소송을 진행할 수 있다. 그 구별을 보면, 대표소송은 직접피해자의 인수가 이미 확정되었고, 집단소송은 직접피해자의 인수가 아직 확정되지 않았는데, 판결은 소송에 참가하지 않은 직접피해자에 대해 역시 구속력이 발생되며, 집단소송에 참가하지 않은 직접피해자는 소송유효기내에 기소하여 그 판결을 적용받을 수 있다. 집단소송과 대표소송의 공동특점은 모두 대표를 선출, 파견하여 소송을 진행하는 것이다. 대표자의 소송행위는 그가 대표하고 있는 직접피해자에 대해 효력을 발생한다. 하지만 대표자가 소송청구를 변경·포기하거나 상대방 당사자의 소송청구를 승인하여, 합의하려면 반드시 자기가 대표하고 있는 직접피해자들의 동의를 거쳐야 한다.

생명권을 침해한 손해배상 법률관계는 이중직접피해자이다. 즉 사망된 피해자와 사망자의 치료, 장례로 재산손실과 정신손해를 받은 근친속이다. 전자는 생명권이 침해를 받은 당사자로 그는 이미 사망했기에 배상권리를 행사할 수 없다. 후자는 재산 권리와 정신고통을 받은 손해당사자로, 법에 따라 재산손실배상과 정신손해배상의 권리를 청구하여 행사할 수 있다. 그러므로 피침권자가 사망하게 되면 그 근친속이 권리자로 될 뿐만 아니라 피침권자의 의료비, 장례비 등의 합리한 비용을 부담한 당사자도 직접피해자로 되어 침권자에게 비용배상을 청구할 권리가 있다.

(2) 간접피해자. 간접피해자는 침권행위로 인해 직접피해자의 인신손해가 초래되었을 경우 인신권익이 간접손해를 받은 피해자를 가리킨다. 간접피해자는 아래와 같은 세 가지 유형이 있다.

첫째는 직접피해자의 사망, 혹은 노동능력 상실로 인해 부양비 공급원을 상실한 피해자이다. 침권행위가 직접피해자를 침해하여 사망, 혹은 노동능력 상실을 초래했을 경우, 그 수입이 단절되거나 혹은 감소됨으로 인해 피부양자의 부양비 공급원이 단절되거나 혹은 감소하게 되며 이때 피부양자는 간접피해자이다.

둘째는 배우자의 일방이 침권행위를 받아 그 성 이익(性利益)이 상실되었을 경우의 상대방 배우자이다. 행위자가 실시한 건강권침해행위로 인해 직접피해자의 성기능 상실을 초래하여 간접적으로 성 이익이 감손되거나 혹은 상실한 직접피해자의 상대방 배우자도 간접피해자이다.

셋째는 침권행위를 목격하고 그 공포감으로 인해 건강권에 손해를 입은 피해자이다. 바야흐로 발생되고 있는 침권행위의 잔혹한 현장을 목격하고, 공포감으로 인해 건강권이 손해

를 받은 근친속도 간접피해자로 인신손해배상청구권을 향유
할 수 있다.

(3) 태아와 사망자의 근친속. 태아와 사망자의 근친속은 침
권손해배상책임법률관계 중에 손해배상권리주체, 혹은 준주
체(准主体)의 지위를 향유할 수 있다. 태아가 잉태과정 중에
손해를 받았을 때, 아직 민사권리능력은 없지만 제한민사권리
능력(限制民事权利能力)을 갖추어 준손해배상권주체(准损害赔偿
权利主体)의 지위가 인정된다. 따라서 출생하여 민사권리능력
을 취득하게 되면 배상청구권을 행사할 수 있다. 사망자의 명
예, 프라이버시, 초상, 영예 및 사망자의 유체, 유골 등의 법
익이 침해를 받았을 경우, 사망자가 이미 민사권리능력과 민
사행위능력을 상실하였기에 그 배상청구권은 근친속이 향유
하게 된다. 근친속은 사망자이익보호자의 신분으로 법원에 손
해배상소송을 제기하여 사망자의 합법이익을 보호하게 된다.

2.5.1.3.2 배상책임주체

침권손해배상 법률관계 중에 가해자는 배상책임주체로 소
송 중에 피고로 된다. 가해자 외에도, 직접가해자의 책임 감
당자(承受者) 즉 대체책임의 책임자도 배상책임의 주체이다.

(1) 직접가해자. 직접가해자는 직접 실시한 침권행위로 인
해 피해자의 손해를 초래한 당사자인데 아래와 같은 두 가지
정황으로 나뉜다. 첫째는 단독직접가해자이다. 즉 직접가해
자의 당사자로 그 개인이 배상책임을 부담한다. 둘째는 다수
가해자로 공동침권행위의 가해자가 공동가해자인데 연대배

상책임을 부담한다. 분별침권행위의 가해자는 분별침권행위자로 안분책임, 혹은 연대책임을 부담한다. 경합침권행위의 가해자는 경합침권행위자로 불진정연대책임을 부담한다.

(2) 대체책임자. 대인(对人)의 대체책임자. 대체책임 형식의 특수침권책임에서 직접 손해를 초래한 행위자는 배상책임주체가 아니다. 배상책임주체는 직접 손해를 초래한 행위자를 대신해서 배상책임을 부담하는 대체책임자이다. 대물(对物)의 대체책임자. 물건이 사람에게 손해를 초래하였을 경우 응당 물건의 소유자·점유자가 배상책임을 부담해야 한다.

2.5.1.4 손해배상규칙

2.5.1.4.1 전부배상원칙

전부배상원칙은 침권손해배상의 기본규칙으로, 침권행위 가해자가 배상책임을 부담함에 있어서 반드시 행위로 초래된 실제재산손실의 크기에 따라 그 전부를 배상하는 것을 말한다. 즉 실제 초래된 손해를 기준으로, 손실이 얼마이면 배상도 얼마인 것이다.

전부배상원칙은 손해배상의 기능에 의해 결정된 것이다. 손해배상의 기본기능이 재산손실에 대한 보충이기에, 전부배상을 손해배상책임의 크기를 결정하는 기본원칙으로 하는 것은 아주 공평하고, 합리한 것이다.

전부배상원칙을 적용하는 요점은 다음과 같다.

첫째, 손해배상액 즉 배상책임의 크기를 확정함에 있어서 다만 실제손해를 기준을 하는데 그 전부를 배상해야 한다. 가해자의 과실정도의 경중을 손해배상액의 근거로 하지 않을 뿐만 아니라, 행위의 사회적 위험성의 크기를 그 근거로 하지도 않는다.

둘째, 전부배상은 직접손실과 간접손실을 포함한다. 간접손실은 당사자가 이미 예견하거나 혹은 예견할 수 있는 이익으로, 기대할 수 있거나 필연적으로 얻을 수 있는 것이라면 응당 배상해야 한다.

셋째, 전부배상은 응당 피해자가 권리를 회복하고 손실을 감소하기 위하여 지출한 필요비용 손실 배상을 포함해야 한다. 이 역시 침권행위가 초래한 손해로 반드시 배상범위에 넣어 전부배상을 해야 한다.

넷째는 전부배상은 합리적인 손실만 배상하고, 합리적이지 않은 손실은 배상하지 않는다.

2.5.1.4.2 재산배상원칙

재산배상원칙은 침권행위가 재산손해를 초래하든지 인신손해 혹은 정신손해를 초래하든지를 막론하고 재산배상을 유일한 방법으로 하는 것으로, 기타방법을 채용할 수 없다.

재산배상원칙을 확립하는 기본목적은 다음과 같다.

첫째, 재산손해에 대해 재산의 방식으로 배상해야지 노무를 지급하거나 인신을 구속하는 등의 방식으로 재산손실이나 기타 손해를 배상할 수 없다.[51]

---

51) 손해투역(損害投役)은 로마법의 침권책임방식으로, 동물이 타인에게 손해를 초래하면 동물소유권이 피해자에게 넘어가고, 사람이 타인에게 손해를 초래하면 가해자는 피해자에게 넘겨져 강제노역에 종사하게 했다.

둘째, 인신손해에 대해 재산의 방식으로 배상할 수 있지만 동태복수(同态复仇)의 방식으로 보상하는 것을 금지한다. 반드시 재산의 방식으로 상해 치료로 초래된 재산손실을 보충해야 하며, 얼마만큼의 재산이 손실되면 그에 해당하는 금액을 배상해야 한다.

셋째, 정신손해에 대해 경제손실 초래여부를 막론하고 반드시 재산배상을 해야 한다.

재산배상규칙을 확인한다는 것은, 침권행위로 인해 초래된 일체 손해를 반드시 재산의 방식으로 배상해야 함을 명확히 하는 것이다. 모든 침권손해배상사건을 처리함에 있어서 반드시 공평하고 합리적으로 하여, 피해자가 손해로 인해 얻는 배상액이 실제손해를 만회하는데 알맞도록 해야 할 것이다.

2.5.1.4.3 손익상계

(1) 손익상계의 개념 및 특징. 손익상계는 손익동소(損益同銷)라고도 부르는데 배상권리자는 손해발생과 동일한 원인으로 인해 이익을 얻는 자로 그의 손해액 내에서 이익을 삭감하고, 배상의무자는 그 차액을 배상하는 것으로, 배상책임범위를 확정하는 규칙이다.[52]

손익상계의 법률특징은 다음과 같다.

첫째는 손해배상채무의 원칙인데 일체의 손해배상책임을

---

52) 2008년 9월 23일,『침권책임법』초안에서는 일찍이 손익상계의 규칙을 규정했었다. 즉 제22조의 "동일침권행위가 손해를 초래함과 동시에 피해자에게 이익을 얻게 했다면 반드시 배상액 중에서 얻은 이익을 삭감한다."는 조문이다.

확정한 상황에 적용된다.

둘째는 침권손해배상 책임범위의 크기와 어떻게 부담하는가 하는 원칙을 확정하는 것이다. 즉 손해배상책임은 이미 가해자가 부담함을 확정한 전제 하에서, 가해자는 어떻게 민사책임을 부담하며, 도대체 얼마의 배상책임을 부담하는가 하는 규칙을 확정하게 된다.

셋째는 손익상계가 확정한 배상표준인데 손해액 내에서 동일한 원인으로 발생한 이익금의 차액을 차감한 것이지 전부의 손해액은 아니다.

넷째는 손익상계는 법관이 직권에 따라 유의하여 행사하는 것인데, 당사자의 주장을 무시할 수 있으며, 확인한 증거에 타라 직권으로 그 원칙을 적용한다.

(2) 손익상계의 구성. 침권책임의 손익상계를 구성하려면 반드시 아래와 같은 요건이 구비되어야 한다.

첫째, 반드시 침권손해배상채무(侵权损害赔偿之债)가 성립되어야 한다. 침권손해배상채무가 성립되지 않았다면 손해배상채무의 요건이 결핍한 것으로 된다.

둘째, 반드시 피해자가 이익을 얻어야 한다. 만약 피해자가 손해를 받음으로써 이익을 얻지 않았다면 손익상계를 적용할 여지도 없게 된다. 이런 이익에는 적극이익과 소극이익이 포함된다. 적극이익은 피해자의 현유재산이 증가된 것이고, 소극이익은 감소되어야 할 재산이 감소되지 않은 것이다. 응당 삭감해야 할 이익에는 물건의 훼손으로 발생한 신생이익(新生

利益), 실물배상 신구상계(新旧相抵)의 이익, 본래의 지출해야 하지만 손해사실의 발생으로 인해 지출이 면제된 비용, 본래 얻을 수 없는 것이지만 손해의 발생으로 인해 얻게 된 이익 등이 포함되어야 한다.[53)]

셋째, 반드시 손해배상책임을 구성하는 손해사실과 얻은 이익 사이의 인과관계가 있어야 한다. 동일한 배상원인으로 인해 발생한 직접결과로서의 손해와 이익이 분리할 수 없거나 혹은 합일(合一)관계일 경우나, 동일한 손해원인으로 인해 발생한 간접결과로서의 이익이 서로 분리할 수 없거나 합일(合一)관계일 경우에는 모두 상당인과관계가 인정된다. 통상적으로 상당인과관계를 구비하지 못하면 손해와 이익은 적당한 관계가 없기 때문에 손익상세원칙을 적용할 수 없다. 이상의 3개 요건이 구비되어야만 손익상계를 구성할 수 있는데 응당 손해액 중에서 얻은 이익금을 삭감해야 한다.

(3) 손익상계의 실행. 손익상계의 계산과 주요한 상계방법은 아래와 같은 네 가지가 있는데 실제 정황에 근거해서 선택적으로 적용할 수 있다.

첫째, 손해로 초래된 손실과 이익을 모두 금전으로 계산이 가능할 경우 직접 삭감하여 이익을 배제한 후, 바로 차액을 배상한다.

둘째 손해로 초래된 손실에 대해 이미 금전적으로 배상했

---

53) 나중에 여러 차례에 나누어 지급할 배상을 현재의 1차성 배상으로 바꿈으로써 발생한 중간이자(中間利息)에 대해, 이론상 응당 신생이익을 인정하여 손익상계를 부여해야 한다. 그러나 최고인민법원의 해석에는 이를 신생이익으로 쳐서 손익상계를 적용한다는 규정이 없다.

을 경우, 응당 배상권리자의 신생이익을 배상의무자에게 돌려주어 손익상계를 실현해야 한다.

셋째, 실물배상에서 신구물(新旧物)의 가격 차이에 따른 차액을 배상권리자가 배상책임자에게 돌려주어야 한다. 그렇지 않을 경우 권리자가 부당한 이익을 얻은 것으로 된다. 넷째, 원물반환일 경우 얻어낸 소극이익은 응당 반환책임자에게 되돌려주어야 한다.

2.5.1.4.4 과실상계 [54]

과실상계는 손해배상채무에서 여유과실(与有过失)[55]이 성립되기 때문에 가해자의 배상책임을 경감하는 규칙이다. 침권행위의 여유과실 역시 과실상계 원칙이 적용된다.

과실상계원칙을 실행하려면 반드시 과실의 비교와 원동력의 비교를 통한 기초 위에서 쌍방 당사자 각자의 책임비례를 확정하여 가해자의 책임을 경감한다.

2.5.1.4.5 형평원칙

배상원칙의 형평원칙(衡平原则)이란 침권손해배상범위를 확정할 때 당사자의 경제상황 등 여러 요소를 고려하여 배상책임을 더욱 공정하게 확정하는 것을 가리킨다. 이를테면 가해

---

54) 과실상계문제에 관하여 본 저는 제3장의 과실상계부분에서 논술한다. 손해배상원칙체계의 완정성을 유지하기 위해 여기서는 이 규칙의 기본내용을 간단히 소개한다.
55) 여유과실: 与有过失, 가해자에게 과실이 있을 뿐만 아니라, 피해자에게도 과실이 있음을 이름. —역자 주.

자의 경제상황이 좋지 않아 전부배상을 함으로써 그 본인과 가족의 생활이 극도로 어려움을 초래할 경우, 구체정황에 따라 적당히 그 배상액을 감소시키는 것이다.

형평원칙을 적용하는 요점은 다음과 같다.

첫째, 형평원칙을 적용하는 전제는, 반드시 배상책임의 성립됨을 확정한 기초 위에서 이 원칙을 사용하여 배상책임의 크기를 확정하는 것이다.

둘째, 형평원칙을 적용하는 순서를 보면, 응당 전부배상, 재산배상, 손익상계와 과실상계 등 규칙을 적용하고 나서 맨 나중에 형평원칙을 고려한다.

셋째, 형평원칙을 적용할 때 반드시 종합적으로 여러 가지 요소를 고려해야 하는데 주요하게 당사자의 경제수입, 필요한 경제지출 및 부유정도, 사회풍속, 습관, 여론, 당사자의 신분, 특수요구 등을 고찰하여 종합판단을 한 후, 상황을 참작하여 배상책임을 경감해야 한다.

넷째, 가해자 및 그 가족에게 필요한 생활비용을 남겨야 한다. 그 배상책임의 부담으로 인해 가해자의 생활이 극도의 빈곤에 빠지게 해서는 안 된다.

2.5.2 인신손해배상

2.5.2.1 유형과 배상범위

인신손해배상은 자연인의 생명권, 건강권, 신체권이 불법침해를 받아 부상, 불구, 사망의 후과 및 기타 손해를 초래했을 때 침권자가 재산배상 등의 방법으로 구제하고 보호하도록 하는 침권책임제도이다. 인신손해배상을 확정하는 법률의 거는 『침권책임법』제16조와 제17조이다.

인신손해의 내용을 개괄하면 아래와 같다.

첫째, 신체권을 침해하여 초래된 손해인데, 이런 손해는 피해자가 감수하는 신체상의 고통을 필요로 하는 것이 아니고, 육체상의 실제 손상을 필요로 하는 것도 아니다.

둘째, 인체에 상해를 입은 것인데, 인체가 상해를 받은 때를 기점으로 하고 상해가 치유되는 것을 종점으로 하지만 인체장애와는 서로 구별된다.

셋째, 인체장애인데, 인체에 상해를 초래하는 것을 전제로 치료 후에 남은 장애를 필요조건으로 하지만 상해와 사망과는 서로 구별된다.

넷째, 사망인데, 피해자의 생명상실을 필요조건으로 한다.

다섯째, 신체권·건강권·생명권을 침해하여 정신손해가 초래된 것인데, 그 중의 신체권·건강권이 손해를 받은 피해자의 정신손해는 자기 손해이고, 생명권을 침해하여 생명을 상실한 사람의 근친속이 받는 손해는 정신손해이다.

인신손해에 대한 이상의 내용은 최고인민법원에서 규정한 『인신손해배상사건 심리에 적용되는 법률의 약간한 문제에 관한 해석(关于审理人身损害赔偿案件适用法律若干问题的解释)』에 따른다. 그 배상범위는 인신상해의 상규배상, 노동능력 상실의 배상, 사망을 초래한 배상, 간접피해자의 부양손해배상, 위자료배상 등이 포함된다.

2.5.2.2 상규배상

(1) 의료비배상. 의료비는 의료기관에서 발부한 의약비, 입원비 등 입금전표에 근거하는데 병력서와 진단증명 등과 결합되어 관련된 증거를 확정하게 된다. 배상책임자는 치료의 필요성과 합리성에 이의가 있으면 반드시 상응하는 거증책임을 부담해야 한다. 의료비의 배상액은 1심 법정변론이 종결되기 전에 실제 발생한 액수로 확정한다. 기관(器官)기능 회복훈련에 필요한 재활비, 일정한 정형수술비 및 기타의 후속 치료비 등은 배상권리자가 실제 발생된 후 별도로 기소할 수 있다. 다만 의료증명, 혹은 감정결론에 근거하여 필연적으로 발생하게 되는 비용을 확정해야 하며, 이미 발생한 의료비와 함께 배상을 청구할 수 있다.

(2) 결근으로 감소된 수입 배상. 피해자의 결근시간과 수입 상황에 근거하여 확정한다. 결근시간은 피해자의 치료를 접수한 의료기관에서 발부한 증명으로 확정한다. 피해자가 부상으로 인한 불구로 결근이 지속되면 결근시간은 불구 확정일의 전날부터 계산한다. 피해자에게 고정수입이 있을 때 결근으로 감소된 수입은 실제로 감소된 수입에 따라 계산한다. 피해자에게 고정수입이 없을 때 그 최근 3년의 평균수입에 따라 계산한다. 피해자가 그 최근 3년의 평균수입상황을 거증증명을 할 수 없다면 기소를 접수한 법원 소재지에서, 피해자와 같거나 비슷한 업종에 일 년 종사한 직원의 평균 급여를 참조하여 계산한다.

(3) 간병비 배상. 간병인원의 수입상황과 간병인수, 간병기

간에 근거하여 확정한다. 간병인원에게 수입이 있다면 결근비의 규정을 참조하여 계산한다. 간병인원에게 수입이 없거나 혹은 간병인을 고용했다면 당지에서 동등한 급별의 간병종사의 노무보수 표준으로 계산한다. 간병인은 원칙상 1인이지만 의료기관 혹은 감정기관의 명확한 의견이 있다면 이를 참조하여 간병인원 인수를 확정한다. 간병기한은 반드시 피해자가 생활자립능력을 갖추어 회복할 때까지 계산한다. 피해자가 장애로 인해 생활자립의 능력을 회복할 수 없다면 그 연령, 건강상태 등의 요소에 근거하여 합리적인 간병기한을 확정하지만 최장기로 20년을 초과하지 않는다. 피해자가 불구로 확정된 후의 간병은 반드시 그 간병의존 정도와 장애보조기 배합의 정황에 근거하여 간병 급별을 정한다.

(4) 병원 이동의 교통비와 숙박료 배상. 교통비는 피해자 및 그 필요한 간병인이 치료 받으러 다니거나 병원을 변경하면서 실제 발생한 비용을 기준으로 한다. 교통비는 반드시 정식영수증을 증거로 하는데 필요한 영수증은 반드시 치료를 받은 지점 · 시간 · 인수 · 횟수와 서로 부합되어야 한다.

(5) 화식보조비와 영양비의 배상. 입원 시, 화식보조는 당지 국가기관 일반직원의 출장화식보조표준에 참조하여 확정한다. 피해자에게 확실히 외지(外地) 치료가 필요한데 객관원인에 인해 입원할 수 없다면 피해자 본인 및 그 간병인에게 실제로 발생한 숙박료와 화식비의 합리적인 부분을 배상해야 한다. 영양비를 배상할 것이냐는, 응당 피해자의 장애정황에 근거하고, 의료기관의 의견을 참조하여 확정해야 한다.

2.5.2.3 노동능력상실 배상

노동능력 상실은 피해자의 건강권이 침해를 받아 초래된 엄중한 후과로, 노동을 계속할 수 없어 생계를 유지할 수 없음을 일컫는데, 반드시 배상하야 한다.

노동능력 상실에 대한 배상의 이론기초는 최고인민법원의 인신손해배상사법해석에 따라 '입상실설(收入喪失说)'을 채용하여 피해자의 인신손해로 인해 수입이 감소된 것을 배상하는 것이다. 그 구체적인 배상범위는 아래와 같다.

(1) 장애배상금. 장애배상금은 피해자가 노동능력 상실의 정도, 혹은 장애등급에 근거하여 기소를 접수한 법원 소재지의 전년도 도시주민의 1인당 평균 지배 가능한 수입, 혹은 농촌주민의 1인당 평균 순수수입이 표준에 따라 불구로 된 닐부터 20년으로 계산한다. 그러나 만 60세 이상의 연령은 한 살 증가될 때마다 1년을 감소하고, 만 75세 이상의 연령은 5년으로 계산한다. 피해자에게 장애가 있지만 실제수입이 감소되지 않았거나 혹은 장애등급이 경하지만 직업에 대한 방해가 엄중하여 취업에 영향을 주었을 경우에는 장애배상금에 대해 상응하는 조정을 할 수 있다.

(2) 장애보조기구비용의 배상. 장애보조기구비용은 일반적으로 사용하는 기구의 합리한 비용을 표준으로 계산한다. 특수한 수요가 있는 장애의 경우 관련기관의 의견을 참조하여 상응하는 합리비용표준을 확정한다. 보조기구의 교체주기와 배상기간은 관련기관의 의견을 참조하여 확정한다.

2.5.2.4 사망배상

생명권을 침해하여 피해자의 사망을 초래했다면 반드시 장례비, 상규배상비용과 사망배상금을 배상해야 한다. 그 중의 장례비와 사망배상금 배상은 사망을 초래한 특유배상항목에 속한다.

(1) 장례비배상. 장례비는 기소를 접수한 법원 소재지의 전년도 종업원 월 평균 급여표준에 따라 6개월의 총액을 계산한다.

(2) 사망배상금. 최고인민법원의 사법해석 중에서는 사망배상금에 대해 "사망배상금은 기소를 접수한 법원 소재지의 전년도 도시주민의 1인당 지배 가능한 수입, 혹은 농촌주민의 1인당 순수입을 표준으로 20년으로 계산한다. 그러나 만 60세 이상의 연령은 한살 증가할 때마다 1년이 감소되고, 75세 이상의 연령은 5년으로 계산한다."라고 규정하고 있다. 『침권책임법』 제16조에서도 명확한 방법을 규정하지 않았는데, 다만 제17조에서 대규모의 침권행위로 조성된 다수인의 사망에 대해 같은 액수(相同数额)를 사망배상금으로 확정하는 규칙을 채용한다고 규정하고 있다

상등한 액수를 사망배상금으로 확정하는 규칙은 다음과 같다. 첫째 동일한 침권행위로 피해자의 사망을 초래한 것이다. 즉 대규모침권이다. 둘째, 사망인수가 2인 이상이다. 셋째, 이 규정은 일정한 강제성을 띠고 있는데, 극히 특수한 정황이 아니라면 반드시 같은 액수, 즉 최고배상액으로 사망배상금을 확정한다.

2.5.2.5 위자료배상

최고인민법원 인신손해배상 사법해석 제18조에서는 피해자, 혹은 사망자의 근친속이 정신손해를 받으면 배상권리자는 인민법원에 정신손해위자료 배상을 청구할 수 있는데 최고인민법원의『민사침권정신손해배상책임 확정의 약간한 문제에 대한 해석(关于确定民事侵权精神损害赔偿责任若干问题的解释)』을 적용하여 확정할 수 있다고 규정하고 있다. 동시에 정신손해위자료의 청구권을 양도, 혹은 계승할 수 없지만, 배상의무자가 이미 서면방식으로 금전배상을 약속했거나 혹은 배상권리자가 이미 인민법원에 기소한 것은 제외한다고 규정하고 있다.『침권책임법』제22조에서는 정신손해배상책임에 대해 구체방법을 규정하지 않았는데, 상술한 사법해석의 규정을 참조하여 인신손해위자료배상책임을 확정할 수 있다.

인신손해위자료배상의 범위는 다음과 같다. 첫째는 신체권침해인데 반드시 위자료배상을 구제의 주요한 방법으로 하고, 재산손실배상을 구제의 보조방법으로 한다. 둘째는 건강권침해인데 일반상해결과나 장애를 초래했으면 응당 정신손해위자료를 배상해야 한다. 셋째는 생명권침해인데 사망결과를 초래하게 되면 정신손해를 받은 사망자의 근친속에 대해 응당 정신손해위자료를 배상해야 한다.

2.5.2.6 피부양자의 생활비 배상

『침권책임법』의 인신손해배상의 규정 중에는 피부양자의 생활비배상문제에 대한 규정이 없다. 이는 이 법을 기초(起草)

하던 중에 본래 삭제하려던 배상항목이었다. 왜냐하면 사망배상금과 장애배상금이 배상하는 것은 수입손실인데, 다시 피부양자의 생활비를 배상하는 것은 중복배상의 혐의가 있기 때문이다. 하지만 사망배상금과 장애배상금으로는 결코 전부의 손실을 보상할 수 없고, 피부양자의 생활비를 배상하지 않는 것도 합리적이지 않다. 때문에 최고인민법원에서는 2010년에 반포한 『「침권책임법」을 적용하는 약간한 문제에 관한 통지(关于适用〈侵权责任法〉若干问题的通知)』의 제4조에서 "인민법원에서는 침권책임법을 적용하여 민사분규 사건을 심리해야 하는데 만약 피해자에게 피부양자가 있다면 반드시 『최고인민법원의 인신손해배상사건 심리에 적용되는 법률의 약간한 문제에 관한 해석(最高人民法院关于审理人身损害赔偿案件适用法律若干问题的解释)』의 제28조의 규정에 따라 피부양자의 생활비를 장애배상금, 혹은 사망배상금에 계산해서 넣어야 한다."라고 규정하고 있다. 이 해석은 법률적 문제를 조절함에 있어서 중요한 작용이 있으므로 반드시 사법실천 중에 적용되어야 한다.

2.5.3 '인격권 재산이익 손해배상'

2.5.3.1 개념

'인격권 재산이익 손해배상'은 타인의 인격권익을 침해하여 재산손해가 초래되었을 경우, 피침권자가 받은 손실에 대해 배상책임을 부담하는 침권손해 배상을 말한다. 이를테면 타인의 성명권, 초상권, 명예권, 명칭권, 신용권, 프라이버시권 등의 인격권 및 기타 인격이익을 침해하여 피침권자의 재산이익에 손실을 초래하였을 경우, 인격권재산이익손해로 인정하며, 이런 재산이익의 손해배상에 대해 '인격권 재산이익 손해배상'이라 한다.

이런 손해배상 책임을 학리(學理)상 공개권 침해의 손해배상(侵害公开权的损害赔偿)이라 통칭한다. 공개권은 민사주체의 자연인, 법인과 기타조직 등이, 일정한 명성이나 흡인력이 있는 인격표지(人格标识)를 상품화하여 이익을 취득할 수 있는 권리를 말한다. 공개권은 추상적초상인격권의 범주에 속한다.

공개권이 보호하는 것은 상업화 개발이 가능한 인격이익으로, 인격이익의 한 종류이다. 민사주체는 자기의 성명, 명칭, 초상, 신용, 명예, 프라이버시, 목소리, 형상 등의 인격표지를 지배하고 이용하는 것은 주체의 인격독립성, 완정성과 불가침범성을 기초로 하고 있다.

사람의 성명, 초상 등 인격이익의 상업화 사용에 대한 보호는, 최초에는 인격이익에 대한 보호에서부터 파생되었다. 자연인은 그 성명 혹은 초상의 상업화 이용으로 인해 난처함과 치욕을 느끼거나 혹은 그들의 성명, 혹은 초상이 상업적으로 이용되었지만 상응하는 보수를 얻지 못함으로 인하여 분노를 느낄 수 있다. 때문에 자기의 성명이나 초상의 상업화 이용을 제어할 수 있는 권리를 공개권이라 한다.[56]

---

56) 둥빙허(董炳和):「형상권을 논하여(论形象权)」,『법률과학(法律科学)』1998년 제4기.

동시에 상품화되어 이용된 인격표지와 그 인격에 대한 사회평가는 불가분의 관계이다. 이를테면 저명한 인물의 목소리, 형상, 습관성 동작 등이 상품화의 대상으로 될 수 있는 것은 결코 상술한 형상 자체의 예술적 미감에서 비롯된 것이 아니라, 유명 인물의 사회적 영향력에 대한 소비자의 신뢰를 이용한 것이다. 이런 인격이익의 손해에 대해 필연적으로 피침권자의 재산이익에 손해를 초래하게 됨으로, 당연히 침권책임법의 보호를 얻어 재산손해배상을 취득해야 한다. 이는 바로 『침권책임법』 제20조에서 규정한 이론기초이다.

2.5.3.2 방법

인격권재산이익손해배상의 방법에 대해 『침권책임법』 제20조에서 규정한 기본배상방법은 아래와 같다.

(1) 피침권자가 받은 손실에 따라 배상한다. 타인의 인격권익을 침해하면 재산이익손해를 초래하게 되는데, 만약 그 재산이익손해가 계산이 가능한 것이라면 응당 피침권자가 침해로 인해 받은 손실에 따라 배상을 진행해야 한다. 이를테면 명칭권을 침해하면 피침권의 법인, 혹은 기타 조직의 재산이익에 손실을 초래하게 되는데 여기엔 직접손실과 간접손실이 포함되며, 이런 손실에 대해 반드시 배상이 부과되어야 한다. 피침권자는 피침권 기간에 피침권으로 인한 손실을 받게 되는데 여기엔 인격이익이 침해를 받아 초래된 재산이익의 직접손실 및 피침권자가 침권행위를 제지하기 위해 지급한 합리적인 지출이 포함된다. 그 계산방법은 응당 재산손해배상

의 일반방법을 참조하여 진행해야 한다.

(2) 침권자가 얻게 된 이익에 따라 배상을 진행한다. 타인의 인격권익을 침해하여 초래된 재산손실에 대해 확정이 어려워 재산이익의 손실액을 계산할 수 없을 경우에는, 응당 침권자가 침해로 인해 얻은 이익에 따라 배상을 진행한다. 이를테면 성명권, 초상권, 프라이버시권 및 형상이익 등을 침해했지만 피침권자의 손실을 계산할 수 없을 경우, 침권자가 불법으로 타인의 성명, 초상, 프라이버시, 형상 등을 이용해 광고를 하여 재산상의 수익을 얻었다면 반드시 피침권자가 얻는 재산수익에 따라 배상책임을 확정하고 배상을 진행한다.

(3) 실제손해정황에 근거하여 배상을 진행한다. 타인의 인격권익을 침해하여 초래된 재산손실을 확정하기 어려울 뿐만 아니라 앞에서 서술한 두 가지 방법에 따라 손실액을 계산할 수 없으며, 또한 피침권자와 침권자가 손실액에 대해 합의를 보지 못하여 인민법원에 기소했을 경우, 인민법원에서는 실제정황에 근거하여 배상액을 확정할 수 있다. 이처럼 정상을 참작한 배상방식은 인민법원에서 피침권자의 인격권익의 실제손해 및 침권자가 실시한 침권행위의 실제정황을 참작하여 적절한 손해액을 확정하여 배상을 진행하도록 한다.

2.5.4 재산손해배상

2.5.4.1 개념과 종류

재산손해는 침권행위로 재산권을 침해하여 재산권의 객체

가 피해를 입어 그 사용가치와 가치가 폄하, 감소 또는 완전 소실이 되거나, 재산권자의 재산권객체에 대한 지배관계를 파괴해 재산권자의 재산이익을 손실을 받게 하여 권리자가 가지고 있는 재산가치의 감소와 얻을 수 있는 재산이익의 상실을 초래한 것을 가리킨다. 『침권책임법』 제19조에서는 기본적 재산손해 배상방법을 규정하고 있다.

재산손해를 그 물리형태 상으로 분석하면 물건 자체의 손해, 즉 물건의 훼손과 피침해이다. 그러나 재산권의 객체는 유형물을 가리킬 뿐만 아니라 또 타물권(他物权), 점유권, 채권, 지적재산권 중의 무형재산이익도 포함한다. 이런 무형재산은 권리자에게 있어 그 중요성이 절대 유형물에 뒤지지 않는다. 광의적인 재산권리에는 응당 자물권(自物权), 타물권 및 채권과 지적재산권을 포함한다. 때문에 재산손해 중의 재산은 유형물만 가리키는 것이 아니라 타물권, 채권과 지적재산권 및 그 재산이익을 포함한다.

침권법의 구제수단으로부터 보면 재산손해에는 세 가지가 포함된다. 즉 재산의 불법점거, 재산손해와 기타 재산이익의 손해이다. 이런 것은 재산손해의 기본적 표현형태이다. 재산손해배상의 연구는 이런 세 가지 구체적 형태에서 출발하여 구체적인 구제수단에 대해 연구한다.

2.5.4.2 배상범위

재산손해배상범위의 확정은 반드시 전부배상을 원칙으로 한다. 즉 재산손해배상액의 확정은 객관적 재산, 재산이익의 손실

가치를 객관표준으로 하여 손실이 얼마이면 얼마를 배상한다.

재산손해의 전부배상에는 직접손실과 간접손실이 포함된다. 직접손실은 행위자의 가해행위로 직접 초래된 피해자의 재산 감소이다. 예를 들면 재산권을 침해하여 초래된 재물손해나 멸실은 모두 직접손실에 속하므로 마땅히 전부배상 해야 한다. 간접손실은, 원칙적으로는 응당 전부를 배상하여야 하는데 정상적인 상황에서 피해자가 응당 획득해야 할 이득인 까닭이며 다만 가해자의 침해가 이와 같은 가득이익(可得利益)을 얻지 못하도록 할 뿐이다.

2.5.4.3 구체배상방법

(1) 재물손해의 정도에 대한 비교적 경미한 배상. 손해의 정도가 비교적 경미하다는 것은 재물의 주요한 부분이 파괴되지 않고, 기본기능이 큰 영향을 받지 않아 보수와 부속품교체를 거쳐 즉시 정상적인 기능을 발휘할 수 있는 손해를 가리킨다. 이런 손해에 대해서는 반드시 손해된 물품을 복구, 원상회복, 수리와 부속품 교체를 진행하고 그 비용은 가해자가 지급한다. 이렇게 하면 피해자의 합법적 재산권을 보호할 수 있을 뿐만 아니라 일방의 과실에 대해 민사책임을 추궁할 수 있고, 동시에 피해자가 불합리한 요구를 제출하는 것을 충분히 방지할 수 있으며, 가해자에게 가중한 경제적 부담을 초래하는 것을 피면할 수 있다. 또 가해자가 자금을 내고, 피해자 스스로 손해를 받은 재물을 원상복구 하는 방식으로 배상을 진행할 수 있다. 가해자가 내는 출자액은 원물의 손실가치에

수리비용을 더한 것이다.

(2) 재산손해에 대한 비교적 큰 배상. 재물손해정도가 비교적 크다는 것은 물품의 파손이 엄중하고, 물품의 주요한 부품이 파손을 받아 비록 기본기능을 상실했거나 중대한 영향이 미치지 않았지만 수리 후에 정상적으로 사용할 수 있다하더라도 그 품질과 가치에 비교적 큰 영향이 미쳐 사용수명이 단축되는 것을 가리킨다. 이런 손해의 배상에 대해 가해자는 실사구시하게 실제손실의 가치에 따라 보상을 부여하여 피해자의 재산손실을 보완해주어야 한다.

(3) 원물이 이미 파손되어 원상회복이 어려운 것에 대한 배상. 두 가지 방법을 취할 수 있다. 첫째는 종류와 품질이 동등한 실물배상이다. 둘째는 파손된 물자의 실제가격에 맞먹는 현금배상이다. 동일한 종류의 물품을 구매하여 실물배상을 할 경우에는 상기 두 가지 방법 중에 하나를 선택할 수 있고 동일한 종류의 물품을 사지 못하여 실물배상이 어려운 경우에는 두 번째 방법으로만 처리할 수밖에 없다.

『침권책임법』 제19조에서는 다만 재산손해배상의 구체적 계산방법만 규정하고 있다. 즉 손실발생 시의 시장가격에 따른 계산인데 이는 피해자 보호에서 가장 불리한 방법이다. 재산손실배상에 대한 계산은 배상액으로, 가장 기본적으로 고려해야 할 것은 반드시 피해자 보호에 가장 유리한 방법을 선택하여 계산해야 한다는 것이다. 즉 반드시 재판시의 시장가격을 이용하여 계산해야 한다. 제19조의 마지막 부분에서는 또 '기타 방식계산'에 대해 말하고 있다. 이 규정에 따르면 재산손실은 손실발생 시의 시장가격에 따라 계산할 수 있고,

또 기타의 방식으로 계산할 수 있는 것이다. 만약 손실 발생 시의 시장가격을 사용해 계산하면 피해자의 합법권익을 보호할 수 없기에 반드시 후자의 기타 방식의 계산을 선택할 수밖에 없다. "기타방식"이란 기소 시의 시장가격, 재판 시의 시장가격 혹은 침권행위 발생지의 시장가격의 계산 및 재산권리의 계산과 재산이익손실의 계산방법을 포함한다. 재산배상의 기본규칙은 재산에 초래된 손해에 대해 반드시 피해자의 실제손실을 배상하는 것인데 여기에는 현유재산에 대한 손해 및 침권행위 발생 시에 이미 예견되거나 혹은 예견할 수 있는, 응당 얻어야 할 이익손실이 포함된다.

2.5.4.4 재산손해액의 구체적 계산

(1) 직접손실배상. 재산권 침해의 직접손실은 가해자의 침권행위가 피해자의 재산을 침점 혹은 파손하여 피해자가 현재 보유하고 있는 재산가치량의 실제적인 감소를 가리킨다. 직접손실의 배상범위를 계산하자면 우선 반드시 원물의 가치를 확정해야 한다. 원물가치의 확정은 반드시 원물의 원유가격에 근거하여 사용 가능 시간, 기사용 시간 등의 요소를 참작하여 종합적으로 판단해야 한다. 그 공식은 "원물가치=원물가격－원물가격/사용 가능 시간×기사용 시간"이다.

(2) 간접손실배상. 재물손해의 간접손실은 가해자가 피해자 소유의 재물을 침해하여 피해자가 일정한 범위 내의 미래 재산이익이 손해 받은 것을 가리키는데 이는 "기타중대손실"의 범위에 속한다.

재산손해 간접손실의 배상범위를 계산하자면 위와 마찬가지로 간접손실의 가치를 계산하여 간접손실가치의 액수를 간접손실의 배상액으로 해야 한다. 간접손실의 가치를 계산하는 공식은 "간접손실가치=단위시간/효익증식×효익영향/발휘 시간"이다.

(3) 기타 재산이익손실의 추산. 기타 이익의 손해배상 중, 절대 대부분은 간접손실 배상인데 주요하게는 예기이익손실(豫期利益損失)이다. 예기이익손실을 계산하자면 우선 반드시 정확하게 예기이익의 액수를 확정하는 기초에서 기득 이익금과 필요 지출 비용을 덜어내면 그 여액이 바로 예기이익의 배상액이다.

2.5.4.5 재산손실에 대한 정신손해배상

(1) 재산손실 정신손해배상의 필요성. 재산을 침해한 상황에서는 정신손해배상이 적용되지 않는 것이 통례였다. 그러나 일본이 전후에 수정한 민법은 더욱이 인간의 권리보호를 중시하여 재산권이 손해를 받았을 경우 정신손해배상을 청구할 수 있도록 허가했다. 비록 이런 제도가 실제적 응용에서는 아직도 많은 제한이 있다고 할지라도 재산권이 손해를 받는 상황에 대해 위자료배상의 청구를 인정한 판례는 결코 많지 않았다.[57] 그러나 이는 재산권손해의 상황에서 정신손해배상의 적용에 대해 완전히 배제하는 것은 적당하지 않음을 설명해주고 있다.

---

57) 위민(于敏) 저:「일본침권행위법」, 법률출판사 1998년 판. 355쪽 참고.

중국 침권법은 이런 작법을 거울로 삼아 2001년 최고인민법원의 『민사침권 정신손해배상책임을 확정하는 약간의 문제에 대한 해석』에서 재산권을 침해한 정신손해배상의 제도를 확정하고, 일부 재산권을 침해한 침권행위는 적당한 정신손해배상을 진행하도록 인정함으로써 피해자의 인격이익이 보다 훌륭한 보호를 받을 수 있도록 했다.

(2) 재산권을 침해한 정신손해배상책임을 구성하는 요건. 재산권을 침해한 정신손해배상책임을 구성하는 조건에는 전제조건과 특별조건이 포함된다. 전제조건은 어떤 위법행위가 재산권을 침해하여 침권책임을 구성하는 것이다. 특별조건은 그 침권행위가 침해한 재산이 인격이익의 요소를 갖춘 특정기념물인데 그 구체적 요구는 다음과 같다. 첫째, 침권행위로 침해를 받은 재산이 보통재산이 아니라 반드시 인격상징의의가 있는 특정기념물품이여야 한다. 특정기념물품은 우선 반드시 특정한 물품이어야 하고 물품에 특정한 연유가 있어 소유자한테는 특정물일 뿐만 아니라 또한 특별한 의의가 있는 것이어야 한다. 다음으로 그 특정물품은 응당 기념물품으로 소유자에게 상당한 기념의 의의가 있어야 한다. 둘째 침해를 받은 특정기념물품 중에는 반드시 인격이익의 요소가 있어야 하는 것이다. 특정한 인격상징의 의의가 있는 물품에는 인격이익 요소가 있으므로 이런 기념물품이 일단 손해를 보았다면 바로 피해자의 인격이익손해를 초래하게 된다. 이런 인격이익 요소가 바로 하나의 특정된 물품 속에 깃들어 사람의 정신이익과 인격가치를 부여하므로 이런 특정물에는 일반과는 다르게 사람의 의지 혹은 품격이 부여되면서 사람의 정신기

탁, 인격기탁 혹은 인격화신으로 둔갑한다. 오직 이런 재물이 손해를 받아야만 비로소 그 물품의 소유자한테 정신손해가 초래되고 그럴 경우 정신손해배상의 방식을 사용하여 구제를 진행할 수 있는 것이다. 셋째, 재산의 이와 같은 인격이익 요소는 서로 대응되는 사람의 특정관계에서 오게 됨으로 쌍방 당사자는 이런 특정한 관계 중에서 특정물의 인격이익 요소를 부여하게 된다. 당사자와 침권자 사이에는 이런 특정한 관계가 있을 뿐만 아니라 또한 이런 관계는 어떤 일종의 구체적 기념물품에 기탁되고 그런 구체적 기념물품은 곧 인격이익 요소를 갖추게 된다.

(3) 배상액의 계산. 마땅히 일반적인 정신성 인격권을 침해한 정신이익 손해배상액을 확정하는 방법으로 진행해야 하는데 법관이 사건의 구체적 정황에 미루어 구체적 배상액을 확정하게 된다. 이에 대해 최고인민법원 『민사침권 정신손해 배상책임을 확정하는 약간의 문제에 대한 해석』의 제10조에서는 원칙적인 규정을 했는데 이 규정에 따라 법관은 구체적 배상액을 확정할 수 있다. 정신손해배상액을 확정하는데서 참작해야 할 원칙은 다음과 같다. 첫째, 피해자의 정신손해에 대한 위로작용이 충분해야 한다. 둘째, 가해자의 위법행위에 대한 제재작용이 충분해야 한다. 셋째, 사회에 대한 일반적인 경시작용이 충분해야 한다. 이 세 가지 조목의 원칙에 부합되는 배상액이 바로 적당한 배상액으로 되는 것이지 구체적 배상액의 많고 적음에 있지 않다.

2.5.5 정신손해배상

2.5.5.1 개념과 구조

정신손해배상은 민사주체가 그 인신권익에 불법침해를 받아 인격이익과 신분이익을 손해 받았거나 혹은 정신고통을 받은 침권자가 재산배상 등의 방법을 통해 구제와 보호를 진행하는 민사법률제도이다.『침권책임법』제22조에서는 이런 손해배상책임을 규정했다.

정신손해는 민사주체의 정신활동에 대한 손해를 가리킨다. 침권행위로 자연인, 법인의 민사권리가 침해를 받아 자연인의 생리, 심리상의 정신활동과 자연인, 법인이 유지해야 할 정신이익의 정신할동이 파괴되고 최종으로는 정신고통과 정신이익의 상실 혹은 감손이 초래된다. 정신손해의 최종 표현 방식은 정신고통과 정신이익의 상실 혹은 감손이다.

이와 같은 적응은 정신손해배상을 두 개의 부분으로 나누는데 첫째는 정신이익손실의 배상이고, 둘째 정신고통의 손해배상이다. 정신이익의 손해배상은 주요하게 정신성 인격권과 신분권의 손해인 민사구제수단으로 보호대상은 명예권, 인신자유권, 초상권, 성명권, 프라이버시권, 성 자주권 및 일반인격권 등의 인격권과 신분권이다. 정신고통의 위자료 배상은 인격권, 신분권의 손해로 정신고통을 초래한 민사구제수단으로 보호대상은 자연인이 정신적 상처를 받지 않는 권리이기 때문에 오직 자연인에 대해서만 적용되고, 법인에 대해서는 적용되지 않는다. 자연인의 인격권, 신분권이 손해를 받았을 경우 반드시 배상해야 할 그 재산상의 손실 외에 그 본인 혹은 친속에게 가해진 정신고통에도 반드시 일정한 액수의 금전으로 위로되어야 한다. 위자료배상제도는 이미 정신성인격권이 침해를 받았을 경우의 구제를 포함할 뿐만 아니라 물질성인격권이 침해를 받았을 경우의 구제도 포함하며, 동시에 신분권이 침해를 받았을 경우의 구제도 포함한다.

2.5.5.2 배상범위

정신손해배상의 적용범위는 다음과 같다. 첫째는 물질성인격권침해인데 정신손해위자료배상을 청구할 수 있다. 둘째는 정신성인격권침해인데 정신손해배상을 청구할 수 있다. 셋째는 일반인격권 혹은 기타 인격이익의 침해인데 정신손해배상을 청구할 수 있다. 넷째는 인신권 및 신분이익의 침해인데 정신손해배상을 청구할 수 있다. 다섯째는 인격이익의 요소를 갖춘 특정기념물품을 침해한 것인데 정신손해배상을 청구할 수 있다.

정신이익손해의 객관적 표현은 다음과 같은 세 가지 형식이 있다.

(1) 정신이익손해로 야기된 직접재산손실. 정신성 인격권과 신분권이 침해를 받은 후, 인격이익과 신분이익의 손해가 초래될 수 있는데 이는 직접적 재산손실로 야기된 것일 수 있다. 이런 직접적 재산손실은 주요하게 두 가지가 있다. 첫째, 신분권이 침해를 받은 후, 부양자의 부양청구권이 상실된다. 이런 정황은 주요하게 피해자의 건강권과 생명권이 직접 침

해를 받아 간접피해자의 부양청구권이 상실되는 것인데 부양의무자가 부양비용을 거부하는 것도 포함된다. 제3자가 부양의무자와 부양권리자 사이의 관계를 단절시켜 부양비용 등을 제공할 수 없다. 둘째, 정신성인격권과 신분권이 침해를 받으면 권리회복을 위해 필요한 비용을 지급하게 된다. 예를 들면 명예를 회복하고, 영향을 제거하기 위해 광고홍보비가 지급되고, 침해후과를 제거하기 위해 지급되는 기타 비용 등이다.

(2) 정신이익 중의 재산권리 요소의 손실. 인격이익과 신분이익 중에 부양청구권의 명백한 재산권리를 제외한 이외의 기타 권리의 기본이익은 모두 정신이익이다. 이런 정신이익 중에는 가능한 일정한 재산이익의 요소가 있게 되는데 어떤 표현은 아주 명백하다. 이를테면 명칭권, 초상권, 신용권이다. 어떤 표현은 비교적 명백하다. 이를테면 성명권, 명예권, 프라이버시권, 영예권, 혼인자주권 등이다. 어떤 표현은 명백하지 않다. 이를테면 인신자유권, 성자주권, 일반인격권 등이다. 침권행위가 발생한 후, 재산이익 요소의 명백한 권리가 침해를 받게 되는데 그 중의 재산이익은 반드시 손실을 입게 되어 뚜렷한 재산손실을 형성하게 된다. 이를테면 초상권, 명칭권 혹은 신용권이 침해를 받게 되면 그로부터 모든 재산이익에 손실을 초래하게 된다. 재산이익의 비교적 명백한 권리가 침해를 받게 되면 재산이익의 손해를 야기하게 되는데 반드시 정신이익 중의 재산이익이 손실을 받게 된다. 재산이익의 명백하지 않은 권리가 침해를 받게 되면 재산이익의 손실을 초래하게 된다. 이를테면 인신자유권이 침해를 받은 손실의 노동수입과 노동보수 등이다.

(3) 순수한 정신이익의 손해. 순수한 정신이익의 손해는 인격이익과 신분이익의 비재산 요소의 손해를 가리킨다. 이런 손해는 무형손해로 순수한 표현은 정신이익의 손해인데 금전으로 환산할 수 없다.

2.5.5.3 정신손해배상금을 계산하는 기본방법

정신손해배상금의 확정에는 세 가지 원칙이 있는데 그 중의 첫째는 기본원칙이고, 둘째는 보조성 원칙이다.

(1) 법관의 자유참작원칙. 정신손해배상금을 확정하는 기본원칙으로 정신손해배상사건을 처리할 때 정신손해배상금의 구체액수를 확정하는 것은 법관에게 그 자유재량권이 부여된다. 자유재량권은 무제한의 권리가 아니고 결코 법관이 정신손해배상금의 액수를 확정할 때 자기 뜻대로 하거나 주관적인 추측을 하는 것을 뜻하지 않는다. 법관은 반드시 일정한 규칙과 방법을 따라야 한다.

(2) 대치원칙의 구별. 법관이 자유참작원칙의 기초에서 구체적 정신손해배상금을 확정할 때에는 반드시 정신손해 중의 부동한 이익요소의 손해에 대해 대치구별을 해야 한다. 부동한 특점에 근거하고, 부동한 산정규칙에 따라 각각의 배상액을 계산해내어 마지막에 총 배상금액을 결정해야 한다.

(3) 적당한 제한원칙. 법관이 자유참작원칙을 실행하는 기초에서 적당한 제한원칙을 실행하는 목적은 자유참작원칙의 불리한 요소를 극복하고, 사람들이 맹목적으로 고액의 배상을 추구하도록 오도(誤導)하는 경향을 방지하려는 것이다.

2.5.5.4 정신손해배상금을 산정하는 구체원칙

(1) 개산(概算)규칙. 순 정신이익손해배상과 정신고통위자료의 추정에 대해 개산규칙을 적용한다. 법관은 반드시 사건의 정황에 따라 가해자과실정도의 경중, 피해자가 침해를 받은 정신이익손해후과 및 정신고통을 받은 정도, 쌍방의 경제부담 수준, 피해자의 자력 등 네 가지 요소를 나누어 적당히 참작해서 구체적인 액수를 확정해야 한다.

(2) 대조규칙. 현행 입법은 정신손해배상산정에 대해 이미 명확한 규정을 했기에 반드시 그 배상금액산정규칙과 대조해야 한다. 목전의 입법 중에는 오직 『국가배상법』만을 국가의 행정침권과 사법침권 행위로 초래된 인신자유권 침해, 생명권 침해와 부양청구권침해에 대한 구체적인 배상규정으로 사용하고 있는데 대조 확정할 수 있다.

(3) 참조규칙. 정신이익 중의 재산이익손실의 액수를 확정할 때 기타 표준의 배상금액수 확정을 참조할 수 있다. 이를 테면 『침권책임법』 제20조에서는 "피침권자의 손실을 확정하기 어려울 경우 침권자가 침해로 이익을 획득하게 되면 그 획득한 이익에 따라 배상해야 한다."라고 규정했는데 이것이 바로 참조규칙이다.

2.6 침권손해 배상책임에 관한 특별규칙

2.6.1 침권행위의 금지령

『침권책임법』 제21조에서는, 침권행위가 타인의 인신재산 안전을 위협하게 되면 피침권자는 침권자가 침해정지, 방해배제, 위험제거 등의 침권책임을 부담하도록 청구할 수 있다고 규정하고 있다. 이는 상기 법 제15조에서 규정한 침권책임 방식의 구체적 응용으로 침해정지, 방해배제와 위험제거 등에 대한 침권행위의 금지령이다. 피해자는 만일 침권행위가 자신의 인신재산안전을 위협한다고 인정하면 침권자가 침해정지, 방해배제, 위험제거 등의 침권책임을 부담하도록 청구할 수 있다.

이는 실제상 침권행위의 금지령을 규정한 것이다. 당사자는 침권행위의 금지령을 적용하도록 청구할 수 있는데 소송이 진행되는 중에 제출할 수 있고, 기소를 하기 전에 제출할 수도 있다.

2.6.2 침권행위의 방지

『침권책임법』제23조에서는 타인의 민사권익이 침해받는 것을 방지하거나 제지하다가 자신이 손해를 받게 되면 침권자는 침권책임을 부담해야 하고, 피침권자가 도피했거나 혹은 책임을 부담할 힘이 없지만 피침권자가 보상을 청구했을 경우 수익자는 반드시 적당한 보충을 해주어야 한다고 특별하게 규정했다. 그 규칙은 다음과 같다. 첫째, 타인의 민사권익이 침해받는 것을 방지하거나 제지하다가 자신이 손해를 입었을 경우이다. 만약 침권자가 있다면 침권자가 반드시 책임을 부담하고 견의용위[58]한 사람에게 보상해주어야 한다. 둘째, 만약 침권자가 도피했거나 혹은 책임을 부담할 힘이 없

---

58) 견의용위: 见义勇为, 정의로운 일을 보고 용감하게 뛰어들다- 역자 주

어 책임을 부담할 침권자를 찾을 수 없다면, 견의용위한 사람은 권익에 손해를 보게 되고 수익자의 합법권익은 보호받은 것으로 되는데, 이럴 경우 수익자는 반드시 일정한 보상을 해주어야 한다.

특수정황은 타인이 손해를 보았지만 책임자가 없을 경우 이에 대해서도 수익자는 마땅히 적당한 보상을 해주어야 한다. 『침권책임법』에는 이런 규정이 없기에 이의 규정을 참조하여 적당한 보상책임을 확정하게 된다.

2.6.3 손실책임에 대한 공정한 분담

2.6.3.1 손실책임에 대한 공정한 분담의 개념과 의의

손실책임에 대한 공평분담을 형평책임[59]이라고도 부르는데 가해자와 피해자 모두에게 과실이 없지만 손해사실이 이미 발생한 정황 하에서 공평고려를 표준으로 하고, 실제정황과 가능에 따라 쌍방 당사자가 손실의 침권책임을 공정하게 분담하는 형태를 가리킨다.

『침권책임법』이 손실책임의 공평분담을 확정하는 것은 사회이익에 부합된다. 그러므로 당사자의 합법이익을 유효하게 보호할 수 있고, 또 적시에 침권손해배상 분규를 해결할 수 있으며, 사태의 확대와 모순격화를 미리 방지하여 안정단결을 촉진할 수 있다.

---

59) 이를테면 『포르투갈접전』과 중국 『마카오국민법전』에서는, 손실책임 공평분담을 형평책임이라 부른다.

손실책임을 공평분담 하는 것은 특정 상황에서 사람과 사람 사이의 공동생활규칙의 수요에 근거하고 과실책임원칙과 무과실책임원칙을 적용하는 외에 법관은 공정한 요구에 따라 쌍방의 재산정황과 기타 정황을 참작하여 합리적으로 책임을 분담하도록 확정해야 한다.

2.6.3.2 손실책임에 대한 공평분담의 적용

(1) 적용범위. 손실책임에 대한 공평분담의 적용범위는 당사자 쌍방의 모두에게 과실이 없을 경우에만 제한되고, 과실책임원칙, 과실추정원칙과 무과실책임원칙의 조정에 속하지 않는 부분의 침권손해배상법률관계는 포함하지 않는다. 이 범위를 벗어나게 되면 『침권책임법』 제24조의 규정을 적용할 수 없다. 이를테면 고위험작업자가 손해는 피해자가 고의로 초래한 것이라고 증명하게 된다면, 피고는 그의 거증책임을 완성해야만 침권책임을 면제받을 수 있다. 그렇다면 피고가 원고의 고의를 증명할 수 없는 정황 하에서 피고도 과실이 없음으로 변경되어 손실책임에 대한 공평분담을 적용할 수 없게 됨으로 쌍방 당사자가 손실을 분담하게 되는 것이다.

어떻게 손실책임에 대한 공평분담의 구체적 적용범위를 확정하느냐에 대해서는 의견이 분분하다. 어떤 사람들은 보편적용을 인정하면서 무릇 쌍방 당사자가 손해의 발생에 대해 모두 잘못이 없다면 적용할 수 있다고 여기는 것이다. 어떤 사람들은 그 적용범위는 법률문명이 주요하게 규정한 범위라고 인정하는데 이를테면 『침권책임법』 제32조에서 규정한 미성년과 정신병자가 초래한 손해 및 제33조에서 규정한 잠시 지성을 상실한 것 및 제87조에서 규정한 건축물 투척물, 추락물의 손해책임 등이다. 다수인이 두 번째의 의견이 정확하다고 인정한다. 즉 적용범위를 확대한다고 하더라도 이런 규정의 적용이 기본적으로 상사하기 때문이다.

(2) 공평고려의 요소. 손실책임의 공평분담을 적용하는 것은 공평고려의 요소로 "실제정황에 근거"하는데 두 개의 주요한 내용을 포함한다. 첫째, 피해자의 손해정도이다. 손해정도는 직접 당사자의 분담손실의 필요성을 결정한다. 손해는 사실 재산상의 손실을 가리킨다. 만약 손해가 상당한 정도에 도달하여도 손실을 분담하려 하지 않는다면 피해자가 받은 엄중한 손실은 민법의 공평, 정의개념에 어긋나므로 반드시 피해자의 손실에 대해 분담의 방법으로 보완해주어야 한다. 둘째, 당사자의 경제상황은 손실책임의 공평분담을 고려하는 기본적 요소이다. 당사자의 경제상황은 주요하게 당사자 쌍방의 경제상황을 가리키는데 피해자의 경제가 받아낼 수 있는 능력이 강하면 적게 배상하고, 경제가 받아낼 수 있는 능력이 약하면 가해자가 많이 배상한다. 필요한 기타 고려 요소로는 사회의 여론과 동정심 등이 있다.

(3) 쌍방분담책임. 손실책임에 대한 공평분담을 적용한 결과는 손해정도와 쌍방 당사자의 경제상황 및 기타 상관된 요소에 근거하여 판단한다. 손해정도가 반드시 분담해야 할 손실에 도달한 상황에서 쌍방 당사자의 경제상황이 상사하거나 혹은 근사하게 되면 평균 분담할 수 있다. 일방의 정황이 좋지만 다른 일방의 정황이 부족할 경우에는 일방이 대부분을

부담하고, 다른 일방이 적은 부분을 부담한다. 만약 쌍방의 실제정황이 차이가 아주 현저하다면 일방이 책임을 부담할 수도 있다.

2.6.4 일차성 배상과 정기배상

2.6.4.1 기본함의

『침권책임법』 제25조에서는 손해발생이후, 당사자는 배상비용의 지급방식을 협상할 수 있는데 협상이 일치되지 못하면 배상비용은 반드시 1차성으로 지급되어야 한다. 만약 일차성의 지급에 어려움이 있다면 분기형식으로 지급할 수 있지만 반드시 상응하는 담보를 제공해야 한다고 규정하고 있다. 이 규정의 정확한 함의는 판결이 확정되기 전에 발생한 배상비용은 원칙상 일차성 지급인데 필요시에는 분기형식으로 지급할 수 있고, 판결이 확정된 후에 발생한 배상비용은 일차성으로 지급할 수 있고, 정기배상도 할 수 있다.

2.6.4.2 판결이 확정되기 전에 발생한 손해배상

판결이 확정되기 전에 발생한 손해배상은 침권손해배상의 상태이다. 이런 손해배상에는 정기배상문제가 존재하지 않기 때문에 판결이 확정되기 전에 발생한 손해는 배상을 판결할 시에 전부 확정한다. 적용하는 원칙은 판결이 확정되기 전에 발생한 손해배상은 일차성의 지급을 원칙으로 하는데 일차성 지급이 어렵게 되면 분기형식(정기금 배상이 아니다.)으로 지급할 수 있지만 피고는 반드시 상응하는 담보를 제공해야 한다.

2.6.4.3 판결이 확정된 후에 발생한 미래손해배상

판결이 확정된 후에 발생한 손해배상은 미래의 손해배상이라고도 하고, 혹은 미래의 다차성배상(多次性賠償)이라고도 하는데 정기금배상에 적용할 수 있다.

정기금배상은 장래의 다차성급부(多次性給付)에 대해 정기배상의 손해를 확정하는 배상책임제도이다. 정기금배상의 적용에는 미래의 손해배상을 포함하는데 첫째는 장애배상금이고, 둘째는 장애인의 생활보조비이고, 셋째는 피부양자의 생활비 배상이다. 이런 것은 모두 정기금배상으로 일차성으로 배상할 수 있다.

이런 몇 가지 배상은 모두 판결이 결정된 날부터 시작해서 향후의 배상책임을 연장하는 것으로 판결이 확정된 이후에 효력을 발생할 뿐만 아니라 오랜 시간 동안 지속된다. 이런 배상은 침권자가 일차성으로 배상을 완수하게 하거나 또는 연부배상(按年賠償)을 할 수 있는데 법률에서는 이 두 가지 방법을 모두 허용한다. 즉 일차성배상과 정기금배상이다. 국외에서는 미래발생의 배상에 대해 통상적으로 정기금배상을 원칙으로 하고, 일차성배상을 특례로 한다. 중국에서는 일반적으로 일차성배상을 하고, 정기금배상을 특례로 하지만 정기금배상에 대해 반드시 담보를 제공하게 한다.

면책사유와
소송시효

제3장
면책사유와 소송시효

【법률조문】

제26조. 피침권자가 손해의 발생에 대해 과실이 있을 경우 침권자의 책임을 경감할 수 있다.

제27조. 피해자가 고의적으로 초래한 손해는 행위자가 책임을 부담하지 않는다.

제28조. 손해가 제3자로 인하여 일어난 경우 제3자는 응당 침권책임을 져야 한다.

제29조. 불가항력적인 요인으로 타인에게 손해를 초래했을 경우 책임을 부담하지 않는다. 법률에 다른 규정이 있을 경우 그 규정에 따른다.

제30조. 정당방위로 인하여 손해가 일어났을 경우 책임을 지지 않는다. 필요한도를 초과하는 정당방위로 인하여 있지 않아야 할 손해를 입었을 경우 정당방위자는 응당 적정한 책

임을 져야 한다.

　제31조. 긴급피난으로 인하여 손해를 초래했을 경우 위험
상황을 발생시킨 자가 책임을 져야 한다. 만약 위험이 자연원
인에 따라 일어났을 경우 긴급 피난자는 책임을 지지 않거나
적정한 보상을 하여야 한다. 긴급피난 조치가 부당하였거나
필요한 한도를 초과하여 있지 않아야 할 손해를 초래했을 경
우 긴급 피난자는 응당 적정한 책임을 져야 한다.[60]

【대표사례】

　왕 모는 "산재사고에 대해 고용주가 책임 지지 않는다."는
약정이 포함되어 있는 초빙서류에 사인을 하고, 도장을 찍었
다. 왕 모가 고용활동을 하던 중 대들보를 철거할 때 끊어져
떨어지는 대들보에 발목을 다쳐 불구가 되었나. 왕 보는 고용
주에게 손해배상 청구했는데 고용주는 초빙서류를 내보이며
배상을 거절했다. 별수 없게 된 왕 모는 법원에 기소를 하였
다. 법원에서는 초빙서류에 기재된 면책에 대한 약정을 무효
로 하고, 왕 모의 소송청구를 지지하였다.

3.1 면책사유

3.1.1 면책사유의 개술

3.1.1.1 개념

---

60) 소송시효에 관련된 『민법통칙』의 관련 조문으로 여기에는 편입하지 않는다.

면책사유는 소송청구가 발생한 후 피고가 원고의 소송청구에 대하여 성립되지 않거나 완전히 성립되지 않는다는 사실을 증명하기 위하여 제출하는 사실을 가리킨다. 침권책임법의 면책사유는 민사책임 요청에 이의를 제기하는 것이다. 면책 혹은 책임 경감의 사유 혹은 항변사유(抗辯事由)라 부르기도 한다.[61]

3.1.1.2 구성요건

(1) 대항요건. 대항요건은 침권책임의 성립을 대항 할 수 있는 구체적 요건이며 전체 침권책임의 성립을 파괴하는 내적 구조이며 원고가 청구하는 침권책임이 성립되지 않게 할 수 있는 사실적 요건이다. 면책사유는 비록 상대방 당사자의 소송청구의 사유에 대항하지만, 침권책임의 성립에 대하여 구체적으로 대항하여 상대방 당사자 청구의 성립을 파괴하는 것으로 상대방의 소송청구가 법률적으로 성립되지 않게 하는 것이다. 피고가 제기하는 주장이 자기의 행위가 상대방이 양해할 수 있는 가능성을 지니고 있다는 것만을 증명하거나 단순히 상대방의 청구가 존재하지 않는다고 한다면 이런 이유들은 면책사유가 되지 못한다.[62]

(2) 객관성 요건. 면책사유는 반드시 객관적이어야 한다. 면책사유는 객관적으로 존재하는, 이미 발생한 사실이 여야 한다. 주관적 추측이나 발생하지 않은 정황이면 면책사유가

---

61) 왕리밍, 양리신:『침권책임법』, 법률출판사 1996년 판, 제76쪽.
62) 퉁러우(佟柔) 주편:『중국민법』, 법률출판사 1995년 판, 제571쪽 참고.

될 수 없으며 아직 발생하지 않은 상해를 의미하거나 단순하게 상대방의 청구를 부정하는 것은 면책사유가 될 수 없다.

3.1.2 면책사유의 분류

3.1.2.1 일반면책사유와 특별면책사유

중국 침권책임법의 면책사유는 주요하게 직무 수권행위, 정당방위, 긴급피난, 피해자 동의, 자력구제, 피해자 과실, 제3자의 과실, 불가항력과 의외의 사고 등이 포함된다. 면책사유는 일반면책사유와 특별면책사유의 두 가지 큰 유형이 있다.

일반면책사유는 정당적인, 합법적인 상황에서 피고의 행위로 인하여 발생된 손해를 가리킨다. 이런 사유는 위법 행위를 조각(阻却)하는 행위와 같은데 이를테면 정당방위, 긴급피난, 직무 수권행위, 자력구제 등이 있다.

특별면책사유는 피고의 행위가 가져온 손해가 아니라 행위능력 외의 원인으로 초래된 손해를 말한다. 예를 들면 의외의 사고, 불가항력, 피해자의 과실과 제3자의 과실 등이 있다.

두 가지 면책사유의 구별은 주요하게 아래와 같다. 일반면책사유는 타인에게 손해를 가져다준 모종의 행위가 정당적인, 합법적인 행위이며 행위자의 행위의 위법성을 배제한 상황으로 행위인의 잘못이 없다는 것을 의미하므로 행위인의 면책의 주장이 성립된다. 특별면책사유는 피고가 손해를 초래하는 행위를 실행하지 않았거나 외부적인 원인으로 인하여 행위자의 행위가 불가피하게 손해를 초래하였을 때 이 행위자는 민사책임을 지지 않는다. 일반면책사유와 특별면책사유가 구체적인 안건에서의 응용 여부는 응당 구체적인 안건과 법률의 구체적인 규정에 의거하여 결정해야 한다.

3.1.2.2 법정면책사유와 비법정면책사유

『침권책임법』 제3장에서는 부분적 면책사유만 규정하고 전부의 면책사유에 대해서는 규정하지 않았다. 때문에 면책사유를 법정면책사유와 비법정면책사유의 두 가지로 나눈다.

3.2 법정면책사유

3.2.1 과실상계 [63]

3.2.1.1 여유과실

과실상계의 기초는 여유과실(与有过失)이다. 여유과실은 침권행위 형태의 일종이다. 여유과실은 침권행위로 인한 손해의 발생과 확대의 원인이 피해자의 책임도 있으며 피해자의 행위와 행위자의 행위가 모두 손해 발생의 원인이며 동일하게 침권행위인 경우를 말한다. 바꾸어 말하면 피해자의 행위

---

63) 과실상계의 성질은 결코 면책사유가 아니라 손해배상규칙이다. 하지만 『침권책임법』 제26조의 면책사유 체계에 수록하여 책임을 줄이는 사유로 인정하였다. 이는 부정확한 방법으로 면책사유와 손해배상규칙의 부동함을 헷갈리게 하였으며 과실상계의 법관직권주의와 거증책임의 특징을 헷갈리게 하였다. 중국사법계는 이런 입법착오를 인식하고 있지만 이런 원인으로 과실상계의 적용규칙을 변경하지 않고 있다.

가 손해결과의 발생 혹은 확대의 원인이 되는 경우를 침권법의 여유과실이라고 한다.

여유과실의 법률특정은 아래와 같다.

(1) 피해자는 손해의 발생과 확대에 대해 과실이 있다. 여유과실은 가해자 측에만 손해배상의 효력을 발생하는 것이 아니며 피해자 측도 과실이 있다. 때문에 공통 침권행위의 공통 가해자 모두 과실이 있는 것과는 다르다.

(2) 손해발생 원인은 사실적으로 혼합된다. 여유과실은 당사자 쌍방의 행위가 모두 손해 발생의 원인이며 손해 사실의 발생에 원인을 제공하였다. 당사자 양쪽의 행위가 손해의 발생과 확대를 초래하였다.

(3) 피해자 측만 손해를 입는다. 여유과실은 양측 당사자의 과실행위 혹은 부적당한 행위로 인하여 한쪽 당사자만 손해를 입은 경우일 뿐 쌍방 모두 손해를 입거나 양쪽 당사자가 상호적으로 손해를 조성한 것이 아니다.

중국 침권법이론에서는 여유과실을 과실책임원칙의 발전과 연장이며 과실확정책임의 요구에 따라 과실책임을 제기해야 한다는 것을 구현한 것이라고 하였다. 피해자의 과실에 근거하여 가해자의 손해배상책임을 경감하는 것은 가해자 혹은 피해자 모두 자기의 과실을 책임지고, 타인의 과실에 대해 책임을 지지 않게 하여 공평, 정의를 구현하고 자신의 과실에 대한 책임을 스스로 진다는 정신을 체현한 것이다. 여유과실의 확정은 당사자들에게 합당한 행위에 대한 교육을 시키며 피해자가 합당한 조치를 취하여 자신의 재산과 인신안전을 주의하도록 독촉하여 손해의 발생을 예방하고 감소하는데 중요한 작용을 한다.

3.2.1.2 과실상계의 개술

여유과실의 법적 책임은 과실상계이다. 과실상계는 손해배상에서 여유과실이 성립되면 피해자의 손해배상책임을 경감하는 원칙이다. 때문에 과실상계의 의무자 과실과 권리자의 과실을 비교하여 책임을 지는 범위 안에서 비교하는 것일 뿐 결코 양자가 서로 상쇄하여 없애는 것이 아니다.[64]

과실상계는 아래 같은 법률특징이 있다.

(1) 과실상계는 여유과실의 판정이 가져다주는 법률적 결과이다. 과실상계는 손해배상에서의 채무에 관한 것이며 손익상계와 병렬되는 것이다. 침권법에는 손해의 발생 혹은 손해의 확대에 관하여 피해자도 과실이 있으면 과실상계의 법률후과를 발생한다고 적혀있다

(2) 과실상계의 내용은 가해자의 손해배상책임을 경감하는 것이다. 피해자 과실의 경중 및 행위의 원인의 대소에 의거하는데 그 실질은 피해자 자신의 과실로 자신에게 가져다 준 손해는 자신이 책임져야 하며 가해자가 책임을 지지 않는다.

(3) 과실상계는 침권책임형태의 한가지이다. 가해자의 침권책임을 줄인다는 것은 실제로는 피해자 자신의 과실로 초래한 부분의 손실을 피해자 자신이 부담하게 하는 것이다. 이는 손해배상의 책임을 양측 당사자들이 자신이 책임질 부분

---

64) 스상콴(史尚寬) :『채권법총론』, 중국 대만지구 영태인서관 1978년 판, 제292쪽.

을 자신이 부담하게 하는 것으로 자신이 여유과실을 책임지는 것이며 침권책임 형태의 일종이다.

(4) 과실상계는 직권주의에 근거한다. 실무 중, 여유과실이 성립되고 과실상계의 구성요건에 부합되면 법관은 당사자의 주장에 관계없이 직권에 의거하여 가해자의 손해배상책임을 줄일 수 있다.

3.2.1.3 과실상계의 구성

과실상계의 구성은 반드시 두 가지 조사가 이루어져야 한다. 가해자의 책임을 정할 때 침권 손해 손해배상책임의 구성요건의 요구에 의거하여 결정한다. 피해자가 책임지어야 할 부분은 이하 세가지 요건을 갖추어야 한다.

(1) 피해자의 행위가 손해의 발생 혹은 확대의 공동적인 원인이어야 한다. 『침권책임법』 제26조에는 피해자의 과실이 손해의 발생에 영향을 미칠 때에 과실상계가 적용된다고 했을 뿐 손실의 확대에 영향을 주는 과실에 대하여는 규정을 하지 않았다. 중국 사법 및 이론은 모든 손해의 발생과 확대에 모두 과실상계가 적용된다고 여긴다. 공동원인이란 피해자의 행위와 가해자의 행위가 공동으로 손해의 발생 혹은 확대의 원인이 되거나 피해자의 행위가 이미 발생된 손해의 결과를 더욱 확대시킨 원인이 된 것을 말한다. 피해자의 행위는 손해의 발생 혹은 손해의 확대의 공동된 원인이며 피해자의 행위가 손해결과를 초래한 원인이며 손해발생사실의 원인이다. 손해발생의 원인은 손해의 발생원인과 손해원인사실의 성립

혹은 발생에 대한 동조도 포함된다.

(2) 피해자의 행위는 부적당해야 한다. 과실상계가 성립되려면 피해자의 행위가 반드시 위법적인 행위여야 할 필요가 없이 부적당하면 된다. 부적당한 행위는 자신의 이익 혹은 논리적 관념에서의 부적당함을 말한다. 때문에 적극적인 행위가 될 수도 있고 소극적인 행위일 수도 있다. 소극적으로 아무런 행동도 취하지 않음으로 인한 과실상계는 첫째, 중대한 손해에 대하여 주의를 하지 않은 것, 둘째, 손해를 피면하기 위한 태도가 태만한 것, 셋째, 손해를 줄이려는 태도가 적극적이지 않은 것 등이 있다.

(3) 피해자에게 과실이 있어야 한다. 만약 피해자의 행위가 비록 손해의 발생 혹은 확대의 공동적인 원인이라고 하지만 주관 상의 과실이 없다면 여전히 과실상계가 성립되지 않는다. 피해자의 과실이 고유적 의미의 과실이 아니라 피해자의 자신에 대한 과실이다. 『침권책임법』 제26조에는 여유과실 중의 피해자의 과실을 일반적 고의와 과실적 주관심리 상태로 나뉘는데 자기에 대한 과실도 포함된다. 피해자의 과실을 판단하는 표준은 피해자가 자기의 행위가 자신에게 미치는 위험을 예지하고 있거나 예지할 가능성이 있어야 한다. 즉 그 행위의 권리침해의 발생 혹은 손해확대의 발생을 반드시 예견하고 있거나 자신에게도 동일한 조심성이 있다고 여기며 자신의 행위가 가져다주는 후과를 미리 알고 있어야 한다. 피해자의 대리인이 손실의 발생 혹은 확대에 과실이 있을 경우에는 피해자의 과실로 본다. 만약 피해자가 행위능력이 없는 사람일 경우 비록 과실의 존재여부를 확정할 수 없지만 행

위능력이 없는 피해자의 간호인이 손해사실과 관련된 과실의 존재여부에 따라 간호인의 과실도 과실상계가 성립된다.

가해자가 무과실 손해배상을 부담해야 하는 상황에서 피해자의 과실이 존재하며 이 과실이 과실상계를 적용된다면 『침권책임법』의 특별규정을 따라야 한다. 만약 무과실 책임에 과실상계가 적용될 수 있는 가능성에 관한 특별한 규정이 없다면 사법 실천 중의 표준은 피해자가 중대한 과실이 있을 경우에 과실상계를 적용할 수 있다는 것을 참고할 수 있다.

3.2.1.4 과실상계의 책임분담

과실상계의 책임분담은 과실상계의 요건을 구비하고 있을 때 법관은 당사자의 주장과 상관없이 직권에 따라 가해자의 손해배상책임을 경감할 수 있다. 침해자가 고의적이거나 중대과실이 있고 피해자의 과실이 경미할 때에만 침해자의 손해배상책임은 경감하지 못한다.

3.2.1.5 과실상계의 실행

과실상계의 실행에는 두 개의 절차가 있는데 첫째는 과실비교이고, 둘째는 원동력 비교이다.

(1) 과실비교. 과실비교는 여유과실 중에 가해자와 피해자의 과실정도에 대한 비교와 확정을 통하여 책임부담과 책임범위를 결정하는 것을 말한다. 과실을 비교하는 방법은 양측 당사자의 과실정도를 구체적으로 일정한 비율로 확정하여 책임의 범위를 확정하는 것이다.

(2) 원동력 비교. 여유과실 책임범위를 확정할 때 원동력은 과실상계 책임범위의 확정에 중요한 영향을 미친다. 여유과실에서 손해결과가 가해자와 피해자 양측의 행위 때문에 일어난 것이면 동일한 손해결과의 각도에서 이 두 가지 행위 모두 원인이므로 손해결과의 공동원인이다. 공동원인이 되는 매개 행위는 모든 손해사실의 발생 혹은 확대에 자기의 원동력을 미친다. 원동력은 여유과실 책임범위에 대한 영향은 상대적이며 아래 세 가지 방면에서 표현된다. 첫째, 양측 당사자의 과실정도를 확정할 수 없을 때 행위의 원동력의 크기에 따라 각자의 책임비율을 확정한다. 무과실책임원칙의 귀책을 적용하려면 피해자 행위의 원동력의 크기에 따라 가해자의 손해배상책임의 경감 척도를 확정한다. 당사자 양측의 과실비율을 확정하기 어려울 때에도 쌍방 행위의 원동력의 비율에 따라 책임범위를 확정할 수 있다. 둘째, 양측 당사자의 과실정도가 상등할 때 각자 행위의 원동력의 크기는 손해배상책임의 확정에 "미세한 조절"을 하기에 귀책범위를 적당하게 조절하여야 한다. 셋째, 가해자의 과실에 의거하여 가해자가 주요 혹은 부차적 책임을 져야 할 때 양측 당사자의 원동력은 과실상계책임의 확정에 "미세한 조절"을 한다. 원동력이 상등하면 과실비율에 따라 손해배상책임을 확정한다. 원동력이 부동하면 원동력의 크기에 따라 주요 혹은 부차적인 책임비율을 조정하여 손해배상책임을 확정한다.

3.2.1.5 과실상계를 확정하는 기본방법과 구체적 문제

과실상계를 확정하는 기본방법에는 유과실결정설, 원동력 결정설과 종합설 등의 세 가지 주장이 있다. 통설은 종합설을 주장한다. 과실과 원동력을 비교한다. 과실비교는 주요한 결정요소이고 원동력의 크기는 상대적 조정요소이다. 이상의 요소들로 여유과실책임을 종합하여 확정한다.

이런 기본적인 방법이 적용되어 과실상계를 확정할 때 아래와 같은 구체적인 문제를 설명해야 한다.

(1) 양측 당사자의 인원수가 다를 때 과실비율과 원동력의 크기를 어떻게 확정하는가? 양측 당사자의 인원수가 달라도 과실비율 확정에 영향을 미치지 않는다. 이런 경우 역시 과실비율의 확정은 과실비교방법과 같다. 만약 양측 모두 고의 혹은 중대과실이 있다면 여전히 공동책임으로 인정되며 기타의 경우도 이러한 방식으로 유추한다.

(2) 제3자의 과실이 과실상계에 미치는 영향. 제3자의 과실로 초래된 손해는 원칙상 제3자가 손해배상책임을 부담한다. 만약 가해자, 피해자 및 제3자의 과실행위가 공동원인일 때 공동원인의 각 원동력에 따라 과실상계를 적용한다.

(3) 민사행위무능력자 혹은 민사행위제한능력자인 피해자의 과실확정. 가해자의 행위가 민사행위 무능력자 혹은 민사행위 제한능력자인 피해자의 행위와 함께 공동원인이 될 경우에는 여유과실이 적용되어 과실상계 확정의 여부에 대하여 최고인민법원은 긍정설을 주장하였다. 학자들도 동의를 한다. 『침권책임법』 제32조의 기본적 의미는 피해자의

보호자의 과실비율을 인정하여 가해자의 손해배상책임을 경감한다는 것이다. 나는 미성년 피해자의 합법적 권익을 보호하기 위하여 보호자가 피해자에 대한 보호가 일반적인 과실일 경우에는 가해자의 책임을 경감하지 않는 것으로 미성년 피해자들이 더욱 전면적인 구제를 받을 수 있게 해야 한다고 주장한다.

3.2.2 피해자 과실

3.2.2.1 개념

피해자 과실은 손해 발생, 확대가 가해자의 과실이 아니라 피해자의 과실로 발생된 것을 가리킨다. 『침권책임법』 제27조에서는 피해자의 고의적인 행위를 면책사유로 규정했는데 이는 전통적인 침권법규칙 및 민사이론과 다른 점이다. 즉 과실책임원칙과 과실추정원칙이 적용되는 상황에서 피해자에게 고의 혹은 과실이 있고, 그 고의 혹은 과실이 자기에게 손해를 가져온 전부의 원인이라면 면책사유가 구성된다. 무과실책임원칙이 적용되는 상황에서 피해자의 고의로 인하여 손해가 발생되면 면책사유를 구성한다.

3.2.2.2 유형

(1) 피해자 고의. 피해자 고의는 피해자가 자기의 행위가 자기에게 손해를 가져오는 것을 알고 있으면서도 이런 손해 결과의 발생을 희망했거나 방임한 것을 말한다. 피해자는 손해

의 발생에 고의를 가지고 있으며 피해자의 행위는 손해발생의 유일한 원인일 때 가해자의 면책이 이루어진다. 과실책임원칙을 적용하든 무과실책임원칙을 적용하든 피해자의 고의로 인한 손해면 가해자는 면책 받을 수 있다.

(2) 피해자 중대과실. 피해자의 중대과실이란 피해자가 자기의 인신과 재산안전을 조금도 고려하지 않거나 전혀 주의를 하지 않아 자신에게 가져다준 손해를 가리킨다. 만약 피해자의 중대과실이 모든 손해의 원인이며 가해자가 손해의 발생에 어떤 책임도 없으면 가해자는 책임을 지지 않아도 된다.

(3) 피해자 과실. 피해자의 과실은 가해자가 피해자의 손해를 초래했으며 피해자가 손해 발생에 과실이 있는 것을 말한다. 피해자의 과실이 손해발생의 모든 원인이면 면책사유가 구성된다.

3.2.3 제3자 과실

3.2.3.1 개념과 특점

『침권책임법』제28조에서는 제3자 과실의 일반규칙은 제3자로 인하여 손해가 발생한 것이면 제3자는 응당 침권책임을 부담한다는 것이다.

제3자의 과실은 피해자와 가해자 외의 제3자가 피해자의 손해 발생 혹은 확대에 대해 과실이 있는 경우를 말한다. 제3자 과실의 주요 특징은 주체의 특수성이며 그 과실형식은 기타 유형의 과실과 구별을 두지 않는다. 제3자 과실은 고의와 과실을 포함한다.

제3자 과실의 특점:

(1) 과실주체는 제3자이다. 제3자가 손해의 발생에 과실이 있으면 손해를 가져온 원인인 과실은 가해자 혹은 피해자 양측의 과실이 아니다.

(2) 제3자와 당사자 과실은 연계가 없다. 만약 제3자와 피고가 의사연락(이를테면 제3자는 피고의 조력자)을 통하여 원고의 손해가 초래되었다면 공동침권행위자는 피해자에 대해 연대책임을 져야 한다.

(3) 가해자의 책임을 면제하는 의거. 제3자의 과실이 적용되면 당연히 즉시로 가해자의 손해배상책임을 면제해야 한다.

3.2.3.2 일반원칙

제3자 과실의 법적 책임은 제3자에게 손해배상책임이 있으며 가해자의 손해배상책임은 면제된다. 그 조건은 제3자의 과실이 손해발생의 유일한 원인이면 피고는 손해의 발생에 과실이 없으므로 면책되며 제3자가 책임을 져야 한다. 만약 제3자의 과실과 침권자의 과실이 손해발생의 공동원인이면 제3자의 과실은 침권자의 손해배상책임을 경감하지만 제3자 과실 면책규칙은 적용되지 않는다.

3.2.3.3 특수규칙

『침권책임법』제37조, 제46조, 제68조와 제83조 및 제44조, 제85조와 제86조 제1항에는 별도로 제3자 과실의 특수규칙을 규정하였다. 제3자 과실의 특수규칙은 반드시 우선적으로 적용되어야 하며 『침권책임법』 제28조의 규정에는 적용되지 않는다.

3.2.4 불가항력

3.2.4.1 개념

불가항력은 사람의 힘으로 대항할 수 없는 역량을 가리키는데 자연원인(지진, 태풍, 홍수, 해일 등)과 사회원인(전쟁 등)이 있다. 불가항력은 사람의 행위가 아닌 독립적인 것으로 당사자의 의지로 지배할 수 없는 현상을 말하는데 이는 통상적인 면책사유이다.

불가항력이 면책사유가 될 수 있는 근거는 사람들에게 자신의 행위와 무관하며 자신이 통제할 수 있는 범위를 초과한 사고의 후과를 책임지라고 하는 것은 책임부담자에게 불공평하며 사람들의 행위에 대한 단속과 교육에 적극적인 역할을 하지 못한다. 이런 기치관념에 근거하여 불가항력이 면책사유가 될 수 있는 전제조건은 불가항력이 손해 발생의 전부의 원인이어야 한다는 것이다. 손해가 완전히 불가항력의 힘에 의하여 발생한 것이어야만 피고의 행위가 손해의 결과와 아무런 관계가 없다는 것을 설명할 수 있으며 이와 동시에 피고도 과실이 없다는 것을 의미한다. 이런 상황에서 면책사유가 성립된다.

3.2.4.2 확정

불가항력의 확정에는 세 가지 학설이 있다. 첫째, 객관설: 객관설에서는 사건의 성질과 외부특징을 표준으로 일반인들이 중대한 외부역량에 대하여 방어할 수 없는 것을 모두 불가항력이라고 한다. 둘째, 주관설: 당사자의 예견력과 예방능력을 표준으로 하는 당사자가 자신의 노력을 모두 했음에도 불구하고 발생을 막을 수 없을 불가항력이라고 한다. 셋째, 절충설: 절충설은 주관적, 객관적인 원인을 결합하여 표준으로 하는 것인데 외적인 요소로 인하여 발생한, 당사자가 최선을 다하여 신중하게, 최고의 노력을 하여도 방지할 수 없는 사건을 불가항력이라고 한다.[65] 『침권책임법』에서는 이 세 가지의 설을 채택하여 불가항력이 구비해야 할 세 가지 요구를 제기하였다.

(1) 예측 불가능성. 이는 현유의 기술 수준에서 일반인들이 모종 사건의 발생을 예측할 수 없는 것을 말한다. 예측 불가능성의 표준은 어느 한 개인의 예측 불가능성을 의미하는 것이 아니라 일반인들의 예측 능력에 의거해야 하며 개인의 예측능력을 표준으로 하여 모종 현상에 대한 예측 가능성을 판단하는 것이 아니다. 그러나 예측 불가능성이 절대적으로 불가항력의 요건이 될 수 있는 것은 아니다. 예를 들면 우리는 지진 발생의 가능성을 예측하고 있지만 피면할 수는 없다. 이런 상황에서 여전히 불가항력은 적용된다.

(2) 피면할 수 없을 뿐만 아니라 극복할 수도 없다. 이것은

---

65) 왕리밍, 양리신:『침권법』, 법률출판사 1996년 판, 제93쪽.

당사자가 최대의 노력과 미리 할 수 있는 조치를 다 하였음에
도 불구하고 모종 사건의 발생과 그 사건으로 인한 손해의 후
과를 피면할 수 없는 것을 말한다. 모종 사건의 피면 가능성
과 극복 가능성의 여부는 구체적인 상황에 따라 결정한다.

(3) 객관정황이다. 사건은 사람의 행위가 아닌 외재적 자연
성에 의한 것을 객관정황에 속한 불가항력이라고 한다. 불가
항력은 사람의 행위와 관계없는 독립적인 사건인데 한 개인
적 행위는 포함하지 않는다.

3.2.4.3 적용

불가항력으로 인해 손해에 대하여 일반상황에서 당사자는
민사책임을 지지 않는다. 불가항력에 의한 면책사유는 불가
항력이 손해발생의 유일한 원인이여야 하며 당사자가 손해의
발생과 확대에 아무런 작용도 미치지 말아야 한다.

『침권책임법』에서는 불가항력 면책사유에서 제외되는 조항
들을 규정하였다. 규정된 조항에 해당하는 불가항력은 면책사
유로 될 수 없다. 예를 들면 『우정법(邮政法)』제48조의 규정
에 따르면 등기우편물의 손실이 불가항력에 의한 것이라고 하
여도 우정기업의 손해배상 면책사유는 적용되지 않는다. 법률
에 특별한 규정이 있을 때 불가항력이 면책사유로 적용되려면
기타 부가조건이 필요하다. 예를 들면 환경보호법의 규정에
는 불가항력에 "합리적인 조치를 제때에 실시하였음에도 불
구하고 여전히 손해를 피면할 수 없을 때"라는 조건을 추가하
였다. 『해양환경보호법』제92조, 『수원오염방지법』 제42조와

『대기오염방지법』제63조 등 여러 규정들이 그 예이다.

3.2.5 정당방위

3.2.5.1 개념과 구성

정당방위는 공익, 타인 혹은 본인의 인신 혹은 기타 이익이 불법적인 침해를 받았을 행위자가 취한 방위조치를 가리키는 일반면책사유이다. 정당방위는 보호조치이며 일종의 합법행위이다. 그로 인해 초래된 손해에 대해 방위자는 손해배상 책임을 지지 않는다.

정당방위가 구비해야할 몇 가지 요건:

(1) 반드시 침해사실이 있어야 한다. 침해 사실의 발생이 먼저이고 방위행위가 그 뒤에 일어나야 한다. 침해는 방위의 전제조건이며, 방위는 침해 때문에 일어난 결과이다. 침해의 사실이 없다면 방위가 진행될 수 없다. 침해사실은 반드시 현실적 침해여야 하며 그 침해는 이미 시작했으며 진행 중이고 아직 결속되지 않은 것이다. 상상의 침해, 미발생의 침해, 종료된 침해 등은 모두 방위행위를 실시할 수 없다.

(2) 침해는 반드시 불법이어야 한다. 정당방위의 상대는 반드시 불법적인 침해를 진행하는 자여야 한다. 직무수행 중의 '유권침해(有权损害)'에 대해서는 방위를 진행할 수 없다. 예를 들면 도주범은 정당방위를 구실로 체포를 거절할 수 없다.

(3) 반드시 합법방위가 목적이어야 한다. 방위자가 방위를 할 때 반드시 불법침해는 현실적으로 실시되고 있는 존재여

야 하며 방위 행위의 목적은 공공적인 혹은 타인, 본인의 권리가 침해되지 않게 하기 위한 것이어야 한다. 방위를 구실로 행하는 보복적인, 도발적인 행위는 위법행위이므로 침권행위가 된다.

(4) 방위의 상대는 가해자 본인이어야 한다. 가해자에 대한 방위적 반격은 불법 침해를 제지하는 목적 하에 인신 혹은 재산에 대하여 반격을 실시할 수 있다. 하지만 어떠한 방위행위든 제3자에 대하여 실시할 수 없다.

(5) 방위는 필요 한도를 초과할 수 없다. 방위로 인한 손해가 손해 발생을 제지하는 필요 한도를 넘지 않으면 방위자는 손해배상 책임을 지지 않는다. 필요한 한도는 불법침해 제지에 필요한 침해행위의 강도이며 침해 제지에 필요한 것이면 정당방위의 필요한도를 초과하였다고 할 수 없다.

3.2.5.2 적용규칙

정당방위를 적용하는 규칙: 첫째, 정당방위로 인정되면 방위인은 침권책임을 지지 않는다. 둘째, 정당방위가 필요한도를 초과하면 과잉방위가 된다.

과잉방위 판정의 관건은 방위에 필요한 방위한도에 대한 판단이다. 민법상 정당방위의 행위는 불법침해의 강도와 관련되며 일반적으로 불법침해의 강도를 초과하지 않는 것을 표준으로 한다고 하였다.

방위의 과잉여부를 판단할 때 방위가 필요한도 초과여부에 대한 검증이다. 필요한도를 판단할 때 통상적으로 아래 두 가지 방면에 대한 고려가 있어야 한다. 첫째, 불법침해의 수단과 강도. 침해행위 본신의 강도가 세지 않을 때 비교적 부드러운 수단으로 침해행위를 제지할 수 있거나 침해를 배제 할 수 있을 경우에 강렬한 수단으로 제지하였다면 필요한도를 초과하였다고 볼 수 있다. 예를 들면 불법적으로 침해자가 절도를 하는 것을 제지하기 위하여 경상을 입힌 것은 정당방위이지만 도적이 중상을 입게 하거나 도적을 살해하였다면 필요한도를 초과했다고 볼 수 있다. 둘째, 방위하려는 권익의 성질. 방위 대상의 권익은 방위 반격행위의 강도와 상응하여야 한다. 침해자에게 엄중한 손해를 주거나 비교적 중한 손해를 주는 것으로 비교적 적은 재산이익을 지키려 하는 것은 서로 상응하는 것이 아니므로 필요한도를 초과한 것이다.

정당방위가 필요한도를 초과하여 발생하지 말아야할 손해를 가져왔다면 상응하는 민사책임을 져야 한다. 여기에는 아래와 같은 세 가지 경우가 있다. 첫째, 과잉방위는 민사책임을 면할 수 없다. 상응하는 민사책임이란 책임부담을 말하지 면책을 의미하는 것이 아니다. 이는 민사책임은 재산책임의 일종이므로 배상은 보상과 제재의 이중 성질을 가지고 있다. 둘째, 과잉방위로 인한 손해에 대하여 적절하게 책임을 경감하여야 한다. 상응하는 책임에 대한 "적절하다"는 과잉방위가 초래한 손해의 후과와 비교하여 적절하다는 것이며 안건과 비교하여 적절하다는 것을 의미한다. 여기서 후자를 더욱 중요하게 고려하여 방위자의 책임을 적절하게 경감한다. 셋째, 고의적인 가해행위에 대한 패상책임. 방위자는 방위과정에 고의적으로 불법침해자에 대하여 가해행위를 행하였을 경우 필요한도를 초과한 손해에 대하여 전부 배상해야 한다. 이것은 방위자가 자신의 행위가 필요한도를 넘는다는 것을 알고 있으면서도 행한 고의적인 행위이므로 고의적인 위법행위이다. 때문에 모든 책임을 져야 한다.

과잉방위의 배상범위는 응당 방위한도를 초과한 부분에 대한 배상이다. 즉 "있지 말아야 할 손해"인 것이다.

3.2.6 긴급피난

3.2.6.1 개념

사회공익, 자신, 타인의 합법이익의 더욱 큰 손해를 방지위하여 부득이하게 행한 타인에 적은 손신을 초래한 긴급조치를 긴급피난이라고 한다. 긴급피난은 일종의 합법행위이며 두 가지 합법이익이 동시에 보호를 받을 수 없는 상황에서 부득이하게 두 이익 중 비교적 경한 이익을 희생하여 비교적 중대한 이익을 지키는 행위이다

3.2.6.2 요건의 구성

(1) 위험이 발생하여 공익, 본인, 타인의 이익을 위협한다. 아직 발생하지 않은 위험, 상상속의 위험 등에 대한 행위는 긴급피난행위가 아니다. 비록 위험이 발생하였지만 위험이 이미 제거되었거나 합법적인 이익에 대한 손해가 발생하지 않았다면 긴급피난을 시행할 수 없다.

(2) 긴급피난은 반드시 부득이한 상황에서 시행한다. 부득

이하다함은 긴급피난을 시행하지 않으면 큰 이익을 보전할
수 없는 것을 의미하며 피난의 필요성을 말하며 긴급피난을
시행한 당사자가 두 가지 방법 중 한 가지 방도를 취할 수 없
어 부득이하게 다른 방법을 취하는 것을 말하는 것이 아니다.
부득불 하다는 것을 강조하는 것은 피난을 시행하는 당사자
가 선택할 수 있는 수단의 유일성을 의미하는 것이 아니며 여
러 가지 조치로 손해를 피면할 수 있을 말한다. 피난자의 피
난행위가 가져온 손해가 발생할 가능성이 있는 손해보다 적
으면 긴급피난은 적절한 것이다.

(3) 피난행위가 필요한도를 초과하지 않는다. 긴급피난의
필요한도는 긴급한 위기에 직면했을 때 피난자가 적절한 조
치를 취하여 되도록 적은 손해로 비교적 큰 법률이 보호하는
이익을 지킬 수 있는 필요한 한도를 말한다. 민법에서는 긴급
피난행위가 가져온 손해가 피면한 손해보다 적어야 하며 두
가지 이익을 비교할 때 전자가 후자보다 현저하게 경해야 한
다. 만약 손해피면행위가 손해를 줄이지 못했을 뿐만 아니라
더욱 큰 손해를 가져왔거나 예측한 손해와 같은 손해를 가져
온다면 손해피면행위는 의미를 잃게 되어 필요한 한도를 초
과한 것이다.

3.2.6.3 긴급피난과 정당방위의 공통점과 다른 점

긴급피난과 정당방위의 공통점은 다음과 같다. (1) 두 가지
모두는 위법행위에 대한 조각(阻却)이다. (2) 두 가지 행위 성
립의 전제 조건은 합법적 이익이 엄중한 위험에 처하였을 때

행하는 행위이다. (3) 두 가지 활동의 목적은 모두 공익, 공민, 본인의 합법적 이익을 보호하기 위한 것이다. (4) 두 가지 모두 일정한 손해를 가져왔다. 다른 점은: (1) 긴급피난의 위험 원인은 다양하지만 정당방위의 위험근원은 불법침해자의 불법침해이다. (2) 긴급피난이 조성한 손해는 위험을 제거할 수 있는 유일한 방법이지만 정당방위는 이런 제한이 없다. (3) 긴급피난으로 인한 손해는 위험이 가져 올 손해보다 적어야 한다. 정당방위는 적절하면 된다. (4) 정당방위는 불법침해를 하고 있는 침해자 본인에 대하여 실시해야 하지만 긴급피난은 제3자에 대하여 실시할 수도 있다.

3.2.6.4 적용규칙

(1) 위험상황의 발생을 초래한 자의 책임. 일반 상황에서 만약 위험상황의 발생을 초래한 자가 있으면 그 사람이 위험상황 발생의 후과에 대한 민사책임을 진다. 그 중에서 위험상황의 발생원인이 긴급피난을 실행한자면 그 사람이 자신의 과실에 대하여 책임을 져야 하며, 위험상황이 피난행위의 피해자로 인하여 발생한 것이면 피난의 피해자가 자신의 과실에 대한 책임을 져야 하며, 위험상황의 발생원인이 제3자에 의한 것이면 제3자가 자신의 과실에 대하여 책임을 져야 한다. 그들이 자신의 과실에 대하여 책임을 질 범위는 긴급피난의 필요한도 혹은 적절한 피난조치가 가져온 손실을 표준으로 하여 초과부분은 타인이 책임져야 한다.

(2) 자연적인 원인으로 인한 위험상황의 책임. 만약 위험이

자연적인 원인으로 일어난 것이며 위험상황을 발생시킨 사람이 없을 때 민사책임의 귀책규칙. 1, 일반적인 상황에서 긴급피난자는 민사책임을 지지 않으며 이로 인하여 발생한 손실에 대하여 배상의 책임이 없다. 2, 특수상황에서 피난자도 적당한 민사책임을 져야 한다. 『침권책임법』 제24조의 손실책임 공평분할에 관한 규칙에 따라 양측 당사자 모두 과실이 없는 상황에서 실제정황에 근거하여 민사책임을 분할한다고 규정하였다. 실제정황은 주요하게 양측 당사자의 경제상황을 말하는데 '적당'은 양측의 경제상황에 근거하여 적당하게 확정하는 것을 의미한다.

(3) 필요한도 초과에 대한 배상. 긴급피난에 대하여 취한 조치가 필요한도를 초과하여 발생하지 말아야 할 손해를 초래하였을 경우 긴급피난을 실행한 자는 이에 상응하는 민사책임을 진다. 상응하는 책임, 우선은 면책하여서는 안되며 둘째는 경감할 수 있는 책임이며 과잉부분에 대한 전부의 책임이다. 위험을 초래한 행위자와 피해자가 동일인일 경우 피난행위를 실행한자의 책임을 경감하여야 한다. 피난으로 인한 패하자가 과실이 없은 상황에서 손해를 입었다면 피난행위를 진행한 자가 전부의 책임을 져야 하며 피난은 필요한 정도에서의 손해는 위험행위를 한 자가 부담한다.

(4) 피해자의 적당한 배상. 만약 이미 제3자의 과실도 없으며 긴급피난행위를 실행한 자에게도 과실이 없을 때 손해를 입은 자와 이익을 얻은 자가 동일인이 아니면 이익을 얻은 자는 응당 손해를 입은 자에게 적당한 손해 보상을 해야 한다. 이는 이익을 얻은 자의 이익의 보존 혹은 손해의 감소는 손해

를 입은 자의 이익의 손해를 전제로 얻은 것이기 때문이다.

3.3 비법정 면책사유

3.3.1 직무 수권행위

3.3.1.1 개념과 성질

직무 수권행위는 법에 따른 직무집행이라고도 부르는데 법에 따라 권한을 부여 받거나 법률 규정에 따라 필요시에 직권 행사과정에서 타인의 재산과 인신을 침해하는 행위를 가리킨다. 사회공익과 공민의 합법권익을 보호하기 위하여 법률은 사업인원들이 자신의 직무를 이행할 때 필요시에 타인의 재산과 인신을 '손해'하는 행위를 윤허하였다. 직권을 집행한 자는 직무 수권행위는 합법행위이기 때문에 이로 인하여 발생한 손해에 대한 배상책임을 지지 않는다. 하지만 부정당한 직무 집행으로 인한 손해에 대하여 손해배상의 책임이 있다.

3.3.1.2 구성

(1) 행위는 반드시 합법적인 수권이여야 한다. 직무 수권행위가 면책사유로 성립할 수 있는 것은 합법적인 수권이 있기 때문이며 수권의 목적은 사회공익과 자연인의 합법권익을 보호하기 위한 것이기 때문이다. 합법적 권한부여가 없는 행위는 직무수권행위가 아니다.

(2) 직무를 집행하는 행위는 반드시 합법적이어야 한다. 합

법적 수권만으로는 면책사유가 성립되지 못한다. 행위자는 반드시 법률의 규정 범위에서 직책을 이행하여야만 직무 집행에서 초래한 후과에 대하여 책임을 질 필요가 없다. 법률적으로 부여한 행위가 그 권한을 초과하였거나 법률적으로 부여한 행위가 의거한 법률이 이미 실효된 상황이거나 수권이 무효화된 상황에서의 수권행위의 집행은 법률의 요구에 부합되지 않는 행위이며 직무수권행위가 될 수 없다. 행위의 합법성은 직무집행의 절차와 방식이 합법성을 의미하며 절차 혹은 방식의 불법성으로 인하여 발생한 타인의 손해 행위는 침권행위가 인정된다.

(3) 필요한 상황에서의 직무집행이어야 한다. 법률은 직무수권행위의 집행은 필요한 것이어야 한다고 요구하고 있다. 손해가 없이는 직무를 집행할 수 없을 경우에 만 직무집행은 합리적인 것이다. 만약 집행으로 인한 손해가 피면할 수 있거나 손해를 줄일 수 있는 상황에서 일어난 것이면 면책사유가 될 수 없거나 불완전한 면책사유로만 된다.

3.3.2 피해자의 승낙

3.3.2.1 개념

피해자의 승낙이란 타인이 자신을 침해할 권리를 허용한 자신이 자원으로 손해를 부담하며 그 행위가 법률과 공공도덕에 위배되지 않는 한쪽 당사자의 의사 표시이다.

권리자는 자기의 권리를 처분할 권리가 있다. 권리자는 스스로 자신의 권리를 침해할 권리를 가지고 있으며 법률에 어긋나지 않고 선량한 풍속을 흐르지 않는다면 권리를 시행할 수 있다. 권리자가 타인이 자신의 권리를 침해하도록 허가한 것에 대하여 일반적인 상황에서 법률은 금지하지 않는다.

3.3.2.2 구성요건

(1) 피해자에게는 반드시 그 권리를 처분할 능력과 권한이 있어야 한다. 타인에게 자신의 권리를 침해할 수 있도록 허가하려면 반드시 자신이 그 권리에 대하여 처분할 수 있는 능력과 권한이 있어야 한다. 그렇지 않은 상황에서는 면책사유가 될 수 없다.

(2) 반드시 일반적인 의사표시 규칙을 준수하여야 한다. 피해자 승낙의 의사표시는 일반적 의사표시의 유효요건을 구비해야 한다. 일반상황에서 자신의 재산권리 침해에 대한 승낙은 유효한 것으로 본다. 자신의 인신권리 침해에 대한 승낙은 구체적인 상황에 따라 다르다. 만약 타인이 자신의 신체에 경미한 상해를 입혔다면 정당한 의사표시라고 한다. 만약 타인에게 자신의 자살을 도와달라고 한 부탁이거나 자신을 사살혹은 중상을 입게 해달라고 한 승낙은 사전면책 조항의 효력규칙 제한을 받기에 정당적인 면책사유가 될 수 없다.

(3) 피해자는 반드시 명확한 승낙을 해야 한다. 자신을 침해할 수 있는 권리의 승낙은 일방적 성명을 발표하거나 면책조항을 제정하는 등 명시적인 방식이어야 한다. 만약 피해자가 자신의 권리가 손해될 수 있는 가능성을 명확하게 알고 있

거나 예견할 수 있으나 가해자에게 승낙을 하지 않았다면 면책사유로 간주할 수 없다.

(4) 피해자는 사전에 손해배상청구권을 포기해야 한다. 자신에 대한 침해권리와 손해배상청구권에 대한 포기는 서로 다른 두 가지 문제이다. 손해배성청구권에 대한 포기는 명시적인 방법일 필요는 없다. 자신을 침해할 권리에 닿는 승낙이 있으면 손해배상청구권에 대한 명확한 포기가 없어도 손해배상청구권에 대한 포기로 간주한다. 하지만 손해배상청구를 포기하지 않는다고 명시하였다면 손해배상청구를 포기한 것으로 보지 않는다.

3.3.2.3 효력

피해자의 승낙이 면책사유로 되려면 응당 피해자의 승낙과 사전의 면책조항의 관계를 특별히 주의하여야 한다. 사전면책조항은 당사자 양측에서 사전에 달성한 협의를 말한다. 미래에 가능하게 발생할 수 있는 손해 배상 책임의 면제는 합동을 위반한 면책조항과 침권행위의 면책조항 두 가지가 포함된다.

침권행위 사전면책조항의 형식에는 아래와 같은 네 가지가 있다. 첫째, 전부면책조항. 전부면책조항은 미래의 피해자가 미리 발생할 손해를 책임져야할 자에 대한 책임에 대한 전부의 손해배상청구를 포기하는 것. 둘째, 부분면책조항. 피해자가 특정한 방식으로 계산한 일정 한계를 초과하지 않은 손해에 대한 손해배상책임. 셋째, 시간 규정이 있는 면책조항. 피해자가 일정한 시간에 자신의 요구를 제출해야 한다고 규정하고 시간이 지나면 손해배상 청구 권리가 사라지는 것. 넷째, 벌금에 의한 면책조항. 당사자가 이후에 발생한 손해에 대하여 일정한 고정된 금액을 피해자에게 지불하기로 한 것이면 면책사유가 될 수 있다.

중국 『계약법』에서는 사전면책조항 무효원칙을 규정했다. 이 법의 제53조에서는 "계약 중의 아래와 같은 경우에 면책조항은 무효하다. (1) 상대방의 신체손해를 가져왔을 경우. (2) 고의나 중대과실로 인하여 상대방의 재산손실을 가져온 경우."라고 규정하고 있다. 무릇 계약에 신체손해에 관한 사전 면책조항은 무효하다. 약정에서 고의나 중대과실로 인하여 발생하는 상대방의 재산손실에 대한 면책사항도 무효하다.

3.3.3 자력구제

3.3.3.1 개념과 성질

자력구제는 권리자가 자기의 이익을 보호하기 위하여 긴박하거나 즉시 국가관련 기관에 청구를 할 상황이 아닌 경우에 타인의 재산 혹은 자유에 대한 차압, 구속 혹은 법률과 사회 공공도덕이 승인하는 기타 상응하는 조치행위를 말한다.

자력구제의 성질은 자신의 힘에 의한 구제를 말한다. 정당방위, 긴급피난과 자력구제의 구별은 자력구제가 보호하려는 것은 자기의 권리지만 정당방위와 긴급피난은 타인의 권리에 대한 보호도 포함된다. 자력구제를 실시하기 전에 통상적으로 당사자 사이에 일정한 채무관계가 존재하지만 정당방위와 긴급피난은 실시하기 전에는 이런 관계가 존재하지 않는다.

3.3.3.2 구성과 필요조치

자력구제를 구성하려면 반드시 다음과 같은 요건이 구비되어야 한다. (1) 반드시 자기의 합법권리를 보호해야 한다. (2) 반드시 정황이 긴박하여 관련 국가기관의 원조를 청구할 겨를이 없어야 한다. (3) 자조방법은 반드시 청구권의 필수를 보장해야 한다. (4) 반드시 법률 혹은 공공도덕의 허가가 있어야 한다. (5) 필요한 한도를 초과하지 말아야 한다.

행위자가 자력구제를 실시한 후에는 즉시 관련기관의 지원을 신청하여 문제를 해결해 줄 것을 청구해야한다. 행위자가 무연고로 지연하게 되면 자유가 구속된 사람을 즉각 풀어주어야 하며 차압한 재산을 채무자에게 돌려줘야 한다. 이로 인하여 발생한 손해도 응당 배상해야 한다. 행위자의 자력구제가 사후에 관련 국가 기관의 승인을 받지 못하면 피해자에 대한 침해를 즉각 중단해야 하며 그로 인하여 발생한 손해를 배상해야할 책임이 있다.

3.3.4 의외

3.3.4.1 개념과 의미

의외(意外)는 당사자의 고의 혹은 과실이 아닌 당사자 의지 외의 원인으로 우연히 발생한 사고를 말한다.

『침권책임법』에서는 의외를 면책사유로 정하지 않았다. 하지만 실제 사법실례에서는 의외를 면책사유로 여긴다. 그 원인은 의외가 손해를 조성할 때 행위자는 주관상의 잘못을 가지고 있지 않으며 의외는 당사자의 고의와 과실이 아닌 우연히 발생한 사고이며 당사자의 의지와 행위와 관계가 없이 발생한 사건이기에 당사자의 잘못이 없다고 여기는 과실책임원칙의 요구에 의하여 당사자의 책임을 추궁하지 않는다.

3.3.4.2 구성

(1) 의외는 반드시 예측 불가능한 것이어야 한다. 의외의 예측 불가능성이 적용될 수 있는 주관적 표준은 당사자의 관점에서의 불가능성이며 당사자가 당시의 환경에서 합리적인 주의를 통하여 예견할 수 있는가 하는 것이다.

(2) 의외는 행위자 자신 외의 원인이다. 행위자가 이미 그가 당시에 충분한 주의를 했었거나 행위자가 합리적인 조치를 하였음에도 불구하고 사고의 발생을 피면할 수 없었으면 손해는 의외의 사고로 인한 것으로 당사자의 행위로 인한 것이 아님을 표명한다.

(3) 의외는 우연한 사건이다. 의외는 우연히 발생한 사건으로 제3자의 행위를 포함하지 않는다. 때문에 의외 사건의 발생 확률은 매우 낮으며 당사자의 상식적인 주의로는 예방이 불가능하다.

3.3.5 위험자초

3.3.5.1 일반규칙

중국사법 중 일부 법원의 판례는 영미법계의 침권법 위험자초규칙을 인정하여 면책을 적용하였다.

위험자초는 위험을 스스로 부담하는 것을 말하며 스스로 행동을 하지 않는 것이 부당한 것을 의미한다. 위험자초는 원고가 제기한 과실 혹은 엄격한 책임을 가지고 있는 침권책임소송에서 원고가 자신 스스로 자초한 위험에 대한 자부담요구이다.[66] 이에 관한 일반적 규칙은 아래와 같다: 원고는 피고의 과실 혹은 경솔한 행동으로 인하여 일어나는 손해의 위험에 스스로 부담하는 원칙으로 이런 행위로 인한 손해에 대해서는 손해배상을 요구할 수 없다.[67]

3.3.5.2 위험자초규칙의 중국사법 실례에서의 적용

중국법원은 위험자초를 명시적 위험자초와 묵시적 위험자초로 나눈다. 어느 종류의 위험자초든 아래와 같은 세 가지 요건이 구비되어야 한다.

(1) 피해자가 위험을 알고 있거나 감지하고 있어야 한다. (2) 피해자가 스스로 부담할 필요가 있어야 한다. (3) 성문화된 규정을 위반하지 말아야 한다. 이런 요건을 구비하면 위험자초가 인정되며 행위자의 침권책임은 면제된다. 만약 피고

---

66) 『최신대영제국법률수진독본 . 침권행위법』, 평성준 역, 우한(武汉)대학출판사 2003년 판, 제231-235쪽.
67) 미국법학회:『미국침권행위법중술(제2차)』제496A조 참고.

가 원고가 책임을 져야 할(예를 들면 과실 등)부분인 원고의 위험자초에 대한 증거제시의 임무는 피고에게 있으며 관련된 증거는 피고가 제시하여야 한다.[68]

3.4 침권행위소송 시효

3.4.1 침권행위의 일반소송시효

3.4.1.1 침권행위소송시효의 의미

『침권책임법』에는 침권행위의 소송시효에 대한 규정이 없는데 이는 『민법통칙』 침권행위의 소송시효에 대한 규정을 따른다.

소송시효의 최종적 법적 결과는 상대방의 승소권을 소멸하려는 것인가 아니면 합리적인 항변의 문제인가 하는 문제에서 『민법통칙』은 승소권에 대한 소멸이라고 규정하고 소송시효가 만료되면 승소권이 소멸될 뿐 기소권이 소멸되는 것이 아니며 권리인의 권리는 자연권리로 변한다. 이런 규정에 의거하여 소송시효는 강제성 규정이며 소송 중 당사자의 주장에 대하여 법관은 직권에 근거하여 적용할 수 있으며 권리인이 승소권을 상실하였다고 선고할 수 있다. 이는 소송시효제도의 설립목적과 부합되지 않는다. 중국사법은 실제상황에서 소송시효가 완료된 후에 발생한 것은 영구적인 항변권이기에

---

68) 미국법학회:『미국침권행위법중술(제2차)』 제496D, 496E, 496F조 참고.

권리의 당사자가 상대방에 대한 청구권의 기한이 소송시효기간에 실행되지 않았는데 청구권자가 청구를 하려하면 청구권의 의무인은 소송시효가 법정기간을 초과하였다고 항변할 수 있다. 정당하게 항변권을 이용하여 이 청구권에 대하여 직접 항변하고 청구권자의 청구를 무효화시켜 침권인의 책임을 면제한다. 만약 침권자가 소송시효의 항변권을 주장하지 않으면 침권자는 침권책임을 져야 한다.

『민법통칙』의 일반소송시효도 침권행위에 동등하게 적용된다. 침권행위의 소송시효는 일반적으로 2년이다. 침권손해배상에 대한 청구권자는 2년 내에 청구권을 행사해야한다.

3.4.1.2 침권행위 일반소송시효의 계산

침권행위 일반소송시효기간의 "권리가 침해당한 것을 알거나 응당 알아야 할 시점"으로 부터 계산한다. 이 규정을 적용하면 재산권리 손해의 시작에 대한 계산은 비교적 간단하게 되며 재산권리가 손해를 본 시기를 소송시효기간의 시작으로 한다.

명예권 침해 등 정신성 인격권의 침권행위에 대한 소송시효의 계산도 침권행위가 그 권리를 침해하기 시작한 시기로 부터 계산한다. 명예침해권 등 침권행위가 일어난 시각부터 피해자의 명예권 등의 권리는 즉각 손해를 보게 되는데 이때에는 피해자가 권리를 침해당한 것을 알고 있거나 응당 알고 있어야할 시점을 소송시효의 시작으로 한다.

생명건강권 침해행위의 소송시효기간 시작 시점에 관하여 최고인민법원 『「민법통칙」의 일부 문제의 집행 관철에 대한 의견(시행)』제168조 "인신손해배상의 소송시효기간을 계산할 때 상해가 선명할 경우에는 상해를 입은 날 부터 계산하고, 상해가 아직 발견되지 않았을 때에는 검사를 거쳐 확진된 후 그 상해가 침해로 부터 일어난 것을 증명한다면 상해정도가 확진된 날로부터 계산한다."라고 규정하였다. 신체권이 침해당하였을 때에는 침해행위가 완료된 후 당사자가 당사자의 권리가 침해된 것을 알고 있었거나 응당 알고 있어야 하는 시점으로부터 소송시효가 계산된다. 건강권이 침해되었을 때에는 상해가 이루어진 날부터 소송시효기간을 계산한다. 일부 침해가 시작될 때 그로 인한 손해를 발견하지 못하였다면 검사를 거쳐 상해가 확진되면 확진된 날로부터 소송유효기간을 시작한다. 중상을 입혀 노동능력을 상실하였다면 사법의 해석으로는 정확하게 처리하지 못할 수도 있기에 노동능력 상실의 정도를 확인 할 때 비록 피해자가 자신의 권리가 침해되었다는 것을 알고 있거나 응당 알고 있다고 하여도 권리가 침해한 정도를 알고 있거나 응당 알게 된 시기를 소송시효기간의 시작으로 하여야한다. 생명권에 대한 침해는 응당 피해자가 죽은 날로부터 소송시효기간을 계산한다.

3.4.2 침권행위의 특수소송시효

3.4.2.1 특수소송 시효기간

특수소송시효기간은 『민법통칙』제136조의 규정에 따른다. 인신손해배상의 소송시효기간은 특수시효가 적용되며 소송

기간은 1년이다.

3.4.2.2 특수소송 시효기간 적용시 반드시 주의해야 할 문제

(1) 인신손해의 범위.『민법통칙』제136조의 "신체가 상해를 받았을 때의 배상청구"의 규정은 건강권에 대한 침해행위의 손해배상 청구에 대하여 규정한 것으로 인신의 모든 손해에 대하여 이 특수시효기간을 적용한다고 여기는 경우도 있다. 우리는 응당 피해자의 이익보호에 유익한 것을 출발점으로 하여 엄격하게 해석해야 한다. 조약에서 신체가 상해를 받았을 경우라고 하였으니 건강권을 침해한 행위를 말한다. 신체권과 생명권에 대한 침권행위는 응당 일반소송시효의 규정에 따라 집행해야 한다.

(2) 정신손해배상의 소송시효기간에 특수시효의 적용 여부. 위와 마찬가지로『민법통칙』제136조는 인신상해의 손해배상에 특수소송시효를 적용한다고만 규정하였을 뿐 정신손해배상에 대하여 특별히 규정하지 않았다. 때문에 정신적 인격권의 정신손해배상은 특수시효가 적용되지 않고 일반소송시효를 적용한다. 하지만 건강권 침해에 대한 재산손실보상 확정과 함께 정신적 위자료의 배상도 확정지었을 경우에는 특수시효의 제한을 받아야 한다.

(3) 침권 보통법과 침권 특별법의 부동한 소송시효기간 규정에 대한 장악. 침권특별법은 침권행위의 소송시효기간에 대하여 부동한 규정을 하였는데 일률적으로 특별법의 규정에 따라 집행한다. 예를 들면:『국가배상법』에서는 국가배상청

구의 소송시효기간을 2년으로 하였으며 시효 시작 시간은 행정행위가 위법이라고 확인된 날로부터 계산한다고 하였는데 수감기간은 계산하지 않는다고 하였다. 『상품품질법(产品质量法)』은 소송시효기간을 일괄적으로 2년이라고 규정하였다. 『환경보호법』은 소송시효기간을 모두 3년으로 하는데 오염에 의한 손해가 재산이든 사람의 신체이든 모두 이 특별소송시효기간을 적용한다고 하였다.

3.4.3 침권행위에서 가장 긴 소송시효

침권책임이 가장 긴 시효는 『민법통칙』이 규정한 20년이다. 만약 피해자가 자기의 권리가 손해를 받은 사실을 모르고 있으며 권리가 피헤 받은 닐로 부터 20년 내에 피해자가 소송청구를 하지 않으면 인민법원은 그 권리를 더 이상 보호하지 않는다.

침권행위의 가장 긴 시효에 대해 침권특별법은 특수한 규정을 했다. 『상품품질법』 제33조 제2항에서는 "상품 결함으로 인한 손해배상·청구권은 손해를 가져온 상품이 사용자에게 교부한 날로부터 10년이 지나면 만기되어 청구권이 상실된다. 하지만 안전사용기한이 지나지 않은 상품은 제외한다."고 규정하였다. 이 규정에 의하면 상품의 침권책임의 최장시효기간은 10년으로 20년이라는 최장시효가 적용되지 않는다. 이는 최장소송시효가 만료되었을 때 사라지는 것은 청구권의 실체적 권리일 뿐 승소권이 사라지는 것이 아니다. 가장 긴 시효를 계산할 때 반드시 주의해야 할 것은 10년의 소송시효기간을

적용할 때 어떤 상품의 안전사용기한이 10년이 넘으면 반드시
그 상품의 안전사용기한을 가장 긴 시효기간으로 보아야한다.

책임주체의
특수규정에 관하여

제4장
책임주체의
특수규정에 관하여

【법률조문】

제32조. 민사행위 무능력자, 제한적 민사행위 능력자가 타인에게 손해를 입혔을 경우 그 보호자가 침권책임을 부담한다. 보호자가 보호책임을 다 하였을 경우 그 침권책임을 경감할 수 있다.

재산이 있는 민사행위 무능력자, 제한적 민사행위 능력자가 타인에게 손해를 입혔을 경우 본인의 재산으로 보상비용을 지급한다. 부족부분은 보호자가 보상을 한다.

제33조. 완전 민사행위 능력자가 자신의 행위에 대하여 일시적으로 무의식상태 또는 제어불능 상태에서의 과실로 타인에게 손해를 입혔을 경우 응당 침권책임을 져야 한다.

과실이 없을 경우 행위자의 경제상황에 근거하여 피해자에게 적정한 보상을 한다.

완전 민사행위 능력자가 주취, 마약 남용 또는 향정신성 약품을 남용하여 자신의 행위에 대해서 일시적으로 무의식상태 또는 제어불능 상태에서 타인에게 손해를 입혔을 경우 응당 침권책임을 져야 한다.

제34조. 근무단위의 임직원이 업무를 수행하는데 있어서 타인에게 손해를 입혔을 경우 고용을 하고 있는 단위에서 침권책임을 져야 한다.

노무파견 기간 중 파견된 업무인원이 임무를 집행하는데 있어서 타인에게 손해를 입혔을 경우 노무파견을 받아서 사용하고 있는 단위에서 침권책임을 져야 한다. 노무파견 단위가 과실이 있을 경우 상응하는 보충책임을 져야 한다.

제35조. 개인 간에 노무관계가 성립할 경우 노무를 제공하는 측에서 노무로 인해서 타인에게 손해를 입혔을 경우 노무를 제공받는 측에서 침권책임을 져야 한다. 노무를 제공하는 측에서 노무로 인하여 자신이 손해를 입었을 경우 쌍방 각자의 과실에 따라 상응하는 책임을 져야 한다.

제36조. 웹 사용자, 웹 서비스 제공자가 웹을 이용하여 타인의 민사권익을 침해했을 경우 응당 침권책임을 져야 한다.

웹 사용자가 웹 서비스를 이용하여 침권행위를 하였을 경우 피침권자는 웹 서비스 제공자에게 삭제, 은폐, 접속차단 등의 필요한 조치를 취하도록 통지할 권리가 있다. 웹 서비스 제공자는 통지를 접수한 이후 즉시 필요한 조치를 취해야 하며 손해의 확대부분 및 해당 웹 사용자에게 연대책임을 져야 한다.

웹 서비스 제공자는 웹 사용자가 웹 서비스를 이용하여 타인의 민사권익을 침해하는 것을 알고도 필요한 조치를 취하지 않았을 경우 해당 웹 사용자와 함께 연대책임을 져야 한다.

제37조. 여관, 시장, 은행, 정거장, 오락장소 등 공공장소의 관리자 또는 단체활동을 주최한 자가 안전보장의 의무를 다하지 못하여 타인에게 손해를 입혔을 경우 응당 침권책임을 져야 한다.

제3자의 행위로 인하여 타인에게 손해를 입혔을 경우 제3자가 침권책임을 져야 한다.

관리자 또는 주최자가 안전보장의 의무를 다하지 못한 경우 상응하는 보충책임을 져야 한다.

제38조. 민사행위 무능력자가 유아원, 학교 또는 기타 교육기관에서 학습, 생활하는 기간 중에 신체상의 손해를 입었을 경우 유아원, 학교 또는 기타 교육기관은 응당 책임을 져야 한다. 그러나 교육, 관리책임의 의무를 다했다는 것을 증명할 수 있을 경우 책임을 지지 않는다.

제39조. 제한적 민사행위 능력자가 학교 또는 기타 교육기관에서 학습, 생활하는 기간 중에 신체상의 손해를 입었을 경우 학교 또는 기타 교육기관이 교육, 관리직책의 의무를 다하지 못했을 경우 응당 책임을 져야 한다.

제40조. 민사행위 무능력자 또는 제한적 민사행위 능력자가 유아원, 학교 또는 기타 교육기관에서 학습 또는 생활하는 기간 중에 유아원, 학교 또는 기타 교육기관 이외의 인원이 신체상의 손해를 입혔을 경우 침권자가 침권책임을 져야 한다. 유아원, 학교 또는 기타 교육기관의 관리직책의 의무를

다하지 않았을 경우에는 상응하는 보충책임을 져야 한다.

【대표사례】

왕 모와 사망자 강 모는 2006년 2월 22일에 결혼등기를 했다. 2007년 12월 29일 저녁, 강 모는 자기가 살고 있는 24층 주택에서 뛰어내려 자살을 했다. 자살하기 전, 강 모는 자신의 블로그에 일기형식으로 자살하기 전 2개월의 고통스런 심정을 기재했다. 남편 왕 모와 모 여성이 함께 찍은 사진을 블로그에 올려 두 사람의 불정당한 성관계가 있다고 여겼다. 강 모가 자살한 후, 그 블로그는 공개되었다. 이 소식을 알게 된 강 모의 대학동창 장 모는 비경영성사이트 "북으로 날아간 후조"에 등록하였다. 장 모, 강 모의 친척 친구들이 선후로 이 사이트에 강 모를 기념하는 문장들을 올렸다. 장 모는 또 자신이 만든 사이틀 텐야칼럼(天涯网-bbs.tianya.cn), 시나닷컴(新浪-www.sina.com)에 링크를 걸었다. 강 모의 블로그 일기를 읽은 한 네티즌이 텐야칼럼에 옮겼다. 그 후 기타 네티즌들이 부단히 여러 사이트로 일기를 옮겼다. 장 모가 사이트를 만든 후 사이트에 실린 강 모와 연관된 문장들이 부단히 전파되었다. 일부 네티즌들은 텐야칼럼 등의 사이트에서 왕 모의 "신상털기"를 통하여 왕 모의 이름, 사업단위, 가정주소 등 상세한 개인정보를 밝혀냈다. 네티즌들은 사이트에서 왕 모에 대해 비방을 하기도 했다. 부분적 네티즌들은 왕 모와 그 부모가 살고 있는 자택에 가서 소란을 피웠고, 왕 모네 집 담에 "불량한 왕가(王家)", "현처양모를 핍박하여 죽이다", "피는 피를 부른다"등의 표어를 쓰거나 붙였다. 왕 모는 "북으

로 날아간 후조"의 사이트에 게재된 부분 문장 중에 자신의
사생활이 공개되고, 문장들에 모욕과 비방의 내용이 포함되
었다고 인정한 후에 자신의 프라이버시권과 명예권을 침해한
웹서비스 제공자에게 침권책임 손해배상을 요구했다. 법원에
서는 웹서비스 제공자 장 모가 친권에 대한 책임을 져야 한다
고 판결했다.[69]

4.1 후견인책임

4.1.1 개념과 특징

후견인책임은 민사행위무능력자 혹은 민사행위제한능력자
가 자신의 행위로 인해 타인에게 손해를 초래할 경우 그 후견
인이 손해배상책임을 지는 특수침권책임을 말한다.

『침권책임법』 제32조에서 규정한 후견인책임에는 아래와
같은 법률특징이 있다.

(1) 후견인책임은 사람에 대한 대리책임이다. 민사행위무
능력자 혹은 민사행위제한능력자가 구체적인 침해행위를 실
시하여 피침권자의 인신손해 혹은 재산손해를 가져왔을 경우
피침권자의 권리를 침해하였을 때 침권책임은 손해를 초래한
행위자가 아니라 행위자의 후견인이다. 후견인은 가해행위를
실시한 행위자 대신 침권책임을 지는 것이다.

(2) 후견인 책임은 과실추정책임이다. 후견인책임의 과실

---

69) 본 사례는 『침권책임법』 제36조 제2항의 내용에 따라 웹사이트 침권책임을
확정한 것으로, 피침권자가 통지한 후에 웹서비스제공자가 즉시 취한 조치와
그에 따른 손해확대부분에 대한 연대책임을 추궁하여 판결한 것이다.

은 결코 행위자의 행위로 나타나는 것이 아니라 행위인의 후견인에서 나타나는 행동이다. 후견인의 과실은 그 미성년자혹은 정신장애인에 대해 후견책임을 다하지 못한 과실로 그침권책임을 증명하는 과실요건이다.

(3) 후견인의 책임은 피행위자의 재산상황의 제약을 받는다. 기타 국가의 침권법은 후견인책임을 확정할 때 행위자의책임능력에 따라 정한다. 책임능력이 없는 미성년자 혹은 지능상실자가 행위자일 경우 행위자는 침권책임을 부담하지 않고 그들의 후견인이 책임을 진다. 중국 입법은 이와 다르다. 후견인의 책임에 대하여 확정할 때 행위능력이 없는 자 혹은행위능력제한자의 재산의 규모에 따라 다르다. 행위자에게재산이 있을 경우 행위자의 재산에서 손해배상금을 지불하고부족한 배상금을 후견인이 보충하게 한다. 행위자에게 재산이 없을 경우 후견인이 모든 손해배상 책임을 져야 한다.

(4) 후견인의 책임은 손실에 대한 공평한 책임을 분담한다고 보충한다. 후견인의 책임은 과실추정원칙을 실행하지만후견인이 가해행위를 실시한 미성년자 혹은 정신장애인에 대해 이미 후견책임을 다했음을 충분히 증명할 수 있어도 후견인은 침권책임을 면제할 수 없다. 하지만 "그의 민사책임을적당히 경감"할 수는 있는데 이는 『침권책임법』 제24조에서규정한 손실책임의 공평분담을 적용한 것이다.

4.1.2 귀책원칙

4.1.2.1 후견인의 책임에 대한 과실추정원칙 실행

후견인의 책임에 대한 확정은 과실추정원칙을 적용한다. 즉 행위자가 타인에게 손해를 초래한 사실 중에 그 후견인에 대한 소홀한 후견의 과실을 추정하는 것이다. 후견인이 자기에게 과실이 없다고 인정하면 거증책임도치를 실행하여 자신의 무과실을 거증할 수 있다. 자신의 무과실을 증명할 수 없다면 후견인은 반드시 침권대체책임을 져야 한다.

4.1.2.2 손실책임의 공평분담을 보충으로 한다

후견인이 자신은 이미 감독책임을 다하여 과실이 없다고 충분히 증명하게 되면 본래 후견인의 침권책임을 면제할 수 있지만 당사자 사이의 이익관계를 공평히 하기 위해 법률의 규정에 따라 손실책임의 공평분담을 적용하여 조정을 진행하여 손해배상책임의 합리적인 귀책을 확정한다. 손실을 공평분담할 때에는 반드시 당사자의 재산상황, 경제수입, 필요한 경제지출과 부담, 손해를 초래한 정도 등의 조건에 주의를 돌리고 고려해야 한다.

4.1.3 요건의 구성

4.1.3.1 위법행위

후견인이 위법행위를 책임지는 요건의 특점은 행위자와 책임자가 서로 다르지만 책임자는 행위자를 위해 손해배상책임을 부담하는 것이다.

후견인의 책임을 구성하는 것은 행위자의 행위인데 민사행위무능력자 혹은 민사행위제한능력자 자신이 실시한 행위는 타인이 민사행위무능력자 혹은 민사행위제한능력자를 이용하여 실시한 침권행위가 아니다. 민사행위무능력자 혹은 민사행위제한능력자를 선동, 방조하여 침권행위를 실시한 경우에는 『침권책임법』 제9조 제2항의 규정을 적용한다. 민사행위무능력자 혹은 민사행위제한능력자가 실시한 가해행위는 반드시 위법성질을 가지고 있어야 한다. 만약 위법성이 없다면 후견인의 책임은 구성되지 않는다.

후견인의 행위는 후견책임을 다하지 못한 행위로 주요하게 행위를 하지 않은 방식이다. 법률은 후견인이 민사행위무능력자 혹은 민사행위제한능력자에 대한 감독 보호의무가 있다고 규정하였는데 이는 행위의 성질은 의무이므로 후견인이 반드시 이행해야 하는 것이다. 후견인이 후견임무를 이행하지 않고, 교육을 하지 않고, 민사행위무능력자 혹은 민사행위제한능력자를 잘 단속하지 못하여 타인에게 손해를 초래했다면 부작위의 위법행위가 구성된다.

4.1.3.2 손해사실

후견인책임의 손해사실요건은 피침권자의 인신손해와 재산손해를 가리키는데 이는 기타 침권책임 구성요건의 손해사실과 다르지 않다.

4.1.3.3 인과관계

후견인 책임구성의 인과관계는 이중성을 띠고 있다.

(1) 가해 행위자의 행위와 손해사실 사이에는 인과관계가 있다. 즉 손해사실은 반드시 행위자의 행위가 그 원인이므로 양자 사이는 원인제공과 결과초래의 객관연계가 있다. 이런 연계가 없다면 침권책임은 구성되지 않는다. 판단의 표준은 응당 인과관계이론에 대한 비교로 결정해야 한다.

(2) 후견인의 소홀로 인한 감독책임과 손해사실 사이에는 반드시 인과관계가 있다. 이런 인과관계에서 원인과 결과사이의 비교적 긴 연결고리가 있다. 후견인이 후견직책에 소홀히 한 행위는 행위자, 즉 후견인이 실시한 가해행위의 원인이다. 피후견인은 후견인의 감독이 소홀하였기에 가해행위가 실시될 수 있고 이 때문에 피침해인의 침해가 발생하였다. 비록 피후견인에 대한 감독 책임과 손해 사실 사이의 인과관계는 직접적이지는 않지만 꼭 구비되어야 하는 요건이며 이런 요건이 없다면 후견인책임은 형성되지 않는다.

4.1.3.4 과실

후견인 책임을 구성하는 과실요건의 주요특점은 과실과 행위자가 서로 분리된 점이다. 즉 과실은 행위자의 과실이 아니라 행위자에 대한 감독직책을 가지고 있는 후견인의 과실이다. 즉 후견인 교육에 대한 소홀함, 후견에 대한 소홀함 혹은 관리에 대한 소홀함은 후견과실의 구체적 표현이다. 이 모든 것은 후견인이 반드시 주의해야 했으나 미처 주의하지 못한 것이기 때문에 과실의 심리상태이다. 후견인 책임의 구성에서 과실요건은 추정으로 정한다. 후견인이 자신에게 과실이 없다고 여기면 거증책임도치를 사용하여 자기거증으로 감독책임을 이미 모두 하였음을 증명해야 한다.

4.1.4 후견인책임법률관계와 당사자

4.1.4.1 법률관계

후견인책임의 손해배상에서 법률적 당사자는 피침권자와 후견인이다. 피침권자는 침권법률적 배상권리주체이고 후견인을 침권법률적 배상의무의 주체로 한다. 후견인을 배상의무주체로 침권행위의 책임을 부담하는 자연인이다. 만약 손해를 초래한 피후견인, 즉 민사행위무능력자 혹은 민사행위제한능력자에게 재산이 있다면 그 가해행위자를 역시 당사자로 인정한다.

4.1.4.2 당사자

(1) 책임자. 후견인 침권법률관계 중의 배상의무주체는 후견인이다. 후견인은 네 가지 유형이 있는데 첫째는 미성년자의 친권자이고, 둘째는 친권감독권을 상실한 미성년자의 후견인이고, 셋째는 정신장애인의 후견인이고, 넷째는 기타 민사행위무능력자 혹은 민사행위제한능력자의 후견인이다.

행위자가 타인에게 손해를 초래했을 때 명확한 후견인이 없다면 후견순서지정에 따르는데 순서가 앞에 있는 후견인이 손해배상책임을 부담한다. 『민법통칙』 제16조 제2항과 제17조 제1항에서는 그 순서를 이렇게 규정하였다. 부모가 친권인 신분으로 후견권을 행사해야 하는 것 외의 순서는 첫째는 조부모, 외조부모이고, 둘째는 형제이고, 셋째는 관계가 친밀한 기타 친척 혹은 벗이다. 정신장애인의 후견인 순서는 첫째는 배우자이고, 둘째는 부모이고, 셋째는 성년자녀이고, 넷째는 기타 근친속이고, 다섯째는 관계가 친밀한 기타 친속이나 벗이다. 순서에 따라 순서가 앞인 후견인을 손해배상책임자로 한다.

(2) 행위자. 후견책임안건 중의 행위자는 실제로 타인에게 손해를 입힌 미성년자와 정신장애인 및 민사행위무능력자와 민사행위제한능력자의 성인이다. 미성년자에 한해서는 반드시 『민사통칙』 제11조와 제12조의 규정에 따라야 한다. 10세가 되지 않은 사람을 민사행위무능력자로 하고, 이미 10세가 되지만 18세가 되지 않은 사람을 민사행위제한능력자로 한다. 16세가 넘고 18세가 되지 않는 자가 자신의 노동수입이 주요한 경제 수입일 경우 완전민사행위능력자로 보며 독립적 침권자로 한다. 정신장애인에 대해서는 『민법통칙』 제13조의 규정에 따라 그 민사행위능력을 확정한다.

(3) 피침권자. 후견인침권법률적 관계에서 피침권자는 손해배상권리자이며 이에 대한 특별한 규정과 요구가 없이 일반 피침권자의 자격이 구비되면 된다.

4.1.5 법률적용규칙

4.1.5.1 책임확정의 규칙

민사행위무능력자, 민사행위제한능력자가 타인에게 손해를

가져다주었다면 후견인이 침권책임을 져야 한다. 민사행위무능력자 혹은 민사행위제한능력자가 타인에게 손해를 초래한 사실에서 후견인에게 과실이 있음을 추정하고 그 추정이 성립되면 후견인은 손해배상책임을 져야한다.

후견인이 후견책임을 다했다면 그 침권책임을 경감할 수 있다. 후견인이 자기에게 과실이 없다고 여기면 자기가 후견책임을 다 하였음을 증명하여야 하며 증명이 채택되면 손실책임의 공평분담규칙을 적용하여 그 책임을 경감하고 양측 당사자가 손실을 분담한다.

4.1.5.2 책임부담의 규칙

재산이 있는 민사행위무능력자, 민사행위제한능력자가 타인에게 손해를 초래했을 때 미성년자, 정신장애인 및 민사행위 전부 혹은 부분상실무능력의 성인을 막론하고 자신에게 재산이 있다면 후견인이 손해배상책임을 부담하지 않고, 행위자의 재산으로 직접 배상금을 지급한다.

피후견인 손해배상책임 중 부족한 부분은 후견인이 보충배상한다. 행위자가 부담할 수 없는 부분의 전부를 후견인이 부담한다.

4.2 일시적 지능상실의 손해책임

4.2.1 개념과 구성

4.2.1.1 개념

일시적 지능상실 손해책임은 일시적 의사능력상실로 인한 손해책임이라고 하는데[70] 완전민사행위능력자가 과실로 인한 일시적 지능상실 혹은 음주 마취약품남용, 정신약품으로 인한 일시적 지능상실이 타인에게 준 손해를 말하는데 이런 상황에서는 특수침권책임을 진다. 『침권책임법』 제33조는 이런 침권책임에 대한 규정이다.

4.2.1.2 귀책원칙

일시적 지능상실의 손해책임은 과실추정원칙을 적용한다. 즉 피침권자가 이미 기타책임을 구성하는 요건을 증명한 후, 법관은 침권자가 그 지능상실에 대해 과실이 있는지를 추정하는데 지능상실의 행위자가 만약 자기에게 과실이 없다고 주장하면 반드시 거증증명으로 이를 증명하여야 한다. 자기에게 과실이 없음을 충분히 증명할 수 없으면 침권책임이 성립되기에 반드시 손해배상책임을 져야 한다.

4.2.1.3 책임구성

(1) 침권자는 완전민사행위능력자여야 한다. 후견인책임과는 부동한데 오직 완전민사행위능력이 있어야만 비로소 일시적 지능상실의 정황이 존재할 수 있는데 이런 상황에 대한 전문적인 규정규칙이 필요하다.

---

70) 왕리밍:『침권책임법연구』하권, 중국인민대학출판사 2011년판, 제63쪽.

(2) 피침권자가 반드시 실질적 손해를 받아야 한다. 피침권자에게 초래된 실질적 손해는 인신손해일 수도 재산손해일 수도 있다.

(3) 침권자가 타인에게 손해를 줄 때 일시적 지능상실이어야 한다. 침권자는 반드시 일시적 지능상실의 상태에서 자기의 행위를 제어 할 수 없기 때문에 피침권자에게 손해를 가져다주기 때문에 인과관계가 성립된다. 일시적 지능상실과 간헐성 폭발성장애는 부동하다. 간헐성 폭발성장애로 인한 손해배상책임은 반드시 『침권책임법』 제32조에서 규정한 후견인책임을 적용해야 한다.

(4) 침권자의 일시적 지능상실은 자신의 과실로 인한 것이어야 한다. 이런 특수침권책임을 구성하려면 피침권자에게 반드시 과실이 있어야 한다. 즉 침권자 자신의 지능이 잠시 상실된 것은 자기의 과실로 인하여 발생된 것이다. 지능상실의 과실은 『침권책임법』 제33조 제2항에서 규정한 음주, 마취약품 남용 혹은 정신약품을 제외한 기타 고의 혹은 과실을 모두 포함하여 특수침권책임을 구성한다.

4.2.2 법률적용

4.2.2.1 침권자의 과실책임부담

완전민사행위능력자가 자기의 과실로 인해 일시적 지능상실을 가져와 타인에게 손해를 초래했다면 반드시 자기의 과실로 인하여 초래된 손해를 부담해야 하고, 피침권자에 대한 침권책임을 져야 한다.

4.2.2.2 음주와 같은 원인으로 인한 침권자 과실

음주, 마취약품 남용 혹은 정신약품으로 인하여 일시적으로 의식이 없거나 자아통제를 잃은 상황에서 타인에게 손해를 가져다주었으면 반드시 침권자가 손해배상책임을 진다. 이런 상황 역시 침권자의 과실에 의한 것이기에 반드시 침권책임을 져야 한다.

병리성 음주는 정신질병의 일종이며 특발성 알코올중독이라 부른다. 이는 일반인이 마셔서 취할 정도의 알코올 량으로 인하여 발생한 행위와 심리의 변화를 말하는 것이 아니라 술을 마실 때 혹은 술을 마신 후에 돌연히 일어나는 격앙된 충동적인 격노이며 공격이고 파괴행위이다. 이런 행동은 자신에게 상처를 주거나 타인을 상하게 하는 결과를 초래한다. 『침권책임법』 제33조에서 규정한 "음주"는 병리성 음주를 포함하지 않기에 병리성 음주로 행위자자의 과실을 인정할 수 없다. 만약 행위자가 자신이 병리성 음주임을 알고도 여전히 음주하여 자기의 행위에 잠시 의식이 없거나 혹은 공제를 잃어 타인에게 손해를 초래했다면 과실이 있는 자기지능상실로 되므로 반드시 제33조에서 규정한 침권책임을 져야 한다. 만약 순수한 병리성 음주로 일시적 지능상실에 속하여 타인에게 손해를 초래했다면 반드시 『침권책임법』 제32조에서 규정한 후견인책임규칙을 적용하여 후견인에게 과실이 있다면 후견인은 침권책임을 부담하고, 후견인에게 과실이 없다면 행위자의 경제상황에 근거하여 피해자에게 적당한 보상을 한다.

4.2.2.3 과실이 없는 손실책임의 공평분담

완전민사행위능력자는 자신의 일시적 지능상실에 과실이 없다면 손실의 공평분담규칙에 따라 행위자의 경제상황 등 정황에 근거하여 피해자에게 적당한 보상을 한다.

4.3 고용자책임

4.3.1 고용자책임의 개술

4.3.1.1 개념

고용자책임은 일종 특수침권책임이며 고용책임이라고도 한다.[71] 고용업체의 작업인력 혹은 노무파견인력 및 개인노동관계에서 노무인력을 제공하는 측이 작업임무를 집행과정이나 노무로 인하여 타인에게 침해를 가져다주면 고용업체 혹은 노무파견업체 및 노무를 받은 업체에서 반드시 손해배상책임인 특수침권책임을 져야 한다. 『침권책임법』 제34조와 제3조에서 규정한 고용자책임은 고용업체책임, 노무파견업체책임과 개인노무책임을 포함한다.

---

71) 왕리밍:『침권책임법연구』하권, 중국인민대학출판사 2011년 판, 제72쪽.

4.3.1.2 특징

(1) 세 가지 고용자책임유형은 모두 작업임무 집행 혹은 노무과정에서 타인에게 손해를 가져다 준 것이다. 고용업체책임, 노무파견책임, 또는 개인노무책임을 막론하고 모든 작업인력이 작업임무 집행과정에 발생한 침권행위이며 한쪽이 다른 한 측의 노동을 지배하는 것이다. 작업임무와 노무집행과정을 직무집행이라고 하는 것이 더욱 간결하고 정확하다.

(2) 행위자와 책임자의 호상 분리. 이런 침권책임을 대리책임이라 하는데 손해를 초래한 직접행위자는 고용업체의 작업인력이나 노무를 제공하는 측이고, 책임은 그들에 대해 지배관계가 있는 작업인력이다.

(3) 행위자가 손해를 초래한 행위는 책임자의 감독, 관리의 무책임과 관계된다. 고용자책임에는 두 가지 행위가 존재한다. 첫째는 손해를 가져온 작업인력의 행위 혹은 일자리를 제공한 업체의 행위는 손해를 조성한 구체적 행위이다. 둘째 고용업체, 노무파견업체 혹은 고용업체의 감독이 무책임하고, 관리가 적당하지 못한 행위이다. 손해의 조성에 존재하는 직접원인과 간접원인이 서로 결합되어야만 비로소 침권책임을 구성할 수 있다.

(4) 책임자의 과실과 행위자의 과실의 작용이 서로 부동하다. 고용자책임의 형성은 과실에 직접 요구하는 작업인력의 과실이어야 하는데 작업인력의 과실이 적용되지 않으면 작업인력의 책임이 이루어지지 않는다. 하지만 고용노동자, 노무를 제공하는 업체의 과실에 대하여 고찰해야 하는데 비록 침

권책임의 구성에 영향을 미치지 못한다고 하여도 손해배상 손해배상청구관계에서는 결정적인 작용을 한다.

4.3.1.3 유형 및 의의

고용자책임을 고용업체책임, 노무파견업체책임과 개인노무책임으로 나눈다. 고용자책임의 유형을 구별하는 의미는 다음과 같다. 첫째, 세 가지 유형 고용자책임의 노무관계성질은 부동하다. 고용업체책임의 노무계약은 고용업체와 고용인력 간의 단일한 노무관계를 형성하는데 고용인력이 노동임무를 진행하는 과정에서 타인에게 손해를 초래했다면 반드시 고용업체에서 책임을 져야 한다. 노무파견업체책임에는 두 가지 계약관계가 존재하는데 기존의 노무파견업체와 고용인력 간의 계약관계, 노무파견을 접수한 고용업체와 노무파견업체 간의 계약관계가 있다. 고용업체가 노무파견업체를 접수하게 되면 고용업체가 실질적으로 작업인력의 노동을 지배하게 된다. 개인노무도 노무관계를 가지고 있지만 내용이 비교적 간단하고, 관계가 명확하다. 둘째, 세 가지 유형의 고용자책임의 규칙은 부동하다. 『침권책임법』 제34조와 제35조에서는 서로 부동한 규정을 하였지만 두 가지 규정 모두 방향성이 있고, 자신의 특점을 가지고 있다.

4.3.2 고용업체 책임

4.3.2.1 개념과 특징

고용업체책임은 고용업체의 작업인력이 작업임무를 집행하다가 타인의 손해를 초래하게 되면 고용업체가 그 손해배상책임주체로 된다. 고용업체가 작업인력이 초래한 손해행위에 대해 손해배상책임을 부담하는 것이 고용자책임이다. 『침권책임법』제34조 제1항에서는 고용자책임에 대해 규정하고 있다.

고용업체책임의 기본특징은 다음과 같다. (1) 침권행위를 실시한 주체는 특정화. 고용업체의 작업인력에 의한 침권의 결과여야만 침권행위가 성립된다. (2) 침권행위가 발생한 장소의 특정화. 고용업체의 작업인력이 이 지정된 업무를 완성하는 과정에 타인의 손해를 조성한 것이어야만 이런 침권행위가 인정될 수 있다. (3) 피침권자 즉 손해배상권리자의 특정화. 오직 고용업체의 작업인력이 고용노동을 실행하다가 제3자에게 손해를 초래했을 때에만 고용자 침권책임이 성립된다. (4) 책임형태는 대체책임으로 고용업체의 작업인력이 제3자에게 손해를 초래하게 되면 책임의 주체는 행위자, 즉 고용업체의 작업인력이 아니라 고용업체인데 이는 전형적 대체책임형태이다.

4.3.2.2 귀책원칙

고용업체의 책임에 대해 과실추정원칙을 적용한다. 작업인력이 피침권자에게 손해를 초래한 사실에 관한 고용업체의 선임, 감독직책에 대한 과실 증명은 도치(倒置)거증 방식을 이용하기 때문에 고용업체는 자기는 필요한 주의를 다했다고 거증해야 한다. 이런 거증방식 하에 피침권자는 고용업체의 과실에 대하여 직접 고용단위의 과실에 대하여 거증할 필요가 없으므로 피침권자는 유력한 위치에 놓이게 되며 피침권

자의 권익은 더욱 좋은 보호를 받을 수 있다.[72)]

4.3.2.3 구성요건

(1) 위법행위. 고용업체의 법인대표자, 책임자 및 기타 사업자들은 직무집행 행위가 있어야 하며 그 행위는 법률을 위반한 행위여야 한다. 고용업체란 법에 의거하여 성립된 법인과 법인자격이 없는 기타 조직을 말한다. 무릇 개인노무관계, 노무파견관계 및 국가배상법의 조정범위에 속하지 않은 국가기관, 사회단체 등은 모두 고용업체책임의 주체이다.

고용업체 작업인력의 행위는 반드시 직무의 집행행위여야 한다. 작업인력의 직무 집행여부는 고용업체의 명확한 지시에 의거한다. 명확한 지시가 없으면 중국사법 실례에서는 객관설을 채용한다. 즉 직무집행의 외재적 표현형태를 표준으로 삼는데 만약 행위가 객관적인 표현으로 고용업체의 지시로 일을 처리한 요구와 일치하다면 직무집행의 범위에 속한다고 인정한다. 아래의 행위들은 직무집행의 범위에 속하지 않는 것들이다. 첫째, 직책을 초과한 행위. 작업인력의 직무집행은 자신의 직책을 완성하기 위한 모든 행위를 포함하지만 자신의 직책범위를 넘은 행동에 대하여 고용업체에서는 그 책임을 지지 않는다. 둘째, 독단적 위탁행위. 작업인력이 권한을 부여 받지 못한 상황에서 독단적으로 자신이 완성해

---

72) 어떤 사람은 고용업체책임을 무과실책임원칙 혹은 엄격책임을 적용해야 한다고 인정한다. 왕성밍 주편:『중화인민공화국침권책임법석의』, 중국법제출판사 2010년 판 제149쪽; 왕리밍:『침권책임법연구』하권, 중국인민대학출판사 2011년 판, 제91쪽.

야 할 일을 타인에게 위탁하여 완성하는 것을 말하는데 이런 상황에서 고용업체에서는 이 행위자의 침권행위에 대한 책임이 없다. 셋째, 금지행위 위반. 고용업체가 명문으로 금지한 행위를 작업인력이 행한 것을 말하는데 이런 경우는 직무집행 행위에 속하지 않는다. 넷째, 기회를 도용한 행위. 작업인력이 직무를 이행하던 과정에서 자신의 사적인 일을 처리할 때 생긴 손해는 직무집행과 관련이 없으므로 직무집행범위에 속하지 않는다.

행위위법성 요건은 주요하게 구체적인 행위자에게서 구현된다. 즉 고용업체의 법인대표자, 책임자, 작업인력의 직무집행행위에 위법성이 있으며 이로 인하여 타인에게 손해를 초래했다면 고용업체에서 침권책임을 진다.

(2) 손해사실. 고용업체책임의 손해사실요건은 인신권익 침해와 재산권익 침해로 인해 손해결과와 인신손해사실, 정신손해사실과 재산손해사실을 포함한다.

(3) 인과관계. 직무집행행위는 손해사실의 원인이 되는데 손해사실은 확실히 그 직무집행행위가 가져온 객관결과이다. 이와 같은 인과관계에 대한 판단은 일상적 인과관계의 판단표준이다. 즉 직접 가해행위를 실시한 행위자의 행위(즉 고용업체의 법인대표자, 책임자와 작업인력의 행위)와 손해사실 사이의 인과관계이다. 고용업체의 선임, 감독, 관리 등을 소홀히 한 행위와 손해사실 사이에는 간접적 인과관계만 성립된다.

(4) 과실. 고용업체의 과실은 고용업체가 작업인력에 대한 선임, 감독, 관리 등의 과실을 가리킨다. 작업인력의 과실은 침권책임 성립의 요건의 요구가 아니라 고용업체가 손해를

초래한 작업인력에 대한 손해배상청구권 성립의 요건이다.

4.3.2.4 고용업체의 대체책임

고용업체책임은 대체책임으로 관련 손해배상법률관계는 손해배상주체와 행위자가 서로 분리된 특점을 가지고 있는데 직접행위자는 고용업체가 고용한 작업인력이고, 손해배상책임주체는 고용업체이며 직접 피침권자에 대한 손해배상책임을 가지고 있기에 행위자가 책임을 부담하는 것이 아니다. 고용업체가 손해배상책임을 부담한 후, 과실이 있는 작업인력에 대해 법에 따라 손해배상청구를 청구할 수 있다.

4.3.2.5 거증책임

배상권리주체의 기소를 법원에서 접수할 경우 원고에게 고용업체의 과실에 대한 거증을 요구하지 않는다. 다만 위법행위, 손해사실, 작업인력의 직무집행행위와 손해결과와의 사이의 인과관계와 가해자가 고용업체의 작업인력이란 것만 증명해도 충분하다. 고용업체가 자기의 책임을 면하려면 반드시 그가 작업인력의 선임과 작업인력의 직무집행에 대한 감독이 필요한 주의를 다했음을 증명해야 한다.

선임한 작업인력이 이미 필요한 직책을 다했다는 것은 작업인력의 능력, 자격과 작업인력이 맡게 될 직책이나 임무를 능히 감당할 수 있는지에 대하여 이미 상세한 고찰을 다했다는 결론이 실제정황에 부합되는 것을 말한다. 직무집행에 대한 감독이 충분하다는 것은 고용업체가 작업인력의 직무집행의 총체적 행위에 대한 적당한 교육과 관리의 진행여부를 말하는데 이 표준은 객관적 상황에 의거하여 결정한다. 고용업체가 이상의 사항에 대하여 확실히 필요한 주의를 주었다면 고용업체의 과실이 없다고 할 수 있으므로 손해배상책임을 면할 수 있다.

고용업체가 자기에게 과실이 없음을 증명할 수 없으면 반드시 손해배상책임을 져야 한다. 작업인력이 타인에게 손해를 초래한 과실이 있다면 고용업체는 피침권자의 손실을 배상한 후 작업인력에 대해 손해배상청구권을 가지게 된다. 작업인력은 응당 고용업체의 피침권자의 손실에 대한 손해배상으로 인한 고용업체의 손실을 배상해야 한다. 이런 상황에서는 새로운 손해상환법률관계가 형성된다. 작업인력에게 과실이 없다면 고용업체 단독으로 손해배상책임을 져야 한다. 고용업체는 작업인력에 대한 손해배상청구권이 있다. 『침권책임법』제34조에 손해배상청구관계의 규칙이 없다고 하여도 대체책임의 손해배상청구관계는 필연적으로 형성된 것으로 부인할 수 없다.

4.3.3 노무파견업체 책임

4.3.3.1 노무파견의 개념과 법률관계

노무파견은 인력파견 혹은 인재파견이라 부르기도 하는데 노무파견업체와 인력고용업체가 파견협의를 조인한 후, 노무파견업체에서 작업인력을 인력고용업체로 파견하여 인력고용업체의 지휘, 감독 아래 노동을 제공하는 노무관계를 가리킨다.

노무파견의 전형적 특징은 노동력 고용과 노동력 사용의 분리이다. 피 파견된 작업인력은 인력고용업체와 노동계약을 체결하여 노동관계를 형성하는 것이 아니라 노무파견업체와 노동관계가 형성된다. 노무파견업체와 노동관계가 형성된 작업인력은 인력고용업체에 파견되어 노동을 하는 것으로 "노동관계가 있지만 노동이 없고, 노동이 있지만 노동관계가 없는"특수고용형태이다.

4.3.3.2 노무파견업체 책임의 개념과 구성

노무파견업체책임은 노무파견기간에 파견된 작업인력이 작업임무를 집행하다가 타인에게 손해를 초래했다면 인력고용업체에서 책임을 부담하고, 노무파견업체에서 보충책임을 부담하는 고용자책임이다.

노무파견업체책임의 구성에 필요한 요건:

(1) 당사자 사이에는 노무파견 노동관계가 존재한다. 노무파견업체와 파견된 작업인력사이에는 노동계약관계가 있고, 노무파견업체와 인력고용업체에 노무파견계약관계가 있다면 상술한 두 가지 계약관계에 근거하여 파견된 작업인력은 인력고용업체에 노동을 제공할 수 있다.

(2) 파견된 작업인력이 노무파견의 직무를 완성하는 과정에서 타인에게 초래한 손해. 노무파견업체책임 중 손해사실의 성립요건은 타인에게 입힌 손해이다. 이 손해는 인신손해와 재산손해를 포함한다. 그 손해는 파견된 작업인력이 파견작

업임무를 수행하는 과정에 발생한 것이다. 작업임무를 수행하던 파견된 작업인력이 타인에게 입힌 손해를 말한다. 파견된 작업인력이 파견업체로 가던 도중, 아직 인력고용업체에 도착하기 전에 손해가 초래되었거나 혹은 파견임무를 완성하고 파견업체로 돌아오던 중, 타인에게 손해를 입혔다면 노무파견책임은 구성되지 않기에 노무파견업체에서 책임을 부담하지 않는다.

(3) 손해사실의 발생과 피파견 작업인력의 직무집행행위와 인과관계가 존재한다. 타인에게 손해 입힌 행위는 반드시 파견된 작업인력이 파견업무를 집행하는 행위로 인하여 발생한 것이기에 양자 사이에는 인과관계가 존재한다.

(4) 인력고용업체의 작업인력 업무에 대한 지휘, 감독 과실이 존재한다. 과실은 인력고용업체가 작업인력의 직무집행행위에 대하여 충분한 지휘, 감독이 있어야 하지만 그렇지 못한 것으로 표현된다. 인력고용업체의 과실은 추정방식으로 정한다. 피침권자가 이미 서술한 세 가지 요건을 증명한 기초에서 인력고용업체에 지휘, 감독의 과실을 추정하는 것이다. 인력고용업체에서 과실이 없다고 여기면 스스로 증거를 제기하여 증명해야 한다. 자신에게 과실이 없음을 충분히 증명하면 침권책임을 지지 않는다. 만약 이를 증명할 수 없다면 과실추정이 성립되며 반드시 손해배상책임을 져야 한다. 노무파견업체가 작업인력의 파견 과정에 과실이 있을 수 있다. 이를테면 선임, 양성, 자질 등의 요구에 부합되지 않는 작업인력을 파견했다면 노무파견업체는 상응하는 보충책임 관련 요건이지 인력고용업체책임 관련 요건이 아니다.

4.3.3.3 책임부담

『침권책임법』 제34조 제2항에는 별도로 노무파견업체책임의 두 가지 책임을 규정했다.

(1) 인력고용업체의 책임. 앞에서 서술한 노무파견업체책임 관련 요건이 구비되면 인력고용업체의 책임이 성립됨으로 인력고용업체에서는 반드시 손해배상책임을 져야 한다. 노무파견책임 중에 노무파견업체는 책임을 부담하지 않고, 고용업체에서 책임을 지게 되는데 그 원인은 인력고용업체가 작업인력의 노동을 지배하게 되고, 작업인력은 인력고용업체의 지휘, 감독 아래에 직접 인력고용업체를 위해 노동을 진행하기 때문이다.

(2) 노무파견업체의 보충책임. 파견된 작업인력이 작업임무를 집행하다가 타인에게 손해를 입혔다면 파견업체에도 과실이 있기에 파견업체와 파견된 작업인력 사이에는 노동관계가 있게 됨으로 노무파견업체는 반드시 상응하는 보충책임을 져야 한다. 이런 보충책임의 요점은 다음과 같다. 첫째, 보충책임은 고용업체의 책임을 보충하는 것인데 만약 고용업체가 전부의 손해배상책임을 부담한다면 보충책임은 존재하지 않지만 고용업체가 손해배상책임을 지지 않거나 전부의 손해배상책임을 지지 않을 때에만 노무파견업체의 보충배상이 존재한다. 둘째, 상응하는 책임은 노무파견업체의 과실 규모와 행위원동력이 상호 적용된다. 즉 과실정도와 원동력의 작용으로 보충책임을 확정하는 것이다.

4.3.4 개인노무책임

4.3.4.1 개념과 특징

개인노무책임은 개인 사이에 형성된 노무관계 중, 노무를 제공한 측이 노무로 인해 타인에게 손해를 초래하게 되면 노무를 접수한 측이 반드시 손해배상책임을 부담하는 고용자책임을 가리킨다. 『침권책임법』 제35조의 앞부분에서는 개인노무책임에 관한 규정이고, 뒤 부분은 개인노무의 산재사고책임에 관한 규정이다. 각국의 침권법에서는 고용업체책임과 개인노무책임을 모두 고용주책임에 귀속시킨다. 중국에서는 고용체제의 부동에 따라 고용자책임을 구분하며 개인노무책임을 따로 열거하고 있다.

개인노무책임과 기타 침권책임을 서로 비교해보면 다음과 같은 법률특징이 있다.

(1) 노무를 접수한 측과 노무를 제공한 측 사이에는 개인노무관계가 있다.

(2) 노무제공 일방이 노무로 인한 손해는 노무를 접수한 측의 행위로 초래된 손해와 동등하다.

(3) 개인노무책임의 침권책임형태는 대체책임이다.

4.3.4.2 귀책원칙과 구성요건

개인노무책임은 과실추정원칙을 적용한다. 피침권자는 반드시 손해사실만 증명하면 된다. 손해결과와 행위자의 행위 사이에는 인과관계가 있고, 행위자와 피고의 개인노무관계만 증명하고 피고의 침권행위의 과실여부를 증명할 필요는 없다. 피고는 자신의 행위가 손해의 발생에 대해 과실이 없다고 반증해야 한다.

개인노무책임 확정에 필요한 요건:

(1) 노무를 접수한 측과 노무를 제공한 측에는 노무관계가 있어야 한다. 노무를 접수한 측과 노무를 제공한 측 사이의 노무관계표현은 노무를 제공한 측이 고용기간에 실시한 행위가 직접 노무를 접수한 측에게 경제이익 및 기타 물질이익을 창조하여 노무를 접수한 측이 이런 이익을 받았다면 노무를 제공한 측은 그에 상응하는 보수를 얻을 수 있다.

(2) 노무를 접수한 측은 반드시 특정지위에 있어야 한다. 노무를 접수한 측은 타인의 노동을 지배하는 지위에 놓이게 된다. 지배적 지위는 노무계약에 의거하며 노무를 접수한 측에서 구매한 것은 노무를 제공하는 측의 노동력이다. 때문에 노무를 접수한 측은 노무를 제공한 측의 노동에 대한 지배권이 있다.

(3) 노무를 제공하는 측은 제3자에게 손해를 주는 과정이 특정상황이여야 한다. 그 특정상황은 노무를 제공한 측이 손해를 입힐 때의 행위는 노무행위여야 한다. 노무를 제공한 측이 타인에게 손해를 입힐 때 노무 규칙 집행여부에 대한 고찰은 다음과 같다. 첫째, 노무를 접수한 측에게 명확히 지시권리부여가 있었다면 노무를 접수한 측의 명확한 지시에 따른 것. 노무를 접수한 측이 노무를 제공한 측에게 무엇을 하도록 지정한다면 노무를 제공한 측에서는 노무를 접수한 측이 제시하는 업무지시에 따라 직무를 집행하게 된다. 둘째, 노무를 접수한 측의 권한부여범위를 초월한 것. 노무를 접수한 측의

명확한 지시가 없다면 노무활동에 종사한 외적표현 형태에 의거한다. 만약 행위의 객관 상의 표현이 노무를 접수한 측이 지시에 따른 업무처리 요구와 서로 일치하다면 이는 노무활동범위에 속한다.

(4) 노무를 접수한 측이 주관적 과실이 있어야 한다. 노무를 접수한 측의 과실표현은 노무를 접수한 측의 선임, 감독, 관리에 대한 소홀한 부주의 심리상태이다. 노무를 제공한 측의 주관적 과실 존재여부는 책임구성에 의미가 없고, 오직 노무를 접수한 측이 노무를 제공한 측에 대한 손해배상청구권의 적용여부를 확정할 때에만 노무를 제공한 측의 과실을 고찰할 수 있다. 노무를 접수한 측의 과실내용은 노무를 제공한 측의 선임, 감독, 관리의무에 대한 소홀에서 표현된다. 만약 노무를 접수한 측이 고의적으로 노무를 제공한 측에게 지시하여 타인의 권리를 침해했다면 공동침권행위가 적용되며 노무를 제공한 측의 대체책임이 아니다. 노무를 접수한 측의 과실은 추정형식으로 확정한다.

4.3.4.3 책임부담

노무를 접수한 측의 손해배상책임을 확정하면 노무를 접수한 측이 대체책임을 지는데 응당 아래와 같은 절차에 따라 진행해야 한다.

(1) 손해배상 책임주체의 확정. 개인노무책임이 대체책임이라고 하여도 그 책임주체는 노무를 접수한 측이지 노무를 제공한 측이 아니다.

(2) 노무를 접수한 측이 손해배상책임을 져야 한다. 개인노무손해책임이 성립되었음을 증명한 후, 노무를 접수한 측은 반드시 손해배상책임을 지게 된다.

(3) 노무를 접수한 측의 추상권(追償权-상환청구권). 노무를 접수한 측은 노무를 제공한 측의 대체책임을 부담한 후, 만약 노무를 제공한 측이 손해의 발생에 중대한 과실 혹은 고의가 있다면 노무를 접수한 측은 그 손해상환청구권을 부여받게 되므로 노무를 접수한 측의 손실을 보상해주어야 한다. 동시에 노무를 제공한 측은 직무를 집행하던 과정에서 업무를 신중히 완성하여 손해의 발생을 경감하게 해야 한다.

4.3.4.4 노무를 제공한 측의 노무로 인해 초래된 자기 손해의 책임

『침권책임법』 제35조 뒤 부분에서 개인노무관계의 산재사고책임에 대하여 규정하였다. 이 규정은 일반적 산재사고규칙과 다르다. 다른 점은 개인노무관계에서는 원칙 상 산재보험이 적용되지 않으므로 노무를 제공하는 측이 노무과정에서 발생한 자기 상해에 대한 확정은 양측의 과실에 근거하여 상응하는 책임을 지게 된다. 노무를 제공한 측이 노무로 인해 상해를 입었다면 노무를 접수한 측의 책임확정 여부는 과실책임원칙을 적용한다. 과실이 있으면 책임을 부담하고, 과실이 없으면 책임을 부담하지 않는다. 상응하는 책임은 바로 과실정도와 상응하고, 원동력과 상응하는다.[73]

---

73) 『침권책임법연구』의 이 규정은 비평을 받고 있는데 그 원인은 이런 규정이 노동자 노동안전의 필요한 보호에 대해 위반했기에 이 부분 노동자의 안전은 필요한 보장을 받을 수 없기 때문이다.

개인노무산재사고 책임부담의 세 가지 상황:

(1) 노무를 접수한 측의 과실. 노무를 접수한 측이 노무를 제공한 측의 노무 과정에 일어난 자기 손해에 과실이 있고 노무를 제공한 측의 과실이 없으면 노무를 접수한 측이 전부의 손해배상책임을 지고, 노무를 제공한 측은 손해배상을 청구할 권리가 있다.

(2) 노무를 제공한 측 자신의 과실. 노무를 제공한 측은 노무를 제공하는 과정 중에 자기 손해를 초래했다면 자기의 과실로 초래된 것이기 때문에 노무를 접수한 측에게 과실이 없게 되므로 반드시 자기의 과실에 대해 후과를 부담하고, 노무를 접수한 측은 책임을 부담하지 않는다.

(3) 노무를 제공한 측과 노무를 접수한 측 모두의 과실. 이런 정황에는 과실상계가 적용 되므로 반드시 양측 과실정도와 원동력에 따라 각자가 반드시 부담해야 할 책임을 확정한다.

4.4 사이버침권책임

4.4.1 사이버침권책임의 개술

4.4.1.1 개념과 특징

사이버침권책임은 인터넷 등 사이버의 인터넷 사용자, 인터넷서비스제공자 및 기타 고의 혹은 과실로 인터넷을 이용하여 타인의 민사권익을 침해한 특수침권책임이다. 인터넷침권책임의 특징은:

(1) 인터넷침권행위 주체의 다양화. 인터넷의 사용범위가 극히 광범위해지면서 인터넷을 이용하여 각종 활동에 종사하는 주체도 많기 때문에 인터넷침권행위의 주체도 다양성을 띠고 있다. 사이버침권책임의 주체는 주요하게 인터넷서비스제공자와 인터넷 사용자이다.

(2) 인터넷침권행위의 지능화. 웹운영과 사용은 모두 비교적 강한 기술능력을 요구하기 때문에 인터넷침권을 실시하는 행위자는 대부분 컴퓨터응용에 숙련한 인터넷 사용자이므로 인터넷침권행위는 지능화의 특점을 띠고 있다.

(3) 인터넷침권행위의 은폐성. 인터넷침권행위의 매개체는 전자화, 디지털화의 현대도구로 인터넷을 주요한 매개체로 일반적인 상황에서는 마우스 클릭 등의 간단한 방법만으로도 침권행위를 실시할 수 있으므로 전통적 서면재료처럼 쉽게 흔적을 남기지 않으며 증거를 쉽게 없앨 수 있어서 피침권자가 거증하기 힘들다.

(4) 인터넷침권행위를 실시하는 시간은 짧고, 손해범위는 넓다. 빠른 컴퓨터의 처리속도는 인터넷침권행위의 빠른 특점을 결정하였으며 그 후과도 신속하게 확대되고 영향력이 크고 범위도 넓은 특점을 결정하였다.

(5) 행위자의 주관심리상태는 대부분 고의이다. 인터넷침권행위의 구성요소는 과실이다. 과실은 침권책임을 결정하지만 고의로 인터넷을 통하여 타인의 인신, 재산권익을 침해하는 것이 인터넷침권과실의 보편적 상황이다.

4.4.1.2 웹서비스 제공자

웹서비스제공자란 제공하는 서비스형식에 따라 필요한 조치인 데이터저장 공간 혹은 검색, 사이트 링크서비스 등의 인터넷 서비스를 제공하는 것을 말하는데 자신의 사이트에 작품을 발표하는 인터넷 내용 제공자도 포함된다. 주요하게 인터넷 서비스 사업자(Internet Service Provider), 인터넷 콘텐츠 제공자(Internet contents provider) 및 기타 인터넷 활동에 참여하는 각종 주체들이 포함된다.[74]

4.4.1.3 보호범위

사이버침권책임의 보호범위는 『침권책임법』 제36조의 규정에 따르면 "인터넷 서비스를 이용하여 타인의 민사권익을 침해한 것"이다. '민사권익'의 이해란 무릇 인터넷상에 실행된 침권행위로 인한 모든 민사권익을 침해한 행위를 말한다. 주요하게 인격권익 및 지식재산권(특히 저작권)이 포함된다. 『침권책임법』 제36조에서는 중국 인터넷침권행위의 실제상황에 근거하여 저작권 침해와 기타 민사권익을 침해한 사이버침권책임 모두 통지원칙(safe harbor rule)과 적기조례(Red Flag Act)가 적용되어 인터넷 서비스제공자들이 민사주체의 민사권익에 대하여 더욱 큰 책임감과 자각성을 불러일으키게 하며 민사주체의 민사권익이 침해당하지 않도록 더욱 필요한 보호를 제공한다.

---

74) 팡메이치(方美琪):『웹개론』, 청화대학출판사 1999년 판, 제324쪽 참고.

4.4.2 인터넷 침권 책임의 기본규칙

인터넷 침권책임에는 두 가지가 포함된다. 첫째, 인터넷 사용자와 웹서비스제공자가 온라인에서 저지른 침권행위에 대해 책임져야 할 자신의 책임이다. 둘째, 웹서비스제공자가 특정 상황에서 인터넷 사용자가 자신의 인터넷사이트에서 실시한 침권행위에 대하여 연대책임을 지는 것을 말하는데 통지원칙과 적기조례를 포함한다.

4.4.2.1 인터넷 사용자와 웹서비스제공자 자신이 실시한 침권행위에 대한 책임

인터넷 사용자 혹은 웹서비스제공자는 인터넷을 이용하여 타인의 민사권익을 침해하면 반드시 침권책임을 져야 한다. 이는 인터넷 사용자 혹은 웹서비스제공자가 자신이 실시한 침권행위에 대한 침권책임을 자신이 부담하는 것이다. 이는 일반침권행위에 속하며, 과실책임원칙을 적용한다.

4.4.2.2 웹서비스제공자가 인터넷 사용자에게 실시한 침권행위에 대한 연대책임

두 가지 상황에서 웹서비스제공자는 반드시 인터넷 사용자가 자신의 인터넷사이트에서 실시한 침권행위에 대해 연대책임을 부담하는데 통지원칙규칙과 적기조례로 나뉜다. 통지원칙과 적기조례는 별도로 『미국디지털밀레니엄판권법안(DMCA)』이 규정한 '통지원칙'과 '적기원칙'을 참고한다.

(1) 통지원칙. 인터넷 사용자가 웹서비스를 이용하여 침권

행위를 저질렀을 경우, 피침권자가 발견한 후, 웹서비스제공자에게 통지하여 삭제, 차단, 링크차단 등의 필요한 조치를 취해 침권행위와 영향을 제거해 달라고 요구할 권리가 있다. 이는 웹서비스제공자가 실시한 침권행위가 아니라 인터넷 사용자가 웹서비스제공자의 사이트를 이용하여 침권행위를 실시한 것으로 피침권자는 침권자를 찾을 수 없거나 혹은 침권자를 찾아내기 어려울 경우 직접 웹서비스제공자에게 통지하여 그 인터넷사이트 상의 그 정보에 대해 필요한 조치를 취하여 침권후과를 제거할 수 있다. 웹서비스제공자는 통지를 접한 후, 피침권자의 요구에 따라 삭제, 차단 혹은 링크를 차단할 의무가 있다. 만약 웹서비스제공자가 필요한 조치를 취했다면 '대피항'에 들어간 것으로 인정되며 그 침권행위와 무관하게 된다. 만약 웹서비스제공자가 통지를 받은 후에 필요한 조치를 즉시 취하지 않아 침권손해 후과가 계속 확대된다면 손해가 확대된 부분에 대해 웹서비스제공자와 침권을 초래한 인터넷 사용자는 연대책임을 져야 한다.

피침권자가 필요한 조치를 취하도록 요구하기 위해서는 반드시 서면통지방식을 채용해야 한다. 통지는 반드시 아래에 열거하는 내용이 포함되어야 한다. 첫째, 피침권자의 성명(명칭), 연락처와 주소. 둘째, 필요한 조치를 취하도록 요구하는 침권내용의 웹주소 혹은 침권내용의 위치를 정확하게 측정할 수 있는 연관정보 제공. 셋째, 침권 구성의 초보적 증명자료를 제공해야 한다. 넷째, 피침권자가 통지서의 진실성에 대해 책임을 진다는 보장을 해야 한다. 만약 피침권자가 발송한 통지가 상술한 요구와 어긋날 경우 유효한 통지의 발송으로 간주하지 않아 통지의 후과는 형성되지 않는다.

웹서비스제공자가 피침권인의 유효한 통지를 접수한 후에는 반드시 실제정황과 피침권자의 요구에 근거하여 즉시 삭제, 차단 혹은 링크차단 등 필요한 조치를 취해야 한다. 여기서 "즉시"의 요구는 일반적인 이해로 48시간을 초과하지 말아야 하고, 필요시에는 24시간을 초과하지 말아야 한다.

(2) 이의통지(反通知)규칙. 통지원칙이 존재한다면 반드시 이의통지원칙이 존재해야 하는데 그렇지 않으면 언론자유가 제한될 것이다. 비록 『침권책임법』 제36조 제2항에서 이의통지원칙에 대해 명확히 규정하지 않았지만 논리상에서는 존재하는 것이다. 웹서비스제공자는 피침권자의 통지를 받은 후 "필요한 조치"를 취하게 되는데, 만약 쟁의가 있는 정부를 발송한 인터넷 사용자가 침권이 아니라고 인정하여 "필요한 조치"를 취하는 것이 부당하다고 판단할 경우, 웹서비스제공자에게 이의통지를 제출하여 자기가 발표한 정보가 회복되도록 요구할 수 있을 뿐만 아니라 "피침권자"의 침권책임을 추궁하게 된다. 웹서비스제공자는 이의통지를 받은 후, 이의통지의 요구에 따라 인터넷 사용자가 발표한 정보를 회복시킬 의무를 부담하게 된다. 웹서비스제공자는 피침권인의 요구에 따라 차단 혹은 링크차단 등의 필요한 조치를 취할 수 있다. 기타 연관 인터넷 사용자의 민사권익을 침해하면 기타 연관 인터넷 사용자도 이의통지권리를 향수 할 수 있고, 자기의 권리에 대한 보호를 주장할 수 있다.

이의통지의 규칙은 인터넷 사용자가 웹서비스제공자가 보낸 통지서를 받은 후, 제공한 내용이 "피침권자"의 권리를 침범하지 않았다고 인정하거나 혹은 기타 인터넷 사용자가 필요한 조치로 인해 자신의 민사권익이 침해를 받았다고 인정하면 웹서비스제공자에게 서면 이의통지를 교부하여 삭제된 내용 회복 혹은 차단 취소, 차단된 링크내용에 대한 회복을 요구할 수 있다.

이의통지는 반드시 아래에 열거한 내용을 포함해야 한다. 첫째, 인터넷 사용자의 성명(명칭), 연락처와 주소. 둘째, 회복이 필요한 내용, 명칭과 인터넷 주소. 셋째, 침권을 구성하지 않은 초보적 증명자료. 넷째, 이의통지를 전송한 인터넷 사용자라면 이의통지의 진실성에 대해 책임질 것을 성명해야 한다.

웹서비스제공자가 인터넷 사용자의 서면으로 된 이의통지를 받은 후, 반드시 즉시 삭제된 내용을 회복하거나 혹은 차단을 취소하거나 혹은 차단된 내용의 링크를 회복함과 동시에 인터넷 사용자의 이의통지를 발송자에게 전송하여 통지해야 한다. 통지를 발송한 "피침권자"는 부득이 웹서비스제공자에게 다시 통지를 보내 삭제, 차단 혹은 링크차단 등의 조치를 통지해야 한다. 이의가 있다면 인민법원에 기소할 수 있다.

통지발송자가 발송한 통지가 부당하여 웹서비스제공자는 그 통지에 근거하여 삭제, 차단 혹은 링크차단 등의 필요한 조치를 실시한 것이 웹서비스제공자 혹은 인터넷 사용자 및 기타 인터넷 사용자의 손실을 초래하였다면 통지발송자는 반드시 『침권책임법』 제6조 제1항에서 규정한 손해배상책임을 져야 한다.

(3) 적기조례(知道規則-지도조례). 적기조례는 웹서비스제공자가 인터넷 사용자가 그 웹을 이용하여 저지른 침권행위가

타인의 민사권익을 침해한 것을 인지하고 있으면서도 필요한 조치를 취하지 않았을 경우 반드시 그 침권행위를 실시한 인터넷 사용자와 함께 연대책임을 지는 침권법규칙을 가리킨다. 지도(知道-알고 있음)에는 명지(明知- 분명히 알고 있음)와 기지(己知-이미 알고 있음)가 포함된다. 명지는 행위자가 분명히 알고 있다고 증명할 수 있는 것을 말하는데 고의적인 행위이다. 기지는 행위자가 이미 알고 있다는 것에 대한 증명이며 집요하게 한 행위가 아니라 사태에 대한 방임의 심리라 할 수 있다. 아래에 다섯 가지 상황이면 웹서비스제공자가 이미 알고 있다고 인정한다. 첫째, 인터넷사이트의 메인화면에 링크를 건 상황. 둘째, 게시판에 공지로 올리는 것이다. 셋째, 인터넷잡지로 발표한 것이다. 넷째, 인터넷 사용자가 인터넷사이트에서 주최하는 활동 중에 저지른 침권행위이다. 다섯째, 기타 인터넷사이트에 발표한 침권작품에 대한 무단배포이다.

웹서비스제공자는 인터넷 사용자가 그 온라인에서 저지른 침권행위에 대해 분명히 알고 있으면서도 필요한 조치를 취하지 않았다면 그 침권행위로 인한 전부의 손해에 대하여 침권을 저지른 인터넷 사용자와 함께 연대책임을 져야 한다.

4.5 안전보장의무 위반의 침권책임

4.5.1 안전보장의무 위반의 침권행위 개술

안전보장의무 위반의 침권행위는 법률의 규정이나 타인에 대한 안전보장의무를 약속한 자들이 그 의무에 대한 위반이며 직접 혹은 간접적으로 타인의 인신 혹은 재산의 손해를 일으키는 것이며 응당 이에 따른 손해배상책임을 지게 되는 침권행위를 말한다.

안전보장의무를 위반한 침권행위 특징: (1) 행위자는 피보호자에 대해 안전보장의무를 가진 사람이고, 피보호자는 행위자의 공공장소 혹은 단체 활동영역에 진입한 사람이다. (2) 행위자가 안전보장의무 중 보호를 받고 있는 상대에 대한 안전보장의무를 위반하는 경우다. (3) 안전보장의무자의 보호를 받고 있는 상대가 인신손해 혹은 재산 손해를 받은 경우이다. (4) 안전보장의무를 위반한 행위자가 침권손해의 손해배상책임을 진다.

4.5.2 주체 및 안전보장의무의 근원

4.5.2.1 의무주체

최고인민법원의 『인신손해 배상사건 심사 처리에 적용되는 법률의 약간 문제에 대한 해석』 제6조에서는 안전보장의무를 져야 할 의무주체는 경영자와 기타 사회활동의 조직자로 자연인, 법인과 기타 조직을 포함한다고 규정했다. 『침권책임법』 제37조에서는 안전보장의무를 위반한 침권책임의 의무주체 범위를 "호텔, 상가, 은행 정거장, 공원, 오락장소 등 공공장소의 관리자 혹은 단체 활동의 조직자"및 "공공장소의 관리자 혹은 단체 활동의 조직자"라고 정하였다. 이 범위는 본래 사법해석에서 규정한 범위보다 협소한 편으로 보호를 받는 자의 이익을 보호하는데 불리하다. 2003년의 『소비자권익보호법』 제18조에서는 소비자가 부담하는 안전보장의무의 의무자에 대해 "호텔, 상가, 식당, 은행, 공항, 정거장, 항구, 영화관 등 영업장소의 경영자"라고 규정하고 있다. 영업장소의 경영자가 안전보장의무를 지고 있다면 그 안전보장위무를 위반하여 소비자에게 손해를 초래했을 경우 반드시 안전보장의무를 위반한 침권책임을 져야 한다. 상술한 법률과 사법해석의 규정을 종합해보면 안전보장의무를 위반한 침권책임의 의무주체를 경영 장소의 경영자와 단체 활동의 조직자라고 정하는 것이 합당하다.

4.5.2.2 권리주체

안전보장의무의 권리주체는 안전보장의무의 보호를 받는 당사자이며 법규의 개념상 "타인"이다. 즉 경영 활동 혹은 기타 사회활동을 하는 연관자이다.

4.5.2.3 안전보장의무의 근원

안전보장의무 위반에 대한 침권책임을 확정할 때 가장 중요한 것은 행위자 안전보장의무의 존재여부이다. 경영활동의 경영자 혹은 단체 활동 조직자의 안전보장의무의 근원은 주요하게 아래 세가지가 있다.

(1) 법률의 직접적 규정. 법률의 직접규정은 가장 직접적인 안전보장의무의 근원이다. 『소비자권익보호법』 제18조 제3항에서는 "호텔, 상가, 식당, 은행, 공항, 정거장, 항구, 영화

관 등 영업장소의 경영자는 반드시 소비자에 대한 안전보장의무를 다하여야 한다."라고 규정하고 있다.

(2) 계약으로 주요 의무 확정. 만약 당사자가 약정한 계약의무 중에 계약의 한쪽 당사자가 상대편 당사자의 안전보장의무를 부담하도록 규정했다면 계약 당사자는 반드시 안전보장의무를 부담해야 한다. 이를테면 여객운수계약을 체결했다면 여객의 인신안전보장의무는 바로 계약의 주요 의무로 당사자가 반드시 이런 의무를 이행해야 한다.[75]

(3) 법정 혹은 계약의 약정에 따르는 부가의무. 신용규칙에 따라 한쪽 당사자가 반드시 상대편 당사자에게 안전보장의무를 제공해야 하며 안전보장의무를 제공하는 당사자는 반드시 안전보장의무를 부담해야 한다. 이를테면 요식업, 여관업은 고객에게 서비스를 제공해야 하며 신용원칙에 따라 반드시 서비스를 받는 고객의 인신안전을 보장해야 한다.

4.5.2.4 안전보장의무의 성질

경영활동의 경영자 혹은 단체 활동의 조직자가 부담하는 안전보장의무의 기본성질은 두 가지가 있는데 첫째는 법정의무이고, 둘째는 계약의무이다. 다수 상황에서 이 두 가지 의무는 경쟁적이다. 이를테면 경영자의 안전보장의무가 법률규정의 의무이기도 하고 계약약정의 의무이기도 하여 경영자가 관련 안전보장의무를 위반한다면 침권책임을 구성하기도 하고 위약책임을 구성하기도 하여 침권책임과 위약책임의 경쟁

---

75) 췌이젠위안(崔建远):『합동법』, 법률출판사 2003년 판, 제414쪽.

을 발생하여 피침권자에게 두 가지 손해배상의 청구권이 산생한다. 이때에는 『계약법』 제122조의 규정에 따라 배상권리자가 선택할 수 있는데 자기에게 가장 유리한 청구권을 선택하여 행사함으로 자기의 권리손해를 구제하게 된다.

4.5.3 귀책원칙과 구성요건

4.5.3.1 귀책원칙

안정보장의무를 위반한 침권책임은 과실추정원칙을 적용한다. 추정의 사실기초는 피침권자가 이미 경영자 혹은 조직자의 행위가 안전보장의무를 위반했다고 증명하면 그에게 과실이 있음을 추정할 수 있다. 경영자 혹은 조직자가 만약 자기의 과실을 부인할 때 거증 책임은 안전보장의무를 위반한 행위자에게 있으며 자신이 과실이 없다는 사실을 증명해야 한다. 만약 자신에게 과실이 없다고 증명하면 원래의 추정을 번복하여 침권책임을 면할 수 있다. 만약 그 과실이 없음을 증명할 수 없거나 혹은 거증이 부족하면 과실추정이 성립되며 반드시 침권책임을 져야 한다.

4.5.3.2 구성요건

(1) 안전보장의무를 위반한 행위. 실천 중, 의무자의 안전보장의무 위반여부에 대한 판단의 객관표준:

첫째, 법정표준. 법률이 안전보장의 내용과 안전보장의무자가 반드시 이행해야 할 행위에 대해 직접적인 규정을 했을 경우, 반드시 법률과 법규의 명확한 규정에 따라 판단해야 한다. 만약 공안부 『고층건물소방관리규칙』에서 규정한 "건축물 내의 복도, 계단, 출구 등의 위치의 원활한 소통을 보장해야 하며 해당 장소에 물건을 쌓아두는 것을 엄금한다. 대피유도 표지와 지시등은 완정해야 하며 사용에 이상이 없어야 한다."라는 표준을 위반하여 피보호자의 인신손해 혹은 재산손해를 초래했다면 안전보장의무의 위반을 구성한다.

둘째, 특별표준. 미성년자 안전보장의무에 대해 반드시 특별표준을 적용해야 한다. 만약 하나의 경영활동영역인 하나의 사회활동영역에서 어린이에 대한 유혹의 위험이 있을 때 경영자 혹은 조직자는 반드시 최고의 안전보장의무를 이행하여 이런 위험이 발생하지 않게 제거하거나 혹은 미성년자를 그 위험에서 격리시켜 그 위험에 접촉하지 않게 해야 하며 기타 대책을 강구하여 어린이에 대해 손해가 가지 않도록 보장하여야 한다. 이런 안전보장 대책이 없다면 안전보장의무를 위반하게 된다.

셋째, 선량한 관리자의 표준. 만약 법률에 정확한 표준규정이 없어 안전보장의무에 대한 이행여부를 판단할 표준이 없다면 침권법의 일반인의 주의표준보다 높은 거래에 적용되는 일반 관념의 표준으로 상당한 지식경험이 있는 사람으로 여기며 이 표준으로 한 사건에 대한 주의 정도를 확정한다. 행위자에게 충분한 주의를 할 지식과 경험의 유무와 예전의 사무에 대한 주의 정도는 고려하지 않고 당사자 직책의 중요성으로 부터 그가 자신의 의무에 대한 완성정도를 판단할 때의 표준은 보통사람들이 사건에 대한 주의 보다 높은 요구를 제

기하는 것이다.[76]

넷째, 일반표준. 한편으로 경영자 혹은 조직자는 일반 피보호자이다. 예를 들면 주동적으로 영업장소 혹은 사회활동장소에 진입한 사람 혹은 불법 침입자들에 대한 의무는 은폐되어 있는 위험에 대하여 알려주어야 할 의무. 이런 고지의무가 이행되지 않았다면 안전보장의무 위반이 구성된다. 다른 한편으로 경영자 혹은 조직자가 초청자는 요청을 받고 경영영역 혹은 사회활동영역에 진입한 자들에게 제공해야 하는 일반보호사항. 이를테면 상가, 열차, 공공교통 도구가 도난침해의 위험에 대하여 일반적 고지의무와 주의의무를 지게 된다. 하지만 도난침해는 의무자의 안정보장의무에 대한 위반에서 오는 것이 아니다.

위의 표준에 따라 아래의 네 가지 행위는 안전보장의무를 위반한 행위로 된다. 첫째, 침해방지 의무에 대한 직무 태만은 침권행위의 발생에 대한 경계와 제지에 대한 책임을 가지고 있는 사람이 침권행위의 발생에 대하여 유효적인 방지를 진행하지 않은 것이다. 둘째, 인위적인 위험 제거에 대한 관리 태만은 서비스 관리 등 인위적인 상황을 제거하지 못한 것이다. 셋째, 영업장소 혹은 활동장소에 존재하는 자연 상황인 시설, 설비 등의 불합리적인 배치로 인한 위험에 대하여 합당한 조치를 내려 위험을 제거하지 않은 것. 넷째, 고지행위에 대한 태만. 영업장소 혹은 사회 활동장소에 존재하는 잠재적인 위험과 위험요소에 대하여 고지의무를 제대로 하지 않아

---

76) 양리신:『침권행위법전론』, 고등교육출판사 2005년 판 제112쪽.

합당하게 주의 할 수 없는 것이다. 이런 여러 가지 안전보장 의무의 표준에 근거하여 합리적인 한도범위를 초과하였을 경우에는 영업장소 혹은 활동영역에 들어온 사람들에게 손해를 입혔더라도 손해배상책임을 지지 말게 해야 한다.

(2) 안전보장의무를 지닌 상대자가 받은 침해. 안전보장의무를 위반한 침권책임을 구성하자면 반드시 손해사실의 요건이 있어야 하는데 인신손해와 재산손해를 포함한다. 이런 침권책임은 인신안전에 치중하여 보호하기 때문에 주요 손해사실은 인신침해이다.

(3) 손해사실과 안전보장의무를 위반한 사이에는 인과관계가 있다. 안전보장의무를 위반한 침권행위의 유형이 다르면 그 인과관계에 대한 요구도 같지 않다. 첫째, 안전보장의무를 위반한 행위가 직접 손해사실을 초래한 상황일 때 직접적인 인간관계 혹은 상당인과관계의 인과관계를 요구한다. 안전보장의무행위의 위반이 손해발생의 원인이다. 시설, 설비가 안전보장의무를 위반한 침권행위, 서비스 관리에 대한 안전보장의무를 위반한 침권행위와 아동에 대한 안전보장의무를 위반한 침권행위에서 안전보장의무를 위반한 행위는 보호를 받고 있는 사람들에게 상해 사실을 초래한 원인이다. 둘째, 침권행위에 대한 방비, 제지가 필요한 안전보장의무를 위반한 침권행위는 안전보장의무를 위반한 행위와 손해결과 사이의 인과관계는 앞의 세 가지 침권행위에 비하여 낮은 요구인 간접인과관계가 형성된다. 이는 침권자가 피보호자에 대한 침권행위가 직접 피보호자를 향한 것이기 때문에 안전보장의무의 위반자가 피보호자에게 직접 침해를 초래하는 것

이 아니다. 이 침권행위는 피보호자가 손해를 받는 전부의 원인이다. 그러나 안전보장의무자의 안전보장의무를 위반한 행위도 피보호자에게 손해를 초래하는 전부의 원인이기 때문에 만약 그 보호 의무를 다 하였다면 완전히 이런 손해를 피면할 수 있다.

(4) 안전보장의무를 위반한 행위의 행위자에게 과실이 있다. 안전보장의무를 위반한 사람의 과실성질은 주의의무를 다하지 못한 과실로 고의는 포함하지 않는다. 이런 과실은 반드시 주의해야 하지만 주의를 하지 않은 것으로 해당 안전보장의무를 위반한 행위 중, 반드시 해당 행위에 대하여 고찰을 통하여 판단하게 된다. 안전보장의무를 위반한 행위자에게 과실의 존재 여부를 확정하는 표준은 행위자가 법률, 법규, 규정 등의 요구를 만족시켜야 할 주의고지 의무에 해당되느냐 하는 것이며, 같은 유형의 공공장소 관리자, 단체 활동의 조직자가 반드시 해야 할 주의가 신용이 있고 직책에 충실한 공공장소 관리자, 단체 활동 조직자들의 주의표준에 도달하는가 하는 것이다.[77] 추정방식으로 과실을 추정하며 거증의 책임이 바뀌는데 피침해인이 의무자가 안전보장의 의무를 다 하지 않았고 이미 피침권인의 손해를 초래하였다면 손해 사실과 안전보장의무 위반의 행위로 의무자의 과실을 추정한다. 만약 의무자가 자신의 과실이 없다고 여기면 자신이 스스로 증거를 이용하여 자신의 과실이 없다고 증명해야 한다. 자신이 과실이 없다고 한 거증이 성립되면 의무자가 침권책임

---

77) 장신바오:『침권책임법원리』, 중국인민대학출판사 2005년 판 제281쪽.

을 부담하지 않는다. 반대로 증명 혹은 증명이 불충분하면 과
실추정이 성립되며 침권책임은 구성된다.

4.5.4 책임유형

4.5.4.1 시설, 설비의 안전보장의무 위반

경영자 혹은 조직자는 시설, 설비에 대한 안전보장의무가
있다. 주요내용은 관련 안전표준을 위반하지 않는 것이다. 영
업장소 혹은 사회활동장소의 시설, 설비는 반드시 국가의 강
제표준요구에 도달되어야 하는데 국가의 강제표준이 없다면
업체표준 혹은 유사 경영활동장소에서 필요로 하는 안전표준
에 도달하여야 한다. 설비의 설치가 안전보장의 요구에 도달
하지 않아 결함 혹은 하자가 존재하여 타인에게 손해를 주었
다면 경영자 혹은 조직자가 응당 피침권자에 대한 손해배상
책임을 져야 한다.

4.5.4.2 서비스, 관리의 안전보장의무 위반

경영자 혹은 조직자의 서비스, 관리 방면의 안전보장의무
는 주요하게 다음과 같은 세 가지를 포함한다. 첫째는 관리
강화, 안전한 소비, 활동환경제공. 둘째는 표준 서비스 견지,
손해방지, 표준서비스에 따른 서비스를 제공해야 하며 표준
서비스를 위반하면 안 된다. 셋째는 필요한 제시, 설명, 권
고, 협조 등의 필요한 의무를 행하여야 한다.

서비스관리의 안전보장의무 위반은 경영자, 조직자들의 사

업인원들이 상술한 안전보장의무를 위반하여 결함이나 하자가 있다면 이로 인하여 타인의 손해가 발생하였다면 침권책임이 성립된다.

4.5.4.3 아동에 대한 안전보장의무의 위반

아동은 조국의 미래이고, 민족의 미래이기에 법률은 아동에게 반드시 특별한 관심과 보호를 주어야하며 특별표준을 적용한다. 경영자 혹은 조직자가 반드시 전력을 다하여 아동보호에 필요한 각항 조치를 취하여 아동이 활동범위에서 유혹력이 있는 위험의 침해를 받지 않도록 보장해야 한다. 경영자 혹은 조직자가 아동에 대한 안전보장의무를 위반하여 아동에게 손해를 초래하면 반드시 손해배상책임을 져야한다.

4.5.4.4 침권행위를 예방 , 제지해야 할 안전보장의무의 위반

타인에 대한 안전보장의무가 있는 경영자, 조직자는 타인의 침해에 대하여 예방과 제지의 의무를 다 하지 못하여 피보호자의 손해를 초래하였다면 안전보장의무를 위반한 침권책임을 져야한다. 이는 일종의 특정유형이 있다. 예를 들면 왕(王) 모가 모 호텔에 투숙하였는데 호텔의 예방조치가 미흡하여 침권자 전(仝) 모가 왕모가 투숙한 방에 들어와 재산을 강탈하고 왕 모를 살해했다. 왕 모의 부모는 법원에 기소하여 호텔에서 안전보장의무를 위반한 침권책임을 져야한다고 요구했는데 법원에서는 이를 지지한다고 판결한 것이다.

4.5.5 책임형태

4.5.5.1 자기책임

자기책임은 위법행위자가 자기가 실시한 행위로 인해 타인에게 초래한 인신손해와 재산손해에 대한 손해배상을 부담하는 침권책임형태이다. 경영자, 조직자가 경영 혹은 사회활동에서 안전보장의무를 위반하여 피보호자의 인신손해를 초래했다면 그 손해에 대한 배상책임을 져야 한다. 시설, 설비의 안전보장의무를 위반한 침권행위, 서비스 관리의 안전보장의무 위반과 아동에 대한 안전보장의무를 위반한 침권행위에서 안전보장의무를 위반한 행위자는 단일한 자연주체로 자기의 행위에 의한 손해에 대한 배상책임을 지게 된다.

4.5.5.2 대체책임

만약 경영자 혹은 조직자가 고용업체이고 경영자, 조직자들의 고용인원들이 안전보장의무를 위반한 실제행위자일 경우 고용업체책임의 요구에 해당하는 것으로 시설, 설비에 대하여 안전보장의무를 위반한 침권행위, 서비스관리의 안전보장의무를 위반한 행위, 아동에 대한 안전보장의무를 위반한 침권행위의 책임형태는 대체책임이며 경영자, 조직자의 고용업체에서 그 손해에 대한 배상책임을 진다.

4.5.5.3 보충책임

안전보장의무를 위반한 침권행위 중에 침권행위를 예방,

제지해야 할 안전보장의무를 위반한 당사자가 부담하는 손해배상책임은 보충책임이다. 침권행위를 예방, 제지해야 할 안전보장의무를 위반한 보충책임은 제3자 침권으로 인한 피침권자의 손해일 경우 일부를 혹은 전부의 배상책임을 지지 않아도 됨으로 안전보장의무 과실이 있는 자가 상응하는 보충책임을 지는 것을 말한다.

상응하는 보상책임의 규칙:

(1) 침권행위 예방, 제지의 안전보장의무를 다하지 못한 상황에서 직접침권자는 직접책임자이며 안전보장의무를 위반한 사람은 보충책임자이다. 피침권자는 반드시 직접책임자에게 먼저 배상청구를 해야 하며 직접책임자는 반드시 침권책임을 져야한다. 직접책임자가 손해배상책임을 모두 부담하면 보충책임자의 손해배상책임은 결과적으로 없어지므로 피침권자는 그 손해배상을 청구할 수 없고, 직접책임자도 그 배상을 받을 수 없다.

(2) 피침권자는 직접책임자가 배상을 할 수 없고, 배상이 부족하거나 혹은 행방불명이 되어 제1순서의 배상청구권을 행사할 수 없게 되면 보충책임자에게 배상을 청구할 수 있다. 보충책임자는 반드시 피침권자의 청구를 만족시켜주어야 한다. 보충책임자의 손해배상책임범위는 직접책임자가 배상하지 못한 부분이 아니라 "상응하는 부분"이다. 상응하는 보충책임은 반드시 안전보장의무자의 과실정도, 행위의 원동력과 상응해야 하는데 초과된 상응하는 부분이외의 손해배상책임은 부담하지 않는다.

(3) 상응하는 보충책임은 그 책임이 보충적 의미만 있는 것

이다. 만약 직접책임자에게 전부배상의 능력이 있다면 반드시 손해배상책임을 져야 하고, 안전보장의무를 위반한 사람은 보충책임을 부담하지 않기에 보충의 필요는 존재하지 않는다. 보충책임 중의 '보충'의 뜻은 직접책임자가 부담하는 손해배상책임은 제1순서의 책임이고, 보충책임자가 부담하는 손해배상책임은 제2순서의 책임임으로 보충책임은 직접침권자 책임을 보충하는 침권책임형태이다.

4.6 학생상해사고책임

4.6.1 학생상해사고책임의 개술

4.6.1.1 개념

학생상해사고책임은 민사행위무능력자 혹은 민사행위능력제한의 학생이 유치원이나 학교 혹은 기타 교육기구에서 학습, 생활하는 기간에 인신손해를 받았다면 반드시 유치원, 학교, 기타교육기구에서 손해배상책임을 부담하는 특수침권책임을 가리킨다.

학생상해사고의 범주는 반드시 아래와 같은 정확한 개념을 확정해야 한다.

(1) 학생상해사고에서의 학생. 각 유형 전일제학교의 전일제수업에 참가하는 미성년학생, 유치원의 유아와 아동, 전일제학교에 등록한 학생과 기타 교육기구에서 공부하는 민사행위무능력자 혹은 민사행위제한능력자를 포함한다.

(2) 유치원, 학교 혹은 기타 교육기구에서의 학습생활 기간. 유치원, 학교 혹은 기타 교육기구는 모든 유사 교육기구를 가리킨다. 보호를 받고 있는 학생이 학습생활기간에 대한 범위의 확정은 반드시 "문으로부터 문까지(门到门)"의 규칙을 채용해야 한다. 즉 학생이 교문에 들어와서부터 교문을 나서기까지의 기간에 참가한 학교교육의 교학활동을 말하는데 여기서 학교에서 조직한 교외활동은 그 제한을 받지 않는다. 학교 혹은 유치원에서 학교전용버스로 학생을 접송한다면 반드시 학교전용버스의 문을 계선으로 하는데 상차(上车), 하차(下车)에 대한 안전보호까지 포함된다.

4.6.1.2 법적 이론 기초

유치원, 학교 혹은 기타 교육기구와 재학학생의 관계 확정은 『교육법』의 교육관계에 따르는 것이지 계약이나 법률에 의하여 성립되는 것이 아니다. 『교육법』은 유치원, 학교 혹은 기타 교육기구와 재학학생 사이에 발생하는 법률관계를 기초로 하여 학교 등의 교육기구는 학생에 대한 교육, 관리와 보호의 법률관계가 존재한다. 학교는 학생들을 교육하고 관리할 권력과 보호의무가 있으며, 학생은 교육을 받고 관리에 따를 의무가 있으며 보호를 받을 권리가 있다.

4.6.2 귀책원칙과 구성요건

4.6.2.1 귀책원칙

『침권책임법』제38조부터 제40조까지는 학생상해사고에 대한 부동한 귀책원칙과 침권책임 확정에 대하여 명확히 규정하고 있다. (1) 민사행위무능력자가 유치원, 학교 혹은 기타 교육기구에서 학습하고, 생활하는 기간에 인신손해를 받았다면 과실추정원칙이 적용된다. (2) 민사행위제한능력자가 유치원, 학교 혹은 기타 교육기구에서 학습하고, 생활하는 기간에 인신손해를 받았다면 과실추정원칙이 적용된다. (3) 제3자의 행위로 인해 학생이 받은 손해에 대해 과실책임원칙이 적용된다. 학생상해사고책임은 『침권책임법』제24조에서 규정한 손실책임의 공평분담이 적용되지 않는다.

4.6.2.2 구성요건

(1) 학생이 인신손해를 받은 객관사실. 학생상해사고의 손해사실은 주요하게 학생의 인신손해와 사망 및 그로 인해 발생된 재산손실로 표현되는데 주요하게 의료비용, 간병비용, 교통비용, 숙박비용, 영양비용, 주원 급식보조비, 장애자 사용기구 비용과 장례비용 등의 지출을 포함하며 손해로 인한 정신손해 배상비용도 포함된다.

(2) 교육기구가 학생상해사고에 존재하는 위법행위. 교육기구의 학생상해사고에 존재하는 위법행위는 학교에서 실시한 교육과 교학활동 중 『교육법』등의 관련 법규들을 위반하였거나 정확하게 이행되지 않은 것을 말하는데 학교의 학생에 대한 교육, 관리, 보호직책 등의 행위를 가리킨다. 첫째, 관리를 소홀히 한 행위이다. 즉 교육기구가 교육과 교학활동

중에 학교의 활동에 대해 관리를 소홀히 한 것이다. 둘째, 보호를 소홀히 한 행위. 이는 교육기구가 재학하고 있는 미성년 학생에 대해 져야 할 안전보호의무에 대한 소홀과 태만으로 인하여 학생이 신체손해를 받으면 학생의 안전보호를 소홀히 한 주의부당 의무가 성립된다. 셋째, 교육을 소홀히 한 행위. 이는 교육기구가 학생에 대한 교육에서 교육직책을 다하지 않아 학생이 교학활동 중에 타인의 신체손해를 초래한 것이다. 교육기구의 상술한 행위는 교육기구의 행위를 포함하며 또 이런 책임을 져야 할 교사의 행위도 포함한다.

(3) 교육기구의 위법행위와 사고발생에는 인과관계가 있다. 그 판단표준은 상당인과관계를 채용한다.

(4) 학생상해사고 중, 교육기구의 과실. 관리소홀, 보호소홀, 교육소홀은 모두 주의의무를 소홀히 한 과실이다. 이 과실을 확정하는 표준은 『교육법』에서 규정한 교육, 관리와 보호의 직책에 대하여 필요한 주의의무를 이행하였는가 하는 것이다. 첫째, 교육기구가 학생에 대한 주의의무 이행여부이다. 주의의무의 근원은 법률법규에 근거한, 행정규정 등 규정에 규정한 법률적 효력을 가지고 있는 법정 주의의무를 말한다. 관련부문에서 반포한 교육관리규정에 근거하며, 조작규정 등의 규정으로 산생한 일반적인 주의 의무, 교육기구와 학교가 장위원회에서 사인하여 계약이 체결된 계약으로 약정한 주의의무 등이 포함된다. 둘째, 교육기구가 학생에 대해 상응하는 주의의무 이행여부. 상응하는 주의의무를 모두 했다고 하는 것은 교육기구가 법률의 법규와 관련 규정제도와 계약의 요구에 따른 주의를 주기 위하여 필요한 노력을 통하여 학생의 인

신건강안전에 합리적이고 신중한 주의를 주었는가 하는 것이다. 셋째, 교육기구가 상응하는 주의의무를 이행할 능력의 존재여부. 교육기구가 학생상해사고중의 과실에 대한 확정은 예견능력을 고려해야 한다. 만약 교육기구가 예견능력이 없어서 예견을 할 수 없거나 예견하지 못한다면 손해결과는 예측성을 가지고 있지 않는다. 이런 경우에 교육기구는 상응하는 주의의무를 이행 할 수 없으며 합리적인 행위를 취하여 손해의 발생을 피면할 수 없으므로 주관적인 과실이 없다.

4.6.3 책임유형

4.6.3.1 민사행위무능력자가 받은 손해는 해당 교육기구의 책임

『침권책임법』 제38조에서는 유치원, 학교 혹은 기타 교육기구가 민사행위무능력자에 대한 과실의 확정은 과실추정으로 책임을 확정한다. 피침권자가 교육기구가 응당 침권에 대한 책임을 져야 한다고 주장하면 위법행위, 손해사실과 인과관계 요건들을 증명해야 한다. 증명이 성립하면 지정 유치원, 학교 등 교육기구의 과실은 추정으로 확정한다. 유치원, 학교 등의 교육기구에서 자신의 과실이 없다고 여길 경우 자신의 무과실을 직접 거증하여야 한다. 유치원, 학교 혹은 기타 교육기구에서 자신의 과실이 없다는 것을 증명하지 못할 경우에는 침권에 대한 책임을 져야 한다. 교육, 관리의 직책을 다 하였다고 증명할 수 있으면 침권책임을 질 필요가 없다.

4.6.3.2 민사행위제한능력자가 받은 손해는 해당 교육기구의 책임

민사행위제한능력자의 미성년학생이 학교에서 받은 인신손해에 대한 학교 등 교육기구의 책임을 확정할 때에는 과실책임원칙을 실행한다. 과실이 있으면 손해배상책임을 부담하고, 과실이 없으면 손해배상책임을 부담하지 않는다. 피침권자에게 과실 확정의 거증책임이 있다.

4.6.3.3 제3자가 교육기구에서 학생을 상해한 책임

제3자가 교육기구에서 민사행위무능력자 혹은 민사행위제한능력자 학생을 상해한 책임은 학생상해사고의 발생이 학교의 과실이 아니라 제3자의 과실행위로 초래된 것이라면 반드시 제3자가 침권책임의 사고책임을 져야 한다.

민사행위무능력자 혹은 민사행위제한능력자의 학생이 유치원, 학교 혹은 기타 교육기구에서 학습하거나 생활하는 기간에 유치원, 학교 혹은 기타 교육기구 이외의 제3자가 인신손해를 초래했다면 침권의 제3자가 침권책임을 져야 한다. 이런 제3자책임은 『침권책임법』 제28조에서 규정한 "침해가 제3자가 초래한 것이라면 제3자는 반드시 침권책임을 져야 한다."라는 것과 같다. 그 기초에서 교육기구는 상응하는 보충책임으로 보충해야 한다.

제3자가 학생에게 인신손해를 초래한 것을 확정하려면 반드시 학생상해의 구체적 침권행위 유형에 근거하여야 하는데 유형이 다름에 따라 부동한 귀책원칙을 채용한다. 학생상해사고의 제3자가 실시한 침권행위는 일반침권행위로 반드시

『침권책임법』제6조 제1항에서 규정한 과실책임원칙을 적용해야 한다. 학생상해사고의 제3자가 실시한 침권행위에 대한 법률규정은 과실추정책임의 침권행위를 적용하는데 반드시 『침권책임법』의 관련 구체적 규정에 따라야 하고, 『침권책임법』제6조 제2항에서 확정한 제3자의 책임을 참조해야 한다. 학생상해사고를 초래한 제3자가 실시한 침권행위에 대한 규정은 무과실책임원칙의 침권행위를 적용하는데 반드시 『침권책임법』의 해당 구체적 규정에 따라야 하고, 『침권책임법』제7조에서 규정한 제3자의 책임확정을 참조해야 한다.

제3자가 학생에게 초래한 인신침해는 제3자가 전부의 손해배상책임을 충분히 부담해야 하는데 그 규정에 따라 제3자가 전부의 손해배상책임을 부담하면 학교의 상응하는 보충책임 문제는 사라진다.

유치원, 학교 혹은 기타 교육기구가 관리직책을 다하지 못하여 상응하는 보충책임을 부담하는 것은 제3자가 손해배상책임을 부담할 힘이 없는 상황에서 교육기구가 상응하는 보충책임을 부담하는 것이다.

교육기구가 상응하는 보충배상책임을 부담하는 것은 학생상해사고책임을 구비하는 요건 외에 또 반드시 아래와 같은 세 가지 요건을 구비해야 한다. (1) 학생의 인신손해는 제3자의 원인으로 초래된 경우. (2) 유치원, 학교, 기타 교육기구에 과실이 있는 경우. (3) 유치원, 학교, 기타 교육기구의 과실과 제3자가 초래한 손해는 반드시 간접적 혹은 직접적 인과관계가 있어야 한다. 만약 인과관계가 존재하지 않는다면 교유기구는 보충책임을 지지 않는다. 보충책임의 "상응"함은 교육기구의 과실정도와 원동력이 서로 상응해야 한다는 것이다.

4.6.4 손해배상책임의 부담규칙

4.6.4.1 학생상해사고의 배상당사자

교육기구 손해배상책임은 실체 법률관계에서는 교육기구가 손해배상책임의 주체이며 상해를 받은 학생이 교육기구에 손해배상청구를 할 수 있다.

교육기구 손해배상책임의 권리주체는 상해를 받은 학생이고 피해를 받은 학생의 친권자 혹은 후견인은 법정대리자이다.

교육기구는 반드시 손해배상책임을 져야 한다. 학생상해사고보험계약을 체결하였다면 반드시 보험계약에 따라 배상관계를 확정해야 한다. 보험회사의 배상이 부족한 부분에 대하여 교육기구의 손해배상책임부담이 필요한데 이때의 교육기구는 손해배상책임의 주체이다. 배상권리주체는 계속하여 교육기구에게 손해배상책임을 부담할 것을 청구할 수 있다.

4.6.4.2 면책사유

무릇 『침권책임법』 제3장에서 규정한 책임을 부담하지 않거나 혹은 책임을 경감하는 법정상황에 부합되면 교육기구의 책임은 면제될 수 있다.

이외에 학생 및 그 후견인의 책임으로 초래된 인신손해에 대하여는 교육기구에서도 그 책임을 부담하지 않는다. 학생 및 그 후견인의 책임사고는 학생상해사고의 발생, 교육기구에 과실이 없는 학생 자신의 과실 혹은 그 후견인이 후견책임을 다하지 못하여 초래된 손해는 반드시 손해를 가져다준 자가 스스로 부담해야 하는 사고책임이다. 후견인은 반드시 친권자 및 기타 후견인이어야 한다. 중국 교육부의 『학생상해사고처리방법』 제10조에서 미성년학생후견인으로 인한 과실에서 아래 상황의 한 조목에라도 해당이 되는 경우에는 미성년학생의 후견인이 그 책임을 져야 한다. 첫째, 학생이 법률법규의 규정을 위반하고, 사회공공행위준칙, 학교의 규정제도 혹은 법률을 위반한 것으로 그 연령과 인식수준에 따라 반드시 위험이 있거나 혹은 타인을 위급하게 하는 행위임을 알고 있으면서도 실시한 것이다. 둘째, 학생의 행위에 위험성이 있어 학교, 교사가 이미 경고하거나 시정해주었지만 학생이 권고를 듣지 않거나 개정을 거부한 것이다. 셋째, 학생 혹은 그 후견인이 학생에게 특이한 체질이 있고, 특정한 질병에 걸려있다는 것을 알았지만 학교에 알리지 않은 것이다. 넷째, 미성년학생의 신체상황, 행위, 정서 등 이상한 상황을 후견인이 알고 있거나 혹은 이미 학교에 알렸지만 그에 상응하는 책임을 이행하지 않은 것이다. 다섯째, 미성년학생의 후견인에게 기타의 과실이 있다면 반드시 미성년학생의 후견인이 부담해야 한다.

제 5 장

상품책임

제5장
상품책임

【법률조문】

제41조. 상품에 결함이 존재하여 타인에게 손해를 입혔을 경우 생산자는 응당 침권책임을 져야 한다.

제42조. 판매자의 과실로 인하여 상품에 결함이 존재하여 타인에게 손해를 입혔을 경우 판매자는 응당 침권책임을 져야 한다.

판매자가 결함상품의 생산자와 결함상품의 공급자를 명확히 지명하지 못할 경우 판매자는 응당 침권책임을 져야 한다.

제43조. 상품에 결함이 존재하여 손해를 입혔을 경우 피침권자는 상품의 생산자에게 배상을 청구할 수 있으며, 또는 상품의 판매자에게 배상을 청구할 수 있다.

상품의 결함이 생산자에 의해서 일어났을 경우 판매자는

배상 후 생산자에게 구상할 권리가 있다.

판매자의 과실로 인하여 상품에 결함이 발생한 경우 생산자는 배상 후 판매자에게 구상할 권리가 있다.

제44조. 운송자, 창고보관자 등 제3자의 과실로 인하여 상품에 결함이 발생하여 타인에게 손해를 입혔을 경우 상품의 생산자, 판매자는 배상 후 제3자에게 구상할 권리가 있다.

제45조. 상품의 결함으로 인하여 타인의 신체, 재산 안전에 위해를 가했을 경우 피침권자는 생산자, 판매자에게 방해배제, 위험제거 등 침권책임을 지도록 요구할 권리가 있다.

제46조. 상품이 유통과정에 투입된 이후 결함의 존재가 발견된 경우 생산자, 판매자는 즉시 경고, 리콜 등 보완조치를 취해야 한다. 적시에 보완조치를 취하지 않거나 또는 보완소치가 미흡하여 손해를 입혔을 경우 응당 침권책임을 져야 한다.

제47조. 상품에 결함이 존재함을 알고 있음에도 불구하고 생산, 판매를 하여 타인을 사망 또는 건강에 심각한 손해를 입혔을 경우 피침권자는 상응하는 징벌적 배상을 총구할 권리가 있다.

【대표사례】

모 시 주민 정(丁) 모는 카스텔라 가게를 경영하는데 어느 날, 분무살충제 세 병을 구매하여 직원 두 명에게 가게 문을 닫기 전에 살충제를 분사하라고 지시하였다. 두 직원은 석유가스가 함유된 살충제를 과량으로 분사하였는데 전등을 끌 때 폭발이 발생하여 직원이 폭발로 인한 상해를 입었다. 피해자는 법원에 기소하여 그 살충제의 생산자와 판매자에게 손해배상책임을 요구했다. 법관은 비록 그 살충제에 경고와 설명이 있지만 "본 제품을 사용할 때 매 10평방미터에 15초 분사하고, 문을 20분 닫으면 효과가 가장 좋다."는 설명만 있고 위험한 상품에 대하여 어떻게 사용하면 위험하다는 합리적인 사용방법이 없으며 제일 경제적인 방법만 적혀 있어 설명이 불충분하다고 여긴다. 때문에 생산자가 60%의 손해배상책임을 부담하고, 피해자는 살충제를 사용할 때 중대과실이 있기에 과실상계를 실행하여 40%의 책임은 피해자 자신이 부담해야 한다고 판결을 내렸다.

5.1 상품책임의 개술

5.1.1 개념과 특징

상품책임은 상품생산자, 판매자가 결함이 있는 상품을 생산, 판매하여 타인에게 인신손해, 재산손실을 초래하거나 타인에게 인신, 재산손해를 초래할 우려가 있다면 반드시 배상손실, 위험제거, 침해정지 등의 책임을 부담하는 특수침권책임을 가리킨다.

상품책임은 아래와 같은 법률특징을 갖추고 있다.

(1) 상품책임은 상품유통영역에서 발생한다. 상품이 교역, 양도 등의 계약을 거쳐 생산자, 판매자를 거쳐 소비자에게 가게 되는 상황은 유통영역에 진입하였다는 것을 의미한다. 이 과정에서 발생된 상품책임을 상품유통영역의 상품책임이라고 한다.

(2) 타인에게 손해를 초래하는 상품은 반드시 결함이 존재해야 한다. 상품책임을 구성하는 핵심요건은 결함이 존재하는 상품이다. 상품책임은 상품의 품질문제와 자신의 손해로 상품에 손실을 초래하는 것이 아니라 상품의 결함으로 인한 사용자의 신체손해 혹은 상품결함 이외의 기타 재산손해를 초래한다.

(3) 상품책임은 특수침권책임이다. 상품책임의 성질은 물건이 사람에게 손해를 준 것이다. 결함이 있는 상품이 사람에게 손해를 초래했을 경우 그 손해를 초래한 상품에 관련된 사람인 생산자, 판매자가 초래된 손해에 대해 손해배상책임을 부담하는 것이다.

5.1.2 상품결함

5.1.2.1 개념

상품책임을 확정하는 가장 기본적인 개념은 상품결함이다. 『침권책임법』에는 상품결함에 대한 규정이 없기에 『상품품질법』 제46조의 "본 법에서 일컫는 결함은 상품에 인신, 타인의 재산안전에 불합리한 위험이 미치는 것을 가리킨다. 해당 상품에 인신건강, 인신, 재산안전을 보장하는 전국표준, 업종표준이 있다면 합격표준에 부합되지 않는 상품이다."라는 규정을 적용한다.

결함의 구체적 의미는 아래와 같다.

(1) 결함은 일종의 불합리한 위험이다. 합리한 위험은 결함

이 아니다. 상품의 사용기한 내, 통상적 혹은 합리적인 상황에서 예측 가능한 사용상황에서 상품에 아무런 위험이 없어야 하거나 비록 위험성을 가지고 있지만 그 위험이 허용되는 정황에서 매개인의 안전과 건강에 대한 보호가 있어야 한다는 점은 일치한다.

(2) 이런 위험은 인신과 상품이외의 기타 재산안전에까지 그 위험을 미친다. 상품결함이 사람의 신체에 미치는 위험은 사용자의 생명 혹은 건강에 대한 위험이고, 재산위험은 사용자가 가지고 있는 결함상품을 제외한 기타 재산에 대한 위험이다. 위험이 일단 발생하면 반드시 사용자의 인신손해와 재산손해를 초래하게 된다.

(3) 결함은 상품이 인신, 재산안전 보장에 대한 표준에 부합되지 않는 것이다. 상품에 인체건강, 인신, 재산안전을 보장하는 국가표준, 업종표준이 있을 때 상품의 결함은 그 표준에 부합되지 않는 것을 가리킨다. 안전표준을 위반한 것은 상품결함에 대한 가장 간단한 판단준칙이다.

5.1.2.2 종류

(1) 제조결함. 상품이 제조과정에 불합리한 위험이 발생하는 것을 가리킨다. 위험을 야기하는 원인은 다양한데 질량관리를 잘 하지 못한 것, 기술수준 미달 등이 포함 된다. 이런 결함은 가능하게 원재료, 부품의 선택에서부터 제조, 가공과 조립제조공정 등의 여러 가지 과정에서 발생하는 것일 수 있다.

(2) 설계결함. 상품의 설계이다. 이를테면 상품의 구조, 배

합방법 등에 불합리한 위험이 존재하는 것을 가리킨다.[78] 설계결함에 대한 고찰은 반드시 상품의 용도와 결합하여야 하는데 만약 상품이 설계용도 외에 사용된다면 곧 불합리한 위험이 존재하다고 볼 수 있으므로 설계결함이 존재한다고 인정할 수 없다.

(3) 경고결함. 상품에 존재하는 불합리한 위험에 대해 상품을 판매할 때 적당한 경고와 설명을 하지 않는 것을 가리킨다. 경고는 상품의 위험성과 위험 사용법에 대하여 표지나 문자로 제시하는 것을 말하고 설명은 상품의 주요 성능, 정확한 사용방법과 착오적인 사용이 초래 할 수 있는 위험 등을 문자로 표시한 것을 말한다. 합리한 위험을 가지고 있는 상품이라면 반드시 충분한 경고와 설명이 있어야 한다.

(4) 추적관찰결함. 리스크가 커지는 과정 혹은 생산자가 새 상품을 시장에 내놓은 후 새 상품에 대한 추적관찰의무를 제대로 이행하지 않아서 해당 상품이 사용자의 신체 혹은 재산에 손해를 가져다 준 불합리한 위험을 말한다.

5.2 책임구성과 책임부담

5.2.1 귀책원칙과 구성요건

5.2.1.1 귀책원칙

상품책임은 무과실책임원칙을 적용한다. 이런 침권책임을

---

78) 장신바오:『중국 침권행위법(제2판)』중국사회과학출판사 1998년 판, 제493쪽.

확정할 때 생산자와 판매자의 과실을 고찰하지 않을 뿐만 아니라 그 과실의 존재여부를 떠나 피해자가 상품에 결함이 있음을 충분히 증명한다면 즉시 침권책임이 성립된다.

5.2.1.2 구성요건

(1) 상품에 존재하는 결함. 『침권책임법』은 상품에 대한 정의를 내리지 않았기에 『상품품질법』 제2조 제2항의 규정을 적용한다. 즉 상품은 "가공, 제작을 거쳐 상품의 판매에 사용된 것"을 가리킨다. 상품은 반드시 두 가지 조건에 부합되어야 하는데 첫째는 가공, 제작을 거친 상품이고, 가공제작을 거치지 않은 자연물은 상품이 아니다. 둘째는 판매상품이여야 하는 유통영역에 속하는 물건이다. 상술한 상품에 결함이 존재한다면 바로 본 요건을 구성하게 된다.

(2) 인신, 재산이 받은 손해. 상품책임의 손해사실은 인신손해, 재산손해와 정신손해를 포함한다. 인신손해는 사망을 초래한 것과 상해, 장애를 초래한 것을 포함한다. 재산손실은 상품결함 본신의 손실을(즉 그 상품을 구매한 금액에 대한 손실) 가리키는 것이 아니라 결함상품 이외의 기타 재산의 손실을 가리킨다.

(3) 인과관계. 상품의 결함과 피해자의 손해사실 사이에는 원인과 결과의 관계가 존재해야 한다. 상품책임의 원인관계를 확인하려면 피해자의 손해는 결함이 있는 상품을 사용 혹은 소비하는 과정에서 일어난 것을 증명해야 한다.

5.2.2 법률관계주체

5.2.2.1 권리주체

상품책임법률관계의 권리주체는 결함상품으로 인하여 발생된 인신손해 혹은 재산손해를 입은 소비자와 그 외의 사람들이다. 여기에는 상품에 존재한 결함으로 인하여 인신상해 혹은 재산손해를 입은 모든 피해자가 포함된다.

5.2.2.2 의무주체

(1) 생산자. 생산자는 상품의 제조자이다. 여기에는 몇 가지 유형의 생산자가 있다. 첫째는 완성품 생산자로 상품책임의 주요한 부담자이다. 둘째는 부품의 생산자와 원재료의 생산자이다. 상품결함이 부품의 생산자와 원재료 생산자로 인해 초래된 것이라면 피해자가 그 손해배상을 청구할 때 반드시 해당 침권책임을 져야 한다. 셋째는 준생산자로 타인이 제조한 상품을 자신이 제조한 상품처럼 판매하거나 기타 형식으로 경영하면 생산자로 취급한다.

(2) 판매자. 판매자는 생산자 외의 상품판매자이다. 상품책임 중의 판매자 조건: 첫째, 해당 상품 경영을 사업으로 하는 사람이다. 예를 들면 개인 자동차 양도를 한 사람은 판매자가 아니다. 둘째, 해당 항목 경영이 장기적이어야 하며 임시 혹은 우연한 판매를 진행하는 판매가 아니다. 셋째, 해당 손해를 초래한 상품은 주요 판매상품이거나 유일한 판매상품이어야 된다는 요구를 하지 않는다. 이를테면 영화관에서 판매하

는 팝콘의 경우다. 판매자의 범위는 상품제공 혹은 경영방식
에 근거하는데 주요하게 도매상, 소매상, 임대자, 브로커 등
이 포함된다.

5.2.3 불진정연대책임

5.2.3.1 일반규칙

『침권책임법』 제41조부터 제43조까지의 법규는 생산자와
판매자가 상품책임을 부담하는 기본책임형태는 불진정연대
책임이라고 규정하고 있다.

불진정연대책임은 다수행위자가 하나의 피해자에 대해 가
해행위를 실시하거나 혹은 부동한 행위자의 부동한 행위에
근거하여 피해자의 권리에 손해를 초래했다면 각 행위자로
인한 같은 내용의 침권책임에 대하여 모든 손해배상책임을
져야 한다. 또한 행위자의 한 사람이 전체 책임을 부담하면
기타 책임자의 책임은 소실되는 침권책임형태이다. 이 규칙
에 따라 피해자가 법원에 기소를 한 상대가 생산자이든 판매
자이든 생산 혹은 판매한 상품에 결함이 있으며 그 결함으로
초래된 손해이면 반드시 기소를 당한 피고가 책임을 져야 한
다. 만약 기소된 것이 판매자이지만 상품결함이 생산자가 초
래한 것이라면 판매자는 침권책임을 부담한 후에 생산자에게
손해청구를 할 수 있다. 뒤바뀐 상황이어도 마찬가지다.

5.2.3.2 대외관계

상품책임의 불진정연대책임의 대외관계는 "상품에 결함이 존재하여 손해를 초래한 것이라면 피침권자는 상품의 생산자에게 배상을 청구할 수도 있고, 상품의 판매자에게 배상을 청구할 수도 있다."이다. 첫째, 피침권자는 상품생산자 혹은 판매자 모두에 대해 손해배상청구권을 향유할 수 있는데 그 중에서 하나를 선택하여 침권책임자로 지정 할 수 있다. 이런 정황아래 책임자가 부담하는 책임은 중간책임이지 최종책임이 아니다. 둘째, 생산자, 또는 판매자를 막론하고 중간책임을 지게 되는데 모두 무과실책임원칙을 적용한다. 피침권자가 판매자의 중간책임을 주장할 때 판매자는 부득이 스스로 상품결함의 발생에 대해 무과실의 항변을 진행할 수 있다. 셋째, 불진정연대책임의 중간책임에 대하여 구체적인 할당을 하지 않으므로 반드시 책임자가 전부의 책임을 져야 한다고 주장해야 한다.

5.2.3.3 대내관계

상품책임의 불진정연대책임의 대내관계는 중간책임을 지는 측에서 최종책임을 져야하는 최종책임 측에 손해배상청구관계를 요구하는 관계이다. 즉 "상품결함의 발생이 생산자로 인한 것이라면 판매자가 배상한 후, 생산자를 향해 자신의 손해배상을 청구 할 권리가 있거나" "판매자의 과실로 인해 상품에 결함이 존재한다면 생산자가 배상한 후, 배상을 한 생산자가 판매자에게 자신이 지불한 배상금액에 대하여 손해배상을 청구 할 권리가 있다."는 것이다. 첫째로 "상품결함이 생산자가 초래한 것이라면 판매자가 배상한 후, 생산자에게 손해배상을 다시 청구할 권리가 있다."는 것은 판매자가 상품결함의 발생에 대해 과실이 없고 상품결함이 생산자로 인한 것이라면 피침권자는 판매자에게 손해배상청구권을 주장하여 중간책임을 지게 한 후, 판매자는 생산자를 향해 배상금에 대한 손해배상을 주장할 수 있다. 둘째로 "판매자의 과실로 인해 상품에 결함이 존재한다면 생산자는 배상한 후, 판매자에게 자신의 손해를 청구할 권리가 있다."라는 것은 판매자가 상품결함의 발생에 대해 과실이 있어 생산자가 중간책임을 부담한 후, 최종책임을 져야 하는 판매자에게 손해배상청구권을 행할 수 있다. 생산자가 자신의 해당 손해배상청구권을 행사하여 판매자에게 손해를 배상하라고 청구하여 판매자가 최종책임을 지도록 하는 것이다.

5.2.4 면책사유와 소송시효

5.2.4.1 면책사유

(1) 특유면책사유. 『상품품질법』 제41조에서는 상품생산자가 아래의 상황 중 한 가지만 증명할 수 있으면 손해배상책임을 지지 않는다고 규정하고 있다. 첫째는 "유통 중인 상품이 아닌 것"이다. 유통 중인 상품이라는 것은 어떠한 형식으로든 판매, 임대, 임차, 저당, 출질(出质), 전당이 되고 있는 상품을 말한다. 유통에 투입되지 않은 상품이 결함이 있어 타

인에게 손해를 초래하여도 생산자는 상품책임을 지지 않는다. 둘째는 "상품 유통 시에 손해의 결함이 존재하지 않은 경우". 유통 시라는 것은 상품이 생산공장에서 출하된 후 유통되기 시작하여서 부터 상품이 사용자에게 가기 전 까지를 말한다. 만약 생산자가 상품을 출하시킬 때에 상품에 결함이 없고 판매 중에도 결함이 없어도 면책사유가 적용되지 못하며 생산자와 판매자 모두 불진정연대책임을 져야 한다. 셋째는 "상품을 유통시킬 때 당시의 과학기술의 수준으로는 결함의 존재를 발견할 수 없는 경우". 이는 발전형 리스크 항변이다. 즉 생산자가 상품에 손해를 초래하는 위험을 제어할 수 없는 것에 대한 항변이다. 이에 대해 반드시 『침권책임법』 제46조 규정의 결함추적관찰과 서로 연계시켜야 한다. 즉 "상품이 유통에 투입될 때의 과학기술수준으로 결함의 존재를 발견할 수 없는 것이다." 반드시 그 생산자의 추적관찰의무를 강제성 의무로 확정하여 위험이나 손해를 발견하면 반드시 되돌려야 한다. 그렇지 않을 경우 추적관찰결함이 구성되어 반드시 상품책임을 져야 한다.

(2) 일반면책사유. 실제 상황에서 이하의 사유도 항변사유로 할 수 있다. 첫째, 피해자의 고의로 인한 손해라면 상품의 생산자 혹은 판매자는 손해배상책임을 부담하지 않는다. 둘째, 유효기간을 초과한 낡은 상품으로 인한 손해이면 책임을 면제할 수 있고, 상품판매자는 오직 상품의 유효기간 내에 초래된 손해만 책임을 부담한다.[79] 셋째, 뚜렷한 위험에도 경고

79) 주커펑(朱克鵬), 텐웨이홍(田卫红):『상품책임법 상의 상품결함을 논하여』, 「법학평론」 1994년 제6기.

의무를 하지 않은 경우. 뚜렷한 위험성은 바로 대중들이 보편적으로 인식하고 있거나 알고 있는 상품위험성을 말한다. 법률은 제조자에 대해 상품의 위험성이 예견되면 경고를 하여 손해의 발생을 피면할 것을 요구하지만 제조자가 상품의 모든 위험성으로 인한 손해에 대하여 책임지라고 불합리적으로 요구해서는 안 된다. 예를 들면 날카로운 칼이 사람을 상해하였을 경우이다.

5.2.4.2 소송시효

중국 상품책임의 소송시효는 『상품품질법』 제33조의 규정을 따른다. 즉 상품에 존재하는 결함으로 초래된 손해에 대한 배상청구의 소송시효기간을 2년으로 하는데 당사자가 알고 있거나 혹은 반드시 알고 있는 해당 권익이 손해를 받은 때부터 계산을 시작한다. 상품에 존재하는 결함이 초래한 손해에 대한 손해배상청구권은 결함이 있는 상품이 최초로 소비자가 사용한 시각으로 부터 10년이 지나면 해당 청구권은 효력을 잃게 된다. 하지만 상품의 안전사용 기간을 초과하지 않은 경우는 제외된다.

5.3 상품책임에 관한 특별규정

5.3.1 상품책임의 제 3 자책임

『침권책임법』 제44조에서 규정한 제3자 과실의 책임형태는 선불책임이라고 부르는데 제3자의 과실로 상품에 결함이 생겨 타인에게 손해가 초래되었을 때 결함상품의 생산자 혹은 판매자는 먼저 손해배상책임을 부담한다. 생산자 혹은 판매자는 손해배상책임을 부담한 후 다시 제3자에 대해 배상을 청구하는 형태의 상품책임이다.[80]

선불책임의 성립은 상품에 결함이 존재하며 이로 인해 타인의 손해가 발생하여 인과관계가 존재하지만 상품결함의 원인이 생산자 혹은 판매자의 과실이 아니라 운송자, 창고저장 등 제3자의 과실로 초래된 것이다.

구체적 규칙:

(1) 생산자 혹은 판매자가 부담하는 상품책임은 중간책임으로 과실이 있든지 없든지를 막론하고 모두 반드시 피침권자에 대해 손해배상책임을 져야 한다. 때문에 『침권책임법』 제28조의 제3자가 초래한 손해에 관하어 제3자가 침권책임을 부담하는 규칙을 적용하지 않고, 생산자 혹은 판매자가 먼저 책임을 부담하는 중간책임에 따른다.

(2) 생산자 혹은 판매자가 중간책임을 부담한 후, 과실이 있는 창고업자 혹은 운송자 등 제3자에 대해 손해배상청구권을 행할 수 있다.

(3) 제3자의 범위는 법률에서 규정한 운송자와 창고업자 및 그 수입상 등이다. 무릇 생산자, 판매자 이외의 결함을 초래한 과실이 있는 사람은 모두 제3자이다.

5.3.2 결함상품 추적관찰책임

발전리스크 항변으로 인한 손해배분이 공평과 정의에 위배

---

80) 양리신:『다수인친권행위 및 책임이론의 새로운 발전』, 「법학」2012년 제7기.

되는 폐단을 방지하기 위하여, 소비자의 합법권익을 잘 보호하기 위하여 중국 침권법은 생산자의 추적관찰의무를 확정하여 생산자가 생산 상품의 성능과 실제사용효과에 대하여 부단한 이해를 해야 하며 이런 이해를 통하여 응당 발견해야 할 상품의 새로운 결함을 발견하지 못했거나 상품의 결함을 발견하고도 제때에 회수하거나 리콜을 하지 않고 필요한 안전주의 설명도 하지 않아 소비자가 손해를 입었다면 추적관찰의 결함이 구성되어 이에 상응하는 침권책임을 져야 한다.

결함추적관찰침권책임은 과실추정원칙을 적용한다. 이는 『침권책임법』 제46조의 규정에 의한 것으로 무릇 "구제조치를 즉시에 취하지 않았거나 혹은 구제조치가 유력하지 못한"것은 상품생산자에게 과실이 있는 것이다. 상품결함 추적관찰의 침권책임을 구성하는 요건은 아래의 네 가지 방면이 포함된다.

(1) 위법행위. 상품추적관찰의무를 위반한 불법행위는 추적관찰의무를 이행하지 않은 것과 추적관찰의무 행위의 부당함이 포함된다. 경고가 없고, 소환이 없다면 법정의무를 위반한 것으로 불법행위를 구성한다. 경고가 부당하고, 소환이 부당하여 생산자가 비록 경고와 소환조치를 실시했지만 그 구제조치가 유력하지 못하면 역시 위법행위가 된다. 경고, 소환의 구별은 추적관찰을 한 상품에서 발견된 불합리한 위험에 대해 경고를 해야 하고, 불합리한 위험이 있는 상품에 대해서는 반드시 소환해야 한다.

(2) 이미 초래된 손해. 주요하게는 생명, 건강권의 손해 및 그로 인해 발생한 재산손실과 정신고통이다.

(3) 인과관계. 상품결함추적관찰의 인과관계는 상당인과관계규칙을 통하여 확정하고 적용해야 한다.

(4) 생산자 혹은 판매자가 추적관찰의무를 다하지 못한 것은 과실이다. 생산자가 상품추적관찰의무를 위반한 과실의 판단표준을 판단할 때 반드시 "이성적인 자"의 분석방법을 취하고, 동시에 소비자의 합리적인 기대의 표준을 적용해야 한다. 이성적인 사람의 표준으로 생산자가 상품추적관찰의무를 이행할 때 교역에 필요한 주의(선량관리자의 주의를 타당하다고 한다)를 다 다하지 못하면 과실로 지정할 수 있다.

상품결함추적관찰책임의 손해배상은 반드시 『침권책임법』 제41조부터 제43조까지에 규정한 규칙에 따라 진행해야 한다.

5.3.3 악의적 상품책임의 징벌성 배상

5.3.3.1 필요성

『침권책임법』 제47조에서 악의적 상품의 징벌성 배상제도를 규정했지만 계산방법을 규정하지 않았기에 반드시 각각 2013년의 『소비자권익보호법』 제55조 제2항 혹은 2015년 『식품안전법』 제148조 제2항에서 규정한 계산을 적용한다.

악의적 상품책임의 징벌성 배상제도를 설립한 목적은 영미법계의 징벌성 배상제도를 참고하여 알맞게 불법행위를 징벌하고, 불법행위의 재차 발생을 저지하여 소비자의 합법권익을 수호하는 것이다.[81] 현재 이런 규정들이 중국에서의 실행

---

81) 다이즈제(戴志杰):『양안「소비자보호법」징벌설배상금제도의 비교연구』,「대만 대학학론총」제53기.

은 좋은 효과를 가져다주고 있다.

5.3.3.2 책임구성요건

(1) 상품에 결함이 존재함을 명확히 알아야 한다. 생산자 혹은 판매자가 생산하거나 판매하는 상품에 결함의 존재를 명확히 알고 있으며 이런 결함이 타인의 생명 혹은 건강에 위험을 줄 수 있는 것을 알고 있다.

(2) 여전히 생산되고 판매되는 경우. 생산자 혹은 판매자가 계속하여 결함상품을 유통시키고 유통을 통하여 소비자가 구매하기를 희망하는 것이다. 여전히 생산되고, 판매되는 것을 명확히 알거나 알고 있으면서도 하는 행위이다. 여기에는 생산 판매를 한 후에 손해가 발생한 후에도 알고 있는 것을 포함한다.

(3) 타인의 생명에 손해를 초래한 경우. 악의적 상품책임은 반드시 본 요건을 구비해야 하는데 기타 손해를 초래했다면 징벌성 손해배상책임이 적용되지 않는다.

5.3.3.3 계산방법

일반적인 악의적 상품책임의 징벌성 배상에 대해 『소비자권익보호법』 제55조 제2항의 "경영자가 상품 혹은 서비스에 결함이 존재한다는 것을 명확히 알고 있지만 여전히 소비자에게 제공하며 이로 인하여 소비지와 기타 피해자의 사망 혹은 건강에 엄중한 손해를 준 것이다. 이런 상황에서 피해자는 경영자가 본 법 제49조, 제51조 등의 법률규정에 따라 손실배상을 요구할 권리가 있고 받은 손실의 2배 이하의 징벌성 배상을 요구 할 수 있다."라는 규정을 적용할 수 있다. 확정방법은 우선 침권자가 반드시 손해를 초래한 인신손해배상책임과 정신손해배상책임에 대해 부담해야 한다. 첫째, 그 기초에서 징벌성 손해배상책임을 확정해야 한다. 즉 앞에서 서술한 인신손해배상과 정신손해배상책임금액 총수의 2배를 징벌성 손해배상책임의 금액으로 한다. 때문에 악의적 상품책임의 징벌성 배상은 실제로 초래된 손해배상책임과 그 배상금액의 2배 징벌성 배상을 더한 것과 같기에 배상금액은 총 금액의 3배에 달하는 배상금을 부담하게 된다.

식품의 악의적 상품손해책임에 대해 『식품안전법』 제148조 제2항 "식품안전표준에 부합되지 않은 식품을 생산하거나 혹은 식품안전표준에 부합되지 않은 식품임을 명백히 알면서 경영하였다면 소비자는 손실에 대해 배상하는 요구를 제기 할 수 있을 뿐만 아니라 생산자 혹은 경영자에게 가격 10배 혹은 손실의 3배에 달하는 배상금을 요구할 수 있다. 증가배상의 금액이 1000원이 안될 경우 1000원으로 한다."라는 규정에 따른다. 이런 경우에 배상청구는 징벌성 배상액보다 더 높다.

제 6 장

자동차 교통사고 책임

제6장
자동차 교통사고 책임

【법률조문】

제48조. 자동차 교통사고가 발생하여 손해를 입힌 경우 도로교통안전법의 관련 규정에 따라 배상책임을 부담한다.

제49조. 임차 또는 차용 등의 상황으로 인하여 자동차의 소유자와 사용자가 동일인이 아닐 경우 교통사고가 발생하여 해당 자동차의 한쪽에 책임이 있을 때, 보험회사는 자동차 강제보험 책임한도액 범위이내에서 배상을 한다. 부족부분은 자동차 사용자가 배상책임을 지도록 한다. 자동차 소유자가 손해의 발생에 대해서 과실이 있을 경우 상응하는 배상책임을 진다.

제50조. 당사자 간에 이미 매매 등의 방식으로 자동차를 이전키로 하고 양도했으나, 소유권 이전 등기를 하지 않은 상태에서 교통사고가 발생하여 해당 자동차의 한쪽에 책임이 있

을 때, 보험회사는 자동차 강제보험 책임한도 범위이내에서 배상을 한다. 부족부분은 양수인이 배상책임을 진다.

제51조. 매매 등의 방식으로 이전하였거나 이미 폐차 표준에 도달한 자동차가 교통사고가 발생하여 손해를 입혔을 경우 양도인과 양수인이 연대책임을 진다.

제52조. 도난, 강도, 또는 강탈당한 자동차가 교통사고가 발생하여 손해를 입혔을 경우 도난, 강도, 강탈을 한 자가 배상책임을 진다. 보험회사는 자동차 강제보험 책임한도액 범위이내에서 구조비용을 지급했을 경우 교통사고 책임자에게 구상할 권리를 가진다.

제53조. 자동차 운전자가 교통사고 야기 후 도망을 갔을 경우 해당 자동차가 강제보험에 가입했을 경우 먼저 보험회사가 자동차 강제보험 책임한도액 범위이내에서 배상을 한다. 자동차가 불명이거나 해당 자동차가 강제보험에 가입되어 있지 않을 경우 피침권자의 신체상해에 대한 구조, 장례 등의 비용에 대해 지급을 해야 할 경우 먼저 도로교통사고 사회 구조기금에서 대납을 한다. 도로교통사고 사회 구조기금에 대납 후 그 관리 기구는 교통사고 책임자에게 구상할 수 있는 권리가 있다.

【전형적인 사례】

왕 모씨가 자동차를 진 모씨한테 양도하였는데 자동차대금의 쌍방 계산이 끝났지만 소유권 명의(名義) 변경수속을 하지 않았다. 어느 비 내리는 밤, 진 모씨가 그 차로 옥수수를 운송하던 도중 교통사고가 발생했는데 행인 장 모씨를 치어 중상을 입혔다. 교통사고 확인서에는 진 모씨가 전부의 책임을 부담해야 한다고 했다. 장 모씨가 진 모씨와 왕 모씨에게 배상을 요구했으나 결과가 없어 법원에 기소를 했다. 법원의 심리에서는 왕 모씨가 자동차를 진 모씨에게 양도하고, 비록 소유권명의 변경수속을 하지 않았지만 진 모씨가 이미 실제적으로 그 자동차를 취득하고 점유하여 그 자동차에 대한 관리, 사용과 수익의 권리가 있으며 왕 모씨는 이미 그 자동차에 대해 지배권을 상실하여 그 자동차로 운영 이익을 얻을 수 없고, 사고에 대한 통제와 예방을 할 수 없다고 인정했다. 그러므로 판결은 차량을 양도 받은 진 모씨가 손해배상책임을 부담하고, 왕 모씨는 책임을 부담하지 않는다고 했다.

6.1 자동차 교통사고 책임의 기본규칙

6.1.1 자동차 교통사고 책임의 개요

6.1.1.1 개념과 특징

자동차 교통사고는 자동차와 비자동차 운전자, 행인, 승차인 및 기타도로, 도시도로와 비록 단위관할범위이지만 사회적으로 자동차통행이 허락된 지방 및 광장, 공공주차장 등 공중 통행으로 사용되는 장소에서 교통활동을 진행하는 사람이 『도로교통안전법』과 기타 도로교통관리법규, 규정을 위반한 행위로서 과실 혹은 의외로 초래된 인신 사상(傷亡), 혹은 재산손실을 빚은 사고를 가리킨다.

자동차 교통사고책임의 특징은 다음과 같다. (1) 자동차 교통사고책임은 도로교통영역에서 발생한다. (2) 책임자와 피해자는 사고발생 전에 상대성의 민사법률 관계가 존재하지 않는다. (3) 자동차 교통사고책임의 주요형식은 인신손해배상이지만 역시 재산손해배상이기도 하다. (4) 자동차 교통사고책임은 이미 특별법의 조정을 받고 있지만 기본법의 조정도 받고 있다.

6.1.1.2 자동차 교통사고를 구성하는 요소

(1) 자동차의 요소. 자동차와 비자동차를 포함한다. 자동차는 동력장치로 구동 또는 견인되며 도로에서 운행하는 사람 승차 혹은 물품운송이나 공사전문에서 작업하는 타이어 차량을 가리킨다. 비자동차는 인력, 혹은 축력에 의한 구동으로 도로에서 운행되는 교통도구 및 비록 동력장치로 구동하지만 최고시속, 빈차 무게, 외형사이즈가 관련된 국가표준설계에 부합되는 장애자자동휠체어, 전동자전거 등의 교통도구를 가리킨다.

(2) 사람의 요소. 사람의 요소는 주체요소로 해당 법률관계의 책임주체, 행위주체와 권리주체의 요소이다. 첫째는 자동차보유자인데 자동차 보유, 또한 자동차에 대해 지배권과 이익귀속의 법인, 기타 조직, 혹은 자연인을 가리킨다. 둘째는 자동차운전자로 국무원 공안부문에서 규정한 운전허가조건에 부합되고, 법에 따라 자동차운전자격을 취득한 사람으로 도로에서 자동차를 운전하는 자연인을 가리킨다. 셋째는 비자동차 운전자로 만 12세를 포함한, 도로에서 자전거, 삼륜

차를 운전하는 사람, 만 16세를 포함한, 도로에서 전동자전거, 장애자 자동휠체어를 운전하는 사람, 만 16세를 포함한, 도로에서 축력 차량을 운전하는 사람, 시속이 20km를 초과하지 않도록 설계된 타이어식 경운기를 운전하는 사람을 포함한다. 넷째는 도로에서 보행하는 자연인이다. 다섯째는 피해자로, 손해배상 법률관계의 권리주체로서, 침권손해배상청구권을 향수하고, 자동차교통사고책임자에게 침권책임 부담을 청구할 권리가 있는 사람이다.

(3) 도로와 교통의 요소이다. 도로는 공로(公路), 도시도로와 비록 회사 관할범위 내에 있지만 사회 자동차량의 통행이 허락된 곳으로 광장, 공공주차장 등 대중통행으로 사용되는 장소 등이 포함된다. 교통은 자동차와 비자동차량 및 도로에서 오가는 행인 등이 포함되며 소통을 목적으로 하는 사회활동이 포함된다.

(4) 사고와 책임의 요소. 교통사고는 차량이 도로에서 과실 또는 의외로 인신 사상이나 재산 손실을 초래한 사건을 말한다. 자동차 교통사고책임에서의 책임은 손해배상 책임이며 민사책임, 침권책임, 재산책임이 포함된다. 침권법 연구는, 자동차량의 교통사고책임은 전부 민사책임으로 기타 법률책임을 포함하지 않는다고 했다.

6.1.2 자동차 교통사고 책임의 기본규칙 확정

『침권책임법』 제48조에서는 "자동차가 교통사고를 빚어 손해를 초래하면 도로교통안전법의 관련규정에 따라 배상책임을 부담한다."라고 규정하고 있는데 해당 조목이 가리키는 것은 『도로교통안전법』 제76조이다.

"자동차가 교통사고를 빚어 인신사상, 재산손실을 초래했다면 보험회사는 자동차 제3자 책임을 강제보험책임 한도 내에서 배상을 한다. 부족 되는 부분은 아래의 규정에 따라 배상책임을 부담한다. (1) 자동차 사이에 발생한 교통사고는 과실이 있는 일방이 배상책임을 부담한다. 쌍방 모두에게 과실이 있다면 각자 과실의 비례에 따라 책임을 분담한다. (2) 자동차와 비자동차 운전자나 행인 사이에 발생한 교통사고는 비자동차 운전자, 행인에게 과실이 없기에 자동차 일방이 배상책임을 부담해야 한다. 증거가 있어 비자동차의 운전자, 행인에게 과실이 있다고 증명되면 과실정도에 근거하여 자동차 일방의 배상책임을 적당히 경감할 수 있다. 자동차 일방에게 과실이 없다면 백분의 십 프로의 배상책임을 부담한다. 교통사고의 손실은 비자동차 운전자, 행인이 고의로 자동차에 치어 초래된 것이라면 자동차 일방은 배상책임을 부담하지 않는다." 해당 조목이 규정한 자동차교통사고는 아래와 같은 다섯 가지 규칙이 있다.

6.1.2.1 보험 우선원칙

자동차가 발생한 교통사고는 우선 자동차교통사고강제보험에 의해 배상금이 지급된다. 강제보험범위 내에서는 침권법의 규칙이 적용되지 않고, 과실을 묻지 않으며, 오직 자동차강제보험의 규칙에 따라 진행된다. 자동차강제보험배상지급이 부족한 부분은 침권책임법의 규칙으로 처리한다.

6.1.2.2 2 원귀책 원칙체계

자동차교통사고책임은 2개의 귀책원칙을 적용한다. (1) 자동차가 비자동차 운전자 혹은 행인의 인신손해를 초래했다면 과실추정원칙, 과실추정실행을 적용한다. (2) 자동차 사이에 초래된 손해 및 기타 자동차교통사고책임은 과실책임원칙을 적용한다.

6.1.2.3 적당한 과실상쇄 규칙

자동차와 비자동차 운전자 혹은 행인의 교통사고 중에 각자 과실이 있다면 여유과실이 구성되어 과실상쇄를 실행한다. "우월자 위험부담"규칙을 실행하여 과실정도와 원동력 규칙에 따라 자동차 일방의 책임을 확정한 후, 응당 적당한 정도의 100분의 10을 증가시킨다. 이를테면 쌍방 책임이 동등하다면 자동차 일방이 반드시 100분의 60의 책임을 부담해야 한다.

6.1.2.4 자동차 일방의 무과실

자동차 일방은 과실이 없고 손해가 비자동차 운전자 혹은 행인 일방의 과실로 야기된 것이라면 역시 "우자위험부담" 규칙을 실행하고, 자동차 일방은 100분의 10을 초과하지 않은 책임을 부담한다. 구체적인 액수는 비자동차 운전자 혹은 행인의 과실정도에 따라 구체적으로 확정하는데 가장 낮게

100분의 5보다 낮지 않고, 100분의 5부터 100분의 10사이이다. 비자동차 운전자 혹은 행인의 과실정도에 근거하여 구체적인 배상액을 확정한다.

6.1.2.5 피해자의 고의에 의한 손해

교통사고손실이 비자동차 운전자 혹은 행인의 고의에 의한 것이라면 자동차 일방은 책임을 부담하지 않는다.

6.1.3 구성의 요건 및 책임형태

6.1.3.1 구성의 요건

(1) 위법행위. 도로교통 중에서 도로교통 참여자가 법률규정의 불가침의무 및 타인 보호가 목적인, 법률이 규정한 의무를 위반하면 작위와 부작위를 실시하는데 위법성이 있다. 자동차를 일방으로 하는 자동차교통사고책임 중에 자동차가 '운행상태'에 처해 있다면 위법행위가 설립되는 필요조건이 된다.

(2) 손해사실. 도로교통 참여자의 과실행위로 초래된 권리주체의 인신권리 및 재산권리의 손해는 주요하게 인신권리가 침해를 받은 것이고, 또 재산권리가 침해를 받은 것도 포함되는 정황이다.

(3) 인과관계. 자동차교통사고책임의 인과관계는 복잡, 다양하기에 자동차교통사고책임 중의 인과관계를 확정하는 것은 이론과 실천에서 중요한 의의를 가지고 있고, 자동차교통

사고책임 중 인과관계의 판단은 직접인과관계규칙, 상당인과
관계규칙 등을 채납하여 확정한다.

（4）과실. 자동차교통사고책임의 과실표현을 과실이라 한
다. 고의로 교통사고를 내어 타인을 상해하면 형사범죄가 구
성된다.

6.1.3.2 책임형태

자동차교통사고책임은 손해배상책임으로 주요하게 그 기본
책임형태는 대리책임과 자기책임이다. 대리책임은 흔히 보는
것으로 무릇 자동차보유자와 자동차 운전자가 서로 분리된
자동차교통사고책임은 모두 대리책임에 속한다. 자동차보유
자 스스로 자동차를 운전하여 교통사고를 내어 타인에게 손
해를 초래하면 자기책임이다.

（1）자동차교통사고책임 중의 대리책임. 자동차교통사고의
대리책임은 자동차보유자를 책임주체로 하는데 자동차 운전
자의 과실행위로 인해 타인에게 인신손해, 혹은 재산손해를
초래한 자동차교통사고책임이라면 반드시 배상책임을 부담해
야 한다. 자동차보유자는 배상책임을 부담한 후, 과실이 있는
자동차 운전자에 대해 침권책임형태를 추상할 권리가 있다.

（2）자동차교통사고책임 중의 자기책임. 자동차교통사고책
임의 자기책임은 자동차보유자 스스로 자동차를 운전하거나
혹은 가정성원이 가정보유의 자동차를 운전하여 자기의 과실
로 타인에게 인신손해 혹은 재산손해를 초래한 자동차교통사
고책임이라면 반드시 자신 혹은 가정성원이 배상책임을 부담

하는 자동차사고책임의 책임형태이다.

(3) 자동차교통사고책임 중의 연대책임. 자동차교통사고책임이 공동침권행위로 구성되었다면 반드시 연대책임을 부담해야 한다. 자동차교통사고책임의 공동침권에는 두 가지가 있다. 첫째, 2대 이상의 자동차가 공동과실로 동일한 피해자에게 손해를 초래하게 될 경우 그 인과관계는 동일성을 가지고 있기에 초래된 손해를 가를 수 없고, 2대 이상의 자동차가 공동침권행위를 구성한다. 둘째, 공유의 자동차가 자동차교통사고를 발생하여 타인에게 손해를 초래할 경우 다수의 자동차공유자가 응당 부담해야 하는 책임은 연대책임이다.

6.2 자동차 교통사고의 특수책임 주체

6.2.1 자동차 교통사고 특수책임 주체를 확정하는 의거

자동차교통사고책임 중의 특수침권 책임주체에 대해 자동차보유자와 자동차사용자 중에 도대체 누가 침권책임을 부담하느냐 하는 문제를 토론한다.

6.2.1.1 운행지배와 운행이익

자동차보유자와 자동차사용자가 서로 분리된 정황에서 응당 자동차 운행지배와 운행이익 두 개의 방면으로 고려해야 한다. 우선 자동차의 운행지배를 고려해야 하는데 즉 누가 능력이 더 있어 자동차사고발생의 위험을 통제하느냐 하는 것이다. 다음으로 누가 자동차의 운행에서 이익을 향수하느냐 하는 것인데 즉 누가 자동차의 운행이익 중에 이익을 획득하느냐 하는 것이다. 오직 두 개의 방면을 같이 고려해야만 비로소 자동차교통사고책임의 특수주체를 정확히 확정할 수 있다.

6.2.1.2 자동차 교통사고 특수 주체를 확정하는 기본고려

자동차교통사고 특수책임주체를 확정할 때 반드시 이익관계의 밸런스를 찾아야 한다. 법률은 그 규정을 지나치게 느슨하게 하면 사회효율의 진보에 불리하고, 규정을 지나치게 각박하게 하면 사회의 공정성에 불리하다. 책임주체를 확정하는 과정 중, 공정성은 침권책임을 확정해 사회효율성과 사회 공정성을 보장하게 된다.

6.2.2 임대 , 대여자동차 손해책임

6.2.2.1 자동차의 순 차량임대

순 차량임대는 택시회사에서 자동차만 빌려주고 운전자를 포함하지 않음을 말한다. 이에 대해 응당 『침권책임법』 제49조의 규칙에 따라 책임을 확정한다. 임차인이 자동차를 빌려 사용하다가 교통사고를 빚게 될 경우 임차인은 사용자로서 반드시 배상책임을 부담해야 한다. 만약 임대인에게 과실이 있다면 역시 상응하는 배상책임을 부담해야 한다. 상응하는 배상책임을 확정한 후, 반드시 임대인의 과실정도 및 행위의 원동력을 확정해야 한다.

6.2.2.2 운전자가 포함된 임대

운전자를 포함한 임대자동차가 교통사고를 빚어 타인에게 손해를 초래하면 그 성질은 도급계약에 속하며 임차인이 도급인(定作人)으로 되고, 임대인은 수급인(承攬人)으로 되는데 도급의 사항은 임차인의 지시에 따라 차량이 제공되고, 또한 지시에 따라 운행이 진행된다. 때문에 소위 임차인은 실제 도급인이 되어 임대한 것이 자동차뿐 아니라 사람까지 차와 함께 임차인에게 서비스하게 된다. 침권책임을 확정할 때 『침권책임법』 제49조의 규정을 적용하지 않고, 응당 최고인민법원 『인신손해배상사건 심리에 법률을 적용하는 약간의 문제에 대한 해석』 제10조의 "도급인이 사업을 완성하는 과정 중에 제3자가 초래한 손해, 혹은 자신에게 초래된 손해에 대해 도급인이 배상책임을 부담하지 않는다. 그러나 도급인이 주문, 지시, 혹은 선임에 과실이 있다면 응당 상응하는 책임을 부담해야 한다."라는 규정에 따라 책임부담을 확정한다.

6.2.2.3 대여자동차의 손해책임

『침권책임법』 제49조에서는 자동차 임대와 대여의 두 가지 정형에 대한 규정을 함께 취급하고, 같은 규칙을 적용하고 있다. 우선 차용인이 타인의 자동차를 차용하여 교통사고를 초래하면 차용인은 응당 손해배상책임을 부담하고, 자동차의 대여인은 책임을 부담하지 않는다. 첫째 자동차 소유인, 즉 대여인이 손해의 발생에 대해 과실이 있다면 상응하는 배상책임을 부담한다.

6.2.2.4 임대인과 대여인의 과실을 인정하는 규칙 및 후과

『침권책임법』제49조에서 확정한 자동차소유자에게 과실이 있는 경우, 최고인민법원 『도로교통사고손해배상사건 심리에 법률을 적용하는 약간의 문제에 대한 해석』에서 제출한 네 가지 조목의 표준을 적용한다. 즉 첫째는 자동차에 존재하는 결함을 알고 있거나 응당 알고 있었다면, 그리고 해당 결함이 교통사고 발생원인의 하나일 경우; 둘째는 운전자가 무면허이거나 또는 상응하는 운전자격을 취득하지 못한 것을 알고 있거나 응당 알고 있은 경우; 셋째는 운전자가 음주, 국가에서 금지하는 정신약품 또는 마취약품을 복용, 또는 자동차 안전운전을 방해하는 질병 등 법에 의해 자동차를 운전할 수 없는 것을 알고 있거나 응당 알고 있은 경우; 넷째는 기타 자동차소유자, 혹은 관리자에게 과실이 있다고 인정되는 경우이다.

허락을 거치지 않고 타인의 자동차를 운전하다가 교통사고를 발생하여 손해를 초래한 것에 대해 만약 당사자가 『침권책임법』제49조의 규정에 따라 자동차운전자가 배상책임을 부담하도록 청구하면 인민법원에서는 응당 지지해주어야 한다. 만약 자동차소유자, 혹은 관리자가 상술한 내용의 과실이 있다면 응당 상응하는 배상책임을 부담해야 한다. 그러나 『침권책임법』제52조에서 규정한 조건을 구비해야 한다. 즉 절도, 강탈한 자동차는 제외된다.

임대, 대여의 자동차손해책임의 책임후과는 단일한 연대책임이다. 상응하는 책임은 자동차소유자가 손해의 발생에 대해 자기의 과실정도, 혹은 원동력에 따라 그 적당한 책임비례를 부담하는 것이지 전부의 배상이 아니다. 피침권자는 오직 임차인, 혹은 차용인을 기소하여 그 전부 배상책임을 부담하게 할 수 있다. 오직 자동차소유자를 기소해야 하는데 자동차소유자는 과실정도와 원동력에 따라 상응하는 책임을 부담하고, 전부 책임을 부담하지는 않는다. 피침권자가 차용인, 혹은 임차인 및 자동차소유자를 함께 기소하면 법원에서는 안분책임의 규칙에 근거하여 각자의 배상책임배당을 확정하는데 자동차사용자는 연대책임을 부담하고, 자동차소유자는 안분책임을 부담한다.

6.2.3 거래 중에 소유권명 변경등록을 하지 않은 자동차의 손해책임

중고자동차를 거래하는 중에 원 자동차소유자(자동차보유인 등기, 자동차업주 등기라고도 한다.)가 자동차를 사는 사람(실제 자동차 보유인, 실제자동차업주라고도 한다.)에게 교부한 후, 규정에 따라 소유권명의 변경등록을 하지 않았다면 등기를 한 자동차보유인과 실제 자동차보유자는 서로 분리된다. 이럴 때 자동차의 교통사고가 발생하여 손해가 초래되었다면 연속으로 자동차를 구매하면서 소유권명의 변경등록을 하지 않았지만 자동차가 이미 교부되었기에 원 자동차보유자는 이미 그 자동차의 운영을 지배할 수 없고, 또 해당 자동차의 운영 중에 이익을 획득할 수도 없다. 그러므로 원 자동차보유자는 자동차의 교통사고 발생으로 인해 초래된 손해에 대해 책임을 부담할 필요가 없다. 『침권책임법』은 이런 입장을 견지하고 있다.

상술한 규칙을 적용하는 요건은 아래와 같다. (1) 당사자 사이에 이미 거래 등의 방식으로 자동차가 양도되거나 교부되었다. 교부의 의미는 바로 소유권이전이다. (2) 쌍방 당사자가 소유권 변경등록을 하지 않았다. 등기는 결코 자동차소유권의 이전수속이 아니라 행정관리의 수속이다. (3) 양도된 자동차가 교통사고를 발생하여 인신손해를 초래했다. (4) 교통사고책임은 자동차 일방의 책임에 속한다. 즉 실제자동차업주의 책임이다. 이 네 가지 조건에 부합되면 자동차의 양수인은 배상책임을 부담해야 하고, 자동차양도인은 등록 상 여전히 자동차소유자이지만 책임을 부담하지 않는다.

6.2.4 비법조립 양도 , 혹은 폐기자동차 손해책임

중국 정부에서는 조립자동차를 엄격히 금지하고, 또 폐기표준에 도달한 자동차의 양도를 엄격히 금지한다. 법률규정을 위반하고 조립한 자동차, 혹은 이미 폐기표준에 도달한 자동차를 불법 양도했다면 엄중한 위법행위에 속하여 양도인과 양수인은 주관 상 모두 고의위법의 의도가 적용된다. 조립한 자동차, 혹은 폐기표준에 도달한 자동차를 비법양도한 후, 교통사고가 발생하여 손해를 초래했다면 타인에게 손해를 초래했거나 또는 자신에게 손해를 초래했느냐에 상관없이 양도인과 양수인 사이에는 간접고의가 적용되어 공동침권행위가 구성됨으로 양도자와 양수인은 연대책임을 부담해야 한다.

이런 자동차교통사고책임은 절대책임이다. 즉 조립한 자동차든 폐기된 자동차든 상관없이 거래되었고 타인에게 손해를 초래했다면 판매인과 구매인은 반드시 연대책임을 부담해야 하고, 또한 수차 양도되었다하더라도 모두 같은 규정이 적용된다. 동시에 이런 절대책임을 부담할 때 책임경감이나 책임면제를 주장할 수 없다.

6.2.5 절도한 자동차의 손해책임

절도 혹은 강탈한 자동차를 운전했을 경우, 자동차가 불법 소지자의 완전한 통제하에 원 자동차보유자는 이때 자동차에 대해 이미 실제적운행지배가 불가능하고, 또 자동차에 대해 운행이익을 향유할 수 없기 때문에 불법으로 자동차를 소유한 사람은 이미 자동차의 운행지배자 또는 운행이익의 귀속자이기에 손해배상의 책임주체가 되어 절도자, 혹은 강탈자로 배상책임을 부담하게 된다.

절도, 강탈한 자동차가 사고를 발생한 후, 범죄자가 도망쳤다면 피해자는 배상을 받을 수 없다. 해당 자동차의 소유자가 강제보험을 했다면 강제보험은 응당 보험책임 범위내의 긴급구조비용을 지급하고 사고의 책임자에 대한 추상청구권을 취득해 사고의 책임자가 출현했을 때 그한테 추상할 권리가 있다.

6.3 자동차 운전자 사고 도피의 책임부담

6.3.1 자동차 교통사고 강제보험

자동차 운전자가 교통사고 발생 후 도피하였을 경우 해당 자동차가 강제보험에 가입했다면 보험회사는 자동차강제보험 책임한도액 범위 내에서 배상을 한다. 보험회사는 그 어떤 이유로라도 거절해서는 안 된다.

6.3.2 자동차 교통사고책임의 사회구조기금

자동차의 불명 혹은 해당 자동차가 강제보험에 가입하지 않았다면 피침권자의 인신 사상 구급, 장례 등의 비용 지급이 요청되는데 자동차교통사고책임 사회구조기금에서 대신 지급한다. 자동차 불명은 자동차의 소유권소속 불명을 가리킨다. 즉 해당 자동차의 귀속이 누구의 소유인지 알 수 없는 것이다. 피해자의 합법권익을 보호하기 위해 그 손해가 적시로 구제를 얻어야 하는데 법률에서는 자동차교통사고책임 사회구조기금에서 피침권자의 인신 사상의 구급, 장례 등의 비용을 대신 지급해야 한다고 규정하고 있다. 자동차교통사고 책임 사회구조기금에서 대신 지급한 후, 그 관리기관은 교통사고책임자에 향해 추상할 권리가 있고, 피해자의 손해배상 청구권을 취득하여 교통사고책임자에게 추상할 권리가 있다. 자동차교통사고책임 사회구조기금에서 추상권을 향유하지만 다만 이미 대신 지급한 부분의 추상일 뿐이다. 대신 지급하지 않았다면 기타 손해의 청구권은 여전히 피침권자가 향유하고, 여전히 침권자에게 행사할 권리가 있다.

6.4 최고인민법원 사법해석의 보충규정

2015년 12월 21일, 최고인민법원에서 공포 실시한 『도로

교통사고 손해배상사건 심리에서 법률적용의 약간의 문제에 대한 해석』에서는 자동차교통사고책임의 실제법 적용에 대해 구체규칙을 제출했다.

6.4.1 주체책임의 규정에 관하여

자동차교통사고의 책임주체에 대해 사법해석에서는 자세한 규정을 내놓고 있다. (1) 부속(挂靠)형식으로 도로운수 경영활동에 종사하는 자동차가 교통사고를 발생하여 손해를 초래했다면 자동차 일방의 책임에 속하여 당사자가 부속인과 피부속인에게 연대책임을 부담하도록 청구하면 인민법원에서 지지를 해주어야 한다.

(2) 여러 차례 양도하였지만 변경등록을 하지 않은 자동차가 교통사고를 빚어 손해를 초래했다면 해당 자동차 일방의 책임에 속하며 당사자가 최후의 양도에서 교부받은 양수인에게 배상책임을 부담하도록 청구하면 법원에서 응당 지지해주어야 한다.

(3) 타인의 번호판을 불법으로 사용한 자동차가 교통사고를 빚어 손해를 초래했다면 해당 자동차 일방의 책임에 속하며 당사자가 불법 번호판 자동차의 소유자, 혹은 관리자에게 배상책임을 부담하도록 청구하면 인민법원에서는 지지해주어야 한다. 피 불법 번호판 자동차 소유자, 혹은 관리자가 타인의 번호판을 불법으로 사용하는 것을 동의했다면 응당 타인의 번호판을 불법으로 사용하는 자동차의 소유자, 혹은 관리자가 연대책임을 부담해야 한다.

(4) 조립한 자동차, 이미 폐기표준에 도달한 자동차, 혹은 법에 따라 운전이 금지된, 수차 양도된 자동차가 교통사고를 발생하여 손해를 초래했다면 당사자가 소유의 양도자와 양수인에게 연대책임을 부담하도록 청구하면 인민법원에서 응당 지지해주어야 한다.

(5) 자동차운전양성을 접수한 인원이 양성 활동 중에 자동차를 운전하다가 교통사고를 발생하여 손해를 초래했다면 해당 자동차 일방의 책임에 속하며 당사자가 운전양성단위에 배상책임을 부담하도록 청구하면 인민법원에서는 지지해주어야 한다.

(6) 자동차 시승(試乘)과정 중에 교통사고가 발생하여 시승인(試乘人)에게 손해를 초래했을 경우 당사자가 시승을 제공한 자에게 배상책임을 부담하도록 청구하면 인민법원에서는 응당 지지해주어야 한다. 시승인에게 과실이 있다면 반드시 시승을 제공한 자의 배상책임을 경감해야 한다.

(7) 도로관리수호결함으로 인해 자동차의 교통사고를 야기하여 손해를 초래했다면, 당사자가 도로관리자에게 상응하는 배상책임을 부담하도록 청구하면 인민법원에서 응당 지지해주어야 하지만 도로관리자가 법률, 법규, 규정, 국가표준, 업종표준 혹은 지방표준에 따라 안전보호, 경고 등의 관리수호 의무를 다했다고 충분히 증명한다면 제외된다. 고속도로에 진입한 차량, 행인이 고속도로에 진입하여 교통사고를 빚어 자신에게 손해가 초래되었을 경우 당사자는 고속도로관리자가 배상책임을 부담하도록 청구하는 것은 침권책임법 제76조의 규정에 따른다.

(8) 도로에 물품을 쌓아두거나 쏟아두거나 버리는 등의 통행을 방해한 행위로 인해 교통사고가 발생하여 손해가 초래되었을 경우 당사자가 행위자에게 배상책임을 부담하도록 청구하면 인민법원에서는 응당 지지해주어야 한다. 도로관리자가 법률, 법규, 규정, 국가표준, 업종표준 혹은 지방표준에 따라 정리, 방호(防護), 경고 등의 의무를 다했다고 증명할 수 없다면 응당 상응하는 배상책임을 부담해야 한다.

(9) 법률, 법규, 규장 혹은 국가표준, 업종표준, 지방표준의 강제성 규정에 따르지 않고 설계, 시공하여 도로에 결함이 존재하고 그로 인해 교통사고가 초래되었을 경우 당사자가 건설단위와 시공단위에 상응하는 배상책임을 부담하도록 청구하면 인민법원에서는 응당 지지해주어야 한다.

(10) 자동차의 제품결함으로 교통사고가 야기되어 손해가 초래되었을 경우 당사자가 생산자, 혹은 판매자에게 침권책임법 제5장의 규정에 따라 배상책임을 부담하도록 청구하면 인민법원에서는 응당 지지해주어야 한다.

(11) 다수의 자동차가 교통사고를 발생하여 제3자에게 손해를 초래했을 경우 당사자가 다수침권자에게 배상책임을 부담하도록 청구하면 인민법원에서는 응당 부동한 정황을 구분하고, 침권책임법 제10조, 제11조 혹은 제12조의 규정에 따라 침권자가 연대책임 혹은 안분책임을 부담하도록 확정해야 한다.

6.4.2 배상범위의 규정에 관하여

해당 사법해석은 또 배상범위의 관련 문제도 규정하고 있다. 첫째는『도로교통안전법』제76조에서 규정한, "인신사상"
으로 자동차가 교통사고를 발생하여 피침권자의 생명권, 건
강권 등 인신권익을 침해하여 발생된 손해를 가리키는데『침
권책임법』제16조와 제22조에서 규정한 각항의 손해가 포함
된다. 둘째는『도로교통안전』제76조에서 규정한 "재산손실"
인데 자동차가 교통사고를 빚어 침권자의 재산권익을 침해하
여 손실을 초래한 것을 가리킨다.

　해당 사법해석은 또 도로교통사고로 인해 아래와 같이 재
산손실이 초래된 것으로 당사자가 침권자에게 배상을 청구하
면 인민법원에서는 응당 지지해주어야 한다. 첫째는 손상된
차량을 수리하느라 지급한 비용, 차량에 실은 물품의 손실,
차량시급비용이다. 둘째는 차량의 훼멸소실(灭失) 혹은 수리
불가로 인해 교통사고 발생 시 구매와 손상된 차량의 가격에
상당한 차량중치(重置) 비용이다. 셋째는 화물운수, 여객운수
등의 경영성 활동에 종사하는 차량이 상응하는 경영활동에
종사할 수 없게 되어 발생된 합리적 운송을 정지하는데서 오
는 손실에 따르는 것이다. 넷째는 비경영성 차량이 계속 사
용할 수 없게 되어 발생된 통상적 대체성 교통도구의 합리적
비용이다.

제 7 장

의료손해책임

제7장
의료손해책임

【법률조문】

　제54조. 환자가 진료행위 중 손해를 입었을 경우 의료기관 및 그 의료인원의 과실이 있을 경우 해당 의료기관이 배상책임을 진다.

　제55조. 의료인원은 진료활동 중 환자에게 정확한 병의 상태와 의료조치에 대해서 응당 설명을 해야 한다. 수술, 특수검사, 특수치료를 실시할 필요가 있을 때 의료인원은 즉시 환자에게 의료위험, 대체의료 방안 등의 정황에 대해서 설명을 해야 하며, 서면 동의를 받아야 한다. 환자에게 설명이 여의치 않을 경우 환자의 가까운 친족에게 설명을 하고 그들의 서면 동의를 받아야 한다.

　의료인원이 전항의 의무를 다하지 못 하여 환자에게 손해를 입혔을 경우 의료기관은 응당 배상책임을 져야 한다.

제56조. 생명이 위급한 환자에게 응급조치를 취해야 하며 환자 또는 그 친족의 의견을 얻지 못하는 급박한 경우에는 의료기관의 책임자 또는 수권 받은 책임자의 비준을 득하여 바로 상응하는 의료조치를 실시할 수 있다.

제57조. 의료인원이 진료활동 중 당시의 의료수준에 상응하는 진료의무를 다 하지 않아 환자에게 손해를 입혔을 경우 의료기관은 응당 배상책임을 져야 한다.

제58조. 환자가 손해가 있고 아래의 상황 중 하나에 속할 때 의료기관의 과실이 있음을 추정할 수 있다.

(1) 법률, 행정법규, 규장 및 기타 진료규범과 관련된 규정을 위반했을 경우.

(2) 분쟁과 관련된 병력자료에 대해 은닉 또는 제공을 거절할 경우.

(3) 병력자료를 위조, 변경 또는 소멸하였을 경우.

제59조. 약품, 소독약제, 의료기계의 결함 또는 불합격된 혈액의 수혈로 인하여 환자에게 손해를 입혔을 경우 환자는 생산자 또는 혈액제공 기관에게 배상을 청구할 수 있으며, 또한 의료기관에게 배상을 청구할 수 있다. 환자가 의료기관에 배상을 청구했을 경우 의료기관은 먼저 배상한 이후 책임이 있는 생산자 또는 혈액제공 기관에게 구상을 할 수 있는 권리가 있다.

제60조. 환자가 손해가 있고 아래의 상황 중 하나에 속할 때 의료기관은 배상책임을 지지 않는다.

(1) 환자 또는 그 친족이 의료기관의 진료규범에 부합하는 진료를 진행하는데 있어서 협조를 하지 않을 경우.

(2) 의료인원이 생명이 위급한 환자 등 긴급상황 하에서 이미 합리적인 진료의 의무를 다 했을 경우.

(3) 당시의 의료수준으로는 진료에 한계가 있을 경우.

앞의 제1항의 상황 중, 의료기관 및 그 의료인원에게도 과실이 있을 경우 응당 상응하는 배상책임을 져야 한다.

제61조. 의료기관 및 그 의료인원은 규정에 따라 입원일지, 진료의견서, 검사보고, 수술 및 마취기록, 병리자료, 간호기록, 의료비용 등의 병력자료를 작성하고 적절하게 보관하여야 한다.

환자가 전항에 규정한 병력자료를 요구할 경우 의료기관은 응당 제공하여야 한다.

제62조. 의료기관 및 그 의료인원은 환자의 프라이버시에 대해 비밀을 지켜야 한다. 환자의 동의를 받지 않고 환자의 병력자료 등 프라이버시를 누설하여 환자에게 손해를 입혔을 경우 침권책임을 져야 한다.

제63조. 의료기관 및 그 의료인원은 진료규범을 위반하는 불필요한 검사를 실시해서는 안 된다.

제64조. 의료기관 및 그 의료인원의 합법적 권익은 법률의 보호를 받는다. 의료질서 간섭, 의료인원 업무 및 생활을 방해할 경우 응당 법률에 따라 법률책임을 진다.

【전형적인 사례】

미혼녀 소홍은 북경의 모 신체검사센터에서 건강신체검사를 했는데 검사를 책임진 의사가 부인과 검사의 고지의무를 이행하지 않은 채 음도확장검사를 진행하다가 소홍의 처녀막

파열을 초래하여 큰 출혈이 있었으나 치료를 거쳐 상처가 나았다. 소홍은 해당 신체검사센터와 분쟁이 발생하여 법에 기소했다. 법원에서는 신체검사센터에서 의료기구의 특정고지의무(特定告知义务)를 위반하여 과실이 존재함으로 신체검사센터에서 소홍에게 정신손해 위자료 1만 위안, 교통비와 의료비를 얼마간 배상해야 한다고 판결했다.[82]

7.1 의료손해책임의 개념과 유형

7.1.1 개념과 의의

의료손해책임은 의료기관 및 의무요원이 치료과정 중에 과실을 빚었거나 법률규정에 따랐지만 과실의 유무에 관계없이 환자의 인신손해 혹은 기타 손해를 초래했다면 응당 손해배상을 부담하는 것을 주요 방식으로 하는 침권책임을 가리킨다.

의료손해책임의 기본특징은 다음과 같다. (1) 의료손해책임의 책임주체는 의료기관이다. (2) 의료손해책임의 행위주체는 의무요원이다. (3) 의료손해책임은 의료활동 중에 발생한다. (4) 의료손해책임은 의료기구 및 의무요원의 과실치료행위로 환자의 인신 등 권익손해에 따른 책임이다. (5) 의료손해책임의 기본 형태는 대리책임이다.

의료손해책임은 세 가지 유형으로 나눈다. 즉 의료윤리손

---

82) 본 사례의 요지는 의무요원이 고지의무를 다하지 않아 환자에게 손해를 초래했다면 응당 의료윤리손해책임, 배상피해환자의 인신손해와 정신손해를 부담해야 한다는 것이다.

해책임, 의료기술 손해책임과 의료제품손해책임이다.

7.1.2 의료윤리손해책임

7.1.2.1 개념과 특징

의료윤리손해책임은 의료기관 및 의무요원이 의료양지와 의료윤리의 요구, 의료기관과 의무요원의 고지의무를 위반하고 의료윤리과실이 인정되며 환자의 지정권(知情权), 자아결정권, 프라이버시권 손해 및 인신손해를 초래함으로써 응당 배상책임이 부과되는 의료손해책임을 가리킨다.『침권책임법』제55조에서는 이런 의료윤리손해책임을 규정하고 있다.

의료윤리손해책임의 기본특징은 다음과 같다.

(1) 의료윤리손해책임의 구성은 의료과실을 전제로 한다. 즉 의료기관과 의무요원이 해당 유형의 침권책임을 부담해야 하는데 반드시 과실이 있어야 한다.

(2) 의료윤리손해책임의 과실은 의료윤리과실이다. 의료윤리손해책임이 요구하는 과실은 의료기술의 과실이 아니고, 당시의 의료수준이 확정한 고도주의의무를 위반한 것이 아니라 의료양지와 의료윤리를 위반한 것으로 고지의무를 위반하는 등 윤리성 의무의 소홀 혹은 태만이다.

(3) 의료윤리과실의 인정방식은 과실추정이다. 오직 피해자 일방에서 이미 의료기관 및 의무요원이 고지의무를 위반했다고 증명한다면 법관은 의료기관 및 의무요원에게 의료윤리과실이 있음을 추정한다.

(4) 의료윤리손해책임을 구성하는 손해는 인신손해와 기타 민사권익손해를 포함한다. 기타 민사권익의 손해사실은 주요하게 지정권, 자아결정권, 프라이버시권 등의 손해이고 또한 의료윤리손해책임은 주요하게 손해사실이다.

7.1.2.2 유형

(1) 정보고지손해책임 위반. 이는 의료기관 및 의무요원이 환자에게 고지의무, 설명의무, 건의의무 등 적극적인 의료자문의무를 제공함에 있어서 과실이 존재하고 환자의 지정권을 침해한 행위이다.

(2) 자아결정권을 침해한 손해책임. 이는 의료기관 및 의무요원이 응당 존중받아야 할 환자의 자주결정권 염원을 위반하고, 환자의 동의를 거치지 않은 것이다. 즉 적극적으로 모종의 의료조치를 취하거나 혹은 소극적으로 계속 치료해야 할 의료조치를 정지한 의료손해책임이다.

(3) 비밀의무를 위반한 손해책임. 의료기관과 환자의 관계에서, 의사가 환자의 병환, 병력 및 기타 개인정보를 장악해야 하므로 의료기관 및 의무요원은 비밀을 지킬 의무가 있다. 환자의 프라이버시 혹은 환자가 공개를 동의하지 않은 병력 자료를 누설하여 환자에게 손해를 초래했다면 응당 침권책임을 부담해야 한다.

7.1.2.3 고지의무 및 그 의의

정보고지를 위반하거나 자아결정권을 침해한 의료윤리손해

책임의 기초는 의료기관과 의무요원의 고지의무이며 과실의 기준은 모두 의료기관 및 의무요원의 고지의무의 위반여부를 확정하는 것이다.

『침권책임법』 제55조에서는 의무요원의 고지의무를 세 가지 형식으로 규정하고 있다. 첫째는 일반고지의무로 의무요원은 일반진료활동 중에 응당 환자에게 병세와 의료조치에 대해 간단명료하게 설명해주어야 한다. 둘째는 특수고지의무로 수술, 특수검사, 특수치료의 실시가 필요할 경우 의무요원은 즉시 환자에게 병세, 의료조치, 의료위험, 대체의료방안 등의 정형을 설명해주고 서면동의를 받아야 한다. 셋째는 환자에게 설명하기 적합하지 않다면 의무요원은 반드시 환자의 가족에게 설명해주고 그 서면동의를 구해야 한다.

7.1.2.4 구성의 요건

(1) 위법행위. 의료기관과 의무요원의 고지 등의 의무는 일종의 법정의무로 이런 법정의무를 위반한 행위는 위법성을 띠고 있다. 고지의무 위반은 다음과 같은 다섯 가지의 유형이 포함된다. 첫째는 고지의무를 이행하지 않은 것이다. 둘째는 고지의무를 충분히 이행하지 않은 것이다. 셋째는 고지 착오이다. 넷째는 고지의무의 이행을 지연한 것이다. 다섯째는 고지의무를 이행했지만 동의를 거치지 않고 치료행위를 실시한 것이다. 의료기관과 의무요원이 고지 등의 의무를 위반했다고 충분히 증명되면 바로 위법성을 띠게 된다.

(2) 손해사실. 의료윤리손해책임의 손해사실은 주로 환자

의 지정권, 자아결정권, 프라이버시권 등을 침해하는 것으로 표현된다. 때문에 환자의 현실권익손해와 기대이익의 손해도 인신손해사실에 포함된다.

(3) 인과관계. 고지의무를 다하지 못한 행위와 지정권, 자아결정권, 프라이버시권, 신분권 및 관련 이익이 손해를 받은 가운데 인기(引起)와 피인기의 관계이다. 이에 대해 피해환자 일방이 증거책임을 부담해야 한다.

(4) 의료윤리과실. 의료윤리손해책임을 구성하는 과실의 요건은 추정규칙을 채용하는 것이다. 즉 의료기관과 의무요원에게 과실이 있다고 추정하는 것이다.

7.1.2.5 책임형태와 배상범위

의료윤리손해책임은 대리책임이다. 의무요원이 직무 수행 중에 환자에 대한 인신손해 혹은 기타 손해를 초래하면 의료윤리손해책임을 구성하기에 의료기관에서 침권책임을 부담해야 한다. 피해환자 일방은 응당 의료기관에 배상을 청구해야 한다. 의료기관은 침권책임을 부담한 후, 과실이 있는 의무요원에게 추상을 진행할 수 있다.

의료윤리손해책임의 배상범위는 그 손해사실이 주로 인신손해사실이 아니라(인신손해사실이 있다고 할지라도) 지정동의권, 자아결정권, 프라이버시권 등의 손해이기 때문에 주요하게 정신손해배상을 하게 되며, 인신손해를 초래한 것도 인신손해배상책임을 포함한다. 규칙은 첫째, 고지 등의 의무를 위반하여 환자의 인신손해를 초래하면 마땅히 인신손해배상책임을 부담해야 한다. 둘째, 고지 등의 의무를 위반했지만 환자의 인신손해를 초래하지 않고 오직 지정권, 자아결정권, 프라이버시권 등의 정신적 권리손해만 초래하더라도 마땅히 정신손해배상책임을 부담해야 한다. 셋째, 만약 재산손해를 초래했으면 마땅히 재산손해배상책임을 부담해야 한다.

7.1.3 의료기술 손해책임

7.1.3.1 개념과 특징

의료기술 손해책임은 의료기관 및 의무요원이 의료 활동 중 의료기술의 고도주의의무를 위반한 것으로, 당시의 의료수준의 기술과실을 위반한 것이며 환자의 인신손해를 초래한 의료손해책임을 가리킨다. 『침권책임법』 제57조에서는 의료기술 손해책임을 규정하고 있다.

의료기술 손해책임의 법률특징은 아래와 같다.

(1) 의료기술 손해책임의 구성은 의료과실을 전제로 한다. 의료기관 및 의무요원에게 의료과실이 없다면 의료기술 손해책임은 구성되지 않는다.

(2) 의료기술 손해책임의 과실은 의료기술의 과실이다. 이는 당시의 의료수준에 근거한, 의료기관 및 의무요원이 응당 부담해야 할 고도주의의무를 표준으로 임상의학과 의료기술상에서 마땅히 소임을 다해야 하는 고도주의의무를 위반한 소홀 혹은 태만이 그것이다.

(3) 의료기술과실을 인정하는 방식은 주요하게 고지증명이

다. 피해환자 일방은 의료기술행위, 손해사실 및 인과관계 요건의 성립을 증명해야 할 뿐만 아니라 또 반드시 의료기구 및 의무요원에게 의료기술과실이 있음을 증명해야 한다. 오직 법률규정의 과실사유추정에 부합되어야만 비로소 의료기관 및 의무요원에게 의료기술과실이 있음을 추정할 수 있다.

(4) 의료기술 손해책임의 손해사실은 오직 인신손해사실만 포함한다. 의료기술 손해책임의 손해사실은 오직 피해환자의 인신손해사실 및 인신손해사실로 야기된 정신손해만 포함하고, 기타 민사권익의 손해는 포함하지 않는다.

7.1.3.2 유형

(1) 진단과실 손해책임. 가장 전형적인 진단과실은 오진으로서 그 판단기준은, 한 이성적인 의사가 질병진단 과정에서 당시의 의료수준에 부합되지 않는, 환자질병에 대한 착오적 판단을 했다는 것이고 만일 이성적인 의사라면 그와 같은 착오를 범하지 말아야 한다고 할 때 그것이 바로 진단과실인 것이다.

(2) 치료과실 손해책임. 치료 중에 의료규범, 규장, 규정을 준수하지 않고 고도주의의무를 다하지 않았으며 착오적 치료행위를 실시하여 환자의 인신손해를 초래했다면 의료과실 손해책임으로 된다.

(3) 간호과실 손해책임. 간호원이 간호 중에 고도주의의무를 위반하여 환자의 인신손해를 초래하여도 의료기술 손해책임이 구성된다.

(4) 감염전염 손해책임. 의료기관 및 의무요원이 고도주의

의무를 다하지 않아 병원 내에 감염 혹은 전염이 출현하여 환자가 새로운 질병에 감염되어 생명건강 손해가 초래되었다면 마땅히 의료과실 손해책임을 부담해야 한다.[83]

(5) 임신검사 손해책임. 부인과의료기구 중에 태아상황검사에 대한 의료에서 소홀 혹은 태만이 존재하여 반드시 발견해야 할 태아기형을 발견하지 못하고 태아가 출생한 후, 기형이 발견되어 손해를 초래했다면 의료기술 손해책임으로 된다.

(6) 조직과실 손해책임. 의료기관이 의료조직 중에 병원관리규범을 위반하고 적시구조의무를 소홀히 하거나 의료시간 지연 등이 존재한다면 조직과실 손해책임이 구성된다.

7.1.3.3 구성의 요건

『침권책임법』에서는 의료기술 손해책임에 과실책임원칙을 적용한다고 명확히 규정하고 있다. 의료기관의 침권배상책임 부담을 확정하려면 반드시 침권책임의 일반구성요건이 구비되어야 하고, 일반적 거증책임규칙을 실행해야 한다. 즉 "누가 주장하고, 누가 거증하는가?"하는 것이다.

의료기술 손해책임이 구성되자면 마땅히 아래와 같은 네 가지 요건이 구비되어야 한다.

(1) 위법행위. 의료기관 및 의무요원의 위법행위는 반드시 의료 활동과정 중에서 발생해야 한다. 이를테면 진단, 치료, 간호, 관리 등으로 모두 의료기술손해의 위법행위 장소에

---

83) 허우잉링(侯英冷):『원내감염의 민사계약책임』, 중국 대만지구 정전(正典)출판 문화유한회사, 2004년 판본 참조.

서 발생해야 한다. 위법성은 의료기관이 환자의 생명권, 건강권, 신체권에 대해 부득이 침해의 법정의무를 위반한 것을 가리킨다.

(2) 인신손해사실. 의료기관 및 의무요원이 의료 활동 중에 환자의 인신손해의 사실을 초래했다면 피해자의 생명권, 건강권 혹은 신체권이 받은 침해를 포함하는데 그 구체적 표현형식은 생명의 상실, 혹은 인신건강, 신체의 손해 등이다.

(3) 인과관계. 의료위법행위와 환자의 인신손해 후과사이에는 반드시 인과관계가 있다. 인과관계를 확정하는 표준은 상당인과관계이다.

(4) 의료기술과실. 의료기술 손해책임을 구성하자면 의료기관에 반드시 의료기술과실이 구비되어야 한다. 의료기관 및 의무요원에게 과실이 없다면 의료기관은 의료기술 손해책임을 부담하지 않는다.

7.1.3.4 책임형태

의료기술 손해책임의 책임형태는 대리책임이다. 의무요원이 직무를 집행하는 중에 기술규범 등을 위반하여 환자의 인신손해를 초래하면 의료기술 손해책임이 구성되는데 그 직접책임자는 의료기구이지 의무요원이 아니다. 의료기관은 의무요원이 초래한 손해에 대해 책임을 부담해야 하는데 피해환자 일방은 반드시 직접 의료기관에 배상청구를 해야 한다. 의료기관은 침권책임을 부담한 후, 과실이 있는 의무요원에게 추상할 수 있다. 배상은 자기로 인해 초래된 손실에 대해 배상책임을 부담하는 것이다.

7.1.4 의료제품 손해책임

7.1.4.1 개념과 성질

의료제품 손해책임은 의료기관이 의료과정 중에 결함이 있는 약품, 소독약제, 의료기기 및 불합격의 혈액 등 의료제품 혹은 준제품을 사용하여 환자의 인신손해를 초래할 경우 의료기관 혹은 의료제품생산자, 판매자는 반드시 의료손해 배상책임을 부담해야 한다. 『침권책임법』 제59조에서는 의료제품 손해책임에 대해 규정하고 있다.

의료제품 손해책임은 의료손해책임이기도 하고, 또 제품책임도 있어 이중성격을 겸하고 있다. 의료제품 손해책임은 제품책임성격을 가지고 있기에 반드시 무과실책임원칙을 적용해야 한다.

7.1.4.2 책임구성

의료기관과 의료제품생산자, 판매자는 중간책임으로 모두 무과실책임원칙을 적용한다. 의료기관이 의료제품 손해책임의 최종책임을 부담할 때 반드시 과실의 요건이 존재해야 한다. 의료기관이 결함의료제품의 생산자를 지명할 수 없고, 또 결함의료제품의 제공자를 지명할 수 없을 뿐더러 혹은 의료기관이 곧바로 의료제품생산자라면 무과실책임을 부담해야 한다.

의료제품 손해책임의 구성은 반드시 제품 침권요구에 부합되어야 하는데 아래와 같은 요건이 구비되어야 한다.

(1) 의료제품 자체가 결함제품이다. 의료제품 손해책임을 구성하는 가장 주요한 조건은 의료제품에 결함이 있는 것이다. 의료제품에는 네 가지가 포함되어 있는데 즉 약품, 소독 약제, 의료기기 및 불합격의 혈액이다.

(2) 환자의 인신손해사실. 반드시 의료제품을 사용한 환자여야 하고, 의료제품에 결함이 존재하여 환자의 인신손해를 초래한 것이어야 한다.

(3) 인과관계. 의료제품 손해책임 중의 인과관계는 의료제품의 결함과 피해자의 손해사실 사이에 인기와 피인기의 관계가 존재하는데 의료제품결함은 원인, 손해사실의 결과이다. 의료제품책임의 인과관계를 확정하는 것은 피해자의 증명이 필요하다.

7.1.4.3 책임형태

의료제품이 초래한 환자손해의 책임형태는 불진정연대책임으로 그 기본규칙은 아래와 같다.

(1) 책임주체는 의료기관과 의료제품의 생산자, 판매자아다. 첫째, 의료기관이 직접 의료제품을 환자의 몸에 사용하여 손해가 초래되면 의료기관은 책임주체로 반드시 책임을 부담해야 한다. 만약 의료기관이 결함의료제품의 생산자를 지명할 수 없고, 또 결함제품의 제공자를 지명할 수 없다면 반드시 무과실책임을 부담해야 한다. 둘째, 의료제품생산자가 결함제품을 제조하여 환자에게 손해를 초래했다면 반드시 책임을 부담해야 한다. 셋째, 의료제품의 판매자가 결함제품이 손

해를 초래함에 과실이 있다면 그 결함제품의 생산자이든 아니든지를 막론하고, 모두 반드시 침권책임을 부담해야 한다. 만약 판매자가 결함제품의 생산자를 지명할 수 없고, 또 결함제품의 제공자를 지명할 수 없다면 마땅히 판매자가 무과실책임을 부담해야 한다.

(2) 피해환자는 의료기관, 생산자 혹은 판매자를 선택하여 중간책임을 부담하도록 청구할 수 있다. 피해환자는 상술한 세 침권주체 중에서 자기에게 유리한 하나를 선택하여 청구권을 행사할 수 있다. 피해환자는 의료기관을 손배소 주체로 선택할 수도 있고, 또 의료제품의 생산자 혹은 판매자를 선택하여 배상책임을 부담하게 할 수 있다.

(3) 최종책임규칙은 중간책임의 일방이 결함제품생산자, 판매자에게 추상하는 것을 허락하고 있다.[84] 의료기관은 배상책임을 부담한 후, 그 결함의료제품의 생산자, 판매자에 대한 추상권을 취득할 수 있다. 의료기관은 결함의료제품으로 초래된 전부의 배상책임을 생산자가 부담하도록 청구할 수 있다. 이런 배상은 전액배상으로 전임소송 중에 초래된 모든 손실을 포함한다.

7.2 의료과실의 증명 및 거증책임

7.2.1 의료과실의 개념과 유형

---

84) 『침권책임법』제59조에서는 판매자에 대해 명확한 규정을 하지 않았지만 제품책임의 일반규칙에 근거하여 책임주체는 반드시 결함의료제품의 판매자를 포함한다.

7.2.1.1 개념

의료손해책임 중, 과실의 요건은 의료기관 및 의무요원이 진료간병 중의 과실이지 고의가 아니라는 것으로 표현된다.

의료과실은 의료기관이 의료 활동 중에 의무요원이 당시의 의료수준의 평균치에 따라 반드시 제공해야 할 의료서비스를 하지 않았거나 혹은 의료양지, 의료윤리에 따라 반드시 믿음을 주어야 하고, 합리한 의료서비스를 주어야 하지만 고도주의의무를 다하지 않았다면 의료위생관리법률, 행정규범, 부문규장, 의료규범 또는 상규를 위반하거나 혹은 법정고지, 비밀의무를 다하지 않은 등의 실직행위가 적용되어 판단의 주관심리상태 및 의료기관이 의무요원에 대한 소홀한 선임, 관리, 교육의 주관심리상태를 가리킨다. 간단히 말하면 의료과실은 바로 의료기관 및 의무요원이 필요한 주의의무를 다하지 않은 소홀과 태만을 가리킨다.

7.2.1.2 분류

(1) 의료기술과실. 이는 의료기구 및 의무요원이 병세의 검험, 진단, 치료방법의 선택 치료조치의 실행 및 병세발전과정의 추종, 수술 후의 보살핌 등 의료행위 중에 당시의 의료전문지식 또는 기술수준에 부합되지 않은 소홀 혹은 태만에서 비롯되는 것이다. 이런 의료과실을 확정할 때 당시의 의료수준표준을 적용하여 지구(地區), 의료기관 자질과 의무요원의 자질을 적당히 고려하여 통상적으로 의료법률, 법규, 규장 및 의료진단범위와 상규의 위반을 객관표준으로 한다. 그 표현

형식은 아래와 같다.

의료기술과실=당시의 의료수준→고도주의의무→의무위반

(2) 의료윤리과실. 이는 의료기관 및 의무요원이 의료행위를 실시할 때 환자에 대해 충분한 고지 혹은 병세를 설명해주지 않고, 환자에게 적시에 제공해야 할 유용한 의료건의를 하지 않고, 병세에 관련된 각종 프라이버시, 비밀을 지키지 않았거나 혹은 환자의 동의를 거치지 않고 모종의 의료조치 혹은 지속치료 정지 등을 취할 뿐만 아니라 의료직업 양지 혹은 직업윤리 상 반드시 준수해야 하는 고지, 비밀 등 법정의무의 소홀과 태만을 가리킨다. 이런 의료과실의 판단표준은 의료양지와 의료윤리인데 통상적으로 법률, 법규, 규장, 규범규정을 위반한, 의무요원으로서 반드시 이행해야 하는 고지, 비밀 등의 법정의무를 표준으로 하는데 위반하면 과실이 있게 된다. 법관은 이미 알고 있는 사실에 근거하여 추정을 하는데 그 표현형식은 아래와 같다.

의료윤리=의료직업양지와 직업윤리→고지와 비밀 등 의무 →이행하지 않음

7.2.2 의료기술과실의 증명 및 거증책임

7.2.2.1 의료기술과실의 인정표준은 당시의 의료수준이다

의료기술과실은 합격된 의사가 고도주의의무를 다하지 못한 것이다. 의료기술과실의 주의의무를 인정하려면 반드시 당시의 의료수준을 채납하여 표준으로 확정한다.

의료수준은 기성 의학수준에 더해 해명해야 할 문제로 의학실천의 보편화 또한 임상경험연구의 축적, 전문가가 그 실제에 적용한 수준을 더해 확정하며 이미 일반적이고 보편화된 진료를 목표로 실시할 수 있고, 동시에 임상은 의료기관의 진단 혹은 약사책임에 기초한 의학수준을 가리킨다. 의료과실을 확정하려면 반드시 당시 의료수준표준의 의료여야 하고, 동시에 지구, 의료기관의 자질과 의무요원의 자질을 참고하여 의료기관과 의무요원이 반드시 도달해야 하는 고도주의의무를 확정해야 한다. 이런 주의의무를 위반하면 바로 의료과실이 된다. "당시의 국가표준+차별" 원칙은 표준과 개성화의 충돌을 충분히 해결할 수 있는데 반드시 진료 시의 의료수준을 기본적 판단기준으로 하는 합격된 의사표준으로, 진단과 치료 시에도 합격된 것이어야지 나중에 판단할 때의 수준이 아니다.[85)

7.2.2.2 원고증명의 정도

의료기술 손해책임 소송 중에 피해환자 일방이 거증책임을 부담한다. 그 증명정도는 반드시 정황을 구분해야 하는데 아래와 같은 부동한 방법을 취할 수 있다.

(1) 피해환자 일방은 의료기관에 존재하는 의료과실을 충분히 증명해야 한다. 의료기술 손해책임 분규소송 중에 피해환자 일방은 충분한 증거로 의료기관에 의료과실이 있음을 제

---

85) 장신바오(張新宝):「대륙의료 손해배상 사례의 과실 인정」, 짜이주바이쑹(载朱柏松) 등:「의료과실 거증책임 책임의 비교」, 원조출판회사(元照出版公司) 2008년 판, 93쪽.

출해야 한다. 원고가 제공하는 이런 의료과실은 감정을 받아야 하고, 의료기관의 대질, 법관의 확신 검사가 있어야 하는데 이로서 의료과실을 확인할 수 있다.

(2) 피해환자 일방의 증명은 외견증거규칙(表见证据规则)에 부합되어야 한다. 외견증거규칙은 경험법칙에 근거하는데 특정사실이 있어야 한다. 특정전형결과자(特定典型结果者)가 발생하여 해당 특정결과가 출현하였을 때 법관은 기타 가능성을 배제하지 않은 정황 하에 해당 특정사실이 존재함을 추론해야 하고 이런 정황 하에 거증책임완화를 실행해야 한다.

7.2.2.3 원고 거증책임의 완화

피해환자 일방은 거증책임이 도달하는 표현증거규칙의 요구에 도달해야만 법관이 의료기관의 의료과실을 추정할 수 있다. 거중책임완화를 실행하면 거중책임이 의료기관의 부담으로 전환될 수 있다. 의료기관이 자기에게 과실이 없음을 충분히 증명하면 침권책임이 구성되지 않고, 자기에게 과실이 없음을 증명할 수 없으면 과실의 요건이 성립된다.

7.2.2.4 의료과실사유 추정

『침권책임법』 제58조에서는 피해환자가 의료기관에 존재하는 법정정형을 충분히 증명해야 한다고 규정하고 있다. 의료과실추정은 아래와 같은 세 가지가 있다.

(1) 의료기구 및 의무요원이 법률, 행정법규, 규장 등 관련 진료규범의 규정을 위반한 것이다. 법률, 행정법규, 규장 등

관련 진료규범의 규정을 위반하면 바로 과실이 있게 되기 때문에 의료기술과실을 증명하는 표준은 바로 관련 진료규범의 규정을 위반한 것이다. 본 조목 요구에 부합되려면 기술과실이 있어야 한다.

(2) 의료기관 및 의무요원이 은닉 혹은 분규와 관련된 의학서류 및 관련 자료의 제공을 거절한 것이다. 의료기관 및 의무요원이 의료손해책임분규가 발생했을 때 은닉 혹은 상술한 의학서류 및 관련 자료(주요하게는 병력)의 제공을 거절하여 의료기술과실의 존재를 추정할 경우 원고가 다시 거증증명을 할 필요가 없다.

(3) 의료기구 및 의무요원이 위조 혹은 의학서류 및 관련 자료를 소멸한 것이다. 의료기관 및 의무요원이 의학서류 및 관련 자료에 취한 적극행위는 위조 혹은 증거를 소멸하거나 훼손을 진행해도 똑같이 의료기관에 의료기술과실이 있음을 추정한다.

의료과실추정사유의 요구에 부합되자면 의료과실을 추정해야 하는데 의료기관이 제출한 증거를 번복하여 의료과실추정을 해서는 안 된다.

7.2.2.5 의료기관의 증명정도 및 의료손해 책임감정의 거증부담

거증책임이 완화된 상황에서 의료기관의 증명정도는 의료과실의 추정을 번복하여 자기에게 과실이 없음을 충분히 증명해야 한다. 즉 의료기관의 과실을 부인하면 의료손해책임은 구성되지 않는다. 증명할 수 없으면 의료과실추정이 성립되고, 의료기술 손해책임이 구성된다.

의료손해책임분규 중에 통상적으로 의료과실추정 제공을 통해 의료과실을 증명하거나 혹은 의료과실을 부정할 수 있다. 반드시 의료과실 거증책임규칙에 따라 누가 거증책임을 지게 되면 누가 의료과실감정결론을 제공해야 한다. (1) 일반 상황에서 마땅히 피해환자 일방의 거증책임범위여야 한다. (2) 만약 피해환자 일방의 증명이 외견증거규칙의 요구에 부합되고, 의료과실거증책임완화의 요구에 부합되면 의료기관은 거증책임을 부담하고, 자기에게 과실이 없음을 증명하여 의료과실 책임의 감정결론을 받아 의료기관 일방이 자기의 의료행위와 피해자의 인신손해후과 사이에 인과관계가 없다고 증명하거나 혹은 의료기관의 의료행위에 과실이 존재하지 않는다는 증거를 제출해야 한다.

7.2.3 의료윤리과실의 증명 및 거증책임

의료윤리과실의 구체적 표현은 환자에 대해 그 병세를 충분히 고지하거나 혹은 설명하지 않고, 환자에게 적시에 유용한 의료건의를 제공하지 않고, 병세와 관련된 각종 프라이버시, 비밀을 지키지 않고, 환자의 동의를 얻지 않고 모종 의료조치 혹은 지속치료를 정지하거나 혹은 관리법규 위반으로 환자에게 초래된 기타 손해이다. 사실상 의료윤리과실은 바로 의료기관 및 의무요원이 고지, 비밀 등의 법정의무를 다하지 않은 과실이다.

의료윤리과실에 대해 과실추정을 실행한다. 피해환자는 자기의 손해와 의료행위에 위법성이 있다고 거증증명을 제출하고 동시에 인과관계가 성립된다고 증명한 후, 법관은 의료기관 및 의무요원에게 의료윤리과실이 있음을 추정한다. 의료기관이 만약 자기의 의료행위에 과실이 없다고 인정하여 거증책임도치규칙을 실행, 자기가 이미 법정위무를 이행했다고 거증증명하면 의료과실이 구비되지 않는다. 충분히 증명하면 침권책임은 구성되지 않고, 거증증명을 할 수 없으면 과실추정이 성립되고, 의료손해책임이 구성된다.

7.3 의료기관의 면책사유와 환자와 의료기관에 대한 특별보호

7.3.1 의료기구의 면책사유

7.3.1.1 법률규정의 면책사유

의료활동과 의료손해의 특수성에 의해 의료손해책임의 면책사유와 일반침권책임 면책사유는 결코 같지 않다. 『침권책임법』 제60조에서는 세 가지 면책사유를 규정하고 있다.

(1) 환자 혹은 그 가족이 의료기관에서 진행하고 있는 진료 법규에 부합되는 진료에 협조하지 않은 것이다. 환자 및 그 가족의 원인으로 치료가 지연되어 환자의 인신에 손해후과가 초래되면 피해환자 일방에 과실이 있음으로 설명된다. 과실책임원칙에 따라 손해후과가 완전히 환자 및 그 가족의 원인으로 치료가 지연되었다면 의료기관이 그 손해의 발생에 과

실이 없음이 증명되므로 의료기관의 배상책임은 면제된다. 만약 환자 및 그 가족이 치료에 협조하지 않은 것이 의료손해 후과를 구성한 원인의 하나라면 의무요원에게도 의료과실이 있어 여유과실이 구성되는데 반드시 『침권책임법』제26조의 과실상쇄에 관한 규정에 따라 의료기관의 배상책임을 경감할 수 있다.

(2) 의무요원이 생명이 위험한 환자를 응급하는 등 긴급상황에서는 이미 합리적 진료의무를 다한 것이다. 환자의 생명을 구하기 위해 취한 긴급조치에 대해 가능하게 발생할 불량한 후과를 고려하지 않고, 두 가지를 비교하면 생명을 구하는 것이 더욱 중요하다. 오직 의무요원이 합리적 주의의무를 다했다면 즉 불량한 후과가 초래되어 환자의 신체에 대해 일정한 손해가 있어도 의료손해책임이 인정되지 않으므로 의료기관은 배상책임을 부담하지 않는다.

(3) 당시의 의료수준으로 진료하기 어려운 것에 국한한다. 의료기술과 의학수준은 늘 국한성이 있다. 당시의 의료수준이 진료하기 어려운 병에 한하여 의무요원이 치유할 수 없는 것은 정상이다. 당시의 의료수준 조건아래 의료기관이 발생할 불량한 치료후과에 대해 예상할 수 없거나 혹은 이미 예상하였지만 피면할 방법이 없어 불량한 후과가 초래되었다면 의료기술 손해책임이 구성되지 않으므로 의료기관은 배상책임을 부담하지 않는다.

7.3.1.2 일반성 규정에 따른 면책사유

(1) 불가항력 요소가 초래한 불량후과. 『침권책임법』제29조에서는 불가항력 요소는 보편적으로 적용하는 면책사유라고 규정하고 있다. 의료손해책임 중에 만약 불가항력 요소가 구성되어 불량후과를 초래했다면 반드시 『침권책임법』제29조의 규정에 근거하여 면제책임 혹은 책임을 경감할 수 있다.

(2) 의료의외(医疗意外)사고. 의료의외사고는 의무요원이 예상할 수 없는 원인으로 초래되거나 혹은 실제정황에 근거하여 불가피한 의료손해 후과를 가리킨다. 의료의외사고가 구성되어 의료기관에 과실이 없음을 충분히 증명하면 의료기관은 침권책임을 부담하지 않는다. 때문에 의료의외사고는 명확한 면책사유 규정이 없지만 의료손해책임은 과실책임원칙을 적용, 의료의외사고를 증명하여 의료기관 및 의무요원에게 과실이 없다면 당연히 책임도 없다.

7.3.2 『침권책임법』의 환자권리와 의료기관권익에 대한 특별보호

7.3.2.1 의료기관에 대한 의학서류 자료의 보관검사의무

의학서류와 자료는 의료기관에서 보관해야 하는데 심지어 어떤 의무요원은 의료기관의 의학서류와 자료를 사유재산으로 취급하여 마음대로 방치하거나 제공을 거절하며 심지어 은닉, 위조, 소각, 수개 등도 서슴지 않는데 이는 위법행위이다. 『침권책임법』제58조에서는 의료과실로 추정할 수 있다고 규정하고 있다.

7.3.2.2 불필요한 검사의 대비와 책임

『침권책임법』제63조에서 규정한 "의료기관 및 의무요원은 진료규범을 위반하는 불필요한 검사를 실시해서는 안 된다."는 내용이 있는데 이것은 의료기관의 방어성 의료행위를 가리킨다. 이런 방어성 의료행위는 환자에 대해 극히 불리하므로 반드시 바로잡아야 한다.

7.3.2.3 환자가 의료질서와 의무요원의 사업과 생활을 방해하지 말아야 할 의무

『침권책임법』제64조에서는 의료기관 및 그 의무요원의 합법권익은 법률의 보호를 받는다고 규정하고 있다. 의료질서의 교란, 의무요원의 사업과 생활에 대한 방해는 반드시 법에 따라 법률책임을 부담해야 한다. 환자에게 경고하여 법률을 준수하고, 의료기관과 의무요원의 합법권익을 보호하고, 의료소동(医闹) 행위를 금지해야 하는데 위반자는 반드시 법에 따라 법률책임을 부담해야 한다.

제 8 장

환경오염책임

제8장
환경오염책임

【법률조문】

제65조. 환경오염으로 인하여 손해를 입혔을 경우 오염자는 응당 침권책임을 진다.

제66조. 환경오염으로 인해 분쟁이 발생할 경우 오염자는 법률규정의 무담보책임 또는 오염경감책임의 정황 및 그 행위가 손해와의 사이에서 인과관계가 존재하지 않음에 대한 거증책임이 있다.

제67조. 2개 이상의 오염자가 환경을 오염했을 경우 오염자의 책임 크기는 오염물의 종류, 배출량 등의 요인에 따라 확정하여 부담한다.

제68조. 제3자의 과실로 인하여 환경을 오염하고 손해를 입혔을 경우 피침권자는 오염자에게 배상을 청구할 수 있으며 또한 제3자에게 배상을 청구할 수 있다. 오염자는 배상 후

제3자에게 구상할 권리가 있다.

【전형적인 사례】

장(张) 모는 나(罗) 모의 양어장 6곳을 임대하여 계약을 맺은 후, 판두허(盘渡河)를 급수처로 정하고 경제적가치가 있고 희귀한 어종을 인공 양식했다. 5월 4일부터 5일까지 이 지역에 큰비가 내렸는데, 판두허 강물이 장 모의 양어장에 밀려들면서 반시간 내에 종어가 전부 죽는 사건이 발생했다. 조사 점검을 통해 큰 물고기(중간크기) 4.5만 마리, 어린 물고기(종묘) 8.66만 마리가 죽은 것으로 파악되었다. 환경감측소에서 제출한 "판두허 장 모 양어장의 어류사망사고 원인에 대한 감정"에 따르면 수소이온농도, 비이온화암모니아 및 부유물에 의해 양식장 물이 심각하게 오염된 것이 사고원인이었으며, 이 세 가지 오염물이 양식 어류의 급성사망에 모두 작용을 일으켰다고 밝혔다. 오염물은 판두허 상류에 밀집해있는 공장에서 배출한 것이었다. 장 모는 법원에 W도자기유한회사, L공업무역유한책임회사, M도자기유한회사, J도자기유한회사, K도자기유한회사, C화학공업유한회사, J유약공장, G도자기공장 등 8개 회사의 피고에게 어업오염손실 120만 위안을 배상할 것을 청구하였고 그 후, 170만 위안으로 추가 청구하였다.[86]

---

86) 본 사례의 요지는 다음과 같다. 원고의 소송대상인 W도자기유한회사, L공업무역유한책임회사, M도자기유한회사, J도자기유한회사, K도자기유한회사, C화학공업유한회사, J유약공장, G도자기공장 등 8개 회사의 피고에 대해 시장배당규칙을 적용하여 환경오염손해책임을 확정했다.

8.1 환경오염책임 개술

8.1.1 개념과 특징

8.1.1.1 개념

환경오염책임은 오염자가 법률이 정한 의무를 위반하여 작위, 또는 부작위적으로 환경을 오염하여 손해를 주는 경우 그 과실여부를 물론하고 법에 의해 손해배상 등의 책임을 부담해야 하는 특수침권책임을 가리킨다. 『침권책임법』 제65조에서 환경오염책임에 대해 규정하였다.

8.1.1.2 특징

(1) 환경오염책임은 무과실책임원칙을 적용하는 특수침권책임이다. 『민법통칙』 제124조에서 규정했고, 『침권책임법』에서 꾸준히 견지하고 있으며, 오염자의 주관적 과실여부를 막론하고 오염 손해를 초래시켰다면 배상책임을 부담해야 한다.

2) 환경침권책임에서 보호하는 환경은 광의적인 개념으로 생활환경을 포함할 뿐만 아니라 생태환경도 포함하여 보호범위가 넓다.

(3) 오염행위는 오염자의 작위적 행위와 부작위적 행위가 있다. 환경을 오염하는 행위는 작위적일 수도 있고, 부작위적일 수도 있지만 작위적, 부작위적 여부를 막론하고 생활과 생태환경에 손해를 초래했을 경우 모두 침권책임을 구성한다.

(4) 환경오염책임에서 보호를 하는 피침권자 범위는 비교적 넓다. 『침권책임법』 제65조에서 정한 환경손상이라 함은

자연인의 인신손상과 재산손상을 포함할 뿐만 아니라 기업과 국가도 포함하고 있으며, 환경오염 책임에서 공익소송을 제출할 수도 있다.[87]

(5) 환경오염책임은 방식 상 범위가 넓다. 환경오염의 책임방식은 『침권책임법』 제15조의 규정을 적용하여 침해행위 중단, 방해물 배제, 위험제거, 재산반환, 원상복구, 손해배상 등 여러 책임방식이 있으며 손해배상책임에만 국한되지 않는다.

8.1.2 귀책원칙 및 구성의 요건

8.1.2.1 귀책원칙

『침권책임법』은 세계 침권법 발전추세에 따라 환경오염책임을 무과실책임으로 규정함으로써 사회적 관계 참가자들의 환경의식과 환경개념을 강화하고, 환경보호의무를 이행케 하며, 오염에 대해 철저히 공제하고 적극적으로 처리하도록 추진한다. 또한 피침권자의 거증책임을 경감하고, 가해자의 거증책임을 가중시켜 피침권자의 합법적 권익을 한층 더 보호한다.

8.1.2.2 구성의 요건

(1) 환경오염행위가 있어야 한다. 환경오염이라 함은 광공

---

87) 양리신 주필:『중화인민공화국 침권책임법 초안 제안 글』제119조 2항 참조: "검찰기관 또는 공익단체는 피해자를 대표하여 환경공익소송을 제출할 수 있다." 참조,『중화인민공화국 침권책임법 초안 제안 글 및 설명』, 법률출판사 2007년 판본, 29쪽 참고.

업 기업 등의 업체에서 발생하는 폐기가스, 폐수, 폐기물, 분진, 쓰레기, 방사성물질 등의 유해물질과 소음, 진동, 악취가 대기, 물, 토지 등의 환경으로 배출되거나 전파되어 인류의 생존환경에 일정한 정도의 손해를 주는 행위를 말한다. 작위적, 부작위적 여부를 물론하고 모두 환경을 오염하는 행위에 해당한다. 배출기준에 부합되는 합법적인 오염배출이라 할지라도 손해를 발생시킨 경우 침권책임을 부담해야 한다.

(2) 객관적인 손상사실이 있어야 한다. 환경에 손해를 주는 오염 행위가 국가, 집체 재산과 공민의 재산, 인신 및 환경에 손해를 입히는 사실이 있으면 환경오염책임의 객관적 요건에 해당된다.

(3) 인과관계가 있어야 한다. 환경오염침권은 특수침권에 속하며 인과관계요건에서 인과관계 추정규칙을 도입한다. 환경오염책임에서 인신건강을 위협하거나 재산손해를 일으킬 수 있는 물질을 기업에서 이미 배출하였고 사람들의 인신 또는 재산이 오염되어 손해를 받았거나 또는 받고 있는 중이라는 사실을 증명하기만 하면 이러한 손해가 해당 오염행위에 의해 발생한 것으로 추정할 수 있다.

8.1.3 구체적인 유형

8.1.3.1 유전자변형농산품오염의 침권행위

유전자오염은 천연적인 생물종 유전자에 인공으로 재조합한 유전자를 혼입하여 외래유전자가 오염된 생물의 번식에 따라 증식하고, 오염된 생물의 전파를 따라 확산되는 것이다. 유전자변형 제품을 부적절하게 사용하면 인체에 심각한 손해를 준다. 유전자변형제품의 생산, 판매에서 설명의무를 충실이 이행하지 못하여 유전자오염손해를 초래할 경우 침권책임을 구성한다.

8.1.3.2 수원오염의 침권행위

수원오염은 어떤 물질의 개입으로 인해 화학, 물리, 생물 또는 방사성 등의 방면에서 수질에 특성변화가 생겨 물의 효과적인 이용에 영향을 주고, 인체건강을 해치며, 생태환경을 파괴하고 수질악화현상을 일으키는 것이다. 오염수원 또는 폐액을 물에 배출하거나 지하에 스며들게 하여 타인의 인신, 재산에 손해를 준 경우 오염자는 위해(危害)를 제거할 책임이 있고, 직접 피침권자에게 손해배상을 해야 한다.

8.1.3.3 대기오염의 침권행위

대기오염은 자연현상 혹은 인위적 활동으로 인해 어떤 물질이 대기 속에 들어와서 화학, 물리, 생물 혹은 방사성 등 방면의 특성변화를 일으켜 직접 또는 간접적으로 사람들의 생산, 생활, 근무, 인체건강, 정신상태, 설비, 재산 등을 파괴하거나 악성 영향을 주는 현상을 말한다. 대기 중에 유해물질을 배출하거나 분산시켜 대기환경에 오염을 줄 경우 오염자는 위해를 제거할 책임이 있고, 타인의 인신, 재산에 손해를 초래한 경우 배상책임을 부담해야 한다.

8.1.3.4 고체폐기물오염의 침권행위

고체폐기물오염은 고체폐기물을 부적절하게 배출, 투기, 저장, 운송, 사용, 처리, 처분함으로써 발생한 각종 환경오염을 가리킨다. 고체폐기물을 배출하고, 적치하여 환경을 오염시켜 타인의 인신, 재산에 손해를 초래한 경우 오염자는 위해를 제거할 책임이 있고, 배상책임을 부담해야 한다. 고체폐기물이 국유토지자원을 오염시켜 국가에 손해를 초래한 경우 행정주관부서에서 국가를 대표하여 오염자에게 손해배상요구를 제출한다.

8.1.3.5 해양오염의 침권행위

해양오염은 인류가 직접, 혹은 간접적으로 물질 또는 에너지를 해양환경에 유입시켜 해양생물자원에 피해를 주고, 인체건강에 위협을 주고, 어업 및 해상 기타 합법적 활동을 방해하여 해수 사용수질에 손해를 주고, 환경품질을 저하시키는 등의 해로운 영향을 발생시키거나 발생시킬 가능성이 있는 현상을 가리킨다. 타인의 인신, 재산에 손해를 입힌 경우 오염자는 위해를 제거하고, 손실배상을 부담할 책임이 있다. 해양환경에 손해를 주어 국가에 손실을 초래한 경우 국가는 소송을 할 수 있다.

8.1.3.6 에너지오염의 침권행위

법률규정을 위반하고 소음, 전자파, 광파, 열에너지 등의 에너지를 환경에 방출하여 타인의 인신, 재산에 손해를 초래한 경우, 오염자는 손해를 제거할 책임이 있고, 직접 피침권자에 대해 손해배상의 책임이 있다. 국가에서 정한 기준을 초과하지 않더라도 피침권자가 정상적인 생활, 근무, 학습방면에서 심각하게 방해를 받았다고 증명할 경우 오염자는 위해를 제거할 책임이 있다.

8.1.3.7 유독 · 유해물질 오염의 침권행위

유독 · 유해물질은 생산, 혹은 일상생활에서 사용하는 일정조건하에서 환경을 오염시키고 인체, 동식물의 생명과 건강을 위협하는 물질을 가리킨다. 유독유해물질은 주로 화학물질, 농약, 방사성물질, 전자파방사 등을 포함한다. 환경에 방출하는 방사성물품, 유독화학상품, 농약 등의 위험물이 환경을 오염시켜 타인의 인신, 재산에 손해를 입힐 경우 오염자는 위해를 제거하고, 직접 피침권자에게 손해배상을 부담할 책임이 있다.

8.1.3.8 환경소음오염의 침권행위

환경소음은 공업생산, 건축시공, 교통운송 및 사회생활에서 발생하는 주변생활환경을 방해하는 소리를 가리킨다. 환경소음이 국가에서 정한 환경소음방출기준을 초과하여 타인의 정상적 생활, 근무와 학습을 방해하고 합리적인 한도를 초과한 경우 소음손해를 입은 피침권자에게 침권책임을 부담해야 한다.

8.1.3.9 생태오염의 침권책임

생태환경의 개괄은 '환경'이라는 정의에서 요약된 것이다. 환경오염 손해책임에 있어서 『침권책임법』의 규정을 똑같이 적용한다. 손해를 초래한 경우 침권책임을 부담해야 한다.

8.1.4 손해배상법률관계

8.1.4.1 법률관계

환경오염책임의 성질은 특수침권책임이며, 법률관계주체 중의 권리주체는 피침권자이고, 의무주체는 환경오염행위자이다. 손해배상의 청구권자는 "직접적인 손해를 입은 단위, 혹은 개인"인데 그 중 "직접적인 손해를 입었다"는 제한적인 구절은 타당치 못하며, 적용과정에서 편파적으로 이해하여 피침권자에 대한 보호가 면밀하게 진행되지 못하는 후과를 피해야 한다. 해양오염으로 국가재산에 손해를 초래한 경우 국가의 손실을 배상해야 하며, 국가는 배상권리주체로서 배상을 청구할 수 있다.

8.1.4.2 책임방식

『환경보호법』에 따르면 환경오염책임방식에는 위해제거와 손해배상 두 가지를 포함한다.

환경법에서 말하는 위해제거는 환경손해를 발생시켰거나 발생가능성이 있는 침권자에 대해 국가에서 강제적 명령으로 발생 가능한 위해를 제거하거나 이미 발생한 위해를 중단하여 그 영향을 제거하도록 하는 민사책임방식을 말한다. 위해제거는 주로 이미 침권행위를 했거나 침권행위가 피침권자에게 손해를 주고 있는 상황에 적용되며, 손해결과의 발생을 방지하거나 더욱 심각한 손해결과의 발생을 막는 기능을 갖고 있다.

환경법에서 말하는 손해배상은 오염발생자에게 자신의 재산으로 타인에게 입힌 재산손실을 배상하도록 국가에서 강제적으로 요구하는 책임방식으로 주로 침해행위가 발생한 후, 이미 손해를 초래한 상황에 적용되며, 피침권자의 경제손실을 보상하는 방면에서 중요작용이 있다.

8.1.5 면책조건과 소송시효

8.1.5.1 면책조건

중국환경보호법에서 정한 환경오염침권면책사유는 주요하게 아래 사항을 포함한다.

(1) 불가항력. 『환경보호법』에서는 불가항력을 면책조건으로 정하고, 필요한 제한사항을 추가했다. 즉 불가항력이 환경오염면책조건으로 됨에 있어서 첫째는 불가항력 중 자연원인만 포함하고, 기타 사회원인으로 인한 불가항력은 포함하지 않는다. 둘째는 불가항력의 자연재해에 대해 적시에 합리한 조치를 취했으나 손해를 피하지 못한 경우이다.

(2) 피침권자의 과실. 『수원오염예방퇴치법』등 법률규정에 따르면 피침권자의 책임으로 인해 손해가 발생한 경우 오염자는 책임을 부담하지 않는다. 피침권자가 손해발생에서 고

의적 혹은 중대한 과실이 있고, 피침권자의 행위가 손해발생의 직접적 원인으로 되며, 해당 손해와 오염자사이에 인과관계가 없음을 충분히 표명할 경우 수원오염자의 책임을 면제한다. 그러나 피고는 피침권자의 과실에 대한 증거를 입증해야 한다.

(3) 기타 면책조건. 『해양환경보호법』 제43조에 따르면 전쟁행위로 인한 해양오염으로 손해를 초래했을 경우 전쟁행위는 면책조건으로 된다. 등대, 혹은 기타 항해설비를 담당하는 주관부서에서 직책 이행시의 소홀, 혹은 기타 과실행위로 인해 해양, 수원오염 손해를 초래할 경우 면책조건으로 된다.

8.1.5.2 소송시효

『중국환경보호법(2015)』 제66조에서 규정한 "환경오염손해배상 소송시효 기간은 3년이며, 당사자가 오염손해사실을 인지하거나 인지해야 하는 날부터 계산한다."와 『민법통칙』에서 정한 일반소송시효 기간과 다를 경우에는 『환경보호법』의 특별규정에 따른다.

8.2 인과관계추정

8.2.1 환경오염 책임의 인과관계 요건의 중요성

『침권책임법』 제66조에서는 환경오염책임인과관계 추정규칙을 규정했다.

환경오염책임 구성에서 환경오염행위와 손해사실 사이의

인과관계요인은 중요한 자리를 차지하는데 그 원인은 다음과 같다. 환경오염책임은 무과실책임원칙을 적용하여 책임구성 확정 시 과실을 묻지 않으므로 환경오염책임을 확정하는 마지막 판단기준은 인과관계로 된다. 피침권자의 손해사실과 환경오염행위 사이에 논리적 연계를 발생하거나 발생시키는 객관적 근거가 있다는 것을 확정하기만 하면 인과관계가 구성되고, 환경오염행위의 오염자가 피침권자에게 침권책임을 부담하도록 확정할 수 있다. 환경오염책임에서 인과관계는 오염자와 피침권자의 손해사실 사이에 논리적 연계를 발생하거나 발생시키는 객관적 근거를 갖추고 있는지에 대해 판단할 수 있을 뿐만 아니라 오염자의 환경오염행위가 피침권자에게 초래한 손해에 대해 침권책임 부담 여부를 판단하는 객관적 근거로 된다.

8.2.2 인과관계 추정의 필요성과 구체규칙

8.2.2.1 인과관계 추정의 적용 필요성

인과관계추정 학설과 규칙은 환경오염책임 인과관계에서 거증이 힘든 실제상황에 대비하여 만들어진 것이다. 환경오염책임에서 상당한 부분의 인과관계학설이 충분히 운용되지 못하므로 원고 측의 거증책임을 경감시키고, 인과관계 증명표준을 낮추는 문제를 중점 연구과제로 하여 인과관계이론을 새롭게 재검토하기 시작했다. 인과관계 추정에 관한 각종 학설과 규칙은 끊임없이 나타나고 있으며 사법실천에 사용되고 있다.

8.2.2.2 인과관계추정의 구체규칙

(1) 인과관계가 존재한다는 상당한 정도의 가능성을 피침권자가 증명한다. 피침권자는 소송에서 인과관계가 상당한 정도의 개연성을 갖고 있음을 우선 증명해야 한다. 즉 환경오염행위와 손해사실 사이에 인과관계가 존재한다는 가능성을 증명해야 한다. 그 표준은 일반인은 통상적인 지식경험으로 관찰하여 양자 간에 인과관계가 있음을 알 수 있는데, 환경오염행위와 피침권자 인신손해사실 사이에 인과관계가 존재한다는 가능성을 법관이 확신하도록 해야 한다. 피침권자가 상당한 정도의 개연성에 관해 증명하지 못하면 인과관계를 직접 추정할 수 없다.

(2) 인과관계를 추정한다. 법관은 원고의 상기 증명을 기초로 하여 인과관계를 추정하며, 아래 사항을 추정의 기본조건으로 한다. 첫째, 이런 행위가 발생하지 않는다면 일반적으로 이런 결과가 발생하지 않는다. 이런 결론을 얻은 후, 우선 사실요인을 확정해야 한다. 즉 환경오염행위와 손해사실이 반드시 존재한다는 사실이 확인되어야 하며 환경오염행위와 손해사실사이에 객관적이고, 규율에 부합되는 연계가 있을 가능성이 확인되어야 한다. 그 다음으로 순서요인인데, 환경오염행위와 손해사실의 시간순서를 밝혀야 한다. 원인으로 되는 환경오염행위가 반드시 선행되어야 하고, 결과로 되는 환자의 인신손상사실이 반드시 후행되어야 한다. 둘째, 원고, 혹은 제3자의 행위, 또는 기타 요인의 개입을 포함한 기타 가능한 원인이 존재하지 않는다. 손해사실과 환경오염행위 사

이에 기타 가능성을 배제하여야 한다. 셋째, 인과관계의 가능성을 판단하는 표준은 일반적으로 사회지식경험이며, 추정표준은 과학기술증명이 아니라 일반표준이다. 즉 일반적인 사회지식경험으로 그 가능성을 판단하고 관련된 과학결론과 모순되지 않는 해석이라면 추정을 진행할 수 있다.

(3) 오염행위와 손해결과 사이에 인과관계가 없음을 오염자가 증명한다. 오염자가 자신의 오염행위와 손해결과 사이에 인과관계가 없다고 생각할 경우 스스로 입증해야 한다. 오염행위와 손해사실 사이에 인과관계가 없음을 입증하기만 하면 인과관계추정을 뒤집고, 본인의 책임을 면제할 수 있다. 오염자가 인과관계를 부인하는 증명기준은 고도의 개연성, 다시 말하면 최대가능성인데 법관이 확신할 수 있는 정도로 증명해야 한다. 오염자는 아래와 같은 요점에 의해 입증해야 한다. 첫째, 오염행위가 없어도 손해는 발생한다. 둘째, 타인, 혹은 피침권자의 과실이 존재하며 손해발생의 원인이 된다. 셋째, 본인의 오염행위는 손해발생의 원인이 아니다. 넷째, 과학적으로 모순이 있다. 이러한 결과가 존재하지 않을 경우 이런 추정형식으로는 이런 결론을 얻어낼 수 없으며, 따라서 인과관계추정을 뒤집을 수 있다. 최고인민법원의 『환경오염 책임 분쟁사건 심리에서 법률적용 관련 몇 가지 문제에 대한 해석』에 따르면, 오염자가 인과관계 추정을 뒤집고 다음 각 호의 어느 하나를 입증할 수 있을 경우 인민법원은 그 오염행위와 손해 사이에 인과관계가 없는 것으로 인정해야 하는데 다음과 같다. (1) 배출한 오염물이 손해를 초래할 가능성이 없는 경우이다. (2) 오염자가 배출한 손해 초래 가능 오염물

이 해당 손해 발생지역으로 확산되지 않은 경우이다. (3) 해당 손해가 오염물 배출 전에 이미 발생한 경우이다. (4) 오염행위와 손해사이에 인과관계가 존재하지 않는다고 인정할 수 있는 기타 경우이다.

(4) 오염자가 입증한 후 서로 다른 결과. 오염자가 본인의 오염행위와 손해결과 사이에 인과관계가 없음을 입증하여 인과관계추정을 뒤집을 경우 침권책임을 구성하지 않는다. 오염자가 증명할 수 없거나 증명이 부족할 경우 인과관계 추정이 성립되며 인과관계요인을 구비하게 된다.

8.3 환경오염책임의 특수책임형태

8.3.1 시장배당규칙의 적용

시장배당책임은 1980년 캘리포니아 주 법원에서 신딜(Sindell)이라는 사람이 애보트(Abbort)제약공장을 상대로 소송을 제출한 사건을 심리하면서 확정한 제품 침권책임규칙이다. 원고는 그의 어머니가 어느 매약상이 판매한 약을 복용했다는 유력한 증거를 제출할 수 없었기에 캘리포니아 주 최고법원은 각 피고회사에서 전부의 배상책임을 질 필요가 없고 그 제품의 시장배당비례에 의해 배상책임을 분담한다고 중심 판결했다.

환경오염책임에는 시장배당규칙을 적용하는 조건이 있다. 2인 이상의 오염자가 환경을 오염한 경우, 누구의 오염행위에 의한 손해인지 확정할 수 없지만 모두 피해를 일으킨 가능성이 있는 경우, 이런 상황은 시장배당규칙을 적용하는 제품책임과 같은 조건이기 때문에 동일규칙을 적용해야 한다.『침권책임법』제67조는 "2인 이상의 오염자가 환경을 오염했을 경우, 오염물의 종류, 배출량 등의 요인에 따라 오염자가 부담하는 책임의 크기를 확정한다."라고 정했다. 최고인민법원의 『환경오염책임 분쟁사건 심리에서 법률적용 관련 몇 가지 문제에 대한 해석』에 따르면 2인 이상의 오염자가 환경을 오염했을 경우 인민법원은 오염물의 종류, 배출량, 위해성 및 오물배출허가증 유무, 오염물 배출기준 초과여부, 중점오염물 배출총량 통제지표 초과 여부 등의 요인에 근거하여 오염자가 부담하는 책임의 크기를 확정한다.

상술한 규정에 따라 2인 이상의 오염자가 환경오염을 초래하고 각 오염자의 오염행위에서 그 원인의 작용력을 확정할 수 없는 경우, 우선 오염물의 종류와 배출량에 의해 서로 다른 책임할당을 확정해야 한다. 책임부담에 연대책임을 규정하지 않은 경우 각 오염자의 책임성질이 각자 비율에 따른 책임이라고 확정한다.

8.3.2 제3자 과실의 불진정 연대책임

『침권책임법』제68조에서는 환경오염책임에서 제3자 과실이 있을 경우 오염자의 침권책임을 면제하는 것이 아니라 불진정연대책임을 실시하는 것이라고 규정하고,『침권책임법』제28조의 "손해가 제3자로 인해 발생한 경우 제3자는 침권책임을 부담해야 한다."는 일반규정을 배제하였다. 이는 환경오염책임에서 무과실책임을 적용하므로 생활, 생태환경을 더욱 잘 보호하고, 피침권자의 민사권익을 보호하기 위해서이다. 최고인민법원의 『환경오염책임 분쟁사건 심리에서 법률적용 관련 몇 가지 문제에 대한 해석』에 따르면 피침권자가 『침권책임법』 제68조의 규정을 근거로 오염자와 제3자를 각각 기소하거나 공동 기소한 경우 인민법원은 기소를 접수해야 한다. 피침권자가 제3자의 손해배상책임을 청구할 경우 인민법원은 제3자의 과실크기에 따라 그 배상책임을 확정해야 한다. 오염자가 제3자의 과실로 환경오염손해가 발생했다는 이유로 책임을 부담하지 않거나 책임 경감을 주장하는 경우 인민법원은 지지하지 않는다.

환경오염책임에서 제3자과실로 인한 환경오염손해책임 규칙은 아래와 같다:

(1) 오염자와 제3자가 각기 다른 행위를 하여 동일한 손해를 초래했고, 두 행위가 모두 손해발생의 원인이 되며 손해사실도 같은 손해결과일 경우에만 이 규칙을 적용한다.

(2) 오염자와 제3자의 행위가 서로 다른 침권책임을 발생한 경우 피해자의 손해를 구제하는 같은 목적을 지닌다. 오염자와 제3자에게 각기 다른 침권책임이 발생할 경우 책임의 목적은 피해자의 동일한 손해를 구제하기 위한 것이고, 각각 다른 손해를 구제하는 것이 아니다.

(3) 환경오염 피해자는 각기 다른 손해배상청구권을 가지는데 오염자, 혹은 제3자에게 책임부담을 청구할 수 있다. 그러나 오염자와 제3자에게 각각의 청구권을 행사하는 것이 아니다. 피해자가 선택한 하나의 청구권이 이루어진 후, 기타 청

구권은 소멸된다. 이런 책임의 성질은 중간책임이다.

(4) 손해배상책임은 손해를 발생시킨 최종책임자에게 최종적으로 귀속된다. 피해자가 선택한 피고가 제3자인 경우 제3자가 최종책임자로 된다. 오염자를 피고로 선택할 경우 오염자는 중간책임을 지고 최종책임자, 즉 제3자에게 보상을 청구할 수 있으며, 최종책임자, 즉 제3자는 오염자에게 최종책임을 부담해야 한다.

8.4 사법해석의 환경오염 책임에 대한 규정

2015년 6월 3일, 최고인민법원에서 제출한 『환경오염책임 분쟁사건 심리에서 법률적용 관련 몇 가지 문제에 대한 해석』에 따르면 아래와 같은 환경오염책임 실체법 문제에 대해 새 규칙을 정하였다.

8.4.1 무과실 책임원칙 견지

해당 사법해석은 환경오염으로 인한 손해가 오염자의 과실 여부를 불문하고, 오염자가 침권책임을 부담해야 한다고 우선적으로 규정하고 있다. 오물배출이 국가, 혹은 지방의 오염물 배출기준에 부합된다는 이유로 오염자가 책임이 없다고 주장하는 경우 면책사유로 될 수 없으며, 인민법원에서는 면책청구를 지지하지 않는다.

환경오염 책임사건에서 오염자가 책임을 부담하지 않거나 경감하는 상황에 대해 『침권책임법』 제8장에서 구체적으로 정하지 않았으므로 『해양환경보호법』, 『수원오염예방퇴치법」, 『대기오염예방퇴치법』등 환경보호단행법의 규정을 적용한다. 관련 환경보호단행법에 규정이 없을 경우에는 『침권책임법』의 규정을 적용한다.

8.4.2 환경오염 책임 중에서 다수인의 침권행위 및 책임에 관하여

환경오염책임사건의 다수인의 침권행위와 책임에 대해 사법해석에서 비교적 상세하게 규정하였다.

(1) 공동침권행위에서 2인 이상의 오염자가 공동 실시한 오염행위로 인해 발생한 손해에 대해 피침권자가 『침권책임법』 제8조의 규정을 근거로 오염자에게 연대책임을 청구한 경우 인민법원은 지지해야 한다.

(2) 분별침권행위에 대해 별도로 규정한다. 첫째, 2인 이상 오염자가 각각 실시한 오염행위로 인해 동일한 손해가 발생하였고, 각 오염자의 오염행위로 전체 손해가 초래되므로 충분할 경우 피침권자는 『침권책임법』 제11조의 규정을 근거로 오염자의 연대책임을 청구할 수 있으며, 인민법원은 지지해야 한다. 이는 중첩된 분별침권행위 및 책임에 대한 규정이다. 둘째, 전형적인 분별침권행위에 대해 2인 이상의 오염자가 각각 실시한 오염행위로 인해 동일한 손해가 발생하였고, 각 오염자의 오염행위로 전체 손해가 초래되기에 부족할 경우 피침권자가 『침권책임법』 제12조의 규정을 근거로 오염자의 책임부담을 청구할 수 있으며, 인민법원은 지지해야 한다. 셋째, 반중첩의 분침권행위에 대해 부분 연대책임규칙을 적용한다. 즉 2인 이상의 오염자가 별도로 실시한 오염행위

로 인해 동일한 손해가 발생하였고, 일부 오염자의 오염행위로 전체 손해가 초래되기에 충분한 한편 일부 오염자의 오염행위는 일부 손해만을 초래한 경우 피침권자가 『침권책임법』제11조의 규정을 근거로 전체 손해를 초래하기에 충분한 오염자가 기타 오염자와 공동으로 초래한 손해부분에 대해 연대책임을 부담함과 더불어 전체 손해에 대한 책임을 부담할 것을 청구할 수 있으며, 인민법원은 지지해야 한다.

8.4.3 환경오염 책임에서 책임방식의 적용 규칙

환경오염책임이 있는 오염자는 침권책임을 부담해야 한다. 사법해석의 규정에 따르면 인민법원은 피침권자의 소송청구 내용과 구체적인 사건경위를 근거로 오염자에게 침해행위 중단, 방해물 배제, 위험제거, 원상복구, 사과, 손해배상 등의 민사책임을 부담하는 합리적인 판정을 내릴 수 있다. 피침권자가 원상복구를 청구할 경우 인민법원은 법에 따라 오염자가 환경복원책임을 부담하는 판결을 내림과 더불어 피고가 환경복원의무를 이행하지 않을 시 부담해야 하는 환경복원비용을 확정한다. 오염자가 확정판결에 의해 확정된 기한 내에 환경복원의무를 이행하지 않은 경우 인민법원은 제3자에게 환경복원을 의뢰할 수 있으며 필요한 비용은 오염자가 부담한다.

사법해석의 진일보의 해석에 따르면 피침권자가 소송을 제기하여 오염으로 인해 발생한 재산손실, 인신손해, 오염 확산 방지, 오염 제거에 필요한 조치를 취하는데 발생한 합리적인 비용을 오염자에게 청구하는 경우 인민법원은 지지해야 한다. 피침권자가 제기하는 오염자의 침해 중단, 방해물 배제, 위험제거 청구 소송은 『환경보호법』 제66조에서 규정한 시효기간의 제한을 받지 않는다.

고도위험 책임

제9장
고도위험 책임

【법률조목】

제69조. 고도위험작업에 종사하며 타인에게 손해를 입혔을 경우 침권책임을 져야 한다.

제70조. 민용 핵시설에서 핵사고가 발생하여 타인에게 손해를 입혔을 경우, 민용 핵시설의 경영자는 응당 침권책임을 져야 한다. 그러나 손해가 전쟁 등의 상황 또는 피해자가 고의로 초래했다는 것을 증명할 수 있다면 책임을 지지 않는다.

제71조. 민용 항공기가 타인에게 손해를 입혔을 경우 민용 항공기의 경영자는 응당 침권책임을 져야 한다. 그러나 손해가 피해자의 고의에 의해 발생했음을 증명할 수 있다면 책임을 지지 않는다.

제72조. 폭발하기 쉬운 연료, 화학품, 독극물, 방사성 등

고도의 위험물을 점유 또는 사용하여 타인에게 손해를 입혔을 경우 점유자 또는 사용자는 응당 침권책임을 져야 한다. 그러나 손해가 피해자의 고의 또는 불가항력적인 요인으로 인해 일어났음을 증명할 수 있다면 책임을 지지 않는다. 피침권자가 손해의 발생에 대해 중대한 과실이 있을 경우 점유자 또는 사용자의 책임을 경감할 수 있다.

제73조. 고공, 고압, 지하발굴 활동 종사자 또는 고속궤도 운송용구를 사용하여 타인에게 손해를 입혔을 경우 그 경영자는 응당 침권책임을 져야 한다. 그러나 손해가 피해자의 고의 또는 불가항력적인 요인으로 인해 일어났음을 증명할 수 있다면 책임을 지지 않는다. 피침권자가 손해의 발생에 대해 중대한 과실이 있을 경우 경영자의 책임을 경감할 수 있다.

제74조. 고도위험물의 유실, 포기로 타인에게 손해를 입혔을 경우 그 소유자는 침권책임을 져야 한다. 소유자가 고도위험물을 타인에게 관리를 맡겼을 경우 그 관리자가 침권책임을 져야 한다. 소유자의 과실이 있을 경우 관리자와 함께 연대책임을 진다.

제75조. 고도위험물을 불법점유하여 타인에게 손해를 입혔을 경우 그 불법점유자는 침권책임을 져야 한다. 소유자, 관리자가 타인의 불법점유를 방지하는데 고도의 주의의무를 다하였음을 증명하지 못 할 경우 불법점유자와 함께 연대책임을 진다.

제76조. 고도위험활동 구역 또는 고도위험물 보관지역에 허가를 받지 않고 진입하여 손해를 입었을 경우 관리자가 이미 안전조치를 취하고 경고의 의무도 다하였을 경우 그 책임

을 경감 또는 면책할 수 있다.

제77조. 고도위험책임을 지며 법률에 배상한도액이 규정되어 있을 경우 그 규정에 따른다.

【전형적인 사례】

질산글리세린 주사약을 생산하는 모 제약공장의 생산과정에서 생기는 폐기물과 생활 쓰레기를 촌민 오 모와 요 모가 깨끗이 치우고 운반하기로 하였는데 폐기물을 버리는 장소를 지정하지 않아 오 모와 요 모는 폐기물을 장례식장 부근이거나 자기가 거주하는 집 부근의 쓰레기구덩이에 버렸다. 모 소학교는 상술한 쓰레기장과 거리가 비교적 가까웠는데 일부 학생들은 쓰레기구덩이에서 주은 주사약병에 담겨져 있는 액체가 '알코올'이라고 판단하였다. 2000년 5월 7일, 5학년 학생 학 모와 다른 2명의 학생은 주은 주사약병의 액체를 모아 빈 광천수병에 담았고 액면 높이가 5센티미터에 달하는 광천수병을 자기 집 복도에 감추었다. 5월 8일 19:40경 원고 양 모와 사촌 여동생이 학모를 찾아왔는데 학모는 '알코올' 놀이를 제의했고 양 모가 응했다. 학 모가 집 복도에서 액체를 가져다가 땅에 조금 쏟은 후 불을 붙이고 구경했다. 불길이 점점 약해지자 학 모가 다시 한 번 액체를 불 위에 쏟았다. 그러자 화염이 갑자기 거세지면서 구경하던 양 모의 얼굴, 목, 전 인후, 오른쪽 팔에 옮겨 붙어 화상을 입혔다. 양 모는 법원에 기소하여 학 모의 부모가 침권책임을 질 것을 청구했다. 학 모의 부모는 모 제약공장의 공동피고로 추가할 것

을 청구하였다.[88)]

9.1 고도위험 책임의 개술

9.1.1. 개념과 특징

9.1.1.1 개념

고도위험책임은 고도위험 행위자가 고도위험 활동을 실행하거나 혹은 고도위험물을 관리하는 과정에 타인의 인신상해, 혹은 재산손실을 초래한 행위로서 반드시 손해배상책임의 특수침권책임을 부담해야 한다.『침권책임법』제69조에서는 고도위험책임의 일반 규칙을 규정하였다.

고도위험 활동은 현재의 기술조건하에서 사람들은 아직도 자연의 힘과 일부 물질의 속성을 완전히 공제할 수 없으며 비록 매우 조심스런 태도로 경영하지만 여전히 매우 큰 인민의 생명, 건강 및 재산손해를 조성할 수 있는 위험한 작업을 가리킨다. 고도위험물은 주변에 대해 고도로 위험적인 물품을 가리킨다.

9.1.1.2 특징

(1) 어떤 활동, 혹은 물질은 주위 환경에 고도의 위험성을

---

88) 본 사례의 요지는 제약공장에서 고도위험물을 촌민에게 처리하게 하였는데 촌민의 행위는 비록 관리가 아니라 처리이지만 처리와 관리는 근사하기 때문에 오 모와 요 모는 관리자로 대우해야 한다. 제약공장에서 오 모와 요 모에게 고도위험물을 버리게 한 행위 중에는 중대과실이 있기에 본 사례의 고도위험물 소유자와 관리자가 반드시 연대책임을 부담해야 한다.

가지고 있다. 이런 위험성은 인신안전에 대한 위협과 재산안전에 대한 위협으로 주위 환경을 해치지만 자기 자신은 해치지 않는다. 위험활동, 혹은 위험물품이 내부 직원에게 손해를 초래하면 배상관계가 성립되지만 성질은 산업 재해배상관계에 속한다.

(2) 이런 활동, 혹은 물질의 위험성은 현실적인 손해로 변할 확률이 매우 크다. 경영활동, 혹은 물질이 일반적인 위험성을 가졌다면 고도위험 활동과 고도위험물에 속하지 않는다. 위험활동과 위험물질은 주위 환경에 대한 위험성이 높은 정도에 도달하여 공인하는 일반적인 위험을 초과하여야 현실로 변할 가능성이 매우 크며, 혹은 가능성이 크지 않지만 일단 사고가 발생하면 실제적인 손해를 빚어내어 후과가 비교적 엄중하게 된다.

(3) 이런 활동이나 물질은 기술안전특별방법을 취한 상황에서 사용할 수 있다. 기술안전특별방법은 구체적인 활동이나 물품의 작업에 근거하여 확정한다. 예를 들면 핵발전소 주변엔 반드시 완전한 안전시설을 설립하여 안전운행과 주변에 대한 손해방지를 절대적으로 보장해야 한다.

(4) 이런 활동, 혹은 물질과 관련되는 고도위험 작업은 합법성을 띤다. 위험활동과 위험물과 관련되는 고도위험작업은 합법적, 정당한 것으로 적어도 법률이 금지한 것이 아니어야 한다. 행위자가 고도위험 활동에 종사하는 것은 법률의 허가를 받으며 현대과학기술을 이용하여 사회에 복무하고, 국가

경제와 국민생활에 유리해야 한다.[89]

9.1.2 귀책원칙과 구성의 요건

9.1.2.1 귀책원칙

고도위험책임은 무과실 책임에 적용되며 사회위험요인을 해소시키거나 감소시키는데 유리하다. 특히 시장경제 조건 하에서 위험활동과 위험물 경영은 대부분 영리성 활동이며, 어떤 것은 심지어 높은 이윤을 추구하는 독점적 경영으로 모험설과 공평설은 고도위험책임이 무과실 책임에 적용되는 이론기초로 된다.[90]

9.1.2.2 구성의 요건

(1) 위험활동이나 위험물이 반드시 주변 환경내의 사람이나 재산에 손해를 주는 행위여야 한다. 위험활동의 활동은 특정 임무를 완성한 활동을 가리키며 일반적으로 생산경영 활동을 가리키나 과학연구 활동, 자연탐사 활동도 포함된다. 주변 환경은 위험활동, 혹은 위험물 구역 밖의 위험활동, 혹은 위험물로 인한 사고 발생이 미치게 될 가능한 범위내의 모든 사람과 재산을 가리킨다. 위험활동과 위험물이 경영하고, 점유하고 있는 가운데서 주변 환경의 사람과 재산에 손해를 주는 행위들이 이런 요건을 구성한다.

---

89) 왕리밍:『무과실책임을 논하여』,「비교법연구」1991년 제2기 참고.
90) 장신바오:『침권책임법원리』중국인민대학출판사 2005년 판, 제326-327쪽 참고.

(2) 반드시 손해후과가 존재하고, 엄중한 위험이 존재해야 한다. 위험활동, 혹은 위험물의 손해를 준 후과는 인신손해와 재산손실을 포함한다. 특수한 점은 위험활동과 위험물의 위험성으로 인하여 손해결과가 아직 나타나지 않고, 피해 위험만 나타날 경우에도 침권행위가 구성되며 위험을 제거하는 책임을 부담해야 한다.

(3) 반드시 인과관계가 존재해야 한다. 인과관계는 반드시 피해자가 증명해야 하며, 만약 첨단기술 영역이라면 피해자는 위험활동과 위험물, 손해사실의 표면상에 드러난 인과관계만 증명하며 심지어 위험활동, 혹은 위험물이 손해후과의 가능한 원인이라는 것을 증명하여도 이러한 사실을 근거로 인과관계의 존재를 추정할 수 있다.

9.1.3 손해배상관계

9.1.3.1 배상법률 관계주체

위험활동, 혹은 위험물의 작업자는 배상책임의 주체이다. 작업자는 위험활동과 위험물의 점유인이며, 위험활동과 위험물의 경영자이다. 다른 사람과 점유자가 서로 분리될 때 예를 들면 도급업자가 위험활동이나 위험물을 도급 맡으면 도급업자는 위험활동과 위험물의 점유인이 되며, 그가 구체적인 작업을 진행하기에 그는 배상책임의 주체가 되며, 배상책임을 부담하게 되며 기타 사람들은 책임을 지지 않는다. 그러나 도급계약에 포함된 다른 규정은 제외한다. 불법으로 위험활동에 종사하거나 혹은 위험물을 점유하여 타인에게 손해를 초래할 경우 소유인은 위험활동의 실제조작자로 반드시 도급배상책임을 부담해야 한다.

고도위험책임의 배상권리주체는 피해자다. 피해자가 사망, 혹은 의사소통을 할 수 없으면 그 권리 수취인이 배상 청구권을 향유한다.

9.1.3.2 책임방식

(1) 침해정지. 피해를 주는 위험활동과 위험물이 지속되면 피해자는 위험활동인의 침해정지를 청구할 수 있다.

(2) 위험제거. 타인의 인신과 재산안전을 엄중히 위협하고, 위험활동과 위험물에 특별히 비정상적인 정황이 나타날 경우 예를 들면 핵발전소가 누출현상이 나타나거나 유독물품이 밖으로 흘러나고, 고압송전 케이블이 땅에 떨어지는 등의 위험활동과 위험물이 일반적으로 가지고 있는 위험성을 벗어나 타인의 인신과 재산에 발등에 떨어진 불같은 위험을 조성할 때다. 이에 대해 일체 위협을 받는 사람들은 모두 소송을 제기하여 위험제거 청구를 할 수 있다.

(3) 손해배상. 고도위험 책임의 손해배상은 전액배상과 한도액배상으로 나눈다. 위험활동과 위험물의 손해배상은 대다수 국가들에서 모두 최고배상 한도를 규정하였고 중국의 일부 법률 혹은 법규에도 유사한 규정을 세웠다. 예를 들면 『해상법』 제210조 인신상망(人身喪亡)의 배상청구 및 비인신상망의 배상청구에 대한 제한과 항공관리법규의 비행기 사고 인

원배상액에 대한 제한 등이다.『침권책임법』제77조에서는 고도위험책임에 대해 만약 법률이 배상한도액을 규정하였으면 한도액배상을 실행한다고 규정하였다.

9.1.3.3 면책사유

(1) 불가항력(사고). 불가항력은 고도위험책임의 면책사유로 되며『침권책임법』은 부동한 규정을 하였다. 제70조는 전쟁 등의 정황 하에서의 불가항력을 규정하였고, 제71조는 불가항력을 불명확하게 규정하였지만『민용항공법』은 이에 명문으로 규정하였으며, 제72조와 제73조에서는 불가항력의 면책사유를 명확하게 규정하였다.

(2) 피해자의 고의. 피해자의 고의는 직접고의와 간접고의를 포함한다. 전자의 경우 자살, 혹은 자해는 직접적으로 손해를 추구한 후과이다. 후자는 후과의 발생을 방임한 것, 이를테면 무단적으로 금지구의 위험구역으로 침입하여 인신상해 후과를 조성하는 등이다.

(3) 법률의 기타 규정.『침권책임법』제76조는 법에 따라 확정한 고도위험 활동구역, 혹은 고도위험물 보관구역 내에서 고도위험 활동자, 혹은 고도위험물 점유자, 소유자, 혹은 관리자가 이미 뚜렷한 표지와 안전조치 등의 방식을 충분히 경고하여 보호의무를 다했을 경우 허가를 받지 않고 그 구역 내에 진입하였다면 고도위험 활동인, 혹은 고도위험물 점유자, 소유자, 혹은 관리자는 그가 그 구역 내에서 입은 손실에 대해 민사책임을 부담하지 않는다. 이런 면책사유의 구성은 첫

째는 반드시 고도위험활동구역, 혹은 고도위험물 보관지역이여야 하고, 둘째는 고도위험활동인, 혹은 고도위험물 점유자, 소유자, 관리자가 이미 깊은 주의를 돌려 뚜렷한 표지와 안전조치를 설치하고, 충분한 경고와 보호임무를 다했을 경우이고, 셋째는 피해자가 허가를 받지 않고 그 구역에 진입하여 손해를 입었을 경우이다. 이 세 가지 조건을 구비하였으면 반드시 면책한다.

9.2 구체적 고도위험책임

9.2.1 민용 핵시설에서 발생한 핵사고 손해책임

민용 핵시설은 국가 해당부문의 비준을 받고, 평화적인 목적으로 건설한 핵시설, 이를테면 핵발전소 등을 가리킨다. 광의적인 핵시설에는 핵시설에 운송되는 핵연료, 핵폐기물 및 기타 핵물질도 포함된다. 민용핵시설 및 핵시설에 운송된 핵연료, 핵폐기물 및 기타 핵물질은 그 방사성이나 방사성 병합으로 극독성, 폭발성, 혹은 기타 위해성을 가지고 있기에 타인에게 손해를 초래해 침권행위를 구성하게 된다. 침권책임을 부담하는 주체는 핵시설의 소유자, 혹은 국가에서 권리를 부여받은 경영자이며, 이들은 반드시 민사책임을 부담해야 한다.

핵시설의 소유자, 혹은 경영인은 손해가 피해자의 고의로 조성된 것임을 증명하여야 하며, 그렇지 못할 경우 민사책임을 부담해야 한다. 손해가 전쟁 등의 정황 하에서 발생하였다면 책임을 면제할 수 있다.

9.2.2 민용 항공기 손해책임

민용항공기는 국가 해당부문의 비준을 받고 운영하는 민용항공기를 말하는데 이를테면 각종 유형의 민용비행기, 열기구 등이다. 민용항공기에서 추락하거나 사람이나 물품을 투척하면 타인에게 손해를 초래할 수 있다. 이런 위험활동의 손해는 지면인원과 재산에 대한 손해이지 항공기 본신이 탑재한 사람이나 혹은 재산의 손해가 아니다. 배상책임주체는 항공기의 소유자, 혹은 국가에서 권리를 부여 받은 경영자로서 그들이 침권민사책임을 부담한다. 이런 침권책임은 무과실책임으로 만약 손해가 피해자의 고의로 초래된 것이라면 항공기의 소유자, 경영자는 침권책임을 지지 않는다. 군용항공기가 초래한 손해는 이런 규칙에 적용되지 않는다.

9.2.3 고도위험물 점유, 혹은 사용 시 손해책임

공업생산 가운데서 인화, 폭발, 극독, 방사성 등의 고도위험물을 점유, 혹은 사용하면 주변 환경과 인원들에 대해 고도위험성을 가지게 되는데 이런 고도위험물을 제조하고, 가공하고, 사용하고 이용할 때 반드시 고도의 중시를 돌리고 안전보장조치를 취하여 손해가 발생하는 것을 방지하여야 한다. 인화, 폭발, 극독, 방사성 등 고도위험물의 위험성질이 타인에게 손해를 입히므로 그 소유자, 점유자 혹은 관리자 등이 반드시 침권책임을 부담한다. 만약 고도위험물의 소유자, 점유자, 관리자가 그 손해가 피해자의 고의 혹은 불가항력으로 조성된 것임을 증명하면 그 책임을 면제한다.

9.2.4 고도위험활동 손해책임

9.2.4.1 고공작업 손해책임

고공작업은 정상적인 고도를 초과하여 진행하는 작업을 가리킨다. 고공작업에 종사하면서 타인의 손해를 초래하는 데에는 두 가지 정황이 있다. 한 가지는 고공작업에 종사하는 노동자 자신의 인신상해인데 이런 정황은 산업재해 사고로서 응당 산업재해 사고의 규정에 따라 배상을 청구해야 한다. 그러나 피해자가 직접 고공작업으로 인한 피해 책임으로 배상을 청구하여도 된다. 다른 한 가지는 고공작업이 타인에게 손해를 초래할 경우 인신손해와 재산손해를 가리키는데 이를테면 고공작업 시 작업하는 공구, 재료, 인원탈락, 추락 등으로 지면위의 인원, 혹은 재산이 손해를 보는 침권행위다.

고공작업으로 사람이 손해를 입은 침권행위의 규칙은 첫째, 작업을 조직한 사람이 민사책임을 부담해야 하며, 둘째, 작업을 조직한 사람이 그 손해가 피해자의 고의, 혹은 불가항력으로 발생한 것임을 증명하면 그 책임을 면제한다.

9.2.4.2 고압작업 손해책임

고압은 압력이 통상적인 기준을 초과한 것을 가리키는데 즉 통상기준보다 높은 압력을 말한다. 일부 에너지, 혹은 물질은 일반적으로 고압방식으로 제조하고, 운송하고 저장하지 않으면 안 된다. 고압작업은 위험성을 띠고 있어 주변 환경과 사람들에게 중대한 위험을 줌으로 반드시 조치를 취하고 고도로 경계하여 인신, 재산 안전을 보장하여야 한다. 일단 손해가 발생하면 침권법은 무과실책임원칙으로 책임을 확정하며, 공업고압의 소유자, 점유자와 관리자가 과실이 없다고 해도 반드시 침권손해배상책임을 부담하게 된다. 때문에 고압제조, 저장, 전력운송, 액체, 석탄가스 등의 기체는 고압 작용 하에 타인에게 손해를 초래할 수 있으며 소유자, 점유자와 관리자는 반드시 민사책임을 부담해야 한다. 피해자의 고의와 불가항력은 공업고압의 면책사유로서 손해가 피해자의 고의, 혹은 불가항력으로 조성된 것임을 증명하면 민사책임을 부담하지 않는다.

9.2.4.3 지하발굴 손해책임

지하 발굴은 고도위험 행위로서 지하굴진, 갱도구축, 터널 뚫기, 지하철건설 등 지하에서 진행되는 고도위험성을 띤 시공활동이다. 지하발굴의 기본 안전보장은 충분한 지하 받침대를 세우는 것이다.[91] 지하 발굴 활동에서 필요한 든든한 받침대를 사용하지 않아 지표면이 함몰하여 타인의 인신손해, 혹은 재산손해를 초래하면 지하 발굴 고도위험책임이 구성된다.

9.2.4.4 고속궤도 운수공구 손해책임

고속궤도 운수공구에는 철로, 지하철, 도시간철도, 유궤도전차 등 궤도를 이용하여 고속주행 하는 교통운수공구로서 오락

---

91) 양리신:『양리신민법강의 · 물권법』, 인민법원출판사 2009년 판, 제101쪽 참고.

장소의 소형기차 등은 포함되지 않는다. 고속궤도 운수공구는 고도위험성이 있는 운수활동이다. 고속궤도 운수공구가 초래하는 손해사고의 성질은 무과실책임으로 책임 구성상 책임자의 과실 요건을 고려하지 않으며 위법행위가 있으면 손해사실과 인과관계 등의 3개 요건으로 침권책임이 구성된다.

그 중, 철로사고는 주요하게 철로행차사고를 포함한다. 즉 열차가 운행 중에 발생하는 인신상해 사고, 혹은 재산손해 사고를 말하며 열차에서 추락, 물품투척, 열차 배출 에너지 등으로 타인의 인신손해, 혹은 재산손해를 초래하는 사고를 포함한다. 철로사고의 손해배상책임은 반드시 철로열차의 운수자가 진다. 만약 운수자의 손해가 피해자가 고의로 조성한 것임을 증명하면 민사책임을 지지 않는다. 피해자가 과실이 있으면 과실상쇄를 실행한다.

9.2.5 고도위험물 분실 , 포기로 인한 손해책임

고도위험물을 분실하거나 포기하여 생기는 손해책임은 자연인, 법인, 혹은 기타 조직자, 소유자, 점유자, 관리자가 위험물을 분실하였거나 포기하여 타인의 손해를 초래한 것으로 반드시 배상책임의 고도위험책임을 부담해야 한다.

고도위험물을 분실하여 타인의 손해를 초래하였을 때 소유자는 분실물에 대한 점유권을 잃지만 그 물건에 대한 소유권은 상실하지 않으므로 의연히 자기의 재산이다. 이런 분실된 위험물이 피해자에게 손해를 주면 손해배상책임을 추궁하며 반드시 그 물건의 실제권리자가 책임을 부담해야 한다. 분실한 위험물이 자신의 위험성질로 타인에게 손해를 초래했으므로 그 물건의 소유자가 침권책임을 부담해야 한다.

위험물이 포기되면 소유권자는 그 위험물의 소유권을 잃게 된다. 만약 위험물이 포기된 후, 그 위험물이 자신의 위험성으로 인해 타인을 해쳤다면 의연히 침권책임이 발생한다. 이런 정황 하에서 비록 그 위험물을 포기한 사람은 이미 그 물건에 대한 소유권을 상실했지만 자기가 포기한 위험물로 인해 초래된 손해이기에 위험물이 다른 사람에게 점유되지 않았거나 혹은 다른 사람이 이에 대해 소유권을 발생하지 않았다면 포기물의 원 소유자가 책임을 부담해야 한다.

9.2.5.2 법률 적용규칙

(1) 고도위험물을 분실하거나 포기하여 타인에게 손해를 초래할 경우 소유자, 혹은 원 소유자가 침권책임을 부담한다. 고도위험물을 분실하면 원 소유권자는 소유권을 상실하지 않으며, 고도위험물을 포기하면 소유권자는 소유권을 잃기 때문에 원 소유권자가 책임을 부담해야 한다.

(2) 소유자가 고도위험물을 타인에게 맡겨 관리할 때 관리자의 관리가 부실하여 타인의 손해를 초래하였다면 반드시 관리자가 침권책임을 부담해야 하며 소유권자는 배상책임을 부담하지 않는다.

(3) 소유자가 고도위험물을 타인에게 맡겨 관리하게 하여 타인의 손해를 초래하면 소유자에게 과실이 있으면 관리인과 함께 연대책임을 진다. 대외관계에서 피침권자는 일방, 혹은

쌍방의 책임을 청구하며 대내관계에서는 쌍방이 반드시 원동력의 규칙으로 각자의 책임액을 확정하여 자기가 반드시 부담해야 할 책임액을 초과하는 부분은 타방에서 추가배상을 시킬 권리가 있다.

9.2.6 고도위험물 불법점유로 인한 손해책임

불법으로 고도위험물을 점유하여 타인에게 손해를 끼친 행위는 반드시 아래와 같은 방법으로 침권책임을 확정한다.

(1) 타인에게 불법 점유된 위험물이 타인에게 손해를 끼치면 그것이 타인의 인신손해이든 재산손해이든 모두 불법 점유자가 민사책임을 부담하며 위험물품의 소유인은 책임을 부담하지 않는다.

(2) 그 위험물의 소유자가 만약 자기가 타인의 불법 취득과 점유에 대해 고도의 주의를 돌렸음을 증명하지 못하면 즉 위험물관리에서 과실이 존재하면 반드시 위험물 불법 점유자와 함께 연대책임을 부담해야 하며 『침권책임법』 제13조와 제14조가 규정한 규칙을 적용한다.

(3) 불법으로 고도위험물을 점유하여 불법점유자 본인이 손해를 입은 것은 원칙상 전 두 항의 규칙을 적용한다. 즉 고도위험물의 소유자, 관리자 혹은 사용자가 자기가 이미 고도주의의무를 다했음을 증명하면 배상책임을 면제하고 증명하지 못하면 불법점유자와 쌍방이 『침권책임법』 제26조가 규정한 과실상쇄 규칙에 따라 처리하며 고도위험물 소유자, 혹은 관리인의 배상책임을 경감한다.

9.3 고도위험 책임의 배상액 한도

9.3.1 무과실 책임에서 가해자가 무과실로 배상책임범위를 확정하는 관계

무과실책임을 적용하는 특수한 침권책임은 침권책임 구성에서 과실의 요건을 요구하지 않는다. 과실을 묻지 않으며 행위자가 과실이 있고 없고를 떠나 위법행위를 하였다면 손해사실과 인과관계 3개 요건에 따라 침권책임을 구성한다.

배상책임 범위를 확정 할 때 중국사법 실천이 취하는 태도는 가해자가 손해의 발생에 대해 과실이 있고 없고를 막론하고 모두 무과실책임원칙을 실행하여 동등한 배상책임을 부담하게 하며 모두 전부배상원칙을 적용한다. 이런 작법은 불공평하다. 이유는 가해자의 과실은 배상책임범위를 확정하는데 대해 중대한 영향을 주며 이는 법률이 가해자의 행위에 대한 견책정도를[92] 표명하기 때문이다. 무과실책임 장소에서 무과실책임원칙은 모종 위험성의 엄중한 침권영역을 표명할 뿐이며 피해자에게 더욱 타당한 보호를 주려면 가해자가 과실이 없다 해도 침권책임을 지게 하여 피해자의 손해를 배상을 받게 해야 한다. 그러나 이런 정황 하에서 가해자가 구경 과실이 있느냐 없느냐에 따라 법률이 그에게 주는 견책정도도 부동하다. 무과실 가해자는 무과실책임 과정에서 반드시 침권책임을 부담해야 하며 과실 가해자는 이런 상황에서 반드시 더욱 중한 배상책임을 부담해야 한다. 이런 배상책임 경중의

---

92) 장신바오:『침권책임법구성의 요건 연구』, 법률출판사 2008년 판, 제438쪽.

구별은 법률의 주관심리상태가 서로 다른 가해자에 대한 서로 다른 견책과 제재정도의 요구를 체현한 것이다. 이래야만 침권법의 공평과 정의를 체현할 수 있다. 그러나 『침권책임법』 제77조는 이렇게 규정하지 않고 "고도위험 책임을 지는 것은 법률이 규정한 한도액 배상으로 그 규정을 따른다."라고 규정하였다.

9.3.2 구체적인 규칙과 반드시 고려할 문제

9.3.2.1 현실적인 한도액배상 규칙

중국 현행법률, 법규에 존재하고 있는 한도액배상의 규정은 응당 『침권책임법』 제77조 규정 및 한도액배상의 법률과 법규의 규정에 따라 한도액배상을 실행해야 한다.

목전 중국에서 이 규칙을 적용하는 과정에 존재하는 문제는 한도액배상제도를 규정하는 법률, 법규의 차원이 비교적 낮아 법관의 중시를 불러일으키지 못하고 경상적으로 한도액배상과 전액배상을 대립시킨다. 때문에 특별한 연구와 적용을 얻지 못하고 무과실책임과 한도액배상책임의 법률 적용규칙은 건립되지 못하고 있다.

9.3.2.2 한도액배상제도의 장원한 고려

장원한 발전의 견지에서 관찰하면 중국은 무과실책임 원칙과 한도액배상의 법률 적용규칙에 대해 다음과 같은 문제를 해결해야 한다.

첫째, 무과실책임의 특수침권책임은 내부관계이든 외부관계이든 자기의 채권인의 손해이든 아니면 계약 외 사람의 손해이든 모두 한도액배상을 실행해야 한다.

둘째, 무과실책임 특수침권책임의 피해자가 가해자 일방에 존재한 과실을 증명하면 반드시 피해자가 전액배상을 청구할 수 있게 하여야 한다.

셋째, 서로 다른 법률의 기초에서 발생된 청구권의 부동한 내용을 확립하여 당사자가 선택할 수 있게 하여야 한다. 산품책임, 철로교통고속궤도운수공구 손해책임, 항공운수 손해책임 등과 유사한 법률규정이 부동한 청구권 법률기초에서 당사자는 기소 할 때 모두 선택할 수 있어야 하며 부동한 청구권 기초의 법률규정에 따라 거증책임을 부담하며 자기가 선택한 청구권의 구성을 증명한다면 법관은 반드시 그를 지지하여 당사자가 선택한 청구권에 따라 배상책임을 확정해야 한다.

넷째, 무과실책임과 한도액 배상간의 특수 관계에서 출발하여 법률 규정에 따라 무과실이지만 응당 침권책임을 저야 하는 것은 그 배상책임이 법률규정의 손해배상범위에 적용되어야 하며 피해자가 침권자의 과실을 증명하면 응당 침권책임법의 일반 규정에 따라 배상책임을 확정하여야 한다.

제 10 장

동물 사육 손해책임

제10장
동물 사육 손해책임

【법률조문】

제78조. 사육하는 동물이 타인에게 손해를 입혔을 경우 동물의 사육자 또는 관리자는 응당 침권책임을 져야 한다. 그러나 손해가 피침권자의 고의 또는 중대한 과실로 인하여 발생되었음을 증명할 수 있을 경우 책임을 지지 않거나 경감할 수 있다.

제79조. 관리규정을 위반하고 동물에 대해 안전조치를 취하지 않아 타인에게 손해를 입혔을 경우 동물의 사육자 또는 관리자는 응당 침권책임을 져야 한다.

제80조. 사육을 금지하는 맹견 등 위험동물이 타인에게 손해를 입혔을 경우 동물사육자 또는 관리자는 응당 침권책임을 져야 한다.

제81조. 동물원의 동물이 타인에게 손해를 입혔을 경우 동

물원은 응당 침권책임을 져야 한다. 그러나 관리책임을 다 했음을 증명할 수 있을 경우 책임을 지지 않는다.

제82조. 유기, 도망간 동물의 유기, 도망 기간 중 타인에게 손해를 입혔을 경우 원 동물 사육자 또는 관리자가 침권책임을 져야 한다.

제83조. 제3자의 과실로 인하여 동물이 타인에게 손해를 입혔을 경우 피침권자는 동물사육자 또는 관리자에게 배상을 청구할 수 있으며 또한 제3자에게도 배상을 청구할 수 있다. 동물 사육자 또는 관리자는 배상 후 제3자에게 구상할 권리가 있다.

제84조. 동물사육은 응당 법률을 준수하고, 사회 도덕을 존중하며 타인의 생활을 방해하지 말아야 한다.

【전형적인 사례】

어느 날 저녁, 음식점에서 저녁을 먹고 귀가하던 왕 여사와 남편이 목욕탕 옆 골목을 지나는데 갑자기 골목 안에서 사나운 티베탄 마스티프(藏獒 티베트지역에서 나는 용맹스런 사냥개)가 뛰쳐나오더니 왕 여사에게 덮치며 그를 넘어뜨리고 물어뜯기 시작하였다. 남편이 있는 힘을 다해 제지하였지만 티베탄 마스티프는 왕 여사를 물고 놓지 않았다. 왕녀사의 두부에서는 피가 줄줄 흘러내렸고, 몸 여러 군데가 긁혀 상처를 입었으며, 옷과 가방도 찢어졌다. 개의 사육자 장 모가 소식을 듣고 달려와 개를 제지시켰다. 왕 여사가 수차 장모를 찾아 배상을 요구했지만 장 모가 응하지 않아 법원에 기소하였고, 법원의 심리과정에 원고와 피고가 조정합의를 보았다. 장 모가 왕 여사의 의료비 등 5000원을 배상하였다.

10.1 동물 사육 손해책임의 개술

10.1.1 개념과 특징

10.1.1.1 개념

사육동물 손해책임은 동물사육자, 혹은 관리자가 동물을 사육하는 과정에서 타인에게 손해를 초래했을 경우 가해동물의 종류와 성질에 근거하여 무과실책임원칙, 혹은 과실추정원칙을 적용하며 반드시 배상책임의 특수침권책임을 부담하는 것을 가리킨다.

10.1.1.2 특징

(1) 가해동물은 사육하는 동물이다. "사육하는 동물"은 이런 침권책임의 손해원인으로 사육하는 일반 동물과 관리규정을 위반한 동물, 사육금지 동물 및 동물원의 동물로 나뉜다. 기타 동물 즉 야생동물 등에 손해를 입으면 『침권책임법』의 규정으로 확정한 침권책임을 적용하지 않는다.

(2) 책임형태는 동물을 대체한 책임이다. 사육동물 손해책임의 주체는 동물의 사육자, 혹은 관리자이다. 특점은 손해를 초래한 것은 사육자, 혹은 관리자가 사육하는 동물이며, 책임을 부담하는 측은 동물사육자, 혹은 관리자로서 전형적인 동물 대체책임에 속한다.

(3) "일반조항+특수규정"의 입법체계이다. 『침권책임법』은 사육동물 손해책임의 규정에 대해 일반조항으로도 규정하

고 특수책임으로도 규정했다. 일반조항은 제78조로서 사육동물 손해책임의 일반규칙을 규정한 다음 4가지 부동한 특수책임을 구별하여 규정하였다.

(4) 귀책원칙은 이원화를 실행한다. 『침권책임법』의 사육동물 손해책임에 관한 규정은 『민법통칙』 제127조의 단일 귀책원칙의 작법을 변경하여 실제정황에 근거하여 무과실책임원칙과 과실추정원칙을 확정하게 한다.

10.1.2 귀책원칙과 구성의 요건

10.1.2.1 귀책원칙

『민법통칙』 제127조는 동물손해책임에 대해 무과실책임원칙을 실행하며 책임구성에서 피고의 과실을 요구하지 않는 동시에 원고의 피고과실에 대해 입증과 증명도 요구 하지 않도록 규정하였다. 만약 피고가 자기의 책임을 부정하면 피해자의 고의, 혹은 중대과실에 대해 입증증명을 통해 실현할 수 있다. 『침권책임법』[93]은 『민법통칙』의 1원화 귀책원칙체계를 변경하여 구체적인 정형에 근거하여 무과실책임과 과실추정책임의 이원귀책원칙체계를 적용한다.

(1) 무과실 책임원칙의 적용범위. 무과실책임원칙은 사육동물 손해책임을 조절하는 기본적인 귀책원칙으로 『침권책임법』 제78조에서는 일반 사육동물이 사람에게 손해를 초래했

---

93) 장신바오:『중국 침권행위법(제2판)』, 중국사회과학출판사 1998년 판 제553쪽.

을 때 과실요건의 존재를 요구하지 않으며 만약 동물의 사육인, 혹은 관리인이 피침권자의 고의, 혹은 중대한 과실로 손해가 초래된 것임을 증명하면 면제, 혹은 책임을 경감할 수 있다고 규정하였다. 그 외 특별히 사육동물 손해책임 가운데 관리규정을 위반하고, 동물에게 안전조치를 취하지 않은 손해책임은 더욱 엄격한 무과실책임 원칙을 적용하는 동시에 제78조의 면책, 혹은 감책(減責)의 일반성 규정을 적용하지 않으며, 침권인은 절대적인 책임으로 피침권인의 고의 혹은 중대과실을 들어 자기의 배상책임을 면제 혹은 경감시킬 수 없으며 맹견(猛犬) 등 위험 동물을 사육하여 타인에게 손해를 입히는 것을 금지시키고 이에 대해서는 더욱 엄격한 무과실책임 원칙을 적용하여 피침권자가 고의 혹은 중대과실이 더라도 책임을 경감하거나 책임을 면제하지 않으며, 유기동물, 혹은 도주한 동물이 타인에게 손해를 입힌 손해책임은 무과실 책임원칙을 적용하며 면책, 혹은 책임 경감사유를 규정하지 않고, 무과실책임원칙을 적용하여 쟁의가 없도록 한다고 규정하였다.

(2) 과실추정원칙의 적용범위.『침권책임법』제81조가 규정한 동물원의 동물이 타인에게 손해를 초래한 책임에 대해 "그러나 관리직책을 다했음을 증명하면 제외한다."고 명확히 규정하고 과실추정원칙을 적용하였다.

10.1.2.2 구성의 요건

(1) 동물가해행위. 일반적으로 동물은 사람이 아니므로 사

람에게 해를 입혀도 행위가 아닌 사건으로 인정한다. 그러나 동물가해는 기타 물건의 가해와 마찬가지로 모두 사람의 행위로서 사육자가 자기가 키우는 동물에 대한 관리가 부당하여 타인에게 손해를 준 간접행위이다. 가해를 준 것이 동물이고, 사람이 아니라 해도 동물의 가해 중에 사람의 간접적인 행위가 포함되었으므로 동물 가해행위는 여전히 행위이다. 동물 가해 행위의 요소는 첫째로 동물이고, 둘째로 사람이 동물에 대한 관리행위이다. 동물은 일반 사회 관념에서의 동물을 말한다.[94] 동물가해행위는 동물이 사람의 의지 지배가 없는 상황에서 독립적으로 타인에게 해를 입힌 행위로서 그 사육자, 혹은 관리자의 단속이 부당한 행위이다. 동물가해행위는 반드시 위법성을 가지며 법정의무를 위반하거나 타인을 보호하는 법률을 위반하거나 고의적으로 미풍양속을 어기고 타인에 피해를 준 행위이다.

(2) 손해사실의 존재. 손해사실의 요건은 민사주체의 권리손해로서 인신손해와 재산손해를 포함한다. 동물로 인한 피침권자의 인신손해는 사망, 불구와 일반적인 상해를 포함한다. 동물로 인한 재산손해는 동물이 타인 소유의 동물에 상처를 입혔거나 타인의 토지에 침입하여 농작물을 훼손하는 등으로 모두 재산손해를 구성하는 사실이다. 사육동물의 손해는 방해도 포함되는데 학생이 길목을 지키는 흉악견(惡犬) 때문에 학교를 가지 못하는 등은[95] 타인의 합법권익에 대한 방해이다.

94) 정위보(鄭玉波):『민법채편총론(수정판)』, 천롱롱(陳榮隆) 수정, 중국정법대학출판사 2004년 판, 제163쪽.
95) 왕자푸(王家福) 주편:『중국민법학 · 민법채권』, 법률출판사 1991년 판, 제525쪽.

(3) 인과관계. 사육동물의 손해책임의 인과관계는 피침권자의 손해와 동물가해행위 사이에 인기와 피인기의 객관관계로서 피침권자의 손해와 동물가해행위 사이의 인과관계가 존재해야만 사육동물의 손해책임이 성립된다. 그렇지 않으면 사육동물 손해책임이 구성되지 않는다. 원고는 반드시 동물가해행위와 손해결과 사이의 인과관계를 증명하여야 한다.

(4) 동물은 사육자, 혹은 관리자의 사육, 혹은 관리를 받아야 한다. 사육동물 손해책임 행위주체는 동물사육자, 혹은 관리자이다. 동물사육자, 혹은 관리자의 확정은 반드시 직접 보유관계가 존재하는 직접 사육자를 책임주체로 하며 동물을 관리하는 사람 역시 당연한 책임주체이다. 동물 보유방면에서 동물사육자는 고용주의 관리인으로 보유자를 보조하여 동물을 단속하지만 반드시 동물이 빚은 손해에 대해 책임을 부담해야 한다. 현실 생활가운데서 사육자와 관리자가 불일치한 정황이 나타날 수 있다. 즉 동물을 단기적으로 타인에 빌려주었다면 이때의 사육자는 동물에 대해 실제적인 보유를 할 수 없으며 관리자가 실제적으로 점유하고, 관리하므로 사육자의 연대책임 기초가 결핍하며 따라서 직접 관리자를 동물손해책임자로 인정하여 배상책임을 지게 한다.

10.1.3 책임부담

10.1.3.1 책임형태

사육동물 손해책임은 전형적인 동물대체책임이다. 대체물에 대한 대체책임을 구별하는 의의는 교사, 대체물을 이용하여 타인을 침해하는 직접행위와 대체물에 대한 단속이 부당하여 대체물로 하여금 타인에 손해를 초래한 간접행위의 법률 적용은 부동하며 전자는 일반 침권책임에 속하나 후자는 특수침권책임에 속한다는데 있다. 제3자의 과실로 타인에 손해를 준 사육동물의 손해책임에 대해 『침권책임법』제83조가 규정한 것은 불확실한 연대책임이며, 이 법 제28조에서 규정한 제3자의 과실로 책임을 면제하는 일반규정은 적용하지 않는다.

10.1.3.2 면책사유

(1) 피해자의 고의, 혹은 중대과실. 『침권책임법』제78조는 사육동물의 손해책임의 면책사유와 감책사유를 함께 규정하였다. 즉 사육하는 동물이 타인에게 손해를 초래했을 때 동물사육자, 혹은 관리자는 반드시 침권책임을 부담하지만 그러나 손해가 피침권자의 고의, 혹은 중대한 과실로 조성된 것을 증명하면 책임을 부담하지 않거나 책임을 경감할 수 있다. 그 함의는 피침권자가 고의, 혹은 중대과실로 타인이 사육하는 동물이 자기에게 피해를 입히도록 한 것으로 반드시 실제 정황에 근거하여 책임면제, 혹은 책임경감을 확정할 수 있다. 규칙은 피침권자의 고의, 혹은 중대과실이 손해가 발생하는 전부의 원인으로 반드시 동물사육자의 책임을 면제해야 하며 피침권자의 고의, 혹은 중대과실은 손해발생의 공동원인으로 응당 배상책임을 경감시켜야 한다. 피침권자의 과실이 일반적인 과실이라면 배상책임을 경감, 혹은 면제하지 못한다.

(2) 불가항력. 『침권책임법』은 사육동물의 손해책임 장절에 불가항력이 면책사유라고 규정하지 않았기에 반드시 『침권책임법』 제29조의 일반성 규정을 적용한다. 불가항력적으로 동물이 타인에 손해를 초래할 경우 동물사육자, 혹은 관리자가 단속의무를 다했다면 실제적으로 손해의 발생과 단속의무를 다했는가는 인과관계가 없으므로 책임을 부담하지 않는다. 그러나 만약 동물사육자, 혹은 관리자에게 확실히 과실이 있다면 반드시 원동력의 원리와 규칙에 근거하여 동물사육자, 혹은 관리자의 과실의 정도와 불가항력의 각자 원동력에 근거하여 합당하게 동물사육자, 혹은 관리자의 배상책임을 경감할 수 있으나 책임면제는 할 수 없다. 사육을 금지하는 포악한 짐승(맹견) 등 위험 동물이나 혹은 관리규정을 위반하고 사육하는 동물이 타인에 손해를 초래했을 경우 불가항력적 인과관계를 구성한다 해도 동물사육자, 혹은 관리자는 손해에 대해 책임을 부담해야 하며 면책할 수 없다.

(3) 면책약속. 동물의 사육자, 혹은 관리자와 조련사, 수의 등 동물에 서비스를 제공하는 전업 서비스인원 사이에 협의를 달성한 후 길들이고, 치료하고 서비스하는 등의 활동에 대해 대다수 학자들은 그들은 명시, 혹은 묵인하는 면책약속에 속하며 사육동물 손해책임이 발생하면 면책할 수 있다고 본다.[96] 어떤 학자는 이에 대해 반드시 구분하여 피

---

96) 궈밍뤠이(郭明瑞), 팡사오퀀(房绍坤), 탕광량(唐广良):『민상법원리(3)채권법 · 침권법 · 계승법』, 중국인민대학출판사 1999년 판, 제490쪽; 장신바오:『중국침권행위법(제2판)』, 중국사회과학출판사 1998년 판, 제553쪽; 왕리밍, 양리신:『침권행위법』, 법률출판사 1996년 판, 제301쪽.

해자가 수의, 조련사, 발굽수리공(掌蹄工) 등 특수 직업자라면 그가 방법조치를 취하지 않고 모험하여 손해가 발생하였다면 책임을 자부담해야 하고 피해자가 일반인이라면 동물사육자, 혹은 관리자가 책임을 부담해야 한다고 인정하고 있다.[97] 이에 대해 반드시 『계약법』 제53조 규정인 "계약 중의 아래에 열거한 면책 조항은 무효이다. (1) 상대방의 인신상해를 조성하는 것, (2) 고의, 혹은 중대과실로 상대방의 재산손실을 조성하는 것."을 적용해야 한다. 이 규정에 부합되는 것은 응당 무효이다. 만약 동물에 서비스를 제공하는 전문직 서비스인원이 직책을 이행하는 중에 초래한 손해는 산업재해 보험대우, 혹은 기타 보험관계로 진행함으로 면책약속은 합법적이다. 만약 일반 합동관계라면 동물에 서비스를 제공하는 전문직 서비스인원의 인신상해는 반드시 배상책임을 부담해야 하며 면책할 수 없다.

10.1.4 동물사육자의 법정의무

『침권책임법』 제84조는 동물을 사육하는 사람은 반드시 법정의무를 준수해야 한다고 규정하였다. 즉 "동물사육은 반드시 법률을 준수하고 사회공덕을 존중하며 타인의 생활을 방해하지 말아야 한다." 동물사육자, 혹은 관리자가 반드시 준수해야 할 의무는 첫째, 법률을 준수해야 한다. 동물사육자, 혹은 관리자가 법률을 준수하는데서 가장 주요한 것은 동물

---

97) 마즈쉬안(马治选) :『사육동물이 인신손해를 초래한 민사책임 탐구』,「법률과학」1996년 제3기.

을 사육하면서 반드시 준수해야 할 법률과 법규를 준수하는 것이다. 둘째, 사회공덕을 존중해야 한다. 동물사육자, 혹은 관리자가 동물을 사육할 때 반드시 사회공덕을 존중해야 한다. 셋째, 타인의 생활을 방해하지 말아야 한다. 규정에 따라 동물을 사육하는 것은 사람의 자유이나 동물을 사육하여 타인의 생활을 방해하는 것은 법률이 금지하는 것이다.

10.2 구체적인 사육동물 손해책임

10.2.1 안전조치를 취하지 않은 사육동물 손해책임

관리규정을 위반하고, 동물에 대해 안전조치를 취하지 않아 타인에게 손해를 초래하면 무과실책임원칙을 적용하여 동물사육자, 혹은 관리자의 과실을 살피지 않고 직접 무과실책임원칙으로 침권책임을 확정한다. 관리규정을 위반한 동물을 가늠하는 것은 주요하게 반드시 국가법률, 법규와 관리규장에 근거하여 확정하여야 한다. 일부 동물은 명확히 법률, 법규, 혹은 규장제도에 의해 사육한다고 규정하였는데 이는 규정에 따라 사육하는 동물이다. 규정에 따라 사육하는 동물에 대해서는 반드시 국가의 관련 관리규정대로 필요한 안전조치를 취하여 타인에 손해를 초래하는 것을 방지하여야 한다. 예를 들면 도시에서 사양하는 대형견은 규정에 따라 사육하는 동물로서 타인에 손해를 초래하면 직접 본 조항 규정에 따라 책임을 확정한다. 피침권자가 손해 발생에 대해 고의, 혹은 중대과실이 있다하여 책임을 경감하거나 책임면제를 주장하지 말아야 한다.

 가축화 할 수 있는 야생동물도 이 유형에 속하는 동물이다. 야생동물을 가축화 하여 번식하는 단위와 개인은 반드시 특정된 조건을 구비해야 한다. 하나는 야생동물을 길들이는 고정장소와 필요한 시설이고, 둘째는 가축화한 야생동물의 종류, 수량에 부합되는 자금인원과 기술이고, 셋째는 야생동물 가축화와 번식에 수요 되는 사료의 보장이다. 거기에 야생동물을 길들일 때 반드시 해당 야생동물 행정주관부문에 구면신청을 제출해야 하며, 야생동물 가축화 절차를 밟아야 한다. 길들인 야생동물은 야생동물을 길들인 단위와 개인이 보유자로 되며, 길들인 야생동물에 대해 단속하고 관리한다. 때문에 길들인 야생동물이 사람에게 손해를 초래하면 길들인 단위, 혹은 개인이 책임주체로 되어 손해에 대해 책임을 부담해야 한다.

 안전조치를 취하지 않은 사육동물 손해책임이 구성되면 반드시 상술한 사육동물 손해책임 구성의 일반 요구에 따라 진행해야 한다. 주의 할 것은 조문에서 규정한 "관리규정을 위반하고, 동물에 대해 안전조치를 취하지 않은"것은 필요한 구성의 요건이다. 만약 동물사육자, 혹은 관리자가 그 동물에게 이미 관리규정에 따라 필요한 안전조치를 취했음에도 불구하고 타인에게 손해를 초래했다면 당연히 침권책임이 구성된다. 그러나 만약 책임면제와 책임경감 사유를 증명할 수 있으면 "관리규정 위반", "동물에게 안전조치를 취하지 않았다"는 조건이 구비되지 않아도 일반적인 사육동물 손해책임으로 취급하여 반드시 제78조 규정을 적용하여 피침해자의 고의, 혹은 중대과실이 있다는 사유로 책임을 면제하거나 혹은 책임을 경감할 수 있다.

10.2.2 사육을 금지하는 사육동물 손해책임

사육을 금지하는 맹견 등 위험 동물이 타인에게 손해를 초래한 것은 사육동물 손해 책임 중 가장 엄격한 절대책임으로 무과실책임원칙을 적용하며 면책, 혹은 책임 경감 사유규정은 없다. 금지한 위험한 사육동물에 대해 맹견 정도로 이해하지 말고, 반드시 맹견 이외의 위험한 동물을 포함해야 한다. 이런 동물은 반드시 두개 부분을 포함하여야 하는데 하나는 가축, 가금에 속하는 위험한 동물로 예를 들면 티베탄 마스티프와 같은 성정이 포악한 기타 견가축이다. 다른 하나는 사육한 위험한 야생동물로서 반드시 본 조항 규정을 적용하여 침권책임에 엄격한 무과실책임원칙을 적용하여 피침권자의 과실에 의한 면책을 주장하지 말아야 한다. 예를 들면 멧돼지, 승냥이, 늑대, 범, 표범, 사자 등이다.

사육을 금지한 사육동물이 손해를 조성하면 무과실책임으로 배상책임을 부담해야 한다. 피침권자가 고의, 혹은 중대한 과실로 기인된 손해일지라도 동물사육자, 혹은 관리자가 사육금지 규정을 위반하였기에 책임면책과 책임 경감을 할 수 없다.

10.2.3 동물원 사육동물 손해책임

『침권책임법』 제81조는 동물원의 동물이 타인에 손해를 초래하면 과실추정원칙을 적용한다고 규정하였다. 동물원이 사육하는 동물은 모두 국가의 비준을 거친 국가 관리규정에 부합되는 동물들이고, 전업자질과 동물사육 요구에 부합된다. 도시의 국가동물원이든 시교의 야생동물원이든 이런 동물들은 모두 국가의 규정에 따라 사육하는 것이다. 동물원이 야생동물을 사육하는 과정에 반드시 법률법규의 규정에 따라 관리를 진행하여 선량한 관리자의 표준으로 관리직책을 다해야 한다.

과실추정원칙을 실행하는 동물원의 동물이 타인에게 손해를 입히면 사육동물 손해 책임은 사육동물 손해책임의 일반 구성요건을 갖추어야 하며 그 외에도 응당 과실 요건을 구비해야 한다. 과실 요건의 증명은 과실 추정원칙을 실행한다. 동물원이 자기에게 과실이 없다는 내용은 자기가 이미 관리직책을 다했다는 증명이다. 충분히 증명하면 무과실이다. 만약 피해자의 고의, 혹은 중대과실로 기인된 손해임을 증명하면 책임을 면책하거나 혹은 책임을 경감할 수 있다.

10.2.4 유기 · 도주 사양동물의 손해책임

유기, 도주한 동물을 점유상실 동물이라 하는데 동물 사육자, 혹은 관리자가 동물을 유기했거나 도주하게 하여 동물사육자, 혹은 관리자가 그 동물의 점유와 관리단속을 상실한 것을 가리킨다. 예를 들면 유기 고양이, 강아지가 길고양이나 떠돌이 개로 된다. 길들인 야생동물이 유기, 혹은 도주로 야생상태로 회귀하면 역시 이와 같은 동물이 되는 것이다. 유기, 도주한 사육동물의 손해책임은 무과실책임원칙을 적용한다.

유기된 동물은 포기 동물과 유실 동물을 포함한다. 포기 동물은 소유자가 자기의 재산권 사실처분으로 자기의 재산권의 포기이며, 동물을 포기한 것은 동물의 소유권을 포기한 것과 같아 포기한 동물은 원 소유자와 아무런 관계가 없다. 포기된 동물이 점유자가 없이 타인에게 손해를 초래하면 반드시 원 소유자가 침권책임을 부담해야 한다. 포기된 동물이 이미 타인에게 점유되었다면 동물의 점유자가 사실상 이미 이 동물을 키우기에 이 동물의 사실상의 점유자로 되며, 손해를 초래하였다면 반드시 점유자가 민사책임을 부담해야 한다.

동물 유실로 소유자가 동물에 대한 권리를 포기한 것은 아니며 일시적으로 그 동물에 대한 점유를 상실한 것으로 소유권관계는 변화가 없다. 유실된 동물이 타인에 손해를 입히면 여전히 동물소유자가 침권책임을 부담해야 한다.

도주한 동물은 동물의 소유권에 변화가 없기에 여전히 소유권자의 소유이다. 도주한 동물이 타인에게 손해를 초래하면 반드시 동물의 소유자, 관리자 혹은 사용자가 침권책임을 부담해야 한다. 길들인 야생동물이 자연에 회귀한 후, 타인에 손해를 입힌데 대해 『침권책임법』은 규정이 없다. 길들인 야생동물이 포기, 유실되거나 도주하면 길들인 야생동물은 길들인 사육자를 떠나 자연에 회귀하여 다시 야생동물로 된다. 야생상태에 회귀하지 않은 야생동물에 대해서는 본 조항 규정의 규칙이 적용되나 이미 야생상태에 회귀한 야생동물에 대해서는 동물의 원 사육자, 혹은 관리자가 책임을 다시 부담하지 않는다.

10.3 제 3 자의 과실로 초래된 사육동물의 손해책임

10.3.1 일반규칙

사육동물의 책임 가운데서 제3자의 과실로 초래된 손실은 무과실책임원칙을 적용한다. 동물사육자, 혹은 관리자가 배상책임의 기초는 무과실책임이다. 제3자의 과실로 책임을 면제할 수 없다. 『침권책임법』 제83조의 규정은 불확실한 연대책임원칙(不真正连带责任)을 취하여 피침권자가 동물사육자에게 배상을 청구할 수도 있고, 제3자에게 배상을 청구할 수 있다고 규정하였다. 이 두 가지 청구권 중 피침권자는 하나만 선택하여 행사할 수 있으며, 그 청구권이 실현되면 다른 청구권은 소멸된다. 불확실한 연대책임의 규칙에 따라 만약 동물사육자, 혹은 관리자가 청구권을 행사하면 동물사육자, 혹은 관리자가 부담하는 배상책임은 중간책임이며, 최종책임이 아니다. 그가 배상책임을 부담한 후, 제3자에게 추가배상을 제기할 수 있으며 제3자가 부담하는 배상책임은 최종책임으로 된다. 과실이 있는 제3자는 동물 사육자, 혹은 관리자가 배상책임을 짐으로서 생기는 일체 손실을 책임질 의무가 있다.

『침권책임법』 제83조는 피침권자가 동물사육자에게 배상을 청구할 수 있다고만 규정하였는데 반드시 동물관리자를 포함하여 중간책임을 질 경우 동물사육자, 혹은 관리자는 모두 중간책임자가 될 수 있다.

10.3.2 제 3 자의 과실표현형식

제3자의 과실은 일반적으로 동물가해행위이지만 동물 사육자, 혹은 관리자와 관계가 없고 제3자의 과실로 인해 발생한 것, 이를테면 제3자가 강아지를 자극하여 사람을 상하게 하였거나 제3자가 철장 안에 키우는 동물을 풀어놓아 손해가 발생한 것 등으로 표현된다. 특수정황은 제3자가 사육하는 동물이 동물사육자, 혹은 관리자의 동물로 하여금 타인에게 손해를 입히게 하였을 때에도 제3자의 과실이 구성되며 본 조항 규칙이 적용된다는 것이다. 동물이 제3자, 혹은 타동물의 선동으로 타인에게 손해를 입히면 그 점유자는 그 제3자, 혹은 그 동물의 점유자에게 구상권을 가진다. 다른 동물의 선동은 분명히 제3자의 과실로 볼 수 있으며 불진정연대책임을 진다. 때문에 다른 동물의 선동을 제3자의 과실로서 가해동물 사육자, 혹은 관리자와 다른 동물의 사육자, 혹은 관리자는 불진정연대책임을 부담한다.

제 11 장

물건손해책임

제11장
물건손해책임

【법률조문】

제85조. 건축물·구축물 또는 기타 시설 및 그 방치물, 현수물이 탈락, 추락으로 인해 타인에게 손해를 입혔을 경우 소유자, 관리자 또는 사용자는 자신의 과실이 없었음을 증명하지 못 할 경우 응당 침권책임을 져야 한다. 소유자, 관리자 또는 사용자가 배상 후 기타 책임자가 있을 경우에는 기타 책임자에게 구상할 수 있는 권리가 있다.

제86조. 건축물·구축물 또는 기타 시설의 붕괴로 타인에게 손해를 입혔을 겨우 건설단위 또는 시공단위에서 연대책임을 진다. 건설단위, 시공단위는 배상 후 기타 책임자가 있을 경우 기타 책임자에게 구상할 수 있는 권리가 있다.

기타책임자의 원인으로 인하여 건축물·구축물 또는 기타

시설의 붕괴로 타인에게 손해를 입혔을 경우 기타책임자는 침권책임을 져야 한다.

제87조. 건축물 안에서 던져진 물품 또는 건축물에서 떨어진 물품으로 타인에게 손해를 입혔을 경우 구체적인 침권자를 확정하기 어려울 때 자신이 침권자가 아님을 증명할 수 있는 경우를 제외하고 가해를 할 수 있는 건축물 사용자가 보상을 해야 한다.

제88조. 쌓아 놓은 물건이 무너져 타인에게 손해를 입혔을 경우 물건을 쌓은 사람이 자신의 과실이 없음을 증명할 수 없는 경우 응당 침권책임을 져야 한다.

제89조. 공공도로 상에서 물건을 쌓거나, 무너지거나, 방치하여 통행에 방해를 주는 물품으로 타인에게 손해를 입혔을 경우 유관 단위 또는 개인은 응당 침권책임을 져야 한다.

제90조. 임목이 절단되어 타인에게 손해를 입혔을 경우 임목의 소유자 또는 관리자는 자신의 과실이 없음을 증명하지 못 할 경우 응당 침권책임을 져야 한다.

제91조. 공공장소 또는 도로상에서 굴삭, 지하시설 설치 수선 등을 할 경우 잘 보이는 표지를 설치하지 않고 안전조치를 취하지 않아 타인에게 손해를 입혔을 경우 시공자는 응당 침권책임을 져야 한다.

맨홀 등 지하시설이 타인에게 손해를 입혔을 경우 관리자는 관리책임을 다 했다는 증명을 할 수 없을 경우 응당 침권책임을 져야 한다.

【전형적인 사례】

2000년 5월 10일 저녁 10시 좌우, 하오웨(郝跃)는 중경 시 유중 구 학전만정 가 59호 주민 아파트 대문 밖 길가에 서서 다른 사람과 대화를 나누고 있었다. 11일 새벽 1시 반경 갑자기 하늘에서 유리 재떨이가 날아오더니 하오웨의 두부를 명중, 하오웨는 현장에서 까무러쳤다. 하오웨의 가족은 재떨이가 학전만정 가 59호 주민 아파트의 어느 창문에서 던진 것이라고 신고하였다. 2002년 초, 하오웨는 법원에 기소하였는데 피고는 학전만정 가 65호, 66호, 67호 아파트의 24가구 주민들이었다. 법원은 고의상해 가능성을 배제하고, 그 재떨이의 소유자를 확정하기 어려운 상황 하에서 그날 밤 사람이 거주하지 않은 집 외의 나머지 집들에 거주하는 주민들은 모두 재떨이를 던질 가능성이 있다고 인정하고 재떨이를 던진 혐의가 있는 당시 거주 주민 왕모 등 20호 가구에 배상책임을 분담시켰다. 각 배상금은 8101.5원이었다.[98]

11.1 물건손해책임개술

11.1.1 개념과 특징

11.1.1.1 개념

물건손해책임은 자기의 물건이 타인에게 손해를 초래하면

---

98) 본 사례는 『침권책임법』을 반포실시하기 전에 발생한 사례로 그 판결의 내용과 『침권책임법』제87조에서 규정한 내용과 다소 부동하다.

반드시 물건의 소유자, 관리자, 혹은 사용자가 침권후과의 특수침권책임을 부담하는 것을 가리킨다.

물건손해책임을 지는 주체는 물건소유자, 혹은 관리자이다. 물건소유자, 혹은 관리자는 가해물건에 대한 지배권을 갖고 있으며, 사실상 가해물건을 지배할 권리를 가지고 있는데 혹자는 그가 그 가해물건의 위험에 대해 공제능력을 가진다고 말한다. 『침권책임법』은 가해물건의 소유자, 관리자, 혹은 사용자가 가해물건에 대해 지배지위에 있으며 대체책임을 부담해야 한다고 확정하였다.

11.1.1.2 특징

(1) 물건손해책임은 일종의 특수한 침권책임이다. 특수침권책임은 일반적으로 사람에 대한 대체책임과 물건에 대한 대체책임으로 나눈다. 물건손해책임은 자기가 가지고 있는 물건이 타인에게 손해를 초래해서 책임을 지는 특수침권책임이다.

(2) 물건손해책임은 물건으로 인한 손해를 책임지는 행위이다. 물건손해책임에서 손해를 초래한 것은 물건에 대해 책임을 지는 것으로 물건의 소유자, 관리자, 혹은 사용자로 전형적인 대물(물건에 대한) 대체책임이다.

(3) 물건손해책임은 과실추정책임이다. 물건손해책임에 과실책임원칙이나 무과실책임원칙을 적용하지 않고 과실추정원칙을 적용하는 것은 피침권자의 합법권익을 더욱 잘 보호하고 손해를 제때에 보상받게 하기 위해서이다.

11.1.2 귀책원칙과 구성의 요건

11.1.2.1 귀책원칙

『침권책임법』 제85조부터 제91조까지 물건손해책임을 규정한 조문 가운데서 제86조와 제89조를 제외한 모든 조문은 과실요구를 규정하였다. 즉 "자기가 과실이 없음을 증명하지 못하면", "자기가 가해자가 아님을 증명하면" 등의 요구에 대해 모두 과실추정원칙을 적용한다고 규정하였다. 비록 제86조와 제89조가 규정한 건축물 등의 붕괴손해책임과 통행방애물 손해책임에서 과실을 규정하지 않았지만 역시 과실추정원칙으로 책임을 확정한다. 『침권책임법』 제87조가 규정한 투척물과 추락물의 보충책임에만 과실추정원칙을 적용하지 않고, 공평하게 손실책임을 분담하였는데 이는 예외에 속한다.

11.1.2.2 구성의 요건

(1) 반드시 물건으로 인한 가해행위여야 한다. 물건 손해책임을 구성하는 물건은 가해행위로서 법률은 붕괴탈락, 추락 등 주요방식 외의 삭도가 끊기거나 건축물 표층 탈락 등 역시 모두 가해방식이라고 규정했다. 물건이 이상의 가해위험행위 가운데서 한 가지만 구비해도 이 요건으로 된다.

(2) 반드시 피해자의 손해사실이 있어야 한다. 이는 인신상해와 재산손해를 포함한다. 인신상해는 경상, 중상을 입고 불구가 되거나 사망한 것을 말하고 재산손실은 직접적인 손실과 간접적인 손실을 포함한다.

(3) 손해사실은 반드시 물건가해행위와 인과관계가 있어야 한다. 물건의 탈락, 추락이 직접 피해자의 인신상해, 혹은 재산손해를 조성하였다면 인과관계가 있으며 탈락, 추락 등의 물리력이 직접 타인의 인신, 재산에 작용하지 않고 기타 현상을 일으켜 타인의 인신, 재산이 손해를 입어도 인과관계는 있다.[99)]

(4) 반드시 물건소유자, 혹은 관리자, 혹은 사용자에게 과실이 있어야 한다. 물건손해책임의 과실은 설치, 혹은 관리, 단속부당, 혹은 결함, 예상디자인, 시공결함, 사용방법부당 등을 가리키며 모두 과실방식이다. 그 심리상태는 소홀, 혹은 태만으로 추정방식으로 확정한다.

11.1.3 배상법률관계

11.1.3.1 책임자

(1) 물건소유자. 물건이 사람에게 손해를 초래한 제일 직접적인 배상책임주체이다. 물건의 소유자가 직접 점유하고 관리할 때 그 물건이 사람에게 손해를 초래하면 소유자는 반드시 배상책임을 부담해야 한다.

(2) 물건관리자. 물건을 비소유자가 관리 사용할 때 그 배상책임의 주체는 소유자가 아니고, 관리자가 배상책임의 주체가 된다. 예를 들면 재산을 국유기업, 사업단위에 맡겨 경영하면 국유기업, 사업단위는 법에 따라 국가소유의 물건에

---

99) 왕리밍, 양리신 등:『민법 · 침권행위법』, 중국인민대학출판사 1993년 판, 제468쪽.

대해 경영관리를 하고, 사람에게 손해를 초래했으면 국유기업, 사업단위가 관리자로 되어 배상책임을 부담해야 한다. 위탁관계에 근거하여 소유자를 위해 물건을 관리하는 사람도 관리자이다.

(3) 물건사용자. 타인의 물건을 점유하고 사용하는 자가 사용자이다. 예를 들면 도급, 임대 등의 합동경영으로 타인의 물건을 사용하는 자가 사용자이다. 사용자가 사용하는 물건이 타인에게 손해를 초래하면 반드시 배상책임을 부담해야 한다.

(4) 세 가지 부류 책임자의 책임부담. 물건소유자, 관리자, 혹은 사용자가 배상책임을 부담하는 관계에 대하여 『침권책임법』은 명확한 규정이 없어 구경이 얼마를 부담해야 하는지는 알 방법이 없다. 두 가지 이해가 있다. 하나는 물건이 누구의 점유 하에 있으면 그 누군가가 책임의 주체로 되며, 다른 하나는 세 가지 부류의 책임자 중 피해자의 선택에 의해 책임주체가 된다. 본 책은 첫 번째 견해를 따른다.

11.1.4 면책사유

11.1.4.1 물건 소유자, 관리자, 혹은 사용자의 무과실

물건이 사람에게 입힌 손해에 대해 소유자, 관리자, 혹은 사용자는 자기의 무과실을 증명하여 배상책임을 면제받을 수 있다. 물건소유자, 혹은 관리자는 자기의 무과실을 증명하여 자기 과실 요건의 여하를 증명한다. 과실 요건이 존재하지 않으면 물건손해책임이 구성되지 않는다.

11.1.4.2 불가항력

물건이 사람에게 입힌 손해가 불가항력에 의한 것이라면 『침권책임법』 제29조 규정에 따라 소유자, 관리자의 배상책임을 면제한다.

불가항력을 구성하지 않고 기타 자연력의 원인으로 물건이 타인에게 손해를 입혔다면 물건소유자, 관리자 혹은 사용자는 과실이 없으며 자연원인이 물건손해를 일으킨 전부의 원인이라면 책임을 부담하지 않는다.

11.1.4.3 제 3 자 과실

완전히 제3자의 과실로 인해 물건이 타인에 손해를 초래하면 응당 『침권책임법』 제28조의 규정을 적용한다. 손해는 제3자로 인해 조성되었으므로 제3자는 응당 침권책임을 져야 하며 물건 소유자, 관리자는 면책을, 제3자는 배상책임을 부담해야 한다.

11.1.44 피해자 고의 , 혹은 피해자 과실

완전히 피해자 본인의 고의, 혹은 과실로 물건손해가 발생하였다면 『침권책임법』 제27조 규정에 따라 물건소유자, 관리자의 배상책임을 면제하여야 한다.

11.2 구체적 물건손해책임

11.2.1 건축물 · 구축물 혹은 기타 시설 및 방치물 · 현수물의 탈락 , 추락으로 인한 손해책임

11.2.1.1 개념

건축물 · 구축물, 혹은 기타 시설 및 방치물, 현수물 손해 책임은 건축물 · 구축물 혹은 기타 시설 및 방치물, 현수물이 설치, 혹은 보관이 부당하여 탈락, 추락하여 타인의 인신과 재산에 손해를 초래한 손해를 가리키며 물건 소유자, 관리자, 혹은 사용자는 반드시 배상책임의 특수침권책임을 부담해야 한다.

11.2.1.2 특점

이런 손해책임의 가해물건은 건축물 · 구축물, 혹은 기타 시설의 방치물, 현수물로서 주택건물, 굴뚝, 급수탑, 텔레비전 송신탑, 전선주, 기념비, 교량, 배수로, 창문, 천장 판, 복도, 엘리베이터 등이 포함되며 이런 물건위의 방치물, 현수물까지 포함된다. 그중 건축물 · 구축물 및 기타 시설은 손해를 조성하는 물건이며 건축물, 현수물 및 기타 시설은 방치장소로 되며 그 위의 방치물, 혹은 현수물이 타인의 손해를 초래하면 역시 이런 손해책임의 가해물건으로 된다.

11.2.1.3 유형

건축물 · 구축물, 혹은 기타 시설이 초래한 손해의 가해물의 유형은 명확하다. 구축물은 모두 인공으로 설치되었으나 현수물은 두 가지로 나뉜다. 하나는 인공으로 걸어놓은 물건으로 건축물 및 기타 시설 위에 인위적으로 걸어 놓은 물건이다. 다른 한 가지는 자연현수물로 자연의 원인으로 건축물 · 구축물 혹은 기타 시설 위에 형성된 현수물이다. 예를 들면 걸려있는 고드름, 적설 등이다. 자연현수물이 탈락, 추락으로 생긴 타인의 손해는 물건 소유자, 관리자, 혹은 사용자에게 과실이 있으면 책임을 부담하고, 없으면 책임을 부담하지 않는다.

11.2.1.4 침권책임주체

건축물·구축물, 혹은 기타 시설의 탈락, 추락으로 타인이 손해를 입으면 그 책임주체는 건축물·구축물, 혹은 기타 시설의 소유자, 관리자 혹은 사용자이다.

방치물, 혹은 현수물의 손해책임에서 책임을 부담하는 주체가 구경 물건을 방치한 지점의 건축물·구축물, 혹은 기타 시설의 소유자, 관리자 혹은 사용자인가 아니면 구축물, 현수물의 소유자, 관리자 혹은 사용자인가? 필자는 응당 건축물·구축물, 혹은 기타 시설의 소유자, 관리자, 혹은 사용자 및 방치물, 현수물의 소유자, 관리자, 혹은 사용자가 모두 이런 손해책임의 배상주체라고 인정한다. 반드시 『침권책임법』제85조 뒷부분의 규정에 따라 먼저 건축물·구축물, 혹은 기타 시설의 소유자, 관리자, 혹은 사용자가 배상책임을 부담해야 하며 건축물·구축물 혹은 기타 시설의 소유자, 관리자, 혹은 사용자가 배상책임을 진 다음 방치물, 현수물의 소유자, 관리자, 혹은 사용자를 향해 추가배상을 청구할 수 있다.

11.2.2 건축물 · 구축물 혹은 기타 시설의 붕괴손해 책임

11.2.2.1 특별규정이 있는 건축물 · 구축물, 혹은 기타 시설의 붕괴손해책임

『민법통칙』제126조는 원래 건축물 · 구축물, 혹은 기타 시설의 붕괴손해책임과 건축물 · 구축물, 혹은 기타 시설 및 방치물, 현수물 손해책임을 함께 규정하여 놓았다. 『침권책임법』은 이를 2개 조로 규정하였는데 원인은 두 가지가 있다. 하나는 전문가와 학자들이 지진 중의 건축물 · 구축물, 혹은 기타 시설의 붕괴로 사람에게 손해를 초래한 침권책임을 특별히 중시하여 건축물 · 구축물, 혹은 기타 시설물의 붕괴로 생긴 손해책임을 전문적으로 규정할 것을 건의하였다. 둘째는 『국가배상법』수정 중에 국유건축물, 건축물, 혹은 기타 시설의 관리결함, 설치결함으로 생긴 손해책임을 규정하지 않기로 규정하였는데 이로 인하여 『침권책임법』에 부득불 상관조문을 규정하게 되었다.

11.2.2.2 귀책원칙과 구성의 요건

건축물 · 구축물, 혹은 기타 시설의 붕괴손해책임은 과실추정원칙을 적용하고 과실책임원칙과 무과실책임원칙은 적용하지 않는다.

건축물 · 구축물, 혹은 기타 시설의 붕괴손해책임은 반드시 아래와 같은 요건이 구비되어야 한다.

(1) 손해를 초래한 물건은 반드시 건축물· 구축물, 혹은 기타 시설이어야 한다. 건축물 · 구축물, 혹은 기타 시설은 자기가 사용, 혹은 공공사용 목적으로 건축, 혹은 구축한 부동

산을 가리킨다. 건축물은 민용, 혹은 공용의 주택, 오피스텔, 상가빌딩 등이다. 구축물 및 기타 시설은 도로, 교량, 터널, 제방수로, 상하수도, 기념비(관), 운동장(관), 공원, 명승고적 등을 포함한 일체 구축물이다. 시설은 기타 설비 등을 포함하는데 예를 들면 도로는 가로수, 도로, 배수로 등이 포함되며 기념비에는 울타리, 층계 등이 포함된다.

(2) 건축물·구축물, 혹은 기타 시설의 건설단위, 시공단위. 혹은 소유자, 관리자에게는 설치 혹은 관리 시 고도주의의무가 있다. 설치는 건축물·구축물, 혹은 기타 시설의 설계, 건조, 시공과 장치를 가리키며 그 대상은 건축물·구축물, 혹은 기타 시설의 물체 본신이다. 관리는 건축물·구축물, 혹은 기타 시설을 설치한 후의 유지와 보호, 보양, 수선 및 보관을 가리키며 그 관리 대상 역시 건축물·구축물, 혹은 기타 시설과 관리를 가리킨다. 건설단위, 시공단위, 혹은 소유자, 관리자는 건축물·구축물, 혹은 기타 시설의 설치, 관리에 대해 고도주의의무가 있다. 그 의무를 위반하면 구성과실이다. 『침권책임법』 제86조 제2항이 규정한 책임주체에서 "기타 책임자"는 정확하지 못하며 응당 건축물·구축물, 혹은 기타 시설의 소유자, 관리자여야 한다.

(3) 건축물·구축물, 혹은 기타 시설에 대한 설치와 관리에 반드시 결함이 있어야 한다. 건축물·구축물, 혹은 기타 시설이 손해를 주는 원인은 설치결함, 혹은 관리결함이다. 설치결함은 건축물·구축물, 혹은 기타 시설을 설치할 때 이미 존재한 설계불량, 위치부당, 부실기초, 시공질량 저열 등의 완비하지 못한 문제로 인해 건축물·구축물, 혹은 기타 시설

이 설치에 불합리적인 위험이 존재하는 것을 가리킨다. 관리결함은 건축물·구축물, 혹은 기타 시설이 설치된 후 존재하는 유지 보호가 주밀하지 못하고 부당하며 수선보수 등이 완전하지 못한 문제로 건축물·구축물, 혹은 기타 시설이 통상적으로 구비해야 할 안전성을 구비하지 못한 것을 가리킨다. 설치, 혹은 관리결함 인정은 객관적인 표준을 취해야 하며, 설치관리결함에 대해서는 반드시 객관적인 판단을 해야 하며, 결함이 존재하고 불안전상태의 존재를 유일한 표준으로 하고, 그 발생 원인이 어떠한가는 물을 필요도 없다. 설치, 혹은 관리결함을 증명하면 손해배상인의 변경책임을 청구할 수 있다.

(4) 반드시 설치, 관리결함 때문에 발생한 타인의 인신 혹은 재산 손해여야 한다. 건축물·구축물, 혹은 기타 시설의 관리, 설치결함으로 생긴 손해는 인신과 재산 손해를 포함한다. 건축물·구축물 혹은 기타 시설로 타인의 인신, 재산손해를 초래하면 양자는 반드시 인과관계가 있다.

(5) 과실. 건축물 등 붕괴 손해책임은 과실추정원칙을 적용하며 책임주체가 책임을 지려면 반드시 과실요건을 구비해야 한다. 피해자가 이미 상술한 요건을 증명한 정황 하에서는 직접 책임주체의 과실 존재를 추정할 수 있다.

11.2.2.3 책임부담 규칙

(1) 건축물 등에 대한 설치결함의 배상책임주체.
『침권책임법』 제86조 제1항이 규정한 책임은 건축물 등의 설치결함 책임이다. 건축물·구축물, 혹은 기타 시설이 그 설치결함으로 붕괴되어 사람에게 손해를 입히면 그 책임주체는 건설단위, 시공단위이며 건설단위, 시공단위가 응당 연대책임을 져야 하며 『침권책임법』 제13조와 제14조의 규정에 따라 진행해야 한다. 만약 건축물·구축물, 혹은 기타 시설의 설치결함이 건설단위, 시공단위의 과실에 의한 것이 아니라면 먼저 건설단위, 시공단위가 연대책임을 부담해야 한다. 건설단위, 시공단위가 배상책임을 진 후, 기타 책임자에게 추가배상을 청구할 수 있다. 기타 책임자의 개념은 건설단위, 시공단위와 피해자 이외의 제3자로서 설치결함의 발생에 과실이 있는 설계단위, 측량단위, 논증단위, 감리단위 및 정부 해당부문이다.

(2) 건축물 등 관리결함의 배상책임주체. 건축물·구축물, 혹은 기타 시설이 관리결함으로 붕괴되어 사람에게 손해를 주었다면 그 책임주체는 『침권책임법』 제86조 제2항의 규정에 따라 "기타 책임자"이다. 즉 관리결함의 건축물·구축물, 혹은 기타 시설의 소유자, 관리자, 혹은 사용자이다. 건축물 등의 소유자, 관리자, 혹은 사용자는 자기의 과실로 인해 생긴 관리결함으로 인해 타인의 손해를 초래한데 대해 배상책임을 부담해야 한다.

11.2.2.4 면책사유

(1) 손해 발생 방지에 필요한 주의의무를 다한 경우. 만약 건축물·구축물, 혹은 기타 시설의 설치, 관리에 결함이 있

다 해도 손해 발생 방지에 상당한 주의를 돌렸음을 증명하면 무과실로 되며 배상책임을 부담하지 않는다. 예를 들면 파괴된 길에 교량을 정비하지 않았지만 이미 적당하게 차단하고, 경고표지를 세웠다면 계속 사용하다가 손해를 입은 피해자에 대하여 손해배상 책임을 부담하지 않는다.[100]

(2) 불가항력.『침권책임법』제29조 규정에 따라 불가항력은 건축물·구축물, 혹은 기타 시설에 의한 손해배상책임의 면책사유로 된다. 불가항력의 원인과 결함이 결합하여 손해를 초래했을 경우 반드시 불가항력의 원인과 결함의 원동력을 비교하여야 한다. 불가항력에 의해서 손해를 입었으면 건축물·구축물, 혹은 기타 시설에 일반적인 결함이 있어도 면책할 수 있으며 건축물·구축물, 혹은 기타 시설에 중대한 결함이 있고, 불가항력의 원인까지 더해서 손해를 입으면 여전히 배상책임을 구성함으로 불가항력의 원동력에 근거하여 배상책임을 경감할 수 있다.

(3) 피해자의 고의, 혹은 과실. 건축물·구축물, 혹은 기타 시설에 의한 손해가 피해자의 고의로 기인되었다면 『침권책임법』 제27조 규정에 따라 책임을 면제한다. 만약 건축물·구축물, 혹은 기타 시설이 초래한 손해의 전부의 원인이 피해자의 과실이라면 반드시 건축물·구축물, 혹은 기타 시설의 건설단위, 혹은 시공단위의 배상책임을 면제하며 만약 공동원인이라면 응당 『침권책임법』 제26조의 규정에 따라 과실

---

100) 청징훼이(曾兢輝):『국가배상입법과 사례연구』중국 타이완지구 삼민서국(三民书局) 1991년 판, 제181-182쪽.

상쇄 한다.

(4) 제3자 과실. 건축물·구축물, 혹은 기타 시설이 초래한 손해가 만약 제3자의 원인으로 기인되었으면 건축물·구축물, 혹은 기타 시설의 건설단위, 혹은 시공단위는 과실이 없으며, 혹은 건축물·구축물, 혹은 기타 시설에 설치결함, 혹은 관리결함이 없으면 『침권책임법』 제28조의 규정을 적용하여 제3자가 책임을 부담한다.

11.2.3 투척물과 추락물의 손해책임

11.2.3.1 개념과 규범의 근거

투척물, 추락물의 손해책임은 속칭 고공포물책임(高空抛物責任)이라 하며, 건축물에서 던진 물품이나 건축물에서 추락한 물품이 타인에게 손해를 초래하고 가해자가 불명하여 구체 침권자를 확정하기 어려울 때 가능한 가해를 준 건축물의 소유자, 관리자, 혹은 사용자가 보상하는 침권책임 유형을 가리킨다.

『침권책임법』 제87조가 투척물과 추락물의 손해책임을 규정한 의거는 (1) 투척물과 추락물 손해책임은 그 손실을 공동분담하는 각도에서 출발하였고 과실책임원칙에서 확정하지 않았다. (2) 책임은 적당한 보충책임이지 침권책임이 아니다. (3) 이런 규범의 작용은 손해를 더욱 잘 예방하기 위해서다. (4) 이런 침권행위의 성질은 물건의 손해책임이지 사람의 책임이 아니다.

11.2.3.2 이론기초

(1) 약자를 동정하고, 침권법의 손해구제원칙을 체현하였다. 침권법의 입장은 피해자를 보호하는 것으로 불법 침해를 당한 피해자는 침권법의 보호를 받을 수 있다. 건축물의 투척물, 추락물이 피해자에게 손해를 초래하면 구체적인 가해자를 확정하지 못해도 가해자의 범위는 확정할 수 있으며, 투척물, 추락물이 이 건축물에 존재하면 이 건축물의 점유자는 곧 상응하는 책임을 부담해야 한다.

(2) 민사책임의 재산성은 건축물, 투척물로 인한 손해책임규칙의 기초이다. 투척물, 추락물로 인한 손해에서 책임인과 행위자가 일정한 특정관계를 가지고 있다 해도 상응하는 책임자에게 책임을 부담하게 한다. 이런 형식상의 불평등은 민법의 본질적인 평등을 설명하며, 책임자를 상해하지도 않고, 피해자의 손해도 유효한 구제를 받게 한다.

(3) 공공안전을 보호하는 것은 건축물, 투척물 손해책임규칙의 기본 입장이다. 건축물의 투척물, 추락물이 초래한 손해의 후과는 항상 특정인의 손해로 이어지지만 건축물의 투척물이 손해를 일으키기 전에 위협하는 사람은 특정된 사람이 아닌 불특정적인 모든 사람으로 공공이익과 공중이익이다. 공공이익과 공중이익에 대한 위협은 사회의 불안전 요인으로 입법은 반드시 엄격한 보호조치를 확정하여 행위자가 제재를 받게 하고 경고를 해야 한다.

11.2.3.3 구체규칙

(1) 가해할 수 있는 건축물 사용자는 보상책임의 주체이다. 건축물의 투척물, 추락물로 인한 손해는 구체적인 가해자를 확정하기 어렵기에 가해할 수 있는 건축물 사용자가 반드시 책임을 부담해야 한다.

(2) 책임을 지는 것은 적당한 보상책임이다. 『침권책임법』이 확정한 투척물, 추락물의 손해책임은 보상책임이지 배상책임이 아니다. 이는 투척물, 추락물의 손해책임은 손실 액수만큼 전부 배상하는 것이 아니라 실제정황에 근거하여 적당한 보상을 한다는 말이다. 보상책임은 가해가 가능할 수 있는 사용자가 부담하며 몫에 따라 부담하고, 연대책임을 실행하지 않는다.

(3) 자기가 가해자가 아님을 증명하면 책임을 면제할 수 있다. 건축물, 투척물 손해 책임의 기초는 전체 건축물 사용자를 가해 혐의자로 보며 때문에 책임을 확정하는 기초는 매우 박약하다. 만약 건축물 사용자 가운데 한 사람, 혹은 다수인이 자기가 물건을 던지거나 물건 추락행위를 하지 않았다고 증명하면 그들의 혐의를 배제해야 하며, 여전히 그들에게 책임을 지게 하는 것은 공평하지 못하다. 때문에 자기가 가해행위를 하지 않았음을 증명할 수 있는 건축물 사용자는 반드시 그 책임을 면제해야 한다. 자기가 건축물에서 투척 혹은 추락행위를 하지 않았음을 증명함에는 아래와 같은 몇 가지 정황이 있다. 첫째는 손해가 발생할 때 자기가 건축물 내에 없어 그런 행위를 할 수 있는 가능성이 없음을 증명해야 한다. 둘

째는 자기가 처한 위치에서 그런 행위를 할 수 없고, 객관적인 조건의 제한성으로 그런 행위를 할 가능성이 없음을 증명해야 한다. 셋째는 자기가 그런 행위를 하였다 해도 물리적인 원인으로 투척물이나 추락물이 손해가 발생한 위치에 이룰 수 없음을 증명해야 한다. 넷째는 자기에게 손해를 초래한 물건이 없음을 증명해야 한다.

(4) 가해물의 사용자, 즉 침권자를 확정할 수 있으며 가해물의 소유자, 관리자, 혹은 사용자가 책임을 부담한다. 투척물, 추락물의 손해책임을 확정하는 입각점은 가해물이 사람에게 손해를 준 행위자를 확정할 수 없다는 것이다. 만약 건축물, 투척물의 행위자, 혹은 소유자를 확정할 수 있어 구체적인 가해자를 확정할 수 있으면 이런 책임의 전제가 존재하지 않는다.

11.2.4 적치물의 손해책임

11.2.4.1 개념과 특징

적치물로 인한 손해책임은 적치물이 굴러 떨어지고 미끌어 내리거나 혹은 붕괴되어 타인의 인신, 재산권익이 손해를 초래한 책임을 가리키며 소유자, 관리자, 혹은 사용자가 배상책임의 물건손해책임을 부담한다.

적치물 손해책임은 아래와 같은 법률 특징을 가지고 있다. (1) 일종 물건의 손해책임으로 손해발생의 책임은 물건손해책임이고, 행위손해책임이 아니다. (2) 배상책임의 발생원인은 특정성을 가지고 있다. 적치물은 땅, 혹은 모 장소에 쌓아 둔 물품을 가리키며 적치물은 동산(动产)이다. 적치물 손해행위는 일반적으로 굴러 떨어지고 미끄러져 내리거나 붕괴되는 3가지 방식으로 사람에게 손해를 초래한다. 본 조항에서는 "붕괴"에 한해서 규정했지만 굴러 떨어지거나 미끄러져 내리는 것도 그 중에 포함되었다. (3) 배상책임의 부담주체는 특수성을 띠고 있다. 적치물손해 책임의 책임주체는 과실이 있는 적치물을 쌓아둔 사람이다.

11.2.4.2 귀책원칙과 구성의 요건

적치물손해책임은 과실추정원칙을 적용한다. 적치물 손해 책임의 성립은 반드시 아래와 같은 구성요건을 구비하여야 한다. (1) 반드시 적치물의 가해행위가 있어야 한다. 적치물 가해행위는 굴러 떨어지고, 미끄러져 내리거나 혹은 적치물 붕괴로 사람에게 손해를 초래한다. 굴러 떨어지는 것은 높은 곳의 적치물이 굴러 떨어지는 것을 가리키고, 미끄러져 내림은 높은 곳의 적치물이 미끄러져 내림을 가리키고, 붕괴는 적치물 전부가 혹은 부분적으로 기울어지며 무너짐을 가리킨다. (2) 반드시 피해자의 손해사실이 있어야 한다. 적치물이 굴러 떨어지고 미끄러져 내리거나 붕괴되어 피해자의 인신 상해, 혹은 재산손실을 초래하면 곧 이 요건이 구성된다. (3) 손해사실은 반드시 적치물 가해행위 사이에 인과관계가 있어야 한다. (4) 반드시 적치물소유자, 혹은 관리자에게 과실이 있어야 한다. 일반적으로 적치, 혹은 관리부당 결함을 가리키지만 사용방법 부당 역시 과실방식에 속하며 소홀과 태만으로 표현된다. 고의적으로 적치물을 이용하여 사람에게 손해를 입히면 범죄행위이다.

11.2.4.3 책임주체와 면책사유

적치물 손해책임의 배상권리주체는 피침권자이며, 직접 그 배상법률관계의 책임주체에 구상할 수 있다. 피해자가 청구하는 배상은 적치물의 소유자, 관리자, 혹은 사용자가 손해 과실이 있음을 증명하지 않아도 되며 자기의 인신손해 사실만을 증명하고, 그 인신손해사실이 물건의 소유자, 관리자, 혹은 사용자의 적치물 때문이며 소유자, 관리자, 혹은 사용자가 그 물건에 대한 지배관계를 들어 손해사실의 적치물 소유자, 관리자, 혹은 사용자가 주관 상에서 과실이 있음을 증명하면 된다. 소유자, 관리자, 혹은 사용자가 자기의 무과실을 주장하려면 반드시 입증증명을 해야 한다. 증명하지 못하거나 증명이 부족하면 추정성립으로 되어 인신상해 배상책임을 부담해야 하며 증명하면 인신손해배상책임을 면제할 수 있다.

적치물 손해책임의 면책사유는 (1) 적치물 적치자(堆放人)의 무과실. 『침권책임법』 제88조 규정에 따라 적치자가 자기의 무과실을 증명하면 침권책임이 구성되지 않으며 그 배상책임을 면제한다. (2) 불가항력. 만약 적치물의 굴러 내림, 미끄러져 내림, 붕괴가 불가항력으로 생겼다면 응당 『침권책임법』 제29조 규정을 적용하여 그 적치자의 배상책임을 면제하여야 한다. (3) 제3자의 과실과 피해자의 과실. 적치물로 인한 손해가 완전히 제3자의 과실에 의해 타인에게 손해를 초래했다면 적치자는 면책되고, 손해배상책임은 제3자가 부담한다. (4) 적치물의 손해는 완전히 피해자 자신의 과실에 의해 발생하면 적치자의 손해배상책임은 면제하고, 손해가 쌍방의 과실행위로 인해 발생하였으면 과실상쇄로 처리할 수 있다.

11.2.5 통행장애물의 손해책임

11.2.5.1 개념

통행장애물 손해책임은 공공도로에 쌓아놓거나 쏟아놓고 흘려서 통행을 방해하는 장애물을 가리키며 타인에 손해를 초래했을 경우 그 행위를 실시한 해당 단위, 혹은 개인이 반드시 손해배상 등의 물건손해책임을 부담해야 한다.

이런 물건손해책임의 특점은 (1) 손해를 초래한 물건이 공공도로에 쌓아놓거나 쏟아놓고 흘린 장애물이며, 그 장애물은 통행을 방애한다. (2) 초래된 손해는 인신손해, 혹은 재산손해다. (3) 책임을 지는 사람은 해당 단위, 혹은 개인이다. (4) 침권책임을 지는 방식은 주요하게 손해배상이며 침해정지, 방애배제 등 침권책임이 포함된다.

11.2.5.2 방애물과 침권책임의 구성

방애물은 공공도로에 쌓아놓고, 쏟아놓고 흘려서 교통통행에 지장을 주는 물건을 가리키며 이런 장애물은 공공도로에서 통행을 방애한다. 이 장애물은 동산이며, 부동산이 아니다. 장애물을 설치하는 행위방식은 쌓아놓고, 쏟아놓고 흘리는 것이며 그중 쌓아놓고, 쏟아놓는 것은 행위자의 주관심리상태를 인신손해 발생의 간접 고의로 볼 수 있거나 혹은 태만의 과실이며, 흘리는 것은 행위인의 주관심리상태가 과실일 뿐 고의가 아니다.

통행 장애물 손해책임의 귀책원칙은 과실추정원칙이다. 공공도로에 설치된 통행을 방애하는 장애물이 피해자의 인신 혹은 재산손실을 입힌 사실이 있고, 통행 장애물을 설치한 행위와 피침권자의 손해 사실 사이에 인과관계가 있으면 피침권자의 증명이 필요 없이 직접 장애물 설치자, 혹은 관리자의 과실을 추정하여 그가 반드시 해야 할 주의의무를 다하지 않았음을 인정하며 피침권자의 증명이 필요 없다. 만약 행위를 실시한 해당 단위, 혹은 개인이 자기의 무과실을 주장하면 자신이 거증책임을 지고 자기의 무과실을 증명하여야 한다. 자기의 무과실을 증명하면 침권책임을 부담하지 않고, 자기의 무과실을 증명하지 못하면 과실추정이 성립되어 손해배상책임을 부담해야 한다.

11.2.5.3 책임자의 확정

『침권책임법』 제89조가 장애물손해책임 규정의 규칙에 대한 규정은 비교적 특수한데 "해당 단위 혹은 개인"이라고 규정하였다.

장애물이 사람에게 손해를 초래하면 장애물의 소유자, 관리자는 당연히 침권이 되며 반드시 침권책임을 부담해야 한다. 그러나 공공도로에 쌓아놓고, 쏟아놓은 장애물의 행위자는 비교적 쉽게 확정할 수 있으나 흘린 장애물의 행위인은 확정하기 어려워 손해가 조성되어도 피침권자는 흘린 사람을 찾기 어렵다. 만약 장애물이 사람에게 손해를 초래한 후 쌓아놓은 사람, 쏟아놓은 사람 혹은 흘린 사람을 찾을 수 없으면 장애물 처리 관리직책을 책임진 사람 즉 공공도로 관리인이 응당 침권책임을 지는 사람이 된다. 상술한 책임자가 모두 "해당 단위 혹은 개인"의 범위에 든다.

공공도로 관리인은 배상책임을 진후 쌓아놓고, 쏟아놓고 흘린 해당 단위, 혹은 개인 장애물 행위자에 대해 추가배상권을 가지며 쌓아놓은 사람, 쏟은 사람, 흘린 사람을 발견하면 그에게 추상권을 진행할 권리가 있다.

11.2.6 임목손해책임

11.2.6.1 개념과 특징

임목손해책임은 임목이 부러지면서 타인의 인신상해와 재산손해를 초래한 것을 가리키며 임목 소유자, 관리자, 혹은 사용자가 손해배상책임 등의 물건손해책임을 진다.

임목손해책임은 아래와 같은 법률 특징이 있다. (1) 임목손해책임은 일종 물건손해책임으로 적극적인 가해행위자가 존재하지 않는다. (2) 임목손해책임의 발생원인은 나무가 꺾이는 등이고 기타 원인이 없다. (3) 임목손해책임의 배상책임인은 특정성을 가지고 있는데 가해임목의 소유자, 혹은 관리자이다.

11.2.6.2 귀책원칙과 구성의 요건

임목손해책임은 과실추정원칙을 적용한다. 임목손해책임의 성립은 반드시 아래와 같은 구성의 요건을 구비해야 한다.

(1) 반드시 임목에 의해 손해가 초래된 행위여야 한다. 임목으로 손해가 초래된 행위는 임목이 끊어지는 것으로 조항에는 과실추락손해책임에 대한 규정이 없으며 만약 이런 정형으로 사람에게 손해를 초래하면 『침권책임법』의 추락물 손해책임의 규정에 따라 책임을 확정하거나 임목손해 책임의 규정을 참조하면 된다.

(2) 반드시 피침권인의 인신, 혹은 재산의 손해사실이 있어야 한다. 임목절단이 조성한 인신상해에는 경상, 중상, 불구와 사망이 포함되며 그 생명권, 건강권, 신체권을 침해한다. 재산의 손실에는 이미 조성된 일체 재산손실이 포함된다.

(3) 손해사실과 임목절단행위 사이에 반드시 인과관계가 있어야 한다. 임목이 사람에게 손해를 초래하는데 다른 기타 원인, 예를 들면 자연력의 원인과 타인의 원인 등이 있는데 모두 임목손해책임을 구성하지 않는다.

(4) 임목의 소유자, 혹은 관리자에게 반드시 과실이 있어야 한다. 일반적으로 관리부실, 혹은 결함과 부족을 가리키며 모두 과실방식으로 표현된다. 심리상태는 소홀, 혹은 태만이며 과실의 확정 형식은 추정방식을 취한다. 소유자, 관리자가 자기의 무과실을 주장하면 반드시 거증증명을 해야 한다. 증명하지 못하거나 증명이 부족하면 추정이 성립되며 반드시 손해배상책임을 부담해야 하며 증명한 자에게는 그 손해배상책

임을 면제한다.

11.2.6.3 책임부담과 면책사유

임목손해책임의 배상권리주체는 피침권자로서 직접 배상책임주체에 배상을 청구할 수 있다. 임목손해책임의 배상책임주체는 임목의 소유자, 관리자, 혹은 사용자이다. 임목의 소유자는 임목이 사람에게 손해를 초래한 제일 직접적인 배상책임주체이다. 임목의 소유자가 직접 그 임목을 점유, 관리할 때 그 임목이 사람에게 손해를 초래하면 소유자는 반드시 배상책임을 부담해야 한다. 임목을 비소유자가 관리하고, 사용할 때 배상책임의 주체는 임목소유자가 아니며 임목관리자가 배상책임의 주체가 된다.

임목손해책임의 면책사유는: (1) 임목의 소유자, 혹은 관리자의 무과실. 이미 소유자, 관리자가 자기의 무과실을 증명하면 면책할 수 있다고 명확히 규정하였기에 기타 면책사유의 존재를 증명하지 않는다. (2) 불가항력. 만약 임목절단이 불가항력으로 발생하였으면 그 소유자, 관리자의 배상책임을 면제한다. (3) 제3자의 과실과 피해자의 과실. 완전히 제3자의 과실 때문에 임목절단이 타인에게 손해를 초래한다면 그 소유자, 관리자는 면책하고 배상책임은 제3자가 부담해야 한다. 손해가 완전히 피해자 자신의 과실에 의해 발생하였다면 즉 임목을 절단하여 자기가 손해를 입었다면 임목의 소유자, 관리자의 손해배상책임은 면제된다.

11.2.7 지하건축물의 손해책임

11.2.7.1 개념

지하 작업물의 손해책임은 공공장소, 혹은 도로 등 지표이하에 구덩이를 파고 수선하고, 지하시설을 설치하는 등의 형식의 지하 작업물 및 맨홀 등 지하 작업물의 시공자, 혹은 관리자가 뚜렷한 표지와 안전조치를 설치하지 않거나 혹은 관리직책을 다하지 않아 초래된 타인의 인신, 혹은 재산손해로서 시공자, 혹은 관리자는 반드시 배상손실 책임의 물건손해책임을 진다.

11.2.7.2 귀책원칙과 구성의 요건

지하작업물손해책임은 과실추정원칙을 적용한다. 그 책임의 구성요건은 아래와 같다.

(1) 손해를 초래하는 물건은 지하작업물이다. 지하작업물은 물체일 수도 있고, 물체가 아닐 수도 있는데 모두 지하에 형성된 공간으로 공간의 형식으로 땅의 지표와 연결되었다. 즉 원 토지의 형태, 모양에 약간의 변경을 거쳐 남긴 지면이하의 공간을 말한다. 지하 작업물이 처한 지점에 대한 요구는 공공장소와 도로를 포함하는데 반드시 인원출입이 가능한 일체 장소를 다 포함하여 이러한 장소에 설치된 지하작업물이 타인에게 손해를 줄 수 있는 가능성이 있으면 모두 이 요건을 구비한다.

『침권책임법』 제91조에서는 지하작업물의 성질을 두 가지로 나누었다. 하나는 제1항에 규정한 시공 중의 지하작업물 이고, 다른 하나는 제2항에 규정한 사용 중의 지하물이다. 맨홀을 예로 들면 전자는 수선, 설치 과정 중에 타인에게 손해를 초래한 것이고, 후자는 맨홀 사용 중에 타인에게 손해를 초래한 것을 말한다. 때문에 전자는 시공 중의 "뚜렷한 표지를 설치하지 않고, 안전조치를 취하지 않은 것"이고, 후자는 "관리자가 관리직책을 다했음을 증명할 수 없는"것으로 전후 두 가지 작업물 손해책임의 요구는 다르다.

　(2) 반드시 "뚜렷한 표지를 설치하지 않고, 안전조치를 취하고"혹은 '관리직'에 대한 작위의무를 이행하지 말아야 한다. 『침권책임법』제91조는 지하 작업물의 시공자와 관리자에게 특별한 작위의무를 부여하였다. 즉 사람에게 가능한 손해위험을 줄 수 있는 지하 작업물 시공 중에는 반드시 뚜렷한 표지를 설치하고, 안전조치를 취해야 하며, 일상적인 운영에서는 반드시 관리직책을 다하여야 한다는 것이다. 법률의 규정에 따라 작위의무를 이행하지 않으면 부작위의 위법행위가 구성된다.

　전자에 대해서 뚜렷한 표지를 설치하고, 안전조치를 취해야 한다는 이 두 가지 작위의무는 동시에 이행해야 법률이 규정한 작위의무의 요구에 부합되며, 그렇지 않을 경우 그 행위는 위법성을 띠며 손해가 발생하면 여전히 배상책임을 진다. 관리직책을 다하지 않는 것은 전형적인 부작위행위이다. 본 조문에서 규정한 작위의무의 주의정도는 반드시 선량관리자의 주의표준을 취하며, 표지의 분명성과 조치의 안전성에 대해 모두 비교적 높은 요구를 제기해야 한다.

(3) 조성한 후과는 인신손해와 재산손해여야 한다. 지하작업물이 초래한 손해는 주요하게 피침권자의 인신손해이다. 그러나 피침권자의 재산권손해도 존재할 가능성이 있다.

(4) 배상책임의 주체는 지하작업물의 시공자, 혹은 관리자이다. 지하작업물손해책임의 배상책임주체는 지하작업물의 시공자, 혹은 관리자이다. 시공 중의 지하작업물은 시공 중에 반드시 뚜렷한 표지를 설치하고, 안전조치를 취해야 한다는 법률의 요구에 의해 책임을 지는 주체는 시공자이며 시공자는 배상책임을 부담해야 한다. 사용 중의 지하작업물이 관리인의 관리직책을 다하지 않은 원인으로 타인에게 손해를 입히면 배상책임은 반드시 관리자가 부담해야 한다.

(5) 과실의 요건은 추정을 실행한다. 시공자가 뚜렷한 표지를 설치하지 않고, 안전조치를 취하지 않고, 관리자가 관리직책을 다하지 않았으면 직접 과실로 추정한다.

11.2.7.3 책임 부담과 면책사유

지하작업물손해책임의 책임주체는 지하작업물의 시공자 혹은 관리자이다.

지하작업물손해책임의 면책사유는:

(1) 지하작업물의 시공자, 혹은 관리자 무과실. 지하작업물의 시공자, 혹은 관리자가 자기가 이미 뚜렷한 표지를 설치하고, 안전조치를 취하였음을 증명하거나 혹은 이미 자기가 관리직책을 다하였음을 증명하면 무과실로 배상책임이 성립되지 않는다.

(2) 불가항력. 만약 지하작업물이 초래한 손해가 불가항력에 기인된 것이라면 시공자, 관리자의 배상책임은 면제된다.

(3) 제3자의 과실과 피해자의 과실. 완전히 제3자의 과실로 지하작업물이 타인에게 손해를 초래했다면 그 시공자, 관리자는 면책되며 손해배상책임은 제3자가 부담한다. 손해가 완전히 피해자 본인의 과실로 지하작업물이 자기에게 손해를 초래했다면 지하작업물의 시공자, 관리자의 손해배상책임은 면제된다.

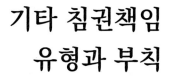

제 12 장

기타 침권책임
유형과 부칙

제12장
기타 침권책임 유형과 부칙

【법률조목】

제92조. 본 법률은 2010년 7월 1일부터 시행한다.

【전형적인 사례】

향 모는 2층 건물을 건설하기 위해 11명의 건축인원과 함께
이 건설프로젝트의 도급을 맡았다. 벽체를 세운 후, 골조를
벽체에 설치하고 골조에 도리목을 얹는 작업을 시작했다. 함
께 이 건설작업을 도급 맡은 다른 책임자가 향 모를 향해 골
조의 품질합격 여부 및 위험성 존재여부에 대해 질문했다. 향
모는 골조의 질이 많이 떨어지고, 목재재료도 불합격인줄 알
고 있지만 차질이 없다고 대답 했다. 여러 명의 현장 일군이
골조에 올라가 작업을 하는 중 골조가 단절되며 바로 아래에

서 작업하던 한 파트너가 다치면서 응급조치 결과 사망되었다. 향 모는 골조 품질이 안 좋은 사실을 분명 알면서 사실대로 이실직고하지 않은 원인으로 다른 파트너가 사망하는 사건을 초래하였기에 도급인 지시과실 책임이 있다.

12.1 특수침권 책임규정에 대한 사법해석

12.1.1 산업재해사고책임

12.1.1.1 개념

산업재해사고란 업체 직원과 개인 고용노동자가 작업시간, 작업장소 범위에서 작업원인으로 발생힌 인신피헤, 혹은 직업병으로 인한 우발사고를 말한다. 산업재해사고 책임은 산업재해보험관계이자, 또한 권리 침권손해배상 관계로서 이중적 법적관계이기에 산업재해보험의 법률법규에 적용할 뿐만 아니라 침권법에도 적용된다.

12.1.1.2 법률특징

(1) 산업재해사고는 고용업체 장소에서 발생한 사고를 말한다. 고용업체란 중국 경내의 전국민소유제업체와 집체 소유제인 기업단위, 사영업체, 3자 기업(중외 합자 기업 . 중외 합작기업 . 외국상사 독자기업) 및 타인을 고용한 자영업자, 합자조직기구 등을 말한다. 무릇 직원을 고용하여 자신을 위해 노동을 제공하게 함으로써 노동관계를 결성한 기업, 자영업자, 개인

파트너는 모두 고용업체에 속한다. 산업재해사고란 고용업체에서 발생한 상망사고(傷亡事故)를 말한다.

(2) 산업재해사고란 고용업체에서 노동자가 인신 상망사고를 당하는 것을 말하는 것이지 재산피해를 받은 사고를 말하는 것이 아니다. 노동자는 고용업체에서 고용한 직원을 말하며 노동자와 직원이 포함된다. 가공도급관계는 노동성과물을 납품하는 형식인 계약관계이며, 노동력교환을 목적으로 하는 계약관계가 아니기에 인신 상망사고가 발생했다 하더라도 산업재해사고로 판정할 수 없다.

(3) 산업재해사고란 노동자가 작업임무를 수행하는 중에 발생한 사고를 말한다. 산업재해사고는 그 발생시간과 장소에 대해 명확한 제한이 있으며 업체 노동자가 작업 진행 중에 작업원인으로 발생하는 상망사고를 말하며 기타 시간, 기타 장소에서 발생하는 사고는 노동자의 인신권리를 침해했더라도 산업재해사고 범주로 판단되지 않는다.

(4) 산업재해사고는 업체와 피해노동자 사이에 발생하는 권리의무관계의 법적 사실이다. 일단 산업재해사고가 발생하면 산업재해사고 피해를 받은 직원과 업체 사이에는 관련 법적후과가 발생하게 되며, 손해배상관련 권리의무관계가 형성된다. 산업재해사고 직원, 또는 피해 직원 친족은 손해배상을 요구할 권리가 있으며, 업체는 산업재해피해자 및 가족의 손실을 배상할 의무가 있다.

12.1.1.3 귀책원칙과 구성의 요건

산업재해사고책임은 무과실 책임원칙을 적용한다. 산업재

해보험책임이든 일반권리침해책임 분쟁과 관련된 산업재해사고책임이든 모두 무과실책임원칙을 적용한다.

산업재해사고손해배상책임은 반드시 아래의 조건을 만족해야 한다.

(1) 고용회사와 노동자 사이에는 노동관계가 반드시 형성되어야 한다. 중국 경내에서 무릇 노동력을 이용할 경우 반드시 고용회사와 노동자 사이에 노동계약을 체결해야 하며 이로써 노동자는 고용회사의 직원이 된다. 노동법률 관계의 형성방식은 원칙상 서면계약을 위주로 하지만 개인적으로 노동력을 고용하거나 또는 구두 상으로 노동계약을 약정한 경우도 유효하다.

(2) 직원은 반드시 인신피해가 실제 발생한 상태어야 한다. 산업재해사고의 피해사실은 반드시 직원이 인신적으로 실제 피해가 발생한 객관적 사실이어야 하며, 기타 재산적 피해이거나 또는 기타 이익의 손해는 포함하지 않는다. 산업재해사고의 주요 권리침권대상은 직원의 건강 권리와 생명 권리이다. 사고원인으로 직원이 상하거나 다치게 하거나 또는 불구가 되었을 경우 직원의 건강 권리를 침해했으며, 사망하게 했을 경우 생명 권리를 침해했다. 직원이 직업병으로 인하여 인신피해가 발생했을 경우 침해대상은 건강권이다. 산업재해사고책임 판정은 산업재해인정 및 노동능력 감정을 진행해야 하며, 이로써 확실히 산업재해사고책임의 유무를 판단하여 피해노동자가 반드시 받아야 할 산업재해보상을 확정한다.

(3) 직원의 인신피해는 반드시 작업 진행 중에 발생한 것이어야 한다. 첫째, 직원이 작업 진행 중 본인의 상망이어야지

기타 사람의 상망이 아니어야 한다. 둘째, 산업재해사고는 노동자가 반드시 작업 중 상망이 발생해야 하되 작업행위에 제한하지 않는다. 작업을 진행하는 과정 중, 기타 원인으로 발생한 것도 이에 포함되며 무릇 노동자가 직책 이행 범위 내에서 발생한 자신의 인체적 피해는 산업재해사고로 인정한다. 판단기준은 첫째, 출근시간이란 작업 진행을 위해 규정한 시간범위를 말한다. 즉 고용회사가 규정한 출근시간. 작업과 관련된 준비작업 및 마무리작업에 필요한 시간(정식 출근 시간 전후), 업무필요로 외출 시 시간, 출퇴근 도중 시간은 모두 출근시간에 포함된다. 둘째, 작업장소란 작업임무를 진행하는데 필요한 환경범위를 말한다. 업무필요로 출장하는 장소, 출퇴근 길 모두 출근 장소에 속한다. 셋째. 작업원인이란 작업진행의 이유를 말한다. 작업과 관련된 준비작업, 마무리작업, 작업 중에 받은 폭력 등 우발피해, 업무필요로 출장 시 사고가 발생하여 행방불명일 경우 모두 작업원인으로 판단한다. 작업시간, 작업장소, 작업원인 이 3개의 요소로 작업직책 이행 범위를 정확히 판정할 수 있다.

(4) 사고는 반드시 노동자가 인신피해를 받게 한 원인이어야 한다. 사고는 반드시 노동자의 인신피해 원인이어야 한다. 이 점은 산업재해사고책임의 원인요소이다. 사고란 우발적인 피해와 재난을 말한다. 산업재해사고의 책임을 논할 때 사고란 흔히 업체사고를 말하며 꼭 우발적으로 발생한 피해나 재난을 말하는 것은 아니다. 이는 관리, 지휘, 설계, 조작 등의 절차 중, 소홀함과 부주의 등의 과실로 발생한 손해, 또는 재난도 포함한다. 현대 과학기술의 발전으로 인하여 대부분 업체의

사고는 예측할 수 없는 원인으로 많이 발생하므로 주의를 기하여도 발생할 수 있다. 업체 사고란 주로 공업사고를 말하며, 기타 업체 업무 중에서 발생한 사고도 포함한다. 예를 들면 업무 진행 중 받은 폭력 등 우발적 피해, 업무출장 시 업무원인으로 발생하는 상망, 또는 행방불명, 출퇴근 시간에 발생한 교통사고, 또는 도시의 버스 및 지하철, 여객선, 열차사고 등이 포함한다. 사고는 노동자 인신피해의 원인이며, 노동자의 피해사실은 반드시 업체사고가 원인이어야 한다.

12.1.1.4 반드시 인정해야 할 산업재해사고의 정황

(1) 작업시간 내에 작업장소에서 작업원인으로 사고가 발생히여 피헤를 받은 경우. 전형적인 산업재해사고이다.

(2) 작업시간 전후에 작업현장에서 작업과 관련된 준비작업, 또는 마무리작업 단계 중에 피해사고를 당한 경우. 이때 중요한 것은 작업시간의 연장인 것으로서 작업시간 전후의 시간을 작업시간으로 판정한 것이며, 이때 진행 중인 작업은 반드시 작업과 관련된 준비작업, 또는 마무리 작업이어야 한다.

(3) 출근 시간 및 출근 장소 범위에서 업무 진행 중 폭력 등의 우발피해를 받았을 경우. 이는 작업원인 요소가 변화한 것으로서 폭력 당한 우발적 피해가 작업원인이 아닌 단순히 업무이행과 유관할 뿐이다.

(4) 직업병. 무릇 직업병은 직업과 관계있기에 일률로 산업재해사고로 판정한다.

(5) 업무출장 기간 업무원인으로 인신피해, 또는 사고가 발

생하여 행방불명일 경우. 업무출장 시 외출시간은 모두 출근 시간으로 판정하며, 출장 장소 및 경유한 장소도 전부 출근 장소로 판정한다. 업무이유로 피해를 받은 경우 산업재해사고로 인정한다. 업무출장 기간 사고가 발생하여 행방불명일 경우도 당연히 산업재해사고로 인정해야 한다.

(6) 출퇴근 도중 교통사고 발생, 또는 도시 대중교통, 여객선, 열차로 사고 발생시. 노동자가 출퇴근 도중 제3자의 원인으로 피해가 발생할 경우 고용회사는 책임이 없으며, 반드시 제3자가 관련 배상책임을 부담해야 한다.

(7) 법률, 행정 법규에 따라 산업재해사고로 판정되는 기타 경우 법률, 법규에서 산업재해사고로 판정하는 기타 사고는 『산업재해보험조례』에 규정되지 않더라도 산업재해사고로 판정한다.

(8) 산업재해사고로 동일시하는 경우. 출근시간 및 출근 장소에서 돌발성 질병으로 사망 또는 48시간 내에 응급치료결과 사망할 경우. 재난 구조 등 국가이익, 집체이익을 지키기 위한 활동 중 사망된 경우 직원이 원 군대복무 기간 전투, 또는 공무로 부상을 당하거나 불구가 되어 혁명부상불구군인증을 발급 받았으며 고용회사에 출근한 후, 부상이 재발할 경우 모두 산업재해사고로 인정해주며 산업재해배상으로 대우하며 일차적 부상불구위로금 이외의 산업재해보상을 받는다.

12.1.1.5 인정하지 말아야 할 산업재해사고의 정황

(1) 고의적 범죄행위. 직원이 고의로 범죄를 범하여 사망했

을 경우 출근지점, 출근시간에 발생했다 하더라도 직무와 무관하기에 산업재해사고로 인정하지 않는다. 과실 범죄의 경우는 이에 속하지 않는다.

(2) 만취상태, 또는 마약흡입으로 사망했을 경우. 직원이 음주, 또는 마약흡입으로 사망할 경우 작업임무와 무관하기에 비록 근무시간, 근무 장소에 발생했지만 산업재해사고로 인정하지 않는다.

(3) 자학행위, 또는 자살일 경우. 이러한 신체적 가해는 본인의 책임이기에 산업재해사고로 인정하지 않는다.

12.1.1.6 산업재해 사고의 책임 확정의 규칙

(1) 산업재해사고 책임 판정의 법적 의거,『산업재헤보험조례』외, 최고인민법원 『인신피해배상 안건심사 관련 적용 법률의 약간의 문제에 대한 해석』 제11조, 제 12조의 산업재해 사고처리 규칙. 제11조 규정에 따르면 "고용노동자가 고용노동을 진행하는 과정에서 신체적 피해를 받았을 경우 고용자는 응당 배상책임을 부담해야 한다. 고용관계 이외의 제3자의 원인으로 고용노동자가 인신피해를 입었을 경우 피해자는 제3자에 배상을 청구할 수 있다.", "고용노동자는 고용노동을 진행하는 중 안전생산사고로 인신피해를 받았을 경우 하청 발주자, 하도급업자는 발주접수 업체 및 도급 맡은 고용주가 관련 자격, 또는 안전생산자격 유무를 알거나 또는 반드시 알아야 하며 관련 고용주와 함께 배상책임을 부담해야 한다."이다.

(2) 산업재해사고책임 판정의 일반적 규칙. 첫째, 산업재해사고책임을 판정함에 있어서 하나는 산업재해사고책임을 판정하는 것이고, 다른 하나는 인민법원의 판결을 거쳐야 한다. 둘째, 산업재해사고 책임의 피해자는 고용업체를 대상으로 법에 따라 관련 피해배상을 요구할 권리가 있다. 셋째, 산업재해사고배상책임의 주체는 고용업체이며 고용노동자의 사고를 발생시킬 경우 법에 따라 관련 산업재해사고 피해를 받은 피해자에게 손해배상을 해줄 의무가 있다. 넷째, 산업재해사고책임은 기업, 사업기관 노동자 제도이지만 국가사업기관 직원이 업무 집행과정에서 인신피해를 받았을 경우 산업재해사고 규정을 적용한다.

(3) 산업재해사고책임의 기본 규칙. 첫째, 산업재해보험을 우선으로 한다. 산업재해사고가 발생 할 경우 산업재해사고 보험계약이 있다면 우선 보험자한테 배상을 요구하며 보험배상 후, 부족한 부분에 대해 피해자는 고용회사를 대상으로 배상을 요구할 권리가 있다. 둘째, 고용회사는 배상책임을 부담한다. 고용노동자가 업무진행 중 인신피해를 받았을 경우 고용주는 반드시 배상책임을 부담해야 한다. 무릇 산업재해보험이 없는 노동자는 노동과정에서 인신피해를 받았을 경우 그 고용주는 반드시 배상책임을 부담한다. 셋째, 제3자의 원인으로 고용노동자가 인신피해를 발생했으나 산업재해사고가 그 원인이 아닐 경우, 제3자와 고용자 간의 책임관계는 진정한 책임관계가 아니므로 피해자는 제3자를 대상으로 손해배상책임을 청구하거나 또는 고용회사를 대상으로 손해배상책임을 요구할 수 있다. 고용회사는 손해책임을 부담한 후 제

3자를 대상으로 손해배상을 회수 청구할 수 있다. 넷째, 하청 발주 및 하도급 경영은 노동자산업재해사고에 대해 연대적 책임이 있다. 고용활동은 도급경영에 속하며 하청 발주, 또는 하도급 접수 고용주가 관련 자격이 없거나 또는 안전생산조건이 미비할 경우 일단 고용노동자가 인신피해 사고가 발생하면 하청 발주자, 또는 청부인이 이러한 위험요소를 알고 있을 경우 반드시 연대책임을 부담해야 한다.

12.1.1.7 제 3 자의 책임

최고인민법원 『인신피해배상 안건심사 관련 적용 법률의 약간의 문제에 대한 해석』제12조 제2항에서는 "고용회사 이외의 제3자가 인권 침해원인으로 노동자의 인신피해를 유발했을 경우 배상권리자는 제3자를 대상으로 민사배상책임을 요구할 수 있으며 인민법원은 반드시 이를 지지한다."라고 규정했다. 이 규정에 따르면 피해자는 제3자를 대상으로 배상을 청구함과 동시에 산업재해사고 보험을 배상받을 수 있다. 이럴 경우 "더블배상 "행위에 속하므로 금지사항 여부에 대해 최고인민법원에서는 "산업재해사고보험은 완전한 피해배상이 아니므로 이럴 경우 노동자는 반드시 산업재해사고보험을 받아야 하며, 이로 하여 제3자의 침권행위를 면제할 수는 없기에 노동자는 제3자를 대상으로 침권손해배상책임을 요구할 수 있다."라고 규정했다.

12.2.1 발주자 지시 과실 책임

12.2.1.1 개념

발주자 지시과실 책임이란 수주인이 수주계약 집행과정 중, 발주자의 오류적인 발주내용, 또는 지시내용으로 인하여 기타 사람의 권리를 침해하여 손실을 발생시킬 경우 발주자가 반드시 관련 손해배상책임을 부담해야 하는 일종의 특수한 권리침해책임 형식을 가리킨다.

『침권책임법』에는 발주자의 지시과실로 발생하는 침권행위 및 책임에 대한 규정이 없다. 최고인민법원 『인신피해배상 사건 심사 관련 적용 법률의 약간의 문제에 대한 해석』 제10조 규정에 따르면 "수주인이 작업완성 과정에서 제3자의 인신피해, 또는 자신의 인신피해를 발생시킬 경우 발주인은 배상책임을 부담하지 않는다. 단 발주인의 발주, 지시, 선임 등의 관점에서 과실이 있을 경우에는 관련 배상책임을 부담해야 한다."

12.2.1.2 기본규칙

(1) 당사자 사이의 계약은 반드시 수주 성질의 계약이어야 한다. 발주인 지시 과실책임이 있다고 판단하는 전제조건은 반드시 당사자 사이에 체결한 계약이 수주내용의 계약서이어야 한다. 이는 발주인의 지시과실 책임과 고용회사 책임을 구분하는 기본적인 한도이다. 발주인 지시과실 책임의 기초는 수주 형식의 계약을 전제로 하며 고용회사의 책임일 경우에

는 반드시 노무계약을 전제조건으로 한다. 예를 들면 택시기사 겸 택시를 고용하는 것은 수주 계약에 속하며 고용업체의 노무계약에 속하지 않는다.

(2) 침권행위가 수주계약 이행 중에 발생한다. 수주계약 이행, 즉 수주 사항을 완성한다. 수주인의 피해를 야기하거나 또는 수주인이 타인의 피해를 야기하는 행위가 수주작업을 완성하는 과정에 발생한 행위여야 한다. 일단 수주공사 집행 범위를 초과할 경우 발주자지시과실의 침권책임이 없다.

(3) 제3자의 민사권익을 침해한다. 이러한 권리침해 행위의 권익은 2개 방면이 포함된다. 하나는 수주계약 이외의 제3자 민사권익, 예를 들면 생명권 또는 건강권 침해. 다른 하나는 수주인 자신의 권익이 피해 받는 것. 예를 들면 수주인이 수주작업 진행 중 자신의 피해를 유발하는 경우. 이에 대해 최고인민법원 『인신피해배상 사건 심사 관련 적용 법률의 약간의 문제에 대한 해석』 제10조 규정에 따르면 제3자 피해뿐만 아니라 자신이 당한 피해도 포함한다. 수주인 자신의 피해는 발주자 지시과실 책임으로 판정하지 않고 산업재해사고책임으로 판단한다.

(4) 피해 유발인은 수주인이다. 피해 야기의 직접 행위자가 발주자가 아닌 수주인이며 수주인이 수주임무를 이행하는 과정에서 자신의 행위로 타인의 피해를 유발 또는 자신이 피해 받도록 한 것이며 발주인의 행위가 타인의 피해 또는 수주인의 피해를 야기한 것은 아니다.

(5) 책임부담자는 발주자이다. 침권책임의 부담인은 발주자이며 발주인은 자신의 착오적인 발주, 지시, 선임 등으로 피

해를 야기할 경우 손해배상책임을 부담한다.

12.2.1.3 중국 발주자 지시 과실 책임의 특점

중국 사법에서 규정한 발주인지시과실책임은 전통적인 발주인지시과실책임과 다르다. 첫째, 수주인이 자신의 피해를 유발한 손해까지 포함한다. 흔히 발주인지시과실책임에는 제3자 피해를 초래할 경우에만 이 책임을 부담한다. 발주인 자신의 원인으로 발생한 자신의 피해도 포함시킨다는 것은 전통적인 규정내용을 초월했다. 둘째, 발주자가 어떤 경우에 책임을 부담하는가. 발주자의 발주, 지시, 선임 과정에서 착오가 있을 경우 발주자가 책임을 부담한다. 그중 선임 과실로 발주자 지시과실 책임을 부담하는 것은 불공평하다. 발주자의 지시 및 발주 과정에서 과실이 있을 경우 책임을 부담하지만 선임과실로 책임을 부담하는 것은 적절하지 않다.

12.3.1 품팔이꾼의 책임

12.3.1.1 품팔이꾼 책임이 초래한 손해책임

최고인민법원 『인신손해배상사건 심사 관련 적용 법률의 약간의 문제에 대한 해석』제13조에서는 "타인을 위해 무상으로 노무를 제공하는 품팔이꾼이 노무과정에서 타인의 피해를 야기할 경우 도움을 받은 노동자는 반드시 배상책임을 부담해야 한다. 도움을 받은 노동자가 분명히 품팔이꾼을 거절했을 경우에는 배상책임을 부담하지 않는다. 품팔이꾼의 고의적 또는 중대한 과실이 있을 경우 배상권리인은 품팔이꾼 및 도움 받은 노동자를 대상으로 연대적 책임을 추궁할 수 있다. 인민법원에서는 이를 지지한다."고 규정하고 있다.

품팔이꾼이 타인의 피해를 유발하여 책임을 부담함에는 다음과 같은 3개 요소가 포함된다. 첫째, 품팔이꾼이 노동을 돕는 과정에서 타인에게 손해를 초래하여 발생하는 책임은 고용주책임과 비슷하므로 도움을 받는 노동자가 관련책임을 부담해야 한다. 비록 이러한 도움은 무료이지만 품팔이꾼이 노동자를 협조하여 임무를 완성하는 과정에서 타인의 피해를 야기했으며, 노동자를 위해 노동을 제공했으므로 도움을 받은 노동자는 책임을 부담해야 한다. 둘째, 노동자가 거절했음에도 불구하고 품팔이꾼이 주동적으로 노동을 제공하며 이로써 타인에게 손해를 야기할 경우, 품팔이꾼은 관련책임을 부담하여 도움을 받은 노동자는 책임이 없다. 셋째, 품팔이꾼이 타인의 피해를 유발할 경우 고의적 또는 중대한 과실이 있을 경우 도움을 받은 노동자는 연대책임을 부담해야 한다.

12.3.1.2 품팔이꾼 책임이 받은 손해책임

최고인민법원 『인신손해배상사건 심사 관련 적용 법률의 약간의 문제에 대한 해석』 제14조에서는 "품팔이꾼이 업무를 돕기 위해 인신손해가 발생할 경우 도움을 받은 노동자는 반드시 배상책임을 부담한다. 분명히 거절했음에도 불구하고 품팔이꾼이 주동적으로 노동을 제공할 경우 노동자는 배상책임이 없다. 단 이익 범위에서 적당한 보상을 할 수 있다."라고 규정했다.

품팔이꾼피해책임 확정 시 3개 규칙. 첫째, 품팔이꾼은 노동자를 위해 의무적으로 노동을 제공 하는 중에 자신의 피해를 야기하면 이는 산업재해사고와 비슷하기에 도움을 받은 노동자가 책임을 부담한다. 품팔이꾼이 노동자를 위해 자신의 노동을 제공하는 중 피해를 받았기에 반드시 도움을 받은 노동자가 배상을 해야 한다. 둘째, 노동자가 품팔이꾼의 도움을 거절했을 경우 원칙상 배상책임이 없다. 단 도움을 받은 노동자는 이익 범위에서 적당한 보상을 할 수 있다. 이는 보상책임이지 배상책임은 아니다. 셋째, 품팔이꾼이 업무협조 과정에서 제3자로부터 권익침해를 받아 인신손해를 받았을 경우 제3자는 배상책임이 있다. 제3자를 확정할 수 없거나 또는 배상능력이 없을 경우 도움을 받은 노동자는 반드시 보충적 보상책임을 부담해야 한다. 이 책임은 보충적 보상책임이지 보충적 배상책임은 아니다.

12.4 『침권책임법』 유효기간

12.4.1 중국법률 유효시간의 일반규칙

중국 헌법에서 규정하기를 중국 법률실시시간은 3가지로 분류한다. 첫째, 법률을 발표하는 그날로부터 유효하다. 이럴 경우에는 법적으로 "본 법률은 발포하는 날로부터 실시한다."라고 명시되어 있거나 또는 법적으로 효력발생기간에 대해 명확한 시간적 규정이 없이 다만 발포하는 날로부터 효력을 발생하는 것이다. 둘째, 법률적으로 구체적인 효력발생시간을 규정하며 흔히 법률발표 후 일정한 기간 이후에 정식으로 실행하기 시작한다. 대중과 법률실시기구에서 충분한 준비를 할 수 있도록 흔히 법률적으로 규정한 기한은 발표한 후의 몇 개월 후에 비로소 효력을 발생한다. 셋째, 법률이 발포된 후, 일정한 조건을 만족할 경우 바로 효력을 발생 한다. 이러한 규정은 법률실시과정에서의 협동과 연결, 그리고 법률실시에 있어서의 통일성 등의 요소를 감안해서이다.

『침권책임법』은 중국 민법전의 구성부분이며 발포 후 실행하기까지 상응하는 준비시간이 필요하다. 때문에 2009년 12월 26일에 발포한 후 충분한 시간을 두어 홍보 및 준비사업을 진행했으며 2010년 7월 1일부터 정식 실행한다.

12.4.2 『침권책임법』의 소급력

법의 소급력(溯及力)이란 또한 "법률이 시행되기 전에 일어난 일에 까지 거슬러서 미치는 법률의 효력"이라고 한다. 즉 법이 효력발생하기 전의 사건과 행위와 적용여부를 말하는 것이다. 적용할 경우 법은 소급력이 있으며, 적용하지 않을 경우 소급력이 없다고 본다. 법의 소급력 유무는 법률규범마다 상황이 다르다. 흔히 실체 법률은 법률이 기존에 대해 소급력이 없음을 원칙으로 한다. 이유는 법은 반드시 일정한 안정성과 예견성이 있어야 하며 사람들은 법에 따라 행동하며 자신의 행동에 대해 책임을 진다. 만약 법이 과거적 소급력이 있다면 오늘의 규칙으로 어제의 행동을 요구하게 되기에 이는 마치 자신이

전혀 원하지 않던 의무를 책임지도록 요구하는 것과 같게 된다. 물론 법의 기존 불가 소급력은 절대적인 것이 아니다. 일부 민사권리의 법에서는 법은 소급력이 있다.

『침권책임법』에서는 명확히 이 법의 소급력에 대한 규정이 없다. 때문에 『입법법』제84조 규정을 적용하는 것을 원칙으로 한다. 즉 『침권책임법』의 효력은 소급력이 없다. 최고인민법원은 『「침권책임법」적용 관련 약간의 문제에 대한 통지』제1조에 『침권책임법』의 불가 소급력에 대해 규정했다. 즉 "침권책임법 실행 후 발생한 권리 침해 행위로 인한 민사분규사건은 권리침해책임법의 규정을 적용한다. 침권책임법 실시 전 발생한 침권행위로 인한 민사분규사건은 사건 그 당시의 법률 규정을 적용한다.", "침권행위가 「침권책임법」실행 전에 발생했으나 그 후과가 「침권책임법」이 실시한 뒤에 비로소 나타난 민사분규사건은 「침권책임법」의 규정에 적용한다."이 규정의 뜻은 첫째, 『침권책임법』실시 후에 발생한 침권행위로 소송이 발생할 경우 새 법을 적용하며, 새 법이 실시하기 전에 발생한 침권 관련 소송은 이전의 법을 적용한다. 둘째, 새 법이 실시되기 전 발생한 권리침해행위에 대해 그 후과가 새 법이 실시된 후 나타났다면 새 법을 적용한다. 실천 과정에서 무릇 『침권책임법』실행 후. 발생하는 침권행위 및 침권으로 인한 후과가 『침권책임법』 실시 후에 발생한 사건으로 권리침해분쟁소송일 있을 경우 『침권책임법』의 규정에 따라 처리하며 『침권책임법』 실시 전에 발생한 책권행위로 민사분규소송이 있을 경우에는 『민법통칙』규정에 적용된다.